黑龙江农业综合开发三十年

（1988—2018）

常忠宝　张红梅　主编

黑龙江人民出版社

图书在版编目（CIP）数据

黑龙江农业综合开发三十年：1988－2018／常忠宝，
张红梅主编．— 哈尔滨：黑龙江人民出版社，2020.3
ISBN 978－7－207－12030－4

Ⅰ．①黑… Ⅱ．①常…②张… Ⅲ．①农业综合发展
—概况—黑龙江省—1988－2018 Ⅳ．①F327.35

中国版本图书馆 CIP 数据核字（2020）第 045546 号

责任编辑：吴英杰　李　梅
封面设计：郭建一
书名题字：谢铁军
封面摄影：吴树江

黑龙江农业综合开发三十年（1988—2018）

Heilongjiang Nongye Zonghe Kaifa Sanshinian（1988—2018）

常忠宝　张红梅　主编

出版发行	黑龙江人民出版社
地　　址	哈尔滨市南岗区宣庆小区 1 号楼
网　　址	www.hljrmcbs.com
印　　刷	黑龙江艺德印刷有限责任公司
开　　本	787×1092　1/16
印　　张	28.5
字　　数	400 千字
版　　次	2020 年 3 月第 1 版
印　　次	2020 年 3 月第 1 次印刷
书　　号	ISBN 978－7－207－12030－4
定　　价	88.00 元

黑龙江农业综合开发三十年

（1988—2018）

编委会

主　编：常忠宝　张红梅

委　员：邹　琦　尹艳生　刘恒伟　张义福　田庆峰　张　砾

　　　　顾津聿　陈　实　任　民　丁宏权　陈义刚　尹慧峰

　　　　宋凯书　房灿松　姜景智　陈继慧　尚兴江　顾程凯

　　　　翁少刚　王大纲　韩　军　程卫东　葛　健　郭雨晴

　　　　张海荣　常天昊　张碧琦　马先才　孙佳南　杨璐维

黑 土 情 深

（代前言）

　　农业综合开发是中央政府为保护、支持农业发展，改善农业生产基本条件，优化农业和农村经济结构，提高农业综合生产能力和综合效益，设立专项资金对农业资源进行综合利用的活动。农业综合开发是我国推进改革开放的一项重要举措，是强农富民的一个伟大战略。

　　黑龙江省是全国最早实施农业综合开发的省份之一。自 1988 年 4 月实施到 2018 年 10 月结束，黑龙江农业综合开发秉承财政支农惠农的根本宗旨，集中力量办大事，突出重点抓关键，有效解决农业和农村经济发展突出问题，促进农村生产力发展和生产关系改善，完成了黑龙江农业综合开发阶段性历史使命。

　　回顾三十年历程，黑龙江省农业综合开发较好地把握了变与不变的辩证法。一方面，坚持把抓好农田基本建设，提升农业综合生产能力作为基本职能和首要任务，始终牢记使命，保持核心竞争力；另一方面，主动适应农业农村发展形势变化，调整开发思路和着力重点，依靠改革创新推动农发工作不断迈出新步伐。在长期的开发实践中，黑龙江农业综合开发探索形成了独特优势和鲜明特色。坚持综合性的开发方式，实行田水路林山综合治理，农林水技措施统一运用，农林牧副渔整体推进，种养加销一体发展，人财物科技等要素集成投入,经济社会生态效益全面提升;实行严格规范的项目制管理,把资金和项目管理的全过程和各环节纳入制度化规范化轨道,构建起指向明确、运行高效、管理规范、充满活力的开发机制;以农业综合开发联席协作制度为核心,形成合力攻坚的协同推进体系;以热爱"三农"、服务"三农"为宗旨,培养和打造了一支服务大局、干事创业、担当奉献、求实创新的开发队伍。

漫漫开发路,殷殷为民情。回首这段波澜壮阔的发展历程,作为这项事业的见证者和参与者,我们倍感欣慰和自豪。这三十年,黑龙江农业综合开发从大面积改造中低产田到大规模建设高标准农田,打造一大批"田成方、林成网、渠相通、路相连、旱能灌、涝能排"高产稳产、节水高效农田,为保障国家粮食安全和主要农产品有效供给作出了积极贡献;立足区域优势特色产业发展实际,支持农业经营主体开展优质高效农业种植养殖、农产品加工、储藏保鲜和流通服务等项目建设,构建农业产业链和价值链,打造优势特色产业集群,促进农村一、二、三产业融合发展,带动了农业增效和农民增收;实施灌区改造、水土保持、良种繁育、节水增粮、土地复垦、黑土保护、秸秆养畜、林业生态示范、农产品市场建设,为推进农业现代化和可持续发展发挥了重要作用,探索出了一条农发搭台、部门合作、优势互补、协同推进的加快农业农村发展之路。至2018年底,黑龙江农业综合开发累计改造中低产田、建设高标准农田4767万亩,亩均新增粮食生产能力100公斤以上;大力支持农业产业化发展,显著带动农业增效农民增收,累累硕果遍布龙江大地、惠及千万农民,农业综合开发已成为我省稳农增粮、强农增效、富农增收的重要阵地和有效抓手。农业综合开发所取得的显著成效,得到党中央、国务院,黑龙江省委、省政府和地方各级党委、政府的充分肯定,受到项目区广大干部群众的拥护和支持,也赢得了全社会的广泛赞誉,被称为是一项为民办实事、办好事的"德政工程""民生工程"。

三十年开发,弹指一挥间。黑龙江农业综合开发创造伟业,铸就辉煌,必将在农业发展史上留在浓彩重抹的一笔。

习近平同志曾说过,"明镜所以照形,古事所以知今。今天,我们回顾历史,不是为了从成功中寻求慰藉,更不是为了躺在功劳簿上、为回避今天面临的困难和问题寻找借口,而是为了总结历史经验、把握历史规律,增强开拓前进的勇气和力量。"为铭记开发历史,以史为鉴,我们怀着对农业综合开发的深情,遵照客观实际,编著了《黑龙江农业综合开发三十年(1988-2018)》。对黑龙江农业综合开发实施以来的重要事件进行了全面总结和系统整理,对农业综合开发历史沿革和发展历程进行了全景式记述和展现,为我们提供了全面客观翔实的历史资料,为社会各界了解农业综合开发提供了一个重要渠道,也必将为农业综合开发加快改革创新步伐、更好履行自身职能、进一步服务支持"三农"发展发挥积极作用。

2018年10月,黑龙江省进行了新一轮机构改革,将财政部门管理的农业综合开发项目与发展改革、国土资源、水利部门的农业投资类项目,统一划归新成立的农业农村部门管理。机构重组、职能归并、资金整合,这是中央新的决策,也是历史的必然。在新一轮机构改革中,加强农业基础设施建设作为一项长期战略任务,不仅没有削弱,而且得到了加强,并赋予了"农田整治、农田水利和高标准农田建设等农业综合开发项目"新的历史使命。

随着维护"国家粮食安全"、实施"乡村振兴战略"、打赢"脱贫攻坚战"、勇做"现代化大农业排头兵"集结号吹响,站在新的历史起跑线上,加强农田整治、农田水利和高标准农田建设,对农业综合开发提出了新的更高要求,也为黑龙江农业综合开发提供了更为广阔的发展空间。我们有理由相信,在广袤的黑土地上农业综合开发的道路将更加宽广,同时也希望和祝愿农业综合开发不忘初心,继续前行,奋发有为,再谱新篇!

编者

2019 年 12 月

目　录

第一章　历史机遇 ··· 1

　　第一节　粮食产量持续徘徊 ······························· 1

　　第二节　中科院先期探索 ································· 2

　　第三节　开征耕地占用税 ································· 3

　　第四节　借鉴成功经验做法 ······························· 4

　　第五节　确立先行开发区域 ······························· 5

第二章　机构队伍 ··· 18

　　第一节　机构总体架构 ··································· 18

　　第二节　省级领导小组 ··································· 20

　　第三节　省级办事机构 ··································· 21

　　第四节　省办下属单位 ··································· 25

　　第五节　市级办事机构 ··································· 31

　　第六节　县级办事机构 ··································· 40

　　第七节　部门办事机构 ··································· 50

第三章　战略规划 ··· 63

　　第一节　三江平原农业综合开发建设规划(1988—1995 年) ····· 63

　　第二节　农业综合开发十年规划(1995—2004 年) ············· 66

　　第三节　农业综合开发"十五"规划(2001—2005 年) ········· 67

　　第四节　农业综合开发"十一五"规划(2006—2010 年) ······· 69

　　第五节　高标准农田建设实施规划(2013—2020 年) ··········· 69

　　第六节　支持五大势特色产业发展实施意见(2016—2020 年)

　　　　　　 ··· 71

第四章 发展阶段 …………………………………………………… 93

第一节 开发起步阶段(1988—1990 年) ………………………… 93

第二节 延伸扩面阶段(1991—1993 年) ………………………… 96

第三节 全面开发阶段(1994—1999 年) ………………………… 99

第四节 战略转型阶段(2000—2004 年) ………………………… 103

第五节 突出重点阶段(2005—2012 年) ………………………… 107

第六节 整合发展阶段(2013—2018 年) ………………………… 115

第五章 牢记使命 …………………………………………………… 138

第一节 土地资源开发 …………………………………………… 138

第二节 优势产业开发 …………………………………………… 145

第三节 农业科技开发 …………………………………………… 149

第四节 生态效益开发 …………………………………………… 153

第五节 村级经济开发 …………………………………………… 160

第六节 扶贫解困开发 …………………………………………… 166

第七节 财源建设开发 …………………………………………… 169

第六章 投入政策 …………………………………………………… 184

第一节 资金构成 ………………………………………………… 184

第二节 资金使用 ………………………………………………… 186

第三节 配套比例 ………………………………………………… 187

第四节 资金管理 ………………………………………………… 189

第七章 项目管理 …………………………………………………… 221

第一节 项目类型 ………………………………………………… 221

第二节 管理原则 ………………………………………………… 224

第三节 管理程序 ………………………………………………… 226

第四节 管理制度 ………………………………………………… 231

第八章 农发硕果 …………………………………………………… 249

第一节 推进大粮仓建设 ………………………………………… 249

第二节 领跑现代化大农业 ……………………………………… 253

第三节　增强可持续发展能力 ……………………………… 262

第四节　推进特色产业发展 ………………………………… 269

第五节　保护利用黑土地 …………………………………… 273

第六节　获得的表彰奖励 …………………………………… 275

第七节　六条历史经验 ……………………………………… 276

第九章　对外宣传 …………………………………………… 286

第一节　媒体发稿 …………………………………………… 286

第二节　参加展赛 …………………………………………… 289

第三节　制作画册 …………………………………………… 290

第四节　结集成书 …………………………………………… 291

第五节　会议推动 …………………………………………… 293

第六节　编发简报 …………………………………………… 294

第七节　创作诗词 …………………………………………… 296

第十章　小区风采 …………………………………………… 325

第一节　小区整体扫描 ……………………………………… 325

第二节　优势产业集群 ……………………………………… 333

第三节　龙头企业典范 ……………………………………… 338

第四节　合作组织代表 ……………………………………… 341

第五节　新村建设掠影 ……………………………………… 344

第十一章　人物传略 ………………………………………… 364

第一节　汗洒黑土地　情系开发区

　　　　——记黑龙江省农发办主任李方旭 …………………… 364

第二节　十年青春铸辉煌

　　　　——记黑龙江省农发办副主任王兆力 …………………… 369

第三节　大手笔书写大文章

　　　　——专访黑龙江省农发办常务副主任运连鸿 ………… 373

第四节　农业综合开发的实干家

　　　　——记哈尔滨市农发办主任王贵良 …………………… 378

第五节　伴随开发一路忙

　　　　——记绥化市农发办副主任刘永光 ·················· 381

第六节　农发人老张的故事

　　　　——记佳木斯市农发办土地科科长张忠义 ·········· 383

第七节　唱响农业综合开发之歌

　　　　——记绥化市北林区农发办主任张彦方 ·············· 387

第十二章　冰城全景 ·· 405

第一节　致敬农发三十年

　　　　——哈尔滨市农业综合开发巡礼 ···················· 405

第二节　县区农发概貌 ·· 412

第三节　创新发展　服务大局 ···································· 421

第四节　富锦高标准农田建设对哈尔滨市的启示 ·········· 426

主要参考资料 ··· 442

后　　记 ·· 444

第一章 历史机遇

第一节 粮食产量持续徘徊

党的十一届三中全会以后,农村普遍实行家庭联产承包责任制,极大地解放了农村生产力,调动了农民生产的积极性,以粮食为主的主要农产品大幅增加。1978 年我国粮食产量 2924 亿公斤,到 1984 年提高到 4073 亿公斤,首次迈过 4000 亿公斤大关,人均占有量达到 393 公斤,接近世界平均水平。但 1985 年以后,我国农业生产徘徊不前,连续几年产量停留在 4000 亿公斤,农业发展面临着新的挑战。1985 年我国粮食产量 3791 亿公斤;1986 年粮食产量 3915 亿公斤;1987 年粮食产量 4030 亿公斤;1988 年粮食产量 3941 亿公斤。同时,我国人口逐年增加,耕地面积逐年减少,粮食需求量增长与供给总量不足矛盾突出。从 19 世纪 80 年代起,我国每年自然增长约为 1300—1400 万人口。在人口增加而粮食产量不增加的情况下,人均粮食占有量在逐年减少。1988 年人均粮食占有量比 1984 年减少 35 公斤。

"为政之要,首在足食。"民以食为天,粮食问题是治国安邦的头等大事。党和国家领导人深刻认识到了粮食生产以及农业面临的形势。

1985 年 12 月,时任国务院副总理的田纪云在中央农村工作会议上强调:"农业是国民经济的基础,粮食是基础的基础","保持粮食在 4 亿吨的基础上稳定增长,是全局的需要,具有重要的政治和经济意义"。

1986 年 6 月,邓小平同志曾深刻指出:"农业,主要是粮食问题。农业如果有一个曲折,三、五年转不过来。粗略估计一下,到 2000 年,以 12

亿人口每人 800 斤计算，粮食产量要达到 9600 亿斤。从现在起，每年要增产 100 多亿斤，"要避免过几年又出现大量进口粮食的局面，如果那样，将会影响我们经济发展速度"。

"没有粮食就没有自由"，解决粮食问题已经成为党和国家必须面对和考虑的战略问题。

第二节　中科院先期探索

在国务院领导运筹规划增强农业发展后劲的同时，中科院一些专家也在积极寻找粮食增产的对策。他们把目光逐步对准了黄淮海平原和东北三江平原的盐碱地、风沙地和涝洼地等中低产田。

黄淮海平原是我国重要的商品粮基地，也就是广义的华北平原。20世纪 60 年代初，中科院对黄淮海平原盐碱土、砂礓黑土的成因及其治理做了大量研究。1965 年在河南商丘建立了 10 万亩盐碱地治理试验区，1966 年在山东禹城创建了 14 万亩旱涝碱综合治理试验区。

1987 年 10 月，中科院实地测产，这里粮食产量达到 1000 斤，而其他县区粮食平均产量只有 400 斤。其成功经验概括为"田成方、林成网、路相通、渠相连，桥涵闸配套，旱能灌、涝能排"。党的十三大期间，中科院和河南等省联合向国务院提出"关于开展黄淮海中低产田综合治理的建议"，并被迅速采纳。

1988 年 5 月，时任国务院秘书长的陈俊生赴山东禹城考察，撰写了《从禹城实践看黄淮海平原开发的路子》。同年 6 月，时任国务院总理李鹏考察禹城项目区，高度评价说："这里取得的成绩对整个黄淮海平原，乃至对全国农业的发展都提供了有益的经验。"

三江平原地域广阔，土质肥沃，水源丰富。总面积 14.47 万平方公里。20 世纪 50 年代，王震将军率领 10 万转业官兵，踏上了这块神奇的黑土地，首开大规模开发三江平原的壮举，为早期三江平原开发建设做出了不可磨灭的贡献。20 世纪 60 年代 50 万知青支援开发三江平原。

　　然而,三江平原是三江汇聚、九河下梢、有河无沿、外水内涝、连年为患的地方,粮食单产不高,总产量不稳。由于自然灾害和落后的生产条件限制,新中国成立三十八年粮食平均产量在 125 公斤以下有 29 年,150 公斤以上只有一年。1987 年平均亩产 122 公斤。1987 年有耕地 5200 万亩,有 1700 多万亩宜农荒地尚未得到开垦利用,耕地中 90% 以上为低产田,开发潜力巨大。

　　1983 年以来,中科院曾多次派技术人员参加三江平原的考察和总体规划,一些重要科研项目在三江平原试验成功,成为三江平原开发的先头部队。

　　1988 年春节刚过,中科院 17 名科技人员来到哈尔滨,向黑龙江省、佳木斯市和国营农场的同志介绍了中科院 9 个研究所可供三江平原推广使用的最新技术成果。经过协商,最后拟定引进、合作、转让科研成果 24 项。这些成果包括农作物和畜禽良种、农药、耕作栽培、农副产品加工等方面。这些科研成果的推广应用,为三江平原开发建设提供了科技支撑。

　　中科院经过实验探索,认为黄淮海平原和东北三江平原开发拥有潜力,对其开发建设是可行而且十分必要,同时把实践探索情况和有关开发建议向国务院领导做了汇报。国务院领导认真听取中科院的情况的汇报,提出可以首先开发这两个平原,探索增加粮食产量新路子。

第三节　开征耕地占用税

　　我国粮食产量连续几年徘徊不前有农田生产条件较差,农业综合生产能力不强的原因,更是农业生产投入不足造成的。

　　20 世纪 80 年代初,我国耕地中有 10 多亿亩中低产田,基本属于旱不能灌、涝不能排的贫瘠农田。一些农田水利排灌工程,因年久失修或工程老化,起不了应有作用;农田抗御自然灾害能力弱,洪涝、干旱年年发生;农田生态环境恶化,水土流失严重;有机肥投入不足,土壤肥力下降;农田科技推广应用滞后,农民基本上采用常规种植方法;农田生产资料投入不足;国家财政、农行投入的支农资金,难以满足农业生产建设资金的需求。

黑龙江省统计局统计,黑龙江省从1979年到1988年,对农业的投入年均增长不足1%。

开发建设需要资金,资金从哪里来?

为了加快农业发展速度,增强农业综合生产能力,国务院决定:从1987年起开征耕地占用税,增加对农业的投入。

1988年1月4日,田纪云主持会议,研究耕地占用税征收、管理和使用问题。会议决定,耕地占用税一半上缴中央,一半留给地方。但都必须按照"取之于土,用之于土"的原则,用于开发农业,不能挪作他用。上缴中央的部分,由财政部单列单支,建立国家土地开发建设基金。由此,农业开发建设资金有了来源。

第四节　借鉴成功经验做法

如何使用和管理国家土地开发建设基金更加有效促进农业发展确保粮食增产,在当时成为一个重要课题。我国实施商品粮基地县和世行项目的实践为其提供了有益参考。

1983年开始,为了提高粮食产量,我国有计划地建设了254个商品粮基地县,稳定粮食播种面积,通过适当开荒,主要是提高现有耕地利用率,采取综合措施提高单产。通过商品粮基地县建设,开发农业资源,增加农产品产量和社会有效供给,促进了商品生产发展。

世行是世界银行集团的简称。世行向会员国提供的贷款中有90%以上是项目贷款,对项目的管理成为世行发放贷款过程中的主要工作。世行对项目贷款的管理贯穿于从项目选定、准备、评估、谈判到项目执行和总结评价的整个周期中。项目管理的重点放在分析项目的可行性,监督项目的执行,以保证项目按贷款协议执行,并提高资金的使用效果。几十年来,世行在项目管理上积累了丰富的经验,形成一套完整严格的制度、程序和方法,从项目准备到完成有一个完整的项目周期。

国务院决定成立国家土地开发建设基金领导小组,借鉴国家开展商品粮基地县建设和世界银行贷款项目管理的成功经验做法,在一定区域内实施农业综合开发,进行山水田林路综合治理建设。

第五节 确立先行开发区域

由于资金有限,开发不能遍地开花,国家的战略是基金要集中使用,重点用于一些重要地区的土地开发和商品粮基地建设。

1987年12月,国家首先确定东北三江平原为国家级农业开发试验区,要求到1992年开荒1000万亩,改造中低产田1000万亩,增产粮食50亿公斤。

1988年1月4日,国务院研究决定,从1988年起实施农业综合开发,先行开发东北三江平原和黄淮海流域。

1988年2月27日,时任国务院副总理田纪云主持会议研究黄淮海平原农业开发问题,要实行综合开发,综合治理,综合经营,取得综合效益。

1988年4月8日,农牧渔业部长何康代表国务院与时任黑龙江省人民政府省长侯捷签订了三江平原农业综合开发协议,标志着正式开启了黑龙江省农业综合开发史,由此黑龙江省也成为全国最早实施农业综合开发的省份,也是受益较大的省份。

1988年至2018年,黑龙江省农业综合开发完成投资514.1亿元,其中中央财政资金253.9亿元。全省(不包括农垦)改造中低产田3721.8万亩,建设高标准农田1035.9万亩,开垦宜农荒地298.1万亩,改良草场142.8万亩。

另外,1988 年至 2016 年,黑龙江农垦农业综合开发完成投资 149.9 亿元,其中中央财政资金 84.3 亿元。改造中低产田 2424.8 万亩,建设高标准农田 390.9 万亩,改良草场 125.8 万亩,开垦宜农荒地 70 万亩。

【相关链接】一

1988 年国家有关农业开发要事提示

1 月 4 日,国务院副总理田纪云主持会议,研究耕地占用税征收、管理、使用问题。会议议定了以下意见:一、要切实加强耕地占用税的征收工作。二、耕地占用税全部用于农业开发。三、拟设立国家土地建设基金,建议成立国家土地开发建设基金管理领导小组;由陈俊生国务委员任组长,杜润生(中央财经领导小组成员)任顾问,何康(农牧渔业部部长)、刘中一(国家计委副主任)任副组长,钱正英(水电部部长)、高德占(林业部部长)、李昌安(国务院副秘书长)、项怀诚(财政部副部长)、王先进(国家土地局局长)、马永伟(农业银行行长)、李振声(中国科学院副院长)、王连铮(中国农业科学院院长)同志为领导小组成员。领导小组下设办公室,刘中一兼任主任,项怀诚兼任副主任。办公室设在财政部,工作人员以财政部农财司为主,不另立编制,如人员不足,可从有关部门调配。四、基金要统筹规划,集中使用,重点用于一些重要地区的土地开发和商品基地建设,拟先开发东北三江平原和黄淮海流域。五、基金主要采取经营和有偿的办法使用。

2 月 1 日,经中央和国务院领导同志批准,国务院办公厅转发了《关于研究耕地占用税征收、管理、使用问题会议纪要的通知》。

2 月 27 日,国务院副总理田纪云主持会议研究黄淮海平原农业开发问题。会议议定了以下原则性意见:一、实行统一领导,统一规划,统一大的政策,先治理河北、河南、山东、安徽、江苏五省所辖地区,京津地区放后一步;二、实行综合开发,综合治理,综合经营,取得综合效益;三、采取各方承包经营的办法进行开发治理;四、要十分注重科学技术的投入;五、以地方和群众投入为主,国家给予重点扶持和税收、物资方面的优惠政策。

4 月 28 日,国务委员陈俊生主持召开国家土地开发建设基金管理领导小组负责同志会议,听取刘中一、项怀诚关于耕地占用税征收和各地要求安排农业开发项目情况的汇报,会议决定要千方百计地把耕地占用税如数征收上来,对于1988年已经确定的黄淮海流域、东北三江平原、松嫩平原以及新疆棉花基地、广西糖料基地、浙江等11大片项目要逐步兑现,其他地方提出的项目,只能暂停安排。

6月9日,国家土地开发建设基金管理领导小组印发《关于国家土地开发建设基金管理领导小组办公室办公地点和办公室主要职责的通知》,明确领导小组办公室的主要职责:一、草拟、修改、解释国家土地开发建设基金使用管理办法及其他有关规定;二、草拟基金使用计划,编制年度预算;三、受理项目申请,在进行评估论证后,向领导小组提出建议;四、组织审批落实项目实施计划;五、对确定的土地开发建设项目,商财政部办理拨(借)款手续;六、配合有关部门检查监督项目执行情况和基金使用情况,对竣工项目进行验收;七、审核汇编基金年度支出决算;等等。

7月1日,国务委员陈俊生主持召开国家土地开发建设基金管理领导小组第三次会议。会议分析了耕地占用税的征收情况,研究了黄淮海平原开发问题,耕地占用税投入及其配套贷款、物资问题,以及奖励在黄淮海地区工作的科技人员等有关问题。

8月23日,中国农业银行印发《中国农业银行土地治理与开发贷款管理办法》。

9月3日,国家土地开发建设基金管理领导小组发布《国家土地建设基金管理试行办法》。

12月11日,国务院印发《关于建立农业发展基金增加农业资金投入的通知》,决定从1989年开始,建立农业发展基金,由各级财政纳入预算,列收列支,专款专用。《通知》要求从1989年起,提高国家能源交通重点建设基金的征收比例,拿出1个百分点作为农业发展基金;乡镇企业税收,包括产品税、营业税、增值税和工商所得税,比上年实际增加的部分,大部分用于农业,特别是粮食生产;已经开征的耕地占用税收入,全部用于农业开发;农林水特产税收入,大部分用于农业投入;向农村个体工商户及农村私营企业征收的税额,比上年增加的部分,主要用于农业投入;根据需要和可能,各地可从粮食经营环节中提取农业技术改进费，提取标准和办法由各省、自治区、直辖市自定；从世界银行贷款中划出 25% 左右，纳入国家计划，用于农业生产、大型水利和林业建设等；原来用于农业的各项支出不得减少。

【相关链接】二

黑龙江省三江平原农业综合开发建设协议书

国务院决定将黑龙江省三江平原地区列为国家重点农业综合开发区，在统一规划部署下，建设以生产商品粮豆为主要的国家级农产品生产基地，以保障长期稳定地向国家提供商品粮豆及其他农副产品，并本着改革开放方针，吸收各方面的力量，实行综合经营。由黑龙江省向国家承包开发，省人民政府负责组织领导，国家土地开发建设基金管理领导小组予以指导和支持。为明确国家和地方在开发建设中的经济责任，特制定如下协议：

一、开发建设目标

三江平原经过三十多年的开发建设，已拥有大批机械化水平很高的国营农场群和 22 个市县的群众基础。进一步开发建设，要依托现有基础，依靠农垦系统和市县群众两大支柱，引进竞争机制，向省内外、国内外开放，"内联外引"，招标承包。开发建设以种好现有耕地，改造低产田，扩大水田面积，提高单位面积产量为主，同时随着水利工程进展，在确保生态环境不致恶化并尽可能得到改善的前提下，适当开荒扩大耕地面积。坚持以粮为主、农林牧副渔全面发展、土水林田路综合治理、工商建运服综合经营、农工贸一条龙的方向，逐步建设成为比较稳产高产的国家级重要商品粮基地、以大豆为主的农副产品出口创汇基地、畜产品供应基地和农副产品综合加工基地。走开放经营、自我积累、自我发展的路子，有效地提高这一地区的社会、经济、生态效益，促进功能比较完善的农村商品经济的发展。

二、建设资金投入与商品产出挂钩

三江平原地区是经营型农业开发试验区，要按新的路子起步，不再走过去国家投资包建大农场的路子，群众开垦也不采取包下来的办法。要通过多种形式、多条渠道筹集建设资金,除了国家、地方投资外,还要吸引省外、国外投资,动员企业、集体、个人投资金、投物资、投设备、投技术、投劳动力进行开发承包。

国家资金,1988年到1990年安排6亿元,其中从土地开发基金中每年安排1亿元;中国农业银行每年安排专项贷款1亿元,由银行收回再放,周转使用。

黑龙江省筹集安排的资金,3年不得少于6亿元,每年不得少于2亿元。

国务院有关部门和黑龙江省有关部门对三江平原建设必须安排的资金,应按原有渠道继续投放,不要削减。

国家和地方安排的资金,由黑龙江省政府总承包,用于开发建设三江平原综合农业商品基地。3年内,要改造低产田600万亩,开荒300万亩,造林200万亩,改良草场100万亩。保证1990年粮豆总产量在1987年46亿公斤的基础上增产15亿公斤,达到61亿公斤,其中大豆由1987年14亿公斤增加到16.5亿公斤;肉类产量由1987年0.8亿公斤增加到1.3亿公斤。国家投资部分要同地方上交商品粮任务挂钩。国家在3年内共安排拨款6亿元,按国家每投入1元黑龙江省要相应在1987年粮食调拨包干任务外,长期稳定地每年向国家交售2.5公斤商品粮。1988年到1990年3月总共要向国家交售26.5亿公斤(内出口用大豆5亿公斤),其中1988年1.5亿公斤,1989年10亿公斤(内大豆2亿公斤),1990年15亿公斤(内大豆3亿公斤),丰年可多交,欠年可少交,3年统算,如果三江平原地区难以完成,可由省内调剂补齐。其他农产品和完成交售任务后多余的粮食,全部由黑龙江省支配。

初步规划,三江平原综合农业商品基地到1995年建成,1988年到1995年8年累计,共改造低产田1500万亩,开荒500万亩,造林500万亩,改良草场200万亩。1995年粮豆总产将比1987年增加35-50亿公斤,达到81-96亿公斤。当年向国家交售商品粮50亿公斤,其中出口用大豆10亿公斤,如三江平原地区交售有困难,可由省内调剂。具体实施方案另定。

三、生产开发必须与技术开发紧密结合

三江平原农业综合开发区,也是农业开发试验区,这里人少、地多,耕作比较粗放。因此,生产开发必须与技术开发紧密结合,通过技术开发推动各项开发建设事业的发展。

组织地市县和农垦系统同国家和省有关科研、院校等部门密切合作,围绕培育优良品种,提供优良种畜,提高产品产量和品质,发展系列产品加工等课题开展科研攻关和推广活动。中央有关科研单位和高等院校参加三江平原地区的农业综合开发,应统一向省领导小组或开发公司承包并签订承包合同。积极发展技术密集型产业,扩大出口产品生产,发展外向型农业经济。

开发区内所有县、乡都要设立科技县长、乡长,兴办各种科技生产联合体。

四、国家提供相应的物资条件

为了支持三江平原开发建设,对化肥、农膜、农药、钢材、柴油等农用物资,国家有关部门除按正常水平分配外,还可根据当年的资源情况和需要程度,酌量予以照顾。每年增拨的具体数量由黑龙江省人民政府与国家有关部门协商安排。

五、国家给予的优惠政策

国务院确定三江平原农业综合开发区享受以下优惠政策:

1. 新开垦的耕地,从第2年起计算,5年内免交农业税。

2. 以1987年粮食合同定购任务为基数,到1995年,对新增产的粮食不增加合同定购任务,可全部按市场指导价格销售。

3. 对农业银行贷款由省根据贷款项目的具体情况,给予适当贴息。

4. 大型水利工程建设除大江大河防洪工程由国家继续从基本建设投资中安排外,属于为提高单产,而必须开挖的排水骨干河道,应包括在基地建设范围内,由建设单位统筹安排,建成后实行有偿使用,逐步收回一部分投资,用于工程维修管理。

六、动员全省人民实现开发建设任务

开发建设三江平原是一项大的系统工程,具有广泛的群众性、科学性、开放性、开拓性。必须动员全省广大干部、科技人员、农场职工、农民群众进

行长期地、艰苦地、创造性地劳动才能完成。今年是起步的第一年,要从思想上、组织上、物质上、技术上认真做好准备,要组织各有关部门和市县、农垦系统,制定具体实施规划。同时把今年的改造低产田、开垦荒地、植树造林、增产粮食、发展畜牧业等各项任务落到实处,保证按计划要求向国家提供商品粮豆。

省政府决定成立三江平原开发建设领导小组和开发建设总公司,负责组织、协调和开发、经营事宜。市、县和农垦系统分别在各自的范围内,建立作为经济实体的开发公司,并向总公司承包各项任务。

国家土地开发建设基金管理领导小组副组长

农 牧 渔 业 部 部 长 何 康

黑 龙 江 省 人 民 政 府 省 长 侯 捷

一九八八年四月八日

【相关链接】三

三江平原农业开发要按新的路子起步

什么是新路子,怎样按新路子起步?概括地说,就是按照商品经济的要求,走开放经营、自我积累、自我发展的道路。具体说主要包括以下几点:

一、必须是开放式的

对外开放是我们国家的基本方针,三江平原开发也必须贯彻这一方针。一方面要面向省内省外、国内国外筹集资金和物资,引进技术和人才,开辟商品销售市场;另一方面要积极发展外向型农业,建立出口生产基地。讨论中不少同志反映三江平原开发国家给投资少,开1亩荒地只给60元钱。应该说国家给的钱确实不多,但是从目前国家财力状况看也不算少,也是尽了最大努力。我们应该看到国家给的投资是扶持性的,是开发资金的一部分而不是全部。国家要求三江平原开发要采取国家、地方、企业、集体、群众一齐上的办法,多渠道、多层次、多种形式地筹集资金,进行开发。就一定意义来讲,三江平原开发资金主要靠自我筹集,国家只是给政策,给一部分扶持。所以我们一方面要看到国家给投资不多,困难不少,而另一方面也要看到我们筹措资金的路子很宽。特别是国家给我们许多优惠政策,政策可以转化为资金,转化为物质力量。只要我们解放思想,打开思路,放宽眼界把工作做活,把干部和群众发动起来,用足、用活、用好国家给的政策,资金、物资、技术、人才不足的困难都是可以逐步解决的。红兴隆农管局正与苏州洽谈引进三千多万元,宝泉岭农管局也要从宁波引进四千万元,省三江开发总公司正在与北京市洽谈,可能引进几千万元。宝清县清原乡庆丰村每户集资1000元搞旱改水,全村耕地9000亩,已改造中低产田6000亩,没要国家一分钱。饶河农场兴办开发性家庭农场,开荒7万亩,职工集资280多万元。实践证明在这方面潜力很大,大有可为。为了积极利用外资,必须同时注意发展外向型农业,把三江开发同发展外向型经济结合起来,有计划、有步骤地建设一批稳固的农业生产基地,扩大对外出口,特别是要扩大对苏、东欧贸易,增强出口创汇和利用外资能力。

二、必须是经营型的

经营型的核心是经济效益。坚持建设资金投入与产品产出挂钩。过去投资分配不注意计算经济效益,砍块分配,无偿投资,吃大锅饭。今后资金安排必须引进竞争机制,择优安排,搞经营承包。开发建设投资都要按项目承包,要采取招标的办法安排开发建设任务。凡是经营性项目所使用的建设资金,都要实行有偿使用,收回再放,滚动使用。各级都要实行农业开发建设基金制,并专款专用,严禁挪用。要加速资金周转,像滚雪球式的促进资金不断增值,要学会运筹,科学地使用资金。各级开发建设单位的领导和群众都要树立通过依靠自我积累发展建设事业的思想,不要把眼睛只盯在向国家要投资争项目上,更要注意安排好配套资金,组织好设备、物资和劳务投入。有些同志总感觉国家给钱少、要粮多、难度大,产生这个想法的根子是忽视了我们自己的配套资金和劳务等投入,投入和产出的比例是综合计算的,包括各方面投入,不能只算国家投资这一部分。"价值规律是伟大的学校"。我们发展商品经济,就要在经营中增长才干,不断增加积累,扩大生产,发展我们的事业。长期以来,使用无偿投资,不问经济效益,在开荒上开了撩、撩了开,在水利工程上挖了填、填了挖,甚至水害搬家,这片治了那片淹了,这些教训都应很好吸取。

三、必须是综合性开发

几十年来,我们多次对三江平原这块宝地进行开发治理,集中了大量科技专家,进行实地勘察,总体规划和专项规划。

我省对三江平原的综合治理规划,还是比较全面的、比较细致的。我们各单位一定要在总体规划的指导下,组织力量尽快编制建设项目的设计实施方案。各市、县和各农场都要坚持以增产粮豆为主,农林牧副渔全面发展,土水田林路综合治理,工商运建服综合经营的方针。要特别注意科学技术的推广应用,提高集约化经营水平。不能走过去单纯开荒种地、粗放经营的老路。要坚持择优安排,适当集中,分期分批治理的原则。要选择基础条件好,水利骨干工程已基本解决,投资少、见效快、效益大,干部群众积极性高的项目,先安排。要有重点地一片一片地治理,真正做到治一片成一片,见效一片。能否实现综合开发,在很大程度上取决于条块能否紧密配合。要充分发挥各市、县、场在综合开发中的主动性和创造性。要主动与各有关部门协商,各有关部门要积极配合。

(编者注:本文系时任省长侯捷 1988 年 6 月 18 日在三江平原农业开发工作座谈会上的讲话)

【相关链接】四

关于三江平原农业开发的几点意见

三江平原农业开发是一项新的工作,一下子搞得很完整也不容易。要一边干,一边总结经验,一边改进。

一、要有新突破

要把三江平原开发作为黑龙江省农业的战略重点。作为战略性开发,三江平原社会配套建设、基础设施建设都必须跟上去。搞这些建设,不能光靠国家这点钱,不仅仅是国家的 1 亿元投资、1 亿元贷款,主要靠地方,靠各个部门,各部门都要把三江平原开发建设当作重点。集中几年时间,把三江平原地区的基础设施建设搞起来,创造好的投资环境。这和城市建设和工业建设一样,把基础设施搞好,开发工作就好办了。多年来在这个问题上总是裹足不前,没迈开步子。现在看按部就班的干法不行。你们向侯捷同志汇报,把省直各部门都动员起来,作为战略措施来抓。把水利和道路搞上去,水利、道路是重点。基础设施建设要作为解决农业后劲的重大措施来考虑。对省直各单位要分配任务,作为硬任务,一项一项抓落实。

在经济战略安排上,农业要把三江平原开发作为重点。省里新增财力也要往这方面安排,集中使用在三江平原上可能成点气候。省里不投钱不行,不能一搞农业就向国家要钱。基础设施建设全省要统一安排,把农场包括在内。

二、要从实际出发

以改造低产田为主,旱改水是个方向,多搞一些水田。适于种大豆的多种大豆。改造沼泽地,水大水小都可以改造,要搞综合治理。养牛也要搞。

三、要搞活两个机制

一是资金投入机制,二是技术投入机制。再不能走国家拿钱农民种地的老路。搞无偿投入不行,还是要有借有还。新开荒地,不要分给一家一户,要坚持承包形式,但要承包给大户、能人、城市企事业、科研单位。

国有荒地的开垦和多种经营,要搞规模经济,像苏州、宁波那样,走好与别人联营开发的路子。一定要把基础设施搞好,叫人家来给你们修路,搞水利设施是不可能的。

科技也要有偿服务。要能吸引大批科技人员参加开发。

搞技术承包要和效益挂钩。可和评职称挂钩中科院对在生产第一线的科技人员,单独定评职称条件;也可与浮动工资挂钩,搞几年的应提一级;还可和奖励挂钩,要重奖。整个社会要造成尊重知识、尊重人才、尊重科学的气氛,使科技人员有自豪感、荣誉感。对此,你们要拿出办法来。

四、要先易后难

先开发条件比较好,见效快的,先吃肉后啃骨头。外地来开发要给人家好地方。要逐步开发,逐步积累资金。先入手开发的地方,道路等基础设施要先搞好。在开发上一定要抓住重点,一片片开发,分期分批地进行,不要全面开花。在新技术推广上也要有重点地一片片搞。

五、要加强领导

开发工作要当作大事来抓,一步一步抓下去,要抓得很紧很紧。省市县都要加强领导。要注意千万防止把黑地都算进去。需要有个组,经常下去检查。开发机构——公司里不能安置离退休干部,也不要顾问,都要干实事。

(编者注:1988 年 6 月 29 日,在听取时任黑龙江省人民政府副秘书长任兆奎、黑龙江省三江平原农业开发建设总公司杨德祥汇报三江农业开发进展情况后陈俊生讲话记录)

【相关链接】五

戴谟安在三江平原建设承包签字仪式上的讲话

1. 要进一步深入贯彻开发建设方针。这次签订的承包协议书上,明确了国家要在资金上给一些扶持。但这点钱只是个引子,关键在于能否实现国家、地方、企业、集体、群众几个轮子一齐转,共同投入搞开发。通过国家给的这点资金,给的优惠政策,把省外、国外的资金吸引进来,把地方、企业、集体、群众的生产潜力挖掘出来,尤其是要调动和增加农民的投入,这样,我们就会在三江平原的开发上闯出一条新路子。

2. 认真抓好抓实承包任务的落实工作。这次会上,省与各地签订了 3 年承包协议,各地回去后,要立即召开会议,把你们那里的承包任务落实到县、农场。市、农场总局对县、农场要引进竞争机制,实行招标承包,先开发条件好的地方,不要搞摊派、平均分配。一定要优中选优,国家资金投入的少,怎么走活这盘棋,就是要靠优中选优来搞项目、搞小区开发。对于条件不具备,领导不重视,准备工作不充分的县、农场可以先不予安排或少安排开发任务。佳木斯、牡丹江、农场总局要突出抓住几个县、农场,做好前期准备工作,大张旗鼓地搞一下招标承包活动。同时,我们要认真抓好技术承包工作,要动员各部门、各个阶层的科研人员到第一线去,搞技术承包。科委要尽快制定出科技人员到三江平原搞技术承包的奖励办法,以鼓励大量的科技人员参加三江开发建设。各高等院校和科研单位,要立即主动组织科技大员与县、场合作,承包三江开发任务。

3. 搞好开发建设规划。省要求各地一定要做到定点、定位、定量,真正落到实处,在9月份以前,各地要以市县为单位,由一名领导亲自抓,充分利用已有的荒地资源调查、土壤普查、农业区划土地、水利等部门的同志按这次会议定的3年承包任务,制定出开荒、低产田改造实施规划,并附1∶10万的规划图。各地在搞好总体规划的同时,要注意抓好小区的开发计工作。总体规划中要有小区开发的专题规划。在制定规划小区开发的同时,要切实注意搞好发展外向型经济,搞创汇农业。林牧副渔等多种经营开发建设项目的规划,一定要注意实事求是,抓住重点,择优投放。

4. 要扎扎实实抓好明年增产10亿公斤粮食的工作。这次三江平原的进一步开发,省与国家签订的8年承包协议。因此,省对签订的也是3年承包协议。今年由于协议签订的晚,投资未及时下达,因此起步也迟了一些,加上春涝的影响,给今年各项任务的完成带来了困难。能否完成3年的任务,抓好今年下半年和明年的上半年开发建设工作至关重要。明年增产10亿公斤,就是说我们每个县、场都必须在明年一年,在1987年的基础上增产20%以上。各地要结合当地的实际情况拟定增产20%以上的具体措施,扎扎实实地,一项一项抓落实。当前,尤其要抓好伏荒和秋荒开垦和低产田改造,做好明年开发的各项准备工作。

5. 下大力气做好耕生地占用税的收缴入库工作。第一,各级政府都要把征收耕地占用税当成一项重要任务来抓,加强对征收工作的领导。特别是我们地处三江平原的市、县领导,更要抓好这项工作。第二,要带头模范地执行税法,贯彻条例,应征则征,不开减免口子。第三,要督促有关部门支持和配合财政部门征税,土地管理部门和各专业银行,要配合征收机关做好工作。

6. 进一步加强领导,健全机构,完善制度。应尽快把组织机构建立健全起来,以保证这项工作卓有成效地推开。

（编者注:1988 年 7 月 29 日,时任副省长戴谟安代表省政府与佳木斯、牡丹江、鸡西、鹤岗、双鸭山、七台河六市和省农场总局签订三江平原农业综合开发建设承包协议书后的讲话记录）

第二章　机构队伍

第一节　机构总体架构

黑龙江省农业综合开发的组织管理，是根据农业综合开发所确定的目标任务，以项目管理为基本方法，通过建立一个有效而且适应农业综合开发活动的组织与管理体系，使各地区、各部门之间做到相互协调配合，资金、物资、科技、人才等要素实现合理配置与使用，并在农业综合开发实践过程中取得最佳效果的一项管理工作。组织与管理体系特点：

一是政府行为。农业综合开发是政府的一项支农惠农政策。农业综合开发办事机构，根据不同历史时期农业和农村经济工作，制定相应政策措施，明确开发重点和目标任务，调动农业发展中的各种积极力量，实行集中领导、统一规划、综合开发。

二是目标管理。农业综合开发办事机构通常将不同历史时期农业综合开发总的目标任务，分解形成明确的、可操作与监控的具体内容，以利于在管理上实行程序化、规范化的控制。

三是利益引导。农业综合开发项目实施效果要求是经济、社会和生态效益的同步提高。在决策、规划、执行、监督，以及其他开发过程中每个环节的组织管理，都引入了利益竞争机制，做到"谁投入、谁开发、谁受益"。

四是综合功能。农业综合开发的组织管理遵照全面、系统、统一原则，对资源、资金、技术、劳力等要素按最佳方式组合，进行综合利用和科学、规范、有效的管理。

黑龙江省农业综合开发按照"统一组织、分级管理"的原则,经过30年的不断探索实践,逐步形成了一个从省到市县至项目区完整的管理体系。管理体系基本框架是:

省政府成立农业综合开发领导小组,农业综合开发的方针政策和重大决策通过领导小组决定;

省农业综合开发领导小组的办事机构,具体负责全省农业综合开发的组织管理和协调工作;

与省农业综合开发领导小组相对应,各市(地)、县(市、区)同样成立农业综合开发领导小组,并且同样下设农业综合开发办公室,具体负责行政管辖区内农业综合开发的组织管理与协调工作。

关于基层农发办事机构的设置,1989年2月15日国家土地开发建设基金管理领导小组在印发的《关于设置土地开发建设基金管理领导小组办公室有关事项的通知》中,建议地方比照中央办法,将其设在财政厅(局),同时明确作为领导小组办事机构。1989年6月15日召开的国家土地开发建设基金管理领导小组第六次会议强调,"地方开发机构挂靠哪个部门由各地自定,但领导小组要归口"。

由于中央和省在立项开发之初对各级农发办事机构挂靠问题未做统一规定,以致多年来全省各级农发办事机构设置大体分为了三种情况:一是归口财政但相对独立运行;二是作为财政内设职能处室;三是归口农委、发改委等其他部门,或为政府直属单位。各地各级农发机构的关系分几种:

一是隶属关系。基层农发机构的设置并未完全统一,客观上存在着几种不同的地方行政隶属关系,但在业务上始终强调,必须保持与上级农发机构直至国家、省农发办的垂直联系,执行上级下达的计划任务,接受业务指导和管理监督。

二是制约关系。对于农发机构未设在财政部门,项目管理和资金管理主要职能分开的,但这些地方的农发机构在选择确定项目和资金管理等方面也紧密沟通协调,双方既彼此支持配合,又相互监督制约,保证了项目建设任务的完成。

三是协作关系。农业综合开发涉及农业、水利、林业、畜牧、国土、供销、科技、金融等多个部门或单位，农发部门规划与农口部门的规划相互衔接，并在业务上主动接受指导帮助。同时，在地方政府的统一领导下，按照"统一规划、各负其责、各记其功"的原则，整合涉农资金，共同推进项目区建设。

四是合同关系。多年来，基层农发机构作为项目建设的直接组织者，通过公开招标或定向委托的形式，确定设计、施工、监理、物资供应、审计、验收等单位，与其建立合同关系，双方共同遵守承诺事项，保证各项合同条款的落实。近些年为规避管理风险，提高工作效能，许多县级农发机构通过政府购买服务，使越来越多的中介组织和专业机构参与到项目建设中来。

第二节　省级领导小组

为加强对农业综合开发的管理，对应国家农业综合开发领导小组，黑龙江省人民政府成立了黑龙江省农业综合开发领导小组，随着有开发任务的市、县政府也相应建立了农业综合开发领导小组，成员单位参照确定。主要负责国家农业综合开发方针政策的贯彻落实，对本行政区域内的农业综合开发项目规划、年度计划、资金筹集等重大问题进行决策，协调解决本地区农业综合开发中的重大问题。

1988年5月，经省政府同意，成立黑龙江省三江平原农业综合开发建设领导小组。组长侯捷（省长），副组长戴谟安（副省长）、任兆奎（副秘书长），成员王恩山（省农牧渔业厅厅长）、刘成果（省农场总局局长）、张福如（省计经委主任）、贾若文（省财政厅副厅级巡视员）、王才（省水利厅厅长）、杨德祥（省农牧渔业厅副厅长）、冉秉利（省科委副主任）、王君仁（省农业银行副行长）、田秀兰（省物质局副局长）、张福发（省供销社副主任）。

1989 年 4 月,重新调整了黑龙江省三江平原农业综合开发建设领导小组组成人员。组长侯捷（省长）、戴谟安（副省长）。副组长任兆奎（副秘书长）、张文科（省计委副主任）、曹广亮（省财政厅副厅长）、成员刘成果（省农场总局局长）、张瑺达（省农委副主任）、李星（省农牧渔业厅副厅长）、王长祥（省水利厅副厅长）、张福如（省计经委主任）、贾若文（省财政厅副厅级巡视员）、冉秉利（省科委副主任）、王君仁（省农业银行副行长）、田秀兰（省物质局副局长）、杨德祥（省三江开发总公司经理）、张福发（省供销社副主任）张增敏（省农科院副院长）。

1989 年 8 月,根据国家土地开发建设基金管理领导小组〔1989〕国土基字第 01 号文件精神,省政府同意将黑龙江省三江平原农业综合开发建设领导小组更名为黑龙江省土地开发建设基金管理领导小组。

1990 年 11 月,省政府同意黑龙江省农业综合开发领导小组更名为黑龙江省农业开发领导小组。

2000 年 7 月,调整黑龙江省人民政府农业开发领导小组组成人员。组长王先民（省委常委、省政府副省长）,副组长申立国（省政府副省长）、郭宝福（省政府副秘书长）、王利民（省财政厅厅长兼省农业开发办主任）。成员（按姓氏笔画为序）:丁宝国（省农业银行副行长）、马滔（省发展计划委员会副主任）、王树国（省科学技术厅厅长）、史青衿（省农业开发办常务副主任）、关心（省乡企局副局长）、陈长涌（省经贸委副主任）、李忠奎（省畜牧局局长）、张增敏（省农业科学院院长）、林橱德（省国土资源厅副厅长）、姜在滨（省财政厅副厅长）、钟雨亭（省农委副主任）、胥信平（省水利厅副厅长）、韩连生（省林业厅副厅长）。

后期分管农业综合开发工作的省政府领导有申立国、吕维峰、刘忻。

第三节　省级办事机构

1988 年 5 月,依据黑编〔1988〕75 号文件,成立黑龙江省三江平原农业综合开发建设领导小组办公室,设在省计经委,任兆奎兼任主任,张福如、贾若文、杨德祥兼副主任,办事人员从省直部门抽调。

1988年10月,黑龙江省三江平原农业综合开发建设领导小组办公室归省计委管理。

1989年4月,重新确定黑龙江省三江平原农业综合开发建设领导小组办公室人员。办公室主任张文科,副主任吴起超、叶云昆、裴福儒、石国忱、鞠才、孙国福、鞠文清,主任、副主任都是兼职。

1989年8月,省政府同意将黑龙江省三江平原农业综合开发建设领导办公室更名为黑龙江省土地开发建设基金管理领导小组办公室。

1990年2月,黑龙江省土地开发建设基金管理领导小组办公室更名为黑龙江省农业综合开发领导小组办公室,升格为副厅级机构,为农业事业单位,由省农业综合开发领导小组直接领导,挂靠在省政府办公厅。核定人员编制二十五名。内设综合处、计划财务处、基建项目处、调研处。

1990年11月,更名为黑龙江省人民政府农业开发办公室。负责领导小组的日常工作。仍为事业单位,机构规格、编制人员和开支渠道不变。由挂靠在省政府办公厅改由省政府直接领导。

1995年7月,机构改革,黑龙江省人民政府农业开发办公室,仍为事业单位,机构规格、开支渠道不变。为省政府直接领导具有行政职能的议事协调机构。人员编制由25人增加到29人。下设5个处:秘书处、人事处、计划财务处、土地项目处、多种经营项目处。

2000年6月,机构改革,更名为黑龙江省农业开发办公室,为管理全省农业综合开发项目的具有行政职能的事业单位。隶属黑龙江省财政厅,机构规格仍为副厅级,业务工作对省政府。设4个职能处:综合处、计划财务处、土地项目处、多种经营项目处。事业编制24名。领导职数:省财政厅长兼省农业开发办主任,配副主任2名,其中副厅级1名,正处级1名;正副处长10名,其中处长4名,副处长6名。

2003年8月,经省委组织部同意,省农业开发办公室领导班子增加副主任(正处级)1职。增加后,领导班子职数为:主任1职(由省财政厅厅长兼任)、副主任(副厅级)1职、副主任(正处级)2职。

2005年1月,省编委同意省农业开发办公室内设世行项目处,所需5名人员编制由省农业开发办公室自行调剂解决。核定处级领导职数2职(正处1职、副处1职)。

2005年8月,省编委同意省财政厅1名军转干部划归省农业开发办公室。

2006年3月,省人事厅同意省农业开发办公室增加1名副调研员职数。

2007年2月,省政府常务会议批准,同意省农业开发办公室参照公务员法管理。

2007年6月,省人事厅同意省农业开发办公室超配副调研员2职,用于解决接受的军转干部职务。

2008年7月,省人事厅同意省农业开发办公室非领导职数5职,其中调研员3职,助理调研员2职。

2009年3月,省编委同意省农业开发办公室增加事业编制1名。增编后,编制总数为34名,其中行政编制2名、事业编制27名、离退休干部工作人员编制1名、工勤人员事业编制4名。

2009年4月,省人社厅同意省农业开发办公室超配副调研员1职,用于解决接收的团职军队转业干部。

2010年2月,省编委同意省农业开发办公室增加总工程师(正处级领导职数)1职。增加后,处级领导职数为正处8职、副处7职。

2010年6月,省编委同意省农业开发办公室增设部门项目处,为正处级内设机构,所需人员编制从省农业开发办公室内部调剂解决,核定正处级领导职数1职。同时将计划财务处更名为计划财务审计处。调整后,省农业开发办公室内设机构6个,正处级领导职数9职。

2013年2月,省编办同意省农业开发办公室总工程师领导职数,调整为副主任领导职数1职。调整后,正处级领导职数总数不变。

2015年1月,省编委批准《黑龙江省财政厅所属事业单位分类方案》。黑龙江省农业开发办公室隶属黑龙江省财政厅,业务工作由黑龙江省人民政府领导,暂不分类。按副厅级事业单位管理。内部机构6个(均为正处级):综合处、计划财务审计处、土地治理项目一处、土地治理项目二处、农业产业化项目处、外资与部门项目处。事业编制36名,其中管理人员32名、工勤人员4名。办领导班子职数:主任由财政厅厅长兼任、副主任4职,其中,副厅级1职、正处级3职,内部机构领导职数正处级6职、副处级7职。经费形式为财政全额预算拨款。

2017年11月6日,省编委同意黑龙江省农业开发办公室划入公益一类,其内部机构土地治理项目一处更名为项目管理一处、农业产业化项目处更名为项目管理二处、土地治理项目二处更名为项目管理三处。明确类别及部分内部机构更名后,黑龙江省农业开发办公室事业编制、内部机构数、领导职数、经费形式等其他机构编制事项均不变。

2018年10月,机构改革,农业综合开发项目管理职能归新组建的黑龙江省农业农村厅,黑龙江省农业开发办公室撤销,21人转隶到农业农村厅,其中包括副主任王福(正处级)。常务副主任薛英杰转任省财政厅副厅长(副厅级),副主任孙敬义转任省知识产权局副局长(正处级),副主任王大明转任省粮食局副局长(正处级)。

办公地点变化:省政府办公楼—蓝天宾馆—雪龙宾馆—木介街办公楼—农林街办公楼—财政厅办公楼。

历任省级办事机构主任(正厅级)

任兆奎 1988.05　张文科 1989.04(副厅级)　李方旭 1990.05　王利民 2000.09　李继纯 2001.12　王庆江 2010.04　史青衿 2016.10

历任省级办事机构顾问(正厅级)

孙连举 1995.02

历任省办副主任(副厅级)

张福如 1988.05　贾若文 1988.05　杨德祥 1988.05　胡湘韩 1990.05　李克达 1990.11　刘长胜 1994.06　史青衿 2000.09　运连鸿 2005.08　薛英杰 2014.01

历任省级办事机构副厅级巡视员

崔华东 1996.04 张力新 2002.06

历任省级办事机构副主任（正处级）

吴启超 1989.04 刘加强 1991.03 史青衿 1995.11 王兆力 1996.10 运连鸿 2001.03 薛英杰 2004.02 孙敬义 2005.10 王 福 2015.08（总工程师 2010.11） 王永石 2015.08 王大明 2017.06

历任省级办事机构处长

丁本昌 许尚哲 高 奎 柳遇春 王尊清 王兆力 王延昌 运连鸿 薛英杰 孙敬义 王 福 支殿魁 聂秀发 王永石 王大明 李荣祥 王明鹤 姜显有 任秀峰 王晓冬 杨 培 刘 伟 王文刚

省级办事机构其他处级干部

隋显志 宁双荣 田晓庆 朱广发 迟日恒 李俊宇 商维兴 孙绍华 柯亚军 费仁伟 高 炜 李海燕 范正男 李 健 朱庆民 曹 巍 梁景虹 刘恒伟 田庆峰

省级办事机构其他人员

孙永军 杨志勇 张蔚波 候 光 聂胜福 张 静 徐 志 邵希平 高智学 丁双吉 李英华 李秀香 刁士新 程思顺 李洪生 王俊生 张广仁 常 颖 陈 琦 刘 斐 李秀妍 孙佳南 常忠宝 王 燕 邢 猛 张 砾 尹慧峰 李 楠 徐忠新 范永峰 刘春旭 王成瑞 魏国辉 王慧丽 刘自洋 丁宏权 徐 博 马锡凯 邹 琦 张爱军 宋凯书 安伟超 詹云鹏 尚兴江 赵洪波 王志刚 顾津聿 马先才 陈义刚 张 爽 夏 瑀 张 悦 杨璐维 滕洪福 王福春 王晓今 杨福森 姜景武 李 超 邢永平 孙语聪 赵婧琳

第四节　省办下属单位

一、黑龙江省农业开发建设总公司

1988 年 6 月,省委六届一次常委会议决定成立黑龙江省三江平原农业开发建设总公司,按厅级企业单位管理,由省农牧渔业厅代管。三江平原农业开发建设总公司是独立经营、自负盈亏、具有法人资格的经济实体。总公司下设办公室、计划财务综合部、生产开发部、基建项目部、商品经销部、咨询服务部,定员六十名,人员应随着业务发展逐步配备。

主要任务是:引进资金、组织、协调开发三江平原,公司实际上是行政性公司。成立不久,田纪云副总理在一次讲话中提出禁止公司搞行政性的土地开发,经省领导研究决定将公司的行政职能划给了省计委三江办。

1988年8月,黑龙江省鼓励从省外引进资金搞开发,北京市副食和饲料供应比较紧张,根据省领导和北京市领导意向,北京市向黑龙江省投资9000万元,黑龙江省每年向北京供应3.5万吨大豆、豆饼等事宜签订了协议书。公司受省政府委派成为协议主体,负责协议的落实和执行。

1989年7月8日,调整隶属关系,省编委批准挂靠省农牧渔业厅的黑龙江省三江平原开发建设总公司更名为黑龙江省农业开发建设总公司,改为挂靠省农委。

1990年2月26日,省农业开发建设总公司机构规格由厅级降为处级。由省农业综合开发领导小组办公室领导。公司实行独立核算,自负盈亏。人员编制由原来的六十名调减到三十名,内部设综合部、项目部、开发部、物资部、边贸部。

1992年9月至1998年2月内部设置综合部、开发部、对外边贸部、农副产品部、直属企业部、物资经销部、化工部。

1998年2月至2000年8月内部设置综合部、项目部、开发部、鸵鸟公司、力达公司、农发公司。

2001年8月,根据省直事业单位处级领导职数审核有关规定,省编委重新核定省农业开发建设总公司正处级领导职数1职、副处级领导职数2职。

2015年1月,省编委批准《黑龙江省财政厅所属事业单位分类方案》。省农业开发建设总公司,隶属省农业开发办公室,为从事生产经营活动事业单位,按正处级事业单位管理。主要职责任务:为全省农业综合开发提供国内外先进技术引进推广等服务工作;参与全省农业综合开发大项目建设实施。内部机构5个,均为正科级。事业编制27名,其中管理人员4名、专业技术人员18名、工勤人员5名。领导职数:经理(正处级)1职、副经理(副处级)2职,内部机构领导职数正科级5职、副科级5职。经费形式为非财政补助。

2016年2月,为进一步推动经营类事业单位改革,节约、集约使用事业单位机构编制资源,省编委收回省农业开发建设总公司空编3名。

2017年1月,省编委对省直部分从事生产经营活动事业单位执行年度空编收回,收回省农业开发建设总公司空编2名。

2017年12月,省编委对省直部分从事生产经营活动事业单位执行年度空编收回,收回省农业开发建设总公司空编2名。

2018年11月,机构改革,转隶归省农业农村厅管理。

历任领导班子成员: 杨德祥　胡湘韩　李方旭　陈永宁　张宏刚　李克达　苏显模　刘加强　孙敬义　尹航　李晓春　李智聪　李钢　任民

工作人员: 丁双吉　丁本昌　于洪波　王兆力　王大明　王薇　王萼清　王实　王晶　王俊生　王尔艳　王雅君　王丽娜　王文昌　王凤　王秋慧　尹钢吉　田晓庆　田彩天　宁双荣　石延年　卡伟　冯全兴　孙晓滨　孙克胜　孙秀香　孙雯　许贞锦　许尚哲　纪成树　李荣祥　李英华　李金瓯　李正奎　李海燕　刘念民　江宝志　安伟超　朴顺培　阮凯丰　汤彬　陈景波　陈景年　候光　陈玉玲　张蔚波　张伟　张秀琴　张坤　张永田　张靖　张爽　曹忠　张新春　何平　苏亚庆　杨福森　杨志勇　具本红　姜晓伟　赵玮英　赵胜男　咸佳君　高金章　高志学　高奎　常克文　崔允哲　程思顺

二、黑龙江省农业开发评审中心

1993年3月,成立黑龙江省农业综合开发技术培训中心,编制10人,隶属黑龙江省人民政府农业开发办公室,为副处级差额事业单位。

1996年4月,黑龙江省农业综合开发技术培训中心更名为黑龙江省农业开发评估咨询培训中心。

2006年9月,省编委同意黑龙江省农业开发评估咨询培训中心与黑龙江省农业创业中心合并,成立黑龙江省农业开发评审中心,隶属省农业开发办公室,按处级事业单位管理。核定事业编制36名,其中管理人员5名、专业技术人员30名、工勤人员1名。经费为财政全额拨款。核定领导职数3职(正处1职、副处2职)。职责任务是:承担全省农业综合开发项目评审工作;组织开展农业综合开发项目中期检查和项目竣工验收工作;承担农业综合开发项目区人员培训、农业技术推广和信息服务工作。

2012年12月,省公务员局核定省农业开发评审中心副调研员职数3职。

2015年1月,省编委批准《黑龙江省财政厅所属事业单位分类方案》。省农业开发评审中心,隶属省农业开发办公室,公益一类,按正处级事业单位管理。主要职责任务:承担全省农业综合开发项目评审工作;开展农业综合开发项目中期检查和项目竣工验收工作;承担农业综合开发项目区人员培训、农业技术推广和信息服务工作。内部机构5个,均为正科级。事业编制36名,其中管理人员5名、专业技术人员27名、工勤人员4名。领导职数:主任(正处级)1职、副主任(副处级)2职,内部机构领导职数正科级5职、副科级5职。经费形式为财政全额预算拨款。

2015年4月,省政府批准省农业开发评审中心参照公务员法管理。内设9个科:综合科、财务科、评审科、验收科、培训科、审计科、监督检查科、绩效评价科、制度研究科。

2018年11月,机构改革,转隶归省财政厅管理。

2019年1月,省编委印发《黑龙江省财政厅所属事业单位机构改革方案》,明确黑龙江省农业开发评审中心并入黑龙江省财政厅投资评审中心,撤销黑龙江省农业开发评审中心牌子。

历任主任(或负责人):柳遇春 房道进 任秀峰 王晓东 王文刚
张广仁(负责人)

历任副主任:张广仁 李智聪 崔新德

历任副调研员:杨 培 李智聪 王俊生 梁 宏 张 砾
张爱军

工作人员: 孙丽丽 张桂兰 李智渊 刘学忠 孙绍强 卢占华
李雪艳 陈 琦 王 燕 常忠宝 李 楠 宁宏波 李秀妍 徐忠新
孙佳南 房灿松 吴 蔚 曲 军 支 珊 尹慧峰 范永峰 王成瑞
王慧丽 刘自洋 邹 琦 宋凯书 张 爽 赵庆涛 汪德鹏 尚 超
李 超 来艳华 詹云鹏 常 颖 张 爽 陈文静 杨福森 姜京武
左书伊 高 悦 王 双 徐 畅 齐一秦 高歌阳

三、黑龙江省农业综合开发设计所

1992 年 4 月,省编委同意成立黑龙江省农业综合开发设计所,隶属于黑龙江省人民政府农业开发办公室,按处级事业单位管理,核定事业编制二十名,经费从设计收费中解决。

1992 年 12 月,黑龙江省建设委员会颁发工程设计证书,暂按乙级设计单位管理。内设综合办公室、规划室。

1993 年 7 月,黑龙江省建设委员会换发专项工程设计证书,按乙级设计单位管理。

1995 年 12 月,国家计划委员会颁发工程咨询资格证书,资格等级乙级。内设办公室、财务室、规划室。

1998 年 6 月,省编委同意黑龙江省农业综合开发设计所挂黑龙江省农业综合开发科技发展中心的牌子。

2015 年 1 月,省编委批准《黑龙江省财政厅所属事业单位分类方案》。省农业综合开发设计所,隶属省农业开发办公室,为从事生产经营活动事业单位,按正处级事业单位管理。主要职责任务:承担全省农业综合开发专业规划设计、技术性研究、项目设计和业务咨询工作。内部机构4 个,均为正科级。事业编制 20 名,其中管理人员 3 名、专业技术人员 13

名、工勤人员4名。领导职数:所长(正处级)1职、副所长(副处级)2职,内部机构领导职数正科级4职、副科级4职。经费形式为非财政补助。

2017年1月,省编委对省直部分从事生产经营活动事业单位执行年度空编收回,收回省农业综合开发设计所空编1名。

2017年12月,省编委对省直部分从事生产经营活动事业单位执行年度空编收回,收回省农业综合开发设计所空编1名。

2018年11月,机构改革,转隶归省农业农村厅管理。

历任所长(或负责人):张宏刚　高歌阳　房道进　刘伟(负责人)　李智渊(负责人)　姜显有　王明鹤　杨　培　商维兴(负责人)
柯亚军

历任副所长:刘　伟　李智渊　金　春　陈　实

工作人员:徐　媛　徐爱滨　陈秀琴　徐晓彤　刘永明　沈　敬
高笑梅　陈景波　徐晓伟　孟　勇　杨思明　来艳华　丁欣儒　李宗坤
崔子鸣　赵亚中　张　悦　赵洪波　詹云鹏　陈　杰

四、黑龙江省农业开发创业中心

1996年6月,黑龙江省农业开发创业中心是根据黑龙江省编制委员会黑编〔1996〕156号文件,批准组建的正处级事业单位,隶属于黑龙江省人民政府农业开发办公室,核定事业编制8人。内设机构有办公室、财务科、综合业务科。主要承担农业综合开发的招商引资工作,为农业综合开发提供咨询和相关的技术服务。

2006年9月,与黑龙江省农业开发评估咨询培训中心合并,成立黑龙江省农业开发评审中心。

历任主任:史青衿(兼)　李荣祥　王明鹤

工作人员:齐一秦　李　健　张爱军　吴　蔚　滕洪福　陈　琦
曲　军　李　楠　孙佳南

五、黑龙江省农业开发投资有限公司

2005年2月,黑龙江省财政厅批准成立黑龙江省农业开发投资有限

公司,黑龙江省农业开发办公室履行出资人职责,为省属国有独资公司,注册资金1亿元。

经营范围包括农业项目投资及投资管理、咨询服务;农业科技开发;农业技术开发、咨询、交流、转让、推广服务。

投资公司成立之初,划归省农发办世行项目处管理。

2014年5月,由世行项目处划转到计财处管理。

2017年4月,从计财处分出,单独组建并由省农发办党组直接管理。

历任董事长、法定代表人:运连鸿　薛英杰　李　钢　邹　琦

历任总经理、副总经理:王永石　邹　琦　安伟超

历任监事:支殿魁　李荣祥　王晓冬　张爱军

其他员工:刁珍娜　赵　璞　朱明瑶　司淑红　刘涵嘉　杨璐维李　胜　张　蓓　孙语聪　邹政轩　赵婧琳　梁邵莹　韩东东　邢永平张　悦　夏　瑀　张　蕊　陈　琦

六、其他单位

中韩合资黑龙江三江平原农业开发有限公司、黑龙江省农业综合开发经贸总公司、黑龙江省农业综合开发工程公司(后改为黑龙江省农业综合开发实业总公司)、黑龙江省沙棘产业协会、黑龙江省鑫实农业开发公司、黑龙江省农业综合开发研究会、黑龙江省农业综合开发编辑部。

第五节　市级办事机构

市(地)级农发办事机构的内部设置,由于归口、级别、任务及人员配备等情况的不同,也不完全一致。但就总体而言,内设机构大致包括综合管理岗位、业务管理岗位、辅助管理岗位。各地在机构内部设置上的安排,主要从自身实际出发,能够满足工作需要,并与上级相对应。市(地)级农发办事机构在立项开发初期及之后的较长一段时期,作为承上启下的管理环节,对于组织、协调、指导和推进本地区农业综合开发工作发挥

了重要作用。近些年,随着省管县财政体制的实行,以及涉农资金整合、扶贫攻坚等工作的开展,使农业综合开发延续多年的分级管理体制遇上了新问题,在不少地方,市级管理职能呈现弱化的趋势。2018年全省市级农发办在岗人数147人。

一、哈尔滨市人民政府农业综合开发办公室

哈尔滨市人民政府农业综合开发办公室成立于1994年,同时挂哈尔滨市人民政府农业资源区划办公室牌子,是市政府职能部门,公务员管理单位。

1997年,哈编字〔1997〕175号文件规定"市农业综合开发办是市政府议事协调的办事机构,副局级,由市农业委员会管理"。

1998年,哈编字〔1998〕79号文件规定"市农业综合开发办是市政府议事协调机构的办事机构,副局级,由主管农业的副市长直接领导"。

2001年,哈编字〔2001〕154号文件规定"哈尔滨市人民政府农业综合开发办公室改为事业单位,参照公务员法管理,副局级,承担政府职能,隶属哈尔滨市财政局,业务工作对市政府"。

2019年1月,机构改革,划入市农业农村局。

哈尔滨市人民政府农业综合开发办公室内设5个职能处室:综合处、计划财务处(外资处)、土地资源项目处、多经龙头项目处、部门项目处;下属事业单位:哈尔滨市农业综合开发项目评审中心(正处级)。

编制28个(含军转编制2个,工勤编制3个)。领导职数:主任1职(副局级),副主任2职(正处级),纪检组长1职(正处级);处级领导职数9职,其中,处长5职,副处长4职。非领导职数:调研员2职,副调研员2职,主任科员3职,副主任科员3职。

市农业综合开发评审中心编制10名。领导职数:主任1职(正处级),副主任1职(副处级)。非领导职数:副调研员1职,主任科员2职,副主任科员2职。

历任主任:孙述林　王贵良　王运义　史呈越　刘文彬　刘长河孙　玉　张冬梅

历任副主任:孙述林 刘畔河 刘怀良 李喜强 李本仁 刘继庆 滕 刚 田玉贵 张军 郭景友 张冬梅 赵边疆 李玉祥 司炳春 丁宇航

历任纪检组长:潘志龙

历任处长:田玉贵 霍玉夫 赵边疆 何仁霞 王淑琴 李玉祥 张春艳 丁 珂 王亭荣 陈忠民 张春燕

历任副处长:谭忠东 丁 珂 陈继慧 杨玉妍 蒋竞姝 苏万臣

历任评审中心主任:刘雪峰

历任评审中心副主任:陈忠民 王晓彦 姜景智

其他工作人员:崔秀萍 常 亮 韩怀宇 苏 石 吴 哲 高 枫 范 强 王利志 史欣悦 冯柳玲 李冰玉 姜 峰 孙崇辉 张宏艳 李 乾 程群峰 刘安良

二、齐齐哈尔市农业开发办公室

1991年7月,成立齐齐哈尔市人民政府农业开发办公室,为市农业开发领导小组的办事机构,由市农业委员会代市政府管理,级格为处级,编制由农业委员会调剂解决。

2001年12月,市农发机构划转到市财政局,业务受市政府和市财政局党委双重领导。

2008年9月,市农业开发办公室调整内设机构,由2个调整为4个,即由综合计划科和项目科调整为综合科、计划审计财务科、土地项目科和产业化经营项目科。编制内调,调整后,行政编制为10名,工勤人员事业编制仍为1名,增科长职数2名。

2011年11月,机构改革,市农发办设在市财政局,设4个内设机构:综合科、计划审计财务科、土地项目科和产业化经营项目科。

2018年12月,机构改革,市农发办机构撤销,农发项目管理职能划转到市农业农村局。

历任主任、副主任:关士敏 鲍焕然 李学忠 张朝礼 邓晓军 张更平 郑松岩 肖玉雪 任国英 杨乐忠 赵树学 秦向东 李 静

朱梦佳

历任科长、副科长：田　鹰　仪喜波　张雨佳　赵宏伟　周庆兰
尤文君　路书源　周　强

其他工作人员：刘　柱　李　勇　张啸寒

三、佳木斯市农业开发办公室

1989 年，经佳木斯市委、市政府同意，市编委以佳编字〔1989〕92 号
文件成立佳木斯市三江平原农业综合开发建设领导小组办公室（市三江
办），核定行政编制 11 名。下设 3 个职能科室：综合秘书科、计划财务科、
开发建设科。

1995 年，机构改革，保留佳木斯市三江农业开发办公室，归口市财政
局。核定行政编制 11 名，机关工勤人员事业编制 1 名。下设 4 个职能科
室：综合科、计划财务科、土地项目科、多种经营科。领导职数：主任 1 职，
副主任 2 职，正副科长 5 职。

1995 年 12 月 26 日，黑龙江省编制委员会下发的《机构编制管理证》
中，也明确市农业开发办事机构性质为机关，编制数为 12 人，其中行政
11 人，工勤 1 人。

1996 年 9 月，市农业开发办按照市人事局的部署，完成了在编的 11
位干部的公务员过渡工作，并于 1997 年 3 月 5 日收到《公务员过渡验收
合格通知单》。

2002 年，机构改革，佳木斯市三江农业综合开发办公室转为事业单
位，同时更名为佳木斯市农业开发办公室，为管理全市农业综合开发项目
的具有行政职能的事业单位。隶属于佳木斯市财政局，机构规格仍为处
级，业务工作对市政府。核定事业编制 9 人，市财政局长兼主任，副主任
1 名，科长 4 名。4 个职能科室：综合科、计划财务科、土地项目科、多种经
营科。

2018 年 12 月，机构改革，佳木斯市农业开发办公室机构撤销，职能
和编制整体转隶至佳木斯市农业农村局，人员身份由事业编转为公务员。

历任主任、副主任：张春盛　赵　健　牟秀荣　殷海龙　陈洪涛

王锡隆　王永生　翟载明　宗　毅　田宏文　吉　虎

历任科长、副科长:翟载明　曲绥成　张忠义　吉　虎　梅振学
蔡丽华　宫　航　顾成凯　王延平　崔洪杰

其他工作人员:吴佩章　何　华　范春锋　张玥华　王英硕
刘雪明　赵立发

四、绥化市农业开发办公室

1991年4月,绥化行署组建了农业开发科,为农委内设科室,人员两名,为行政机关编制。同年7月份,从农口借入9人。

1993年,第二次绥化地委委员会议决定,行署农业开发办为正处级常设临时机构,为行署常设临时机构,归口农口,人员来源从农口各有关单位借调,人员编制在原单位。

1995年,绥化行署编委确定农业开发办人员14人,其中农委行政编制8个,水利事业编制2个,畜牧行政和事业编制各1个,农机和林业行政编制各1个。

1997年3月,正式成立行署农业开发办公室,为正处级机构,隶属绥化地区行署,内设四个科室,核定编制14名。

2001年,机构改革,绥化市农业开发办公室是具有行政职能的政府直属事业单位(依照公务员法管理),隶属市财政局,业务工作对市政府。内设四个职能科室,事业编制14名。

2002年,市农业开发办全体干部人员过渡为公务员。

2006年5月,市编委审批增设世行项目科。

2006年11月,经市编委审批设置绥化经济开发区农业开发办公室,机构规格为科级,为市农业开发办公室的派出机构,核定2名事业编制,财政全额拨款。

2006年11月,绥化市农业开发办公室内设六个职能科室,编制16名。人员为行政机关编制,按照公务员管理,执行公务员工资。

历任主任、副主任:孙东波　于耀志　李　升　王显平　杨贵悟
蔡宝山　张永发　胡景林　刘金平　李俊宇　邓沛贤　刘永光　高贵明

历任科长、副科长：杨慧娟　冯克斌　刘泽雨　尚兴江　程德继
董淑杰　全红梅　侯晶波　张波　李娜　姜丹丹

其他工作人员：潘立民　金鑫　印喜芳　李明晶　孙国用
赵宝君　刘欣　孙博　王玉兰　运明明　王浩宇　潘攀　徐伟佳
尚昆　杜毓喆　岳鹏

五、七台河市农业开发办公室

1989年3月，成立七台河市三江农业综合开发办公室，为议事协调临时机构，挂靠市农委，负责协调组织全市农业开发各项工作。

1996年3月，正式组建七台河市农业综合开发办公室，人员编制为5人，实行行政管理，隶属于市农委。

2001年12月，七台河市农业综合开发办公室由市农委划归至市财政局，人员编制为5人，为七台河市财政局下属事业单位。

2018年12月，机构改革，市农业综合开发办公室撤并，人员转隶属市农业农村局。

历任主任：王成文　白长贵　尹国玉　翟春玉　崔成顺

历任科长、副科长：刘跃钦　井青山　郭玉晴

其他工作人员：张凤山　刘淑琴　付玉红　张丽莉　吴飞
孙开晓　曾翔宇　徐彤　李陶　王洪彬

六、大兴安岭地区农业开发办公室

1996年4月，正式组建大兴安岭地区农业开发办公室，人员编制5人，实行行政管理，负责协调组织全区农业开发各项工作。

2001年6月，机构改革，大兴安岭地区农业开发办公室划归至大兴安岭地区行署财政局，人员编制为5人，为大兴安岭地区行署财政局全额拨款事业单位，实行参公管理。

2018年12月，机构改革，大兴安岭地区农业开发办公室职能并入大兴安岭地区农业委员会，重新组建大兴安岭地区农业农村局。

历任主任、副主任：张赋　扎达布　刘权　高军　杜剑峰

历任科长、副科长：马玉兰　杜山　吴春荣　王永文

其他工作人员:郭长福　伊连生　张淑英　轩香玲　李晓红　杨　波

七、鹤岗市农业开发办公室

鹤岗市农业综合开发工作始于 1989 年,当时由鹤岗市计划委员会负责。

1991 年,成立鹤岗市农业开发办公室,设在市农委,核定行政编制 6 名。

1996 年 6 月,市农业开发办机构规格为副处级,隶属市农委管理,内设项目管理科和计划财务科,核定行政编制 6 名,机关工勤人员事业编制 1 名。

2001 年,机构改革,鹤岗市农业开发办公室改为事业单位,为管理全市农业综合开发工作的具有行政职能的事业单位,隶属市财政局管理,业务工作由市政府管理,内设 2 个职能科室,内部调整为事业编制。

2018 年 12 月,机构改革,市农发办撤销,职能归新组建的市农业农村局,人员转隶到市农业农村局。

历任主任、副主任:宫传和　孟祥全　白明泽　徐耀军　李忠伟

历任科长、副科长:高志国　田　淳　孙丽娟　吕其涛　许晓艺

其他工作人员:于开有　尹　君　张玉芝

八、双鸭山市农业开发办公室

1992 年 2 月,成立双鸭山市农业综合开发办公室,人员行政编制 2 人,挂靠市农委,负责协调组织全市农业开发各项工作。

1994 年 7 月,正式组建双鸭山市农业综合开发办公室,人员编制为 6 人,实行行政管理,由市政府直接领导,具体业务受市农委综合指导。

2001 年 12 月,机构改革,双鸭山市农业开发办公室由市政府划归至市财政局,人员编制为 6 人,为双鸭山市财政局下属事业单位。

2018 年 12 月,机构改革,市农业开发办公室隶属关系将划转至市农业农村局。

历任主任、副主任:翟德成　张振伟　李　晨　蒋　敏　杨福生　蔡厚良　霍维平　刘伦清　于广跃　张树平

历任科长、副科长:张玉华 巩秀艳 杨 璐 王 琳 左福超 刘长平 杨秀兰 刘丽娜 郭 荣

其他工作人员:刘淑霞 翟晓丽 谢海丰 高 红 张梦琼 关寒天 李昊伦 宋宇玄 王恩泽

九、黑河市农业综合开发办公室

黑河市农业开发办公室成立于1991年,正处级事业单位,原隶属于黑河地区行署,编制8人;下设农业开发实验站,科级职数2人。

1993年4月,地改市后隶属于黑河市政府,编制及职能不变。2001年党政机构改革黑河市农业开发办隶属于黑河市财政局,正处级事业单位,编制和职能不变。

2008年5月,调整内设机构,在原来的农业开发实验站基础上增设综合财务项目科,核定正科级职数1职。

2012年,增设综合项目科,增加正科级职数1职,同时将原综合财务项目科更名为计划财务科。调整后,市农发办行政编制为8名,核定科级职数4名。

2018年12月,机构改革,黑河市农业开发办与黑河市农业技术推广总站及黑河市农业经济管理站合并组建黑河市农业农村服务中心,正处级公益一类事业单位,隶属于黑河市农业农村局。

历任主任、副主任:沈世衡 薛保家 于明海 吴景辉 杨巨柱 郭文贵 张建国 张景文 冷占臣 王大纲

历任科长、副科长:吴 岚 孟宪增 刘雪梅 葛 健 马 刚 袭城元

工作人员:刘振宏 徐文山 沈文辉 王庆范

十、牡丹江市农业开发办公室

成立于1989年,原名为牡丹江市三江平原开发办公室,副处级行政单位,原隶属市计划委员会,编制6人;1990年更名为牡丹江市土地开发基金领导小组办公室;1992年更名为牡丹江市人民政府农业开发办公室。

1996 年机构改革,归口为隶属市农业委员会,更名为牡丹江市农业开发办公室,编制 10 人。下设综合科、项目科、计财科。

2001 年机构改革,隶属市财政局,副处级具有行政职能的事业单位,编制 10 名,其中主任 1 人,(财政局局长兼),常务副主任 1 人,副主任 1 人,内设综合科、土地科、多经科。

2018 年 12 月机构改革,与市农业委员会、市畜牧局、市农机局合并,组建牡丹江市农业农村局。

历任主任、副主任:于春生　宫崇云　赵国祯　李景才　赵金辉金日勋　单乐忠　郭庆祥　张国君　张光明　孟凡平　金秀兰　倪金亭

历任科长、副科长:王凤琴　韩　明　姚兴臣　黄　杰　周　健刘凤国　李天祥　翁少刚

其他工作人员:李玉山　才淑慧　任　杰　郭　莹　李延军史　威　张　波　宋　波　张　磊　张万海

十一、鸡西市农业开发办公室

成立于 1988 年,科级行政单位,隶属发改委。1997 年独立,隶属市政府,副处级行政单位,编制 7 人;后隶属市财政局,副处级具有行政管理职能的事业单位,编制 7 人,其中主任 1 人(局长兼),常务副主任 1 人,副处级调研员 1 人,内设科、计财科、项目一科、项目二科。

历任主任、副主任:左洪恩　黄国志　李鸿林　李传良　崔立新崔长杰　杨升利　周柏仁　韩　军

其他人员:姜立华　周传芝　韩　忠　孙丽娜　王振宇　张　丽邴巨胜　张　兴　董玉珠

十二、大庆市农业开发办公室

1990 年成立,与大庆农业区划办合署办公,编制 4 人,科级行政单位。

1994 年机构制度改革,划归市农牧渔业局,科级单位,编制 4 人。

1997 年,正处级事业单隶属市政府,编制 10 人。2002 年后隶属大庆市财政局,正处级事业单位,编制 18 人。

历任主任、副主任：毕英轩　索铁夫　宋岱武　张晶川　吴　迪
吴金状　曲殿玉　王雪冰　史森生　王金杰　赵　武　李东军

历任科长、副科长：宋天福　索铁夫　王金杰　郑晓东　赵博虎
魏武魁　申圣喜　马健行　赵忠学　王桂娟　王　汇

其他工作人员：高占举　麻卫玲　叶长远　杨　明　鄢国然

十三、伊春市农业开发办公室

成立于1997年，正处级行政单位，原隶属农委，编制2人；后隶属财政局，　正处级事业单位，编制6人，其中主任1人，副主任1人，内设计财科、综合科。

历任主任、副主任：金宗学　孙和云　安忠辉　朱德仁　那生辉
王海波　安晓婷

其他工作人员：王国军　于爱玲　张淑华　于晓茹　程卫东
张更会　郝冬梅　孙茂刚　赵　悦

第六节　县级办事机构

县级农发机构是农业综合开发最基层的组织管理单位，直接承担项目实施和管理的责任。因此，在组织管理上不仅要有明确的目标、严格的措施，还要有精干的人员配置。从全省多数地方情况看，都较为重视县级农发机构建设，如作为财政内设的，一般为副科级单位，由财政局一名副局长兼任农发办主任，或明确农发办主任为财政局班子成员；直属政府或归口财政但相对独立运行的，一般为正科级单位，其职能保持与省市相对应，但岗位通常只有综合股、项目股、财务股，且人员不多，一人多岗多职。2018年，县级农发办在岗人数599人。

黑河市爱辉区农业综合开发办公室，成立于1992年，副科级建制，为独立事业单位，原隶属爱辉区人民政府，编制5人；2002年后隶属爱辉区财政局，正科级事业单位，编制8人，其中主任1人，常务副主任1人，副

主任 2 人,内设综合股和计财股。

北安市农业开发办公室,成立于 1991 年,科级事业单位,原隶属北安市政府,编制 10 人;2002 年后隶属市财政局,科级事业单位,编制 8 人。

逊克县农业开发办公室,成立于 1997 年,科级事业单位,原隶属县政府,编制 8 人;2002 年后隶属于逊克县财政局,科级事业单位,编制 10 人。

嫩江县农业综合开发办公室,成立于 1991 年,正科级事业单位,原隶属嫩江县政府,编制 10 人;2002 年后隶属嫩江县财政局,正科级事业单位,编制 10 人。

孙吴县农业开发办公室,成立于 1992 年,副科级事业单位,原隶属农业局,编制 3 人;2002 年后隶属财政局,正科级事业单位,编制 7 人,下设项目股、综合股。

五大连池市农业开发办公室,成立于 1991 年,副科级具有行政职能的事业单位,原隶属市政府,编制 10 人;2002 隶属财政局,科级具有行政职能的事业单位,编制 10 人。

肇州县农业开发办公室,成立于 1991 年,正科级行政单位,隶属肇州县政府,编制 8 人;2001 年机构改革后。隶属肇州县财政局,正科级事业单位,编制 8 人。

肇源县农业开发办公室,成立于 1991 年,科级事业单位,隶属县政府,编制 10 人;2001 年后隶属财政局,科级事业单位,编制 8 人。

林甸县农业开发办公室,成立于 1992 年,科级行政单位,隶属县政府,编制 5 人;2001 年后隶属财政局,科级单事业单位,编制 6 人。

杜蒙农业开发办公室,成立于 1991 年,副科级行政单位,隶属县政府,编制 4 人;2002 年后隶属县财政局,副科级行政单位,编制 4 人。

大庆市大同区农业开发办公室,成立于 1997 年,正科级行政单位,隶属大同区农委,编制 5 人;2001 年机构改革隶属大同区财政局,正科级事业单位,编制 5 人。

让胡路区农业开发办公室,成立于 2001 年,科级行政单位,隶属农林局,编制 1 人。2002 年后隶属财政局,科级行政单位,编制 2 人,主任(财政局局长兼)。

大庆市红岗区农业开发办公室,成立于2000年,隶属红岗区农林局,科级事业单位,编制3人,其中主任(农林局长兼)。

大庆市龙凤区农业开发办公室,成立于2002年,副科级事业单位,隶属农林局。

大庆高新区农业开发办公室,成立于2002年,由大庆高新区管委会经济科技发展局和大庆高新区管委会财政局有关人员兼职。人员4人,其中主任(经济科技发展局局长兼)。

大庆市萨尔图区农业开发办公室,成立于2003年,股级事业单位,隶属农林牧业局,编制2人;2009年隶属农林牧业局,事业单位,编制2人。

哈尔滨市道里区农业综合开发办公室,成立于1997年,隶属道里区农业局,科级事业单位,编制4人;后隶属道里区财政局,科级事业单位,编制4人。

哈尔滨市道外区农业综合开发办公室,成立于1995年,隶属农林局,科级事业单位,编制3人;后属财政局,科级事业单位,编制2人。

哈尔滨市南岗区农业综合开发办公室成立于1998年,为行政支持类事业单位,正处级,隶属于南岗区农林水务畜牧兽医局管理,事业编制为7名,其中主任(局长兼)。

哈尔滨市香坊区农业综合开发办公室,成立于1996年,隶属于区农委,正科级单位,事业单位。后隶属财政局,正科级事业单位,编制2人。

哈尔滨市松北区农业综合开发办公室,成立于2004年,科级事业单位,隶属区财政局,编制4人。

哈尔滨市平房区农业综合开发办公室,成立于1998年,处级行政单位,隶属平房区农业局,编制3人;后隶属平房区财政局科级事业单位(参照公务员管理),编制2人。

哈尔滨市呼兰区农业综合开发办公室,成立于1991年,设在区农业工作办公室,副科级行政单位,编制4人。后隶属呼兰区财政局,单位级别未定,事业单位,编制8人。

哈尔滨市阿城区农业综合开发办公室,成立于1991年,正科级事业单位,隶属政府,编制9人;后隶属财政局,正科级事业单位,编制9人,其中主任(财政局副局长兼)。

五常市农业综合开发办公室成立于1993年,正科级事业单位,隶属于五常市农业委员会,1994年隶属于五常市人民政府;后隶属于五常市财政局,正科级事业单位。编制人数为10人。

哈尔滨市双城区农业综合开发办公室,成立于1993年,隶属双城市农业委员会,正科级,编制6人;后隶属双城市财政局,参照公务员管理的正科级事业单位,编制10人。

尚志市农业综合开发办公室,成立于1992年,正科级事业单位,编制2人;后隶属尚志市财政局,正科级事业单位,编制7人。

巴彦县农业综合开发办公室,正科级事业单位,编制10人;后隶属财政局,其中主任(财政局副局长兼)。

宾县农业综合开发办公室,成立于1996年,隶属县政府,正科级行政单位,编制9人;后隶属财政局正科级事业单位,编制9人。其中主任(财政局副局长兼)。

依兰县农业综合开发办公室,成立于1989年,正科级行政单位,隶属县政府,定编9人;后隶属县财政局,正科级行政支持类事业单位,定编8人,其中主任(财政局副局长兼)。

延寿县农业综合开发办公室,成立于1992年,副科级单位,隶属县政府,编制4人;后隶属财政局,正科级事业单位,编制6人。

木兰县农业综合开发办公室,成立于1992年,隶属木兰县农委,副科级事业单位,编制2人;后隶属财政局,正科级事业单位,编制9人。

通河县农业综合开发办公室,成立于1991年,正科级行政单位,编制7人;后隶属财政局,正科级事业单位,承担政府职能,业务工作直接对县政府。人员编制9名,主任(财政局局长兼)。

方正县农业综合开发办公室,在国土区划办公室原有基础上成立于1992年8月,正科级行政单位;2004年机构改革后变为事业,原隶属方正

— 43 —

县农业委员会,编制5人,后隶属财政局,正科级事业单位,编制7人,主任(财政局副局长兼)。

绥化市北林区农业开发办公室,成立于1992年,科级事业单位,隶属于绥化市北林区政府,编制15人;后隶属于绥化市北林区政府,科级事业单位。

安达市农业开发办公室,成立于1993年,级别为正科级事业单位,隶属于安达市人民政府,成立时编制为5人,2001年7月后,编制12人。

肇东市农业开发办公室,成立于1993年,级别为正科级事业单位,隶属于肇东市农业委员会,编制7人;2002年9月后隶属于肇东市财政局,正科级事业单位,编制14人,其中主任(财政局副局长兼)。

绥棱县农业开发办公室,成立于1992年,正科级事业单位,隶属绥棱县政府,编制7人;2002年机构改革后,隶属绥棱县财政局,仍为正科级事业单位,编制7人。

青冈县农业开发办公室,成立于1996年,副科级事业单位,隶属农委,编制8人;后隶属财政局,副科级事业单位,编制8人,其中主任(财政局副局长兼)。

明水县农业开发办公室,成立于1991年,科级事业单位,隶属农业委员会,编制8人;后隶属财政局,副科级事业单位,编制8人。

海伦市农业开发办公室成立于1991年,副科级事业单位,与区划办合署办公,隶属计委管理,编制2人。1993年单独设置机构,副科级事业单位,隶属农委管理,人员编制7人。2001年后隶属财政局管理,副科级事业单位,编制7人。

兰西县农业综合开发办公室,成立于1992年,为正科级事业单位,直接隶属于县政府,人员编制10人。1996年机构改革,更名为兰西县农业开发办公室,核准事业编制9人。后隶属于兰西县财政局,为副科级事业单位,编制9人,其中主任(财政局副局长兼),常务副主任1人,副主任2人。

庆安县农业综合开发办公室,成立于1992年3月,科级事业单位,隶属县政府,编制 8 人;后隶属财政局,副科级事业单位,编制 12 人,其中主任(财政局长兼),常务副主任(兼财政局副局长),副主任 2 人,副主任科员 1 人。

望奎县农业综合开发办公室,成立于 1991 年,科级行政单位,隶属于县政府,编制 5 人;后隶属财政局,科级事业单位,编制 18 人,主任 1 人,副主任 3 人。

塔河县农业开发办公室,成立于 1996 年,为正科级事业单位,隶属于塔河县农机局,编制 2 人;2002 年 9 月,隶属于塔河县财政局,为副科级事业单位,编制 3 人。

加格达奇区农业开发办公室,成立于 1996 年,副科级事业单位,隶属加区农业局,编制 3 人;后隶属加区财政局,副科级事业单位,编制 3 人。

呼玛县农业开发办公室,成立于 1996 年,科级事业单位,为县政府独立机构,编制 6 人;后隶属财政局,科级事业单位,编制 6 人。

漠河县农业开发办公室,成立于 1999 年,副科级事业单位,隶属农机局;后隶属财政局,副科级事业单位,编制 9 人。

佳木斯市郊区农业开发办公室,成立于 1989 年 7 月,科级事业单位,隶属郊区农委,编制 4 人;1997 年变为行政单位,隶属郊区政府,编制 4 人。后隶属郊区财政局,科级事业,行政管理,编制 6 人。

抚远市农业开发办公室,成立于 1988 年,正科级行政单位,隶属县政府,编制 7 人;后隶属财政局,正科级事业单位,编制 8 人。

桦南县农业综合开发办公室,成立于 1988 年,正科级单位,原为桦南县三江平原农业综合开发办公室,隶属县政府事业单位,编制 5 人;后隶属桦南县财政局,正科级事业单位,编制 5 人,其中主任(财政局局长兼),常务副主任 1 人,副主任 2 人。

桦川县农业开发办公室成立于 1989 年 5 月,属正科级行政性事业单位,隶属桦川县人民政府,编制 9 人;2002 年机构改革后,隶属桦川县财政局,正科级行政性事业单位,编制 5 人。

富锦市农业开发办公室,原为富锦市三江平原农业综合开发建设领导小组办公室,成立于 1988 年 12 月,隶属于富锦市人民政府,行政正科级单位。1991 年 9 月,核定事业编制数 9 人。1996 年 12 月,富锦市农业综合开发办公室,归口富锦市财政局管理,编制 7 人;2002 年 3 月,隶属于富锦市财政局,具有行政职能的事业单位,编制数核定 8 人。后为正科级参照公务员管理的全额事业单位。

同江市农业开发办公室成立于 1988 年,正科级单位,隶属于市政府,属于议事协调机构,编制 5 个;2002 年 9 月,隶属于同江市财政局,正科级事业单位,编制 17 人(自筹事业编制 10 人)。

汤原县农业开发办公室成立于 1988 年,正科级行政单位,隶属于县政府,属于议事协调机构,编制 3 个;2001 年隶属于财政局,正科级事业单位,编制 9 人。

集贤县农业开发办公室,成立于 1988 年,正科级行政单位,隶属县政府,编制 8 人;后隶属财政局,正科级事业单位,编制人员 6 人。

宝清县农业开发办公室,成立于 1988 年,隶属县政府具有行政职能的正科级事业单位,编制 10 人。当时宝清县行政隶属佳木斯市,定名为宝清县三江平原农业综合开发建设领导小组办公室,人员由县政府抽调,属临时机构。1992 年定名为宝清县三江平原农业综合开发办公室,正式核定编制,成为常设临时机构。2000 年定名为宝清县农业开发办公室。2001 年机构改革后,隶属县财政局具有行政职能的副科级事业单位,编制 10 人。

饶河县农业开发办公室,成立于 1990 年,科级事业单位,隶属县政府,编制 9 人;后隶属财政局,科级事业单位,编制 9 人。

友谊县农业开发办公室,成立于 2002 年,科级事业单位,隶属财政局,编制 5 人。

铁力市农业开发办公室,成立于 1998 年,副科级参公事业单位,隶属铁力市农业委员会,编制 5 人;后隶属铁力市财政局,副科级事业单位,编制 6 人,其中主任 1 人(财政局局长兼),常务副主任(财政局副长兼),副主任 1 人。

嘉荫县农业开发办公室,成立于 2000 年,科级行政单位,隶属嘉荫县人民政府,编制 7 人;后隶属嘉荫县财政局,科级单事业单位,编制 5 人,其中主任(财政局常务副局长兼),副主任 1 人。

勃利县农业开发办公室,成立于 1988 年,为科级事业单位,隶属县计委。1989 年隶属县农委,1990 年隶属县水利局。1996 年独立,编制 5 人。2001 年隶属财政局,副科级事业单位,编制 8 人,主任 1 人、副主任 1 人。

牡丹江市东安区农业开发办公室,成立于 2002 年,副科级行政单位,隶属东安区农委,编制 3 人;后隶属东安区财政局,副科级行政事业单位,编制 4 人,其中主任(财政局局长兼),常务副主任 1 人。

牡丹江市西安区农业开发办公室,成立于 1999 年,正科级行政单位,隶属区农委,编制 1 人;后隶属财政,正科级行政事业单位,编制 2 人,其中主任(财政局局长兼)。

牡丹江市阳明区农业开发办公室,成立于 1998 年,科级行政单位,隶属于区农委;后隶属阳明区财政局,编制 4 人。其中主任(财政局局长兼),常务副主任 1 人。

牡丹江市爱民区农业开发办公室,成立于 1998 年,科级行政单位,隶属爱民区财政局,编制 4 人,其中主任 1 人,常务副主任 1 人。

海林市农业开发办公室,成立于 1988 年,科级事业单位,隶属计委,编制 5 人;后隶属财政局,科级事业单位,编制 5 人,其中主任(财政局局长兼),常务副主任 1 人,副主任 1 人。

绥芬河农业开发办公室,成立于 1997 年,科级事业单位,隶属农委,编制 5 人;后隶属财政局,副科级事业单位,编制 4 人,其中主任(财政局局长兼),常务副主任 1 人。

东宁市农业开发办公室,成立于 1988 年,正科级行政单位,隶属县政府,编制 6 人;后隶属财政局,正科级事业单位,编制 6 人,其中主任 1 人,副主任 1 人。

穆棱市农业开发办公室,成立于 1988 年,副科级行政单位,原隶属穆棱市计划委员会,编制 2 人(兼职);后隶属穆棱市财政局,正科级事业单位,编制 5 人,其中主任 1 人,副主任 2 人。

林口县农业开发办公室成立于 1990 年,正科级事业单位,隶属县计委,编制 3 人;2001 年后隶属县财政局,正科级事业单位,编制 5 人,其中主任(财政局局长兼),常务副主任 1 人,副主任 1 人。

宁安市农业开发办公室,成立于 1988 年,隶属于计委的临时机构。1996 批准为正式机构,正科级行政单位,行政编制 4 名、工勤人员事业编制 1 名,隶属关系由计委转为市农委。2001 年宁安市农业开发办整建制转为全额拨款事业单位,归口市财政局管理,正科级事业单位,编制 5 人。

虎林市农业开发办公室,成立于 1988 年,副处级建制,编制 3 人;1994 年虎林县三江平原开发建设领导小组办公室更名为虎林县人民政府农业开发办公室,编制 7 人,由市政府直接领导。1996 年更名为虎林市农业开发办公室,副科级建制,定编 6 人;2002 年更名为虎林市农业开发办公室,副科级事业单位,隶属于虎林市财政局管理,编制 6 人,主任(财政局副局长兼)。

密山市农业开发办公室,成立于 1990 年,正科级事业单位,编制 5 人;后隶属财政局,正科级事业单位,业务工作对市政府,编制 5 人。

鸡东县农业开发办公室,成立于 1988 年,科级事业单位,编制 5 人,隶属水利局。1990 年隶属计委,1995 年隶属农委,2001 年隶属财政局,编制 5 人。

齐齐哈尔市龙沙区农业办公室,成立于 2001 年,科级行政单位,隶属齐齐哈尔龙沙区农业局,编制 2 人;后隶属龙沙区财政局,科级行政单位,编制 2 人。

齐齐哈尔市梅里斯区农业开发办公室,成立于 1992 年,科级事业单位,隶属农委,编制 3 人;后隶属财政局,副科级事业单位,编制 2 人,其中主任(财政局局长兼),常务副主任 1 人。

齐齐哈尔市碾子山区农业开发办公室,成立于 1991 年,科级行政单位,隶属区水利局,无编制;2000 年隶属区财政局,科级行政单位,主任 1 人,常务副主任 1 人,一般干部 1 人。

齐齐哈尔市建华区农业开发办公室,成立于2001年,副科级事业单位,隶属齐市建华区财政局,编制4人。

齐齐哈尔市昂昂溪区农业综合开发办公室,成立于1995年,科级行政单位,隶属农委,编制2人;后隶属财政局,科级行政编制4人,其中主任(局长兼),副主任1人。

齐齐哈尔市铁锋区农业综合开发办公室,成立于1989年,科级行政单位,隶属农委,编制3人;后隶属财政局,科级行政单位,编制6人,其中主任(局长兼),常务副主任1人,副主任1人。

齐齐哈尔市富拉尔基区农业综合开发办公室,成立于2003年,副科级一类事业单位,隶属区农业局;后隶属财政局管理,编制3人。

富裕县农业开发办公室,成立于1991年,科级行政单位,隶属县政府,编制3人;后隶属县财政局,副科级事业单位,编制7人,其中主任(副局长),副主任1人。

甘南县农业综合开发工作自1992年开始实施,临时挂靠县农委,1994年,正式成立甘南县农业综合开发办公室,直接隶属县政府,正科级事业单位,编制10人;2001年,隶属甘南县财政局,财政局局长兼任开发办主任,农业开发办定编为8人,常务副主任1人,副主任2人。

克山县农业开发办公室,成立于1990年,副科级行政单位,隶属县政府,编制8人;后隶属财政局,副科级事业单位,编制5人,其中主任(财政局长兼),常务副主任1人,副主任1人。

泰来县农业开发办公室,成立于1991年,副科级事业单位(参照公务员管理),隶属于泰来县人民政府,编制4人。1996年为议事协调办事机构,隶属于泰来县农业工作办公室,人员4人。2001年并入县财政局,副科级单位,人员5人,其中主任1人(兼财政局副局长),副主任2人。

依安县农业综合开发办公室,成立于1991年,副科级事业单位,隶属依安县人民政府,编制5人;2002年隶属依安县财政局,副科级事业单位,编制5人;2005年隶属依安县人民政府,编制5人。

龙江县农业开发办公室,成立于1992年,设在农业委员会,临时编制

5 名。1996 年为议事协调办事机构,副科级单位,隶属于农业局。1997
年隶属于农业工作办公室。2001 年隶属财政局,编制 6 人。

讷河市农业综合开发办公室,成立于 1992 年,副科级行政单位,隶属
讷河市农业委员会,编制 1 人;后隶属讷河市财政局,副科级事业单位,编
制 12 人。其中主任(财政副局长兼),常务副主任 1 人,副主任 1 人。

萝北县农业开发办公室,成立于 1988 年,原名为萝北县三江平原农
业综合开发办公室,为副科级单位,具有行政职能的行政单位,隶属县计
划委员会,编制 3 人。1996 年为正科级单位,直接归县政府管理,编制 5
人;2002 年划归财政局管理,为具有行政职能的事业单位,业务仍对县政
府,级别为正科级,编制为 4 人,其中主任(财政局副局长兼开发办主
任),常务副主任 1 名,副主任 1 名。

绥滨县农业开发办公室,成立于 1989 年,科级行政单位,隶属县政
府,编制 6 人;后隶属财政局,科级单位,事业单位,编制 5 人,其中主任 1
人,常务副主任 1 人,副主任 1 人。

第七节　部门办事机构

农业综合开发实施以来,承担部门项目的国土、水利、农业、林业、供
销、商业、畜牧、森工、监狱、劳改、农科院等部门和单位也都确定了农发办
事机构。有开发任务的市直、县直部门也都确定管理的科、股室,明确具
体负责同志。

省直部门项目:省农委由计划处管理;省国土资源厅由土地整理处管
理;省供销总社由经济发展处管理;省水利厅有水保处和农田水利管理站
管理;省林业厅由发展计划处管理;省商务厅由市场建设处、电子商务处
管理;省畜牧兽医局由计财处管理;省森工总局由多种经营局管理;省农
科院由农业开发处、成果产业处管理;省监狱局、省劳改局都有财务处
管理。

曾在省直部门负责过农发项目的人员:刘国文 李 伟 潘明海 骆东辉 王健峰 吕纯波 赵书田 刘 岩 张 涛 王晓明 王健非 田国军 尤晓林 黄文福 门玉明 贺 达 王 哲 王长春 范学林 袁 亮 刘宝民

黑龙江省农垦总局是黑龙江垦区行政主管机关,下辖宝泉岭、红兴隆、建三江、牡丹江、北安、九三、齐齐哈尔、绥化和哈尔滨 9 个分局,104个农(牧)场以及总局直属单位,分布在全省 48 个市县,形成了一个独特的农垦经济区域。拥有土地总面积 543.3 万公顷,其中耕地面积 205.4万公顷,总人口 158.3 万人。国家立项实施农业综合开发前,垦区仅有 40年的开发历史,1987 年,全垦区耕地面积由开发初期的不足 2 万公顷扩大到 195 万公顷,粮食总产由开发初期的 1 万吨提高到 310 万吨,单产也由每公顷 680 公斤提高到 1876 公斤。到了 20 世纪 80 年代,垦区粮食总产始终在 200 万 - 300 万吨之间徘徊,单产不高,总产不稳。1988 年,农业综合开发的实施,使垦区农业和农场经济发展进入了一个新阶段。

1988 年 7 月 29 日,黑龙江省人民政府与黑龙江省农垦总局签订《黑龙江省农垦总局农业综合开发协议书》,标志着大规模农业综合开发在垦区拉开了序幕。

1988 年 8 月 7 日,黑龙江省农垦总局成立农业综合开发领导小组,下设办公室(与实施世界银行黑龙江农垦项目办公室合署办公),正处级单位,具体负责组织实施垦区农业综合开发。

2000 年总局机构改革,定名为黑龙江省农垦总局农业开发办公室,列为独立行政部门,正处级单位,下设综合科、计划统计科、土地治理项目科、产业化项目科。农业综合开发资金由总局财务处管理。

从 1988 年开始实施农业综合开发,垦区的农业综合开发对省农发办管辖,年度计划由省直接下达到项目区,中央财政资金由省财政和农发部门下拨到总局,每年的农业综合开发资金决算报省农发办。

1993 年 3 月 16 日,国家农业综合开发办公室下达了《关于黑龙江省农垦总局和新疆生产建设兵团农业综合开发办公室项目上划农业部管理的通知》,由此垦区农业综合开发项目纳入部门管理。

2019 年,总局农发办撤销,人员归口到省农业农村厅。

历任主任、副主任:刘秀竹　李克刚　张祥元　秦金浩　侯培耀
高启东　万良平　刘　伟　田玉明

其他工作人员:何西征　宋亚琴　李宝春　王恩玉　葛文杰　程晓梅
王泽奇　叶名辉　孙立明

【相关链接】一

县级农发机构历任领导成员(1988－2018 年)

单　位	姓　名
爱辉区	王云成　张庆文　孙永德　曹怀世　周洪瑜　李冬艳　李茂铎　王常才 张彦彬　陈国海　孙士军　郭继军
北安市	李振有　马全龙　姜跃彬　费殿武　程中长　郭志峰　陈　海　高学群 王海鹰　王　伟
逊克县	于天令　宋振中　倪殿军　张林忠　朱以和　刘文鹏　杜崇录　姜怀录 陈福彬　林双山
嫩江县	徐耀先　黄宝金　马庆喜　顾振芳　马陵　刘凤娟　董贵华　刘燕军 王　敏　张永和
孙吴县	闫会斌　刘万贵　高东南　孟小宝　姜乃亮　赵元河　王胜义　叶　楠
五大连池市	李勇力　刘宝志　何中江　申海波　徐晓秋　王野平　李忠海 魏志刚　徐晓秋　闻　名　齐春艳(五大连池市景区)
肇州县	张洪彬　侯旭宏　艾春勇　张福新　姜志海　路森
肇源县	王成路　王长海　孙永才　杨永豪　徐友　常志国　王永坤　朱云佳 孙海江　仇殿阁　邱凤阁　朱占军
林甸县	马文林　高洪军　焦铁伟　苑贵金　刘喜福　曹国友　郑祥民　盘青柏
杜蒙县	何田义　孙佩学　王　义　夏　杰　霍洪文　徐彦峰
大同区	卢贵芳　于灿亮　马银生　邱振福　李兴武　冯连才　刘跃彦　谷纪良
让胡路区	马　燕　温丽艳　张忠贵
红岗区	张学武　宋洪峰　杨德勇　程海洋
龙凤区	李江龙　丁树国　李国忠　尉　军
高新区	孔令民　洪仁福　金连富　张志杰

续表

单 位	姓　　名
萨尔图区	王志辉
道里区	李桂玲　高利海　李凯峰　王韬
道外区	孙宝良　王玉泉　侯 平　赵建鹏　白淑梅　王晓明　王永庆　侯云生
南岗区	齐亚贤　李新林　韩良芝　谭忠东　丁海英　李玉原　康 健
香坊区	景云岗　李 成　韩 飞　王振国
松北区	李玉环　谭忠东　胡凤山　方立权
平房区	王正玉　金 峰　郑洪波　周 瑜
呼兰区	黄铁浩　林维东　李景民　刘文军　李景民　田云彪　刘连江　张 薇
阿城区	徐景瑞　袁洪福　赵伟功　蒋险峰　张文艳　李文远　王德明　尤 艺 李晓春
五常市	高光晗　郎国兴　许维富　肖 杰　楚立飞　郭继军　高光晗　刘喜臣 王 星　聂晟禹　邱志岩　张金复　王宝峰
双城区	刘丰志　关海泉　刘纯宏　张建华　李洪贵　付文圣　郭文焕　李 军 李志明
尚志市	陈 遐　倪 航　仇紫坤　管起兵　周跃增
巴彦县	张树山　李丛林　于跃发　刘同利　车凤喜　陈佰超
宾 县	赵凤君　王玉申　李 乾　戴国柱　董 宇
依兰县	徐国鹏　安树青　刘 启　尹延忠　王守义　姚桂芳　张焕祥　吴龙伟 朱庆民　刘沐国　马永健　李文忠　刘国生　张 伟
延寿县	赵启芝　耿士良　安士民　张玉民　许 银　张连君　李宝胜　董 利 商洪纯　丁会仁　苏 俭　许 君
木兰县	朱学文　徐 刚　孟凡军　王贵忠
通河县	王锡华　赫 岩　刘国和　李 文　张凤鸣　宿忠国　吕方太　张 宏 于 伟　王 利　赵志刚　麻福国　王相国　张明伟　李宝伟
方正县	张文权　马 升　金眷富　赵伟功　徐吾泰　赵伟功　张书明　曹 文 杨 伟　关玉舟
北林区	胡景林　李重阳　朱文举　张彦方　邢忠义　马先才　张国和　于文波 赵明华
安达市	邹文胜　谢殿波　李祥　杜明学　方喜维　杨景学　侯显峰　叔贵君 李玉文　宋正平　常忠宝　李永海　范秀娟

续表

单　位	姓　　名						
肇东市	李洪海　何吉伟　李晓祥　段恩宝　戴舒雁　高连武　谭文忠　杨锡迎 张海峰　高文彬						
绥棱县	赵　忱　秦　昱　朱广元　赵海生　毕树林　袭建功　何永生　吴贵臣 赵占成　王广福　马玉伟　侯贵华　贾　伟　刘庆双　马　俊						
青冈县	冯永才　徐兴邦　杜洪斌　赵兴春　冯晓明　田　军　孙　敬　耿　欣 孙长河　于长林　潘谱杰　华政春　赵会奇　王宏伟　张　生　吕　鑫						
明水县	刘汉茹　张金涛　王朝君　艾长林　司建华　赵永久　荆　发　李德新 关长军　陶百臣　兴成军　乔黎明　胡凤波						
兰西县	赵　玺　马喜臣　王　伟　王建武　刘庆新　李晓河　杨宝林　刘宇明 张洪柏　李化宇　郑喜军　高洪波　张　明　焦永宽　杨　超　孙永成						
庆安县	王文祥　王广臣　马玉明　宋　杰　于春祥　邓　臣　石桂玲　刘忠良 吴高山　邢伟恒　赵　文　崔文明　林长春　林雪荣　王权海　陈　松						
望奎县	张　顺　张忠汉　温洪祥　张彦来　殷广友　黄树新　耿连栋　蔡喜文 张延禄　弓振起　沈洪洲　贾晓亮						
海伦市	于　海　李成勋　姜明慧　王文启　崔玉明　邹立国　谢亚军　李兆君 付长铭　杨松林　王晓海　白芮宁						
萝北县	屈广臣　滕　文　范永吉　宗学旭　李合义　张凤刚　姜立财						
绥滨县	姜立财　方明达　隋士敏　庄福金　李佳仁　李吉荣　张洪波　王　勇 步贵良						
塔河县	赵俊杰　刘瑞春　孙宝岩　柳志伟						
加格达奇区	王迎新						
呼玛县	邢振友　翟瑞行　李耀龙　李志芬						
漠河市	石厚民　唐凤军　杨　帆　王丽艳　王晓燕						
佳木斯郊区	张云鹏　韩汝超　曹家祥　郑昌辉　张公辉　刘伟利　于晓明　于凤利 薛　辉　崔青海　杨延臣						
抚远市	李荣玖　尚永志　高守国　袁青山　尚永志　吴柏林　刘万富　刘学义 吴柏林　郑文和　张慧中　郭天骄						
桦南县	冯汝江　杨雨芳　安　治　霍　枫　段文斗　魏朝德　马耀宪　金万东 李一心　程广福　武新华　张振忠						

续表

单　位	姓　　名						
桦川县	王　强　徐世杰　冯玉广　韩硬发　冯玉广　吕　贵　栾和春　孔宪儒 于洪骞　崔性元　吕志友　张立伟　李　鑫　初慧敏						
富锦市	马文升　张德元　刘久英　赵　君　山延启　王宏宇　张德元　陈泰忠 朱　发　韩凤岐　乔宝庆　李秀兰　尹钧锤　臧洪滨　杨振坤　曲丽媛 李德全						
同江市	冯建民　张春付　于明太　孟宪民　徐宏君　黄清海　郭忠玉　王国志 郝慧明　丁立军　曲世春　徐宏君　杨　宇　姜志东　肖　刚　杨　宇 丁　力　姜志东　张光军　姜宏图						
汤原县	李延军　王连举　金海斗　韩志伟　于海江　史源河　刘玉泉　郝建民 王国春　张喜彬　苏氏厚　赵春雨　渊祥武　唐义新　于秀娟						
集贤县	刘长胜　马海波　李继超　高继成　于兴詠　李宝山　崔哲学　李宝山 曹立功　闫照玉　姬广龙						
宝清县	龚福成　董玉才　孙喜春　王贵财　张明喜　林宝军　朱庆喜　张连峰 齐乃军　荀远田						
饶河县	蔡厚良　吉　虎　李振福　谷建国　盛景利　韩晔军　彭饶江　孙福才 李振国						
友谊县	薛贵生　隋　民　杨树森　余跃春　刘国辉　田凤山　史　忠　张东超						
铁力市	杨　学　陈天林　付　明　李喜忠　郭　萍　黄申禹　翁少刚　付景玉 李宝权						
嘉荫县	夏万江　林福祥　李洪先　郭玉臣　冯昌林　杜锡卫　孙兆威　薛启东						
勃利县	黄继林　程仁玉　李宝和　郎兆国　侯殿义　梁武忠　姜继先　张树春 袁进祥　李树和　李文彪						
东安区	李广志　朱　冰　张洪蓬　付立新　王宝财						
西安区	刘文艺　何新龙　邢彦君						
阳明区	管耀民　郭艳华　黄喜才　王涛　何　军						
爱民区	曹龙波　王志强　刘庆元　于　强　李炳泉　王振龙　徐　艳						
海林市	朱玉平　马立凯　张光明　孙宪文　蔡长江　曹桂琴　李　青　刘胜利 高立峰　董正钢						
绥芬河市	张志堂　黄继杰　高宝平　王丽华　张灿镇　郝　滨　朱晓义						

续表

单　位	姓　　名						
东宁市	柴守良　李忠璞　张庆斌　李忠祥　张传林　黄克峰　赵宏岩　王　东 周茂杰						
穆棱市	宋臣友　宋永全　袁贵封　苏和海　王中才　曹在江　白　峰　衣平志 冯永莲						
林口县	贺学文　刘存生　李冬仆　高月清　刘金福　于启荣　黄　龙　蔺东斌 张万义						
宁安市	王树生　夏继亮　曾令鑫　谭　震						
虎林市	衣振奎　史宝魁　宋礼贵　纪宝全　刘树春　张少华　周长兴　唐世清						
密山市	姚福成　姚兴臣　李侃瑞　庞　喜　刘文珩　张连云　胡德山						
鸡东县	于宝忠　张荣华　魏福财　金成杰　马瑞海						
龙沙区	马宝中　王子洲　许济淳						
梅里斯区	张福春　卢常福　陈万福　暴容会　苏加新　何守范　訾永恒						
碾子山区	张建国　尹奎芳　梁淑琴　马元清　苏红光　李　静　苏宏光　孔祥波						
建华区	王继忠　文元奎						
昂昂溪区	纱增新　张　黎　陈桂花　王明之　段　芃　刘广军　宋扬　赵　刚						
铁锋区	宋　波　李　伟　邵　奇　刘先林						
富拉尔基区	梁　钢　郭润海　李益新　杨　琦						
富裕县	修万发　徐连富　丁树坤　柏占辰　王春风　刘新华　王晓光						
甘南县	宋天生　胡贵春　常维国　郭小年　段世民　马海军　王维光						
克山县	董凤民　兰永久　陈福仁　李芳华　徐凤学　闫德清　丛　伟　白雪松 耿玉龙　卢爱国						
克东县	李文远　史玉林　任建华　孙景龙　闫太勇　臧殿双　王有为						
泰来县	李凤喜　张　杰　韩贵江　路文波　梁兴旺　张铁奇　陈　曦　张凤彬 郑金辉　齐子顺						
依安县	黄久发　张　文　斗晓明　刘长富　陈伟光　扬子江　杨　冬　沈晓辉 王昭明						
龙江县	王洪岱　李永生　张子清　杨习莲　王宝清　宣凤林　尹秀祚　王小男 李冬梅　邹洪君						
讷河市	倪洪文　丁振国　吴凤春　杜　国　王启春　栗祥峰　赵立军　周　鑫						
拜泉县	冷天贵　高凤亭　毛玉福　高　波　文景华　邹德臣　王德利　张延波 江忠臣　张树伟　姜　健　兰　涛						

【相关链接】二

市县农发机构人员名单(2017 年)

哈尔滨市:孙 玉 潘志龙 李玉祥 司炳春 张春艳 杨玉妍 于勃兴 丁 珂 蒋竞姝 王立志 冯柳玲 李冰玉 王亭荣 陈继慧 崔秀萍 吴 哲 孙崇辉 张春燕 常 亮 韩怀宇 范 强 姜 峰 陈忠民 高 枫 姜景智 苏 石

哈尔滨市评审中心:刘雪峰 张宏艳 李 乾 程群峰 史欣悦 刘安良

道里区:高利海 王 韬 蒋迎军 佟 桐

道外区:侯云生 孙嘉伟

香坊区:王振国 何 谦

南岗区:李玉原 康 健 刘丽君 李兰君 常 鸥

阿城区:张文艳 王会申 张元月 吴宏伟 关春梅 李丽华

松北区:谭忠东 胡凤山 方立权 李 悦 吴洪梅 杨 琳

平房区:周 瑜 付 驰

呼兰区:张 微 黄铁浩 张树森 司军平 吴国岩 吴玲玲

双城区:李 军 李志明 张 伟 王桂芳 刘德凤 康轶华 刘树清 鄂振双 刘文义 王金生 李秀娟 高 颖 姜 顺 赵连伟 肖丽娜 李雪东 刘 冶 程红梅

木兰县:王贵忠 赵蕴丽 肖珊珊 胡东奎 张冬梅 高春生 孙 静

尚志市:周跃增 张留明 姜柏林 刘 祥 焦 晨 陈达松

通河县:张明伟 麻福国 李宝伟 于 淼 陈超颖 付丽婷 秦淑华

方正县:关玉舟 王殿权 国文玲 臧晶虹 张志鑫 代启义 朱 坤

五常市:张金复 王宝峰 邱志岩 聂晟禹 肖 建 李新宇 徐 爽 王忠山 马晓丹 石雨佳

延寿县:许 君 苏 俭 李自力 崔江河 贾晓波 刘永吉 武玉豪 郭金城

宾县:戴国柱 董 宇 王立军 曹冰先 王文秀 曹 静 何顺洋 于科楠 龚靖智 李 爽 肖 威

巴彦县:陈佰超 范海龙 常世涌 柴金玲 刘立萍 聂姗姗 王冬来 赵 萍 张迎雪 沈广良

依兰县:李文忠 刘国生 张 伟 郇 梅 刘利冰 向文彦 尹玮琨 赵丽艳 左滟玲 曹晶秋 于 洋

齐齐哈尔市:郑松岩 肖玉雪 杨乐忠 朱梦佳 尤文君 刘 柱 仪喜波 赵宏伟 李 勇 张啸寒

龙江县:邹洪君 王小男 李冬梅 魏福权 杜晓峰 何树伟 史国君

讷河市:赵立军 周 鑫 隋险峰 刘 洋 李 森 李亚茹 计明侠 张志云 吴志聪 李俊婷

依安县:杨子江 杨 冬 王昭明 王晓敏 李翠平 郭立冬

泰来县:郑金辉 陈 曦 齐子顺 王春祥 贺 琳 任 伟

甘南县:段世民 马海军 苗良年 吕凤梅 王雅娟 田 友 王 军

富裕县:王晓光 王春风 袁 用 米家莉 徐丽鸽

克山县:丛 伟 白雪松 卢爱国 魏明伟 李晓霞 李广贤 潘红丽

克东县:闫太勇 王有为 周洪雁 于淑玲 陈多娜 李红梅 李宏宇

拜泉县:兰 涛 张树伟 孙淑萍 冷碧辉 张冬梅 张喜望

梅里斯区:訾永恒 何守范 刘 玮

龙沙区:许济淳 马宝中 王志国 李晓东 高占君

建华区:文元奎 张志远 沈鹏飞 孟晓威

铁锋区:刘先林 邵 奇

富拉尔基区:杨 琦 刘忠国

碾子山区:孔祥波　曲丽杰　潘东静

昂昂溪区:赵　刚　宋　扬　张艳群

牡丹江市:金秀兰　郑　杰　郭庆祥　翁少刚　刘凤国　李天祥
郭　莹　张万海　张　磊　史　威

海林市:曹桂琴　高立峰　董正钢　金光浩

东宁市:赵宏岩　王　东　孙国祥　侯献寿　郭　丽　李岩岩

绥芬河市:朱晓义　徐　英　邢承杰　郭　琳

宁安市:曾令鑫　谭　震　谢艳敏　闫　军

穆棱市:白　峰　衣平志　高　鹏　吴国全　沈海涛

佳木斯市:殷海龙　田宏文　吉　虎　张忠义　王英硕　顾成凯
吴佩章　范春锋　张玥华　刘雪明

抚远市:郑文和　张慧中　郭天骄　车延民　李小双　曹丽盈
杨志良　申建滨

同江市:肖　刚　杨　宇　丁　力　姜宏图　张筱利　闫茉莉
张金昌　王宏坤　王海霞　刘翠丽　季忠华　刘艳新　汤　捷　王银柱

富锦市:王宏宇　杨振坤　李德全　侯佳林　徐庆文　张庆军
崔玉坤　王志军

桦川县:崔性元　张立伟　李鑫　吕志友　初慧敏　王树国　刘金丰

桦南县:张振忠　武新华　朱洪强　张　勇　孙海军　付云喜

汤原县:苏民厚　唐义新　于秀娟　刘成玉　宋海瑛　张兴坤
张学武

佳木斯市郊区:刘伟利　崔青海　杨延臣　陈秀梅　董　萍　张　文

大庆市:李东军　史森生　王金杰　索铁夫　马健行　杨　明
魏武奎　王桂娟　叶长远　赵忠学　王汇　赵博虎　麻卫玲　郑晓东
孙胜起　高占举　鄂国然

肇州县:路　森　包　洋　张春生　胡佳莹　宋　杨　李艳红
李国勇

肇源县:朱占军　朱云佳　杨晓宇　焦　冠　刘录娟

杜蒙县:霍洪文　徐洪秋　提常艳　崔国玉　李建军

林甸县：郑祥民　丁大勇　徐哲生　何立华　潘青柏

大同区：刘跃彦　谷纪良　宋志民　苏秀艳

红岗区：杨德勇　张明佳　张　恒　包彬彬

龙凤区：尉军　李国忠　姜春秀　白展力　宋莉萍

让胡路区：温丽艳　张剑飞

鸡西市：杨升利　韩　军　周传芝　修世珍　张　丽　张　星
姜立华　王振宇　邴巨胜　孙丽娜

鸡东县：马瑞海　苏　勇　王连军　王春杰

密山市：胡德山　李长辉　刘艳峰　白佳鑫　李春龙

虎林市：唐士清　李国文　赵冰璇　袁玉晓　董雪梅　焉淑琴
焉锦钰　孙　雷　王东琛

双鸭山市：蒋　敏　霍维平　刘长平　宋宇玄　关寒天　王　琳
高　红　马海岩　郭　荣　王恩泽

集贤县：闫照玉　姬广龙　王　栋　张丽艳　艾宝志　朱　江
金　龙

友谊县：刘国辉　张东超　刘　铁

宝清县：程　伟　张连峰　齐乃军　荀远田　张　珉　李龙坤
王晓婕　王念慈

饶河县：韩晔军　彭饶江　李振国　纪春光　蔡　霞　姜　玉
郭桂林　孙相杰　贾永善　吕旭东　王玉东

伊春市：朱德仁　安晓婷　张更惠　程卫东　郝冬梅　孙茂刚
迟友萍

嘉荫县：孙兆威　杜锡卫　薛启东　张龙生　许倩楠

铁力市：李宝权　任延平　杜彩霞　汤连起　吕　晓

七台河市：崔成顺　刘跃钦　郭玉晴

勃利县：姜继先　李文彪　陈丽艳　曲秀波　姜　红　张丽艳
聂新东　门宏亮

茄子河区：张宝权　刘雅竞　刘宝锟

鹤岗市：白明泽　李忠伟　吕其涛　衣建新　孙丽娟　尹　君

　　萝北县:张凤刚　宗学旭　李合义　王丽娜　吕玉梅　郭　虹

　　绥滨县:步贵良　张洪波　李含秋　肖　鲲　杨　波　盛永章
刘立功

　　黑河市:吴景辉　王大纲　吴　岚　刘雪梅　葛　健　袭城元
沈文辉　刘振宏

　　北安市:王　伟　程葆春　丛　岩　杨广伟　仲崇光

　　五大连池市:魏志刚　徐晓秋　何兆冰　王长发　齐宏志　韩义师
李　游

　　嫩江县:张永和　刘燕军　李　林　李玉海　李海峰　史云秋
徐　枫　王大海

　　逊克县:林双山　刘文鹏　郭立军　王　萍　宋　蕾

　　孙吴县:叶　楠　赵元河　孙秀兰　崔志刚　夏泰吉

　　爱辉区:陈国海　周洪瑜　孙士军　郭继君　张洋　吕海英　董　楠
王志刚

　　五大连池风景区:齐春艳　张丽徽

　　绥化市:王显平　刘永光　高贵明　程德继　李　娜　李明晶
刘彦斌　龚建波　尚兴江　张　波　印喜芳　冯克斌　侯晶波　董淑杰
全红梅　姜丹丹　金　鑫　潘　攀　徐伟佳

　　北林区:邢忠义　张国和　马宪才　赵明华　冯士刚　陶国金
于文波　胡云龙　朱学东　胡艳波　姜　军　李云志　李铁生　申献伟
李　程　李海宝　王　力　纪玉萍　吴殿峰　刘春宝

　　安达市:侯显锋　李永海　范秀娟　刘　志　贾永林　李　季
王巍娜　任天义　高　云　刘维娜　韩蕴华

　　肇东市:杨锡迎　张海峰　谭文忠　高文彬　王永乾　孙文涛
杨万金

　　绥棱县:刘庆双　马　俊　贾　伟　王立军　白　晶　耿　欣
姜海红　刘　星　李亭亭

　　海伦市:王晓海　杨松林　白芮宁　王　琦　姜金凤　崔立志

　　庆安县:赵　文　林长春　林雪荣　陈松　王　晶　刘中华

兰西县:孙永程　高洪波　焦永宽　吴明久　王林英　张雪洁
王建勋　郑云玲　李镔晓

望奎县:殷广友　沈洪洲　弓振启　贾晓亮　刘晓丹　艾春生
周南南　王立成　王　瑞　侯永志　王冰　李　娜　王鲲鹏　李　群

明水县:兴成军　乔黎明　胡风波　田长城　宣丙志

青冈县:赵会奇　于长林　王宏伟　王永玲　石岚　李红艳　王功林
于向阳　杨景泉

大兴安岭地区:杜剑峰　轩香玲

加格达奇区:王迎新　邹玉娟

塔河县:白永丰　李　峰

呼玛县:李耀龙　王艳利　刘志强

漠河市:王晓燕　李相如　狄方全

第三章　战略规划

第一节　三江平原农业综合开发建设规划

（1988－1995年）

三江平原开发建设由来已久，经历了三个历史阶段。一是20世纪50至60年代10万转业官兵的开发；二是20世纪60至70年代50万知识青年的开发；三是1988年4月起进入农业区域的综合开发。

19世纪70年代初，黑龙江省委、省政府开始规划开发治理三江平原。1976年三江平原综合治理规划完成后，在国家的支持下，到1982年基本完成了安邦河、蜿蜒河、与别拉洪河骨干工程治理。

根据国家科委下达的(83)国科攻字(051)号文件关于"三江平原农业综合开发与整治总体规划方案研究"的攻关任务的要求精神，需要进一步研究三江平原建设治理措施，统筹"七五"期间及20世纪末治水与用水规划。三江平原的开发逐渐由垦荒种地单一粮食生产转向农林牧副渔综合开发，农业结构将相应调整。

在这种转轨变型的新形势下，省政府决定编制《三江平原地区水利建设规划报告》。由三江平原水利规划课题组、黑龙江省水利勘测设计院、黑龙江省农场总局勘测设计院共同完成，由省水利设计院三江攻关领导小组负责汇总。编制从1984年4月开始，到1985年12月完成。省水利设计院丁本昌副总工程师负责技术指导，后被调入黑龙江省农发办。参加编制人员有费庆澄、刘来顺、王家仪、高昆、平新翰、薛振声、李立峰、李昌杰、高淑华、王惠容以及三江规划组、水资源组全体同志。这个规划报告为《三江平原农业综合开发规划》的形成打下了坚实的基础。

根据国务院指示,黑龙江省委、省政府在1986年组织专家编制三江平原综合开发规划。按照规划要求,五至八年内要把三江平原建成高产稳产的商品粮生产基地、农产品出口基地、畜产品供应基地和农副产品加工基地。在《三江平原地区水利建设规划报告》的基础上,进一步规划设计综合开发内容和措施,黑龙江省较快完成了三江平原综合开发规划,并上报到了国务院。

1987年12月,国家确定东北三江平原为国家级农业开发试验区,要求到1992年开荒1000万亩,改造低产田1000万亩,增产粮食50亿公斤。

1998年1月,黑龙江省委、省政府先后召开会议,讨论修改三江平原综合开发规划,向国务院上报了开发区建设计划,将开荒面积调整为700万亩,改造中低产田1300万亩,把增产粮食50亿公斤的时间延长到1995年。

同年3月初,省长侯捷在佳木斯主持召开了"黑龙江省开发三江平原工作会议",把这一规划传达给三江地区的领导干部,要求上下同心协力,保证实现这一规划。

实现这一规划,不到八年时间完成增产50亿公斤,需要年均增长108%的速度。

根据黑龙江省统计局当时提供的统计资料表明黑龙江省增长50亿公斤粮食,前后两次都用了十七年。第一次,从1949年至1966年,粮食总量由50多亿公斤突破100亿公斤;第二次,从1967年至1983年,达到150亿公斤。新中国成立三十八年粮食平均产量在125公斤以下有29年,150公斤以上只有一年。1987年平均亩产122公斤。

要想完成规划任务,要实现亩产204至213公斤。一些农业专家认为,即使风调雨顺的年头,也是极其困难的。

随着农业综合开发的实施,规划又进行了新的调整。

这个规划的较快完成,使黑龙江省获得了国家首批农业综合开发资金支持。

1988 年 4 月 8 日，在北京由时任国务院副总理田纪云主持，国务委员陈俊生参加，时任省长侯捷与国家土地开发建设基金管理领导小组组长、农牧渔业部部长何康签订《黑龙江省三江平原农业综合开发建设协议书》。

协议书签订后，省政府立即组织专家和有关部门进一步修改完善三江平原开发规划，并以协议书订立目标为参考，制定了《三江平原农业综合开发建设规划（1988－1995 年）》。

规划提出了开发建设的基本条件和依据、开发建设总的指导思想和目标、开发建设的主要任务和措施、投资方式及总体效益、组织领导等。

规划提出要坚持改革开放，实行开放性经营性综合开发，依靠农垦系统和市县群众两大支柱，依靠科技集约经营，因地制宜，综合开发，全面发展。

规划要求，开发建设以种好现有耕地、改造低产田、扩大水田面积、提高单位面积产量为主，在保证生态环境不遭破坏，并尽可能得到改善的情况下，适当开荒增加耕地。千方百计增加粮豆生产，促进农林牧副渔全面发展、工商运建服综合经营，坚持贸工农方向，逐步把三江平原开发区建成国家级重要商品粮基地，以出口大豆为主的农副产品创汇基地，畜产品供应基地，农副产品加工基地。

三江平原综合农业开发商品基地到 1995 年建成，1988 至 1995 年累计，共改造中低产田 1500 万亩，开荒 500 万亩，造林 500 万亩，改良草场 200 万亩。1995 年当年向国家交售商品粮 50 亿公斤，其中出口用大豆 10 亿公斤。

1988 年 4 月 23 日，召开三江平原农业开发建设任务安排电话会议，副省长戴谟安在会上提出任务安排、承包、资金安排、实行开放性经营型开发、科技开发、计划管理、物质供应、国家给予的优惠政策、组织领导等九点意见。

1988 年 6 月 18 日召开三江平原农业开发座谈会，会上侯捷省长讲话,提出三江平原农业开发要按照新的路子起步,具体说必须是开放式的,必须是经营型的,必须是综合性开发。

1988年6月29日,国务委员陈俊生,会同国务院副秘书长李昌安和国家计委、财政部、农牧渔业部、农业银行、中科院等部门负责人,听取三江平原农业开发进展情况,提出要把三江平原农业开发作为黑龙江省农业的战略重点,集中几年时间,集中各方面力量,把水利、道路为重点的基础设施搞起来,创造良好的投资环境。

1988年7月29日,召开三江平原农业综合开发建设承包工作会议,传达陈俊生等领导对三江平原建设的意见,听取各地工作进展情况。省长侯捷参加,副省长戴谟安代表省政府与佳木斯、牡丹江、鸡西、鹤岗、双鸭山、七台河市和省农垦总局签订了三江平原农业综合开发建设承包协议书,戴谟安在承包签字仪式上讲话,标志着规划正式开始实施。

第二节　农业综合开发十年规划

（1995－2004年）

在三江平原第二期及松嫩平原第一期开发启动之初,黑龙江省农发办便开始酝酿、筹措、编制全省农业综合开发规划(1995－2004年)。

1992年初,首先确定了松嫩平原农业综合开发规划大纲。

同年6月,形成了全省农业综合开发10年规划提纲。随即省政府成立了由主管副秘书长为组长,地市农发办主任为成员的规划领导小组,区县也成立相应的领导小组和办事机构。

为编制规划提供技术支持,1993年黑龙江省农发办采集、优选、整理、编辑了《农业综合开发农田水利工程选集》,为规划的制订提供了可供选择的130多种桥涵闸站及灌排工程的设计模型。

1994年1月,完成了县级10年规划和市(地)级汇总,共规划开发项目区1324个,形成全省三级项目储备库。

1994 年 10 月,经过专家组论证、评估后上报,最终形成了《黑龙江省农业综合开发十年规划(1995 – 2004 年)》。

通过规划,查清了农业综合开发资源,摸清了开发的潜力。仅松嫩、三江两大平原就有中低产田 9434 万亩,宜农荒地 2700 万亩,宜牧荒原 4400 万亩,宜渔水面 430 万亩。

通过规划,分析了制约农业生产的因素,落实了综合开发项目区。统一了思想,凝聚了力量,锻炼了队伍。

规划以建立国家粮食战略基地,提供商品粮储备,起到国家对粮食市场宏观调控的作用为目的,加强农田的基础设施建设,彻底改变农业生产的基本条件,实行农林牧渔协调发展,渠林路机配套开发,构成农业的生态良性循环系统,从根本上提高农田的抗灾、防灾能力和扩大再生产能力,以实现优质、高产、高效农业。

增产目标。计划增加商品粮 94.5 亿公斤,由全省 225 亿公斤粮食综合生产能力提高到 320 亿公斤的新台阶。

开发任务。改造中低产田 7750 万亩,其中旱改水 400 万亩,开垦荒地 1300 万亩。

开发建设分两个阶段进行,估算投资 110 亿元。在这个规划的基础上,编制了黑龙江省农业综合开发"九五"规划。

第三节　农业综合开发"十五"规划

(2001 – 2005 年)

2000 年 4 月,黑龙江省农发办根据全国农业综合开发工作会议精神、国家农业综合开发"十五"规划基本思路和省政府《关于农业和农村经济结构战略性调整的意见》以及"农业良种化工程""绿色食品产业发展""加快畜牧业发展""菜、果、瓜及设施农业"实施方案,结合全省十二年农业综合开发实际及资源情况,开始组织编写《黑龙江省农业综合开发"十五"规划》。

同年 8 月,完成了规划征求意见稿。规划征求意见稿作为全省农业综合开发工作会议文件,广泛征求和吸收了基层开发办的意见和建议。同年 9 月印发了规划。

规划分为七个部分,一是自然概况。二是全省农业开发的基本情况及"十五"规划背景。三是"十五"时期农业综合开发的指导思想、原则。四是规划任务、目标、效益。五是规划布局。六是农业开发投资。七是实施规划的措施。

规划指导思想,围绕农业和农村经济结构调整,继续加强农业基础设施建设,改善农业生产基本条件和保护农业生态环境,提高农业综合生产能力,依靠科技进步,实现"两个转变"、农业增效、农民和财政增收,为"二次创业、富民强省"做出新贡献。

规划改造中低产田 1104 万亩,其中旱田改水田 406 万亩,改善水田 305 万亩,旱田治理 393 万亩。同时确定了多种经营项目和科技项目的任务。

多种经营种植业主要棚室蔬菜,重点开发"城市边""道路边""国境边";养殖业重点建设奶牛、肉牛、肉羊、生猪、肉鸡、大鹅六个生产带;加工项目重点扶持优质特色产品。

科技项目重点围绕良种示范推广、栽培饲养新模式、农业网络信息技术、设施农业技术、节水农业技术、新型农业机械、精准农业技术、绿色食品生产技术、生态农业技术等选项立项。

规划总投资 115.2 亿元,其中中央财政资金 48 亿元。

规划新增农产品生产能力 60 亿公斤,年增产值 40 亿元,项目区年人均增加 260 元以上。

第四节 农业综合开发"十一五"规划

（2006－2010 年）

2006—2010 年,是我国经济和社会发展的重要机遇期,是全面建设小康社会和建设社会主义新农村的一个关键期。

2005 年 2 月,黑龙江省农发办开始筹划编制《黑龙江省农业综合开发"十一五"规划》。规划依据《中共中央关于制定国民经济和社会发展第十一个五年规划的建议》和国家农发办"十一五"规划,并充分结合黑龙江省实际,广泛吸取了基层意见。

2005 年 11 月,在汇总各地规划基础上,经过专家评审,最后形成了规划。规划回顾总结了"十五"期间农业综合开发取得的成绩和经验,提出了"十一五"农业综合开发的指导思想、遵循原则、主要投向、保障措施。

规划提出,继续以提高农业综合生产能力为主线,做到"三个着力、三个提高",即着力加强农业基础设施建设和农业生态建设,提高农业综合生产能力;着力扶持优势产业,提高农产品的市场竞争力;着力加强项目和资金管理,提高农业综合开发管理水平,为确保国家粮食安全、增加农民收入、建设社会主义新农村作出新的贡献。

规划投资 49.6 亿元,改造中低产田 700 万亩,建设优质粮食基地 560 万亩,建设优质饲料基地 100 万亩,草场改良 100 万亩。

第五节 高标准农田建设实施规划

（2013－2020 年）

2010 年底召开的中央农村工作会议部署"抓紧制定实施全国高标准

农田建设总体规划"，"力争到 2020 年新建 8 亿亩高标准农田"。

2012 年中央 1 号文件再次强调要"制定全国高标准农田建设总体规划和相关专项规划"。

2013 年 3 月,国务院正式批复了财政部编制的《国家农业综合开发高标准农田建设规划》,规划到 2020 年农业综合开发建设高标准农田 4 亿亩。

2013 年 4 月,由黑龙江省农发办主持,黑龙江省农业开发设计所主编《黑龙江省农业综合开发高标准农田建设实施规划(2013 - 2020 年)》。

2013 年 10 月,规划上报国家农业综合开发办公室进行审核。

2014 年 9 月国家农业综合开发办公室以国农办(2014)158 号文件下发了《国家农业综合开发办公室关于省级农业综合开发高标准农田建设实施规划审核意见的通知》,并提出了具体修改完善意见。

2014 年 9 月,修改完善后的规划经过省农业开发办公室主任办公会讨论通过后上报。

规划于 2015 年开始实施,到 2017 年实施三年,发现原规划工程建设部分内容与全省农业发展和高标准农田建设需求有一定差距,进行了适当调整。

2017 年 11 月,规划修编在原规划基础上,规划范围、基本原则、目标及主要任务、标准、规划布局、效益等基本不变,根据全省农业发展情况和农户实际需要,仅对部分高标准农田建设内容进行微调。规划共涉及 86 个县(市、区)。

按照《黑龙江省"两大平原"现代农业综合配套改革试验总体方案》的要求,规划具体任务:完成旱田改水田 607 万亩;改善水田 610 万亩;旱田综合治理 1231 万亩。通过农业综合开发资金投入,把 2448 万亩农田全部建设成旱涝保收、高产稳产、经营模式有活力的高标准农田。在现有水利规划的基础上,节水配套改造 52 处重点中型灌区。

"十二五"期间高标准农田建设中央财政亩投资 900 元,"十三五"期间中央财政每亩投资 950 元,中型灌区节水配套改造每处中央财政资金补助标准为 2000 万元。本次根据规划任务和投资测算,旱田改水田亩投资 2500 元,水田改善亩投资 1300 元,旱田综合治理亩投资 910 元。中型灌区每处总投资为 3000 万元。

通过高标准农田建设,农业综合生产能力特别是粮食生产能力全面提高,亩均粮食生产能力比实施农业综合开发前提高 350 斤以上,高标准农田项目区年新增粮食生产能力 85.7 亿斤,农民人均纯收入上升到较高水平,农业综合开发在两大平原综合配套改革建设中的示范牵动作用得到充分发挥。

第六节 支持五大势特色产业发展实施意见

(2016－2020 年)

2015 年 3 月,为贯彻落实省委、省政府关于调整优化农业结构、转变农业发展方式的总体部署,针对目前农业面临的新情况、新问题,按照省领导指示,省农发办组织力量深入调研全省优势特色产业情况。

2015 年 7 月,黑龙江省农发办党组集中听取六个调研组关于优势产业调研情况汇报,提出完善意见,并分别制定产业发展规划,其中把食用菌产业与蔬菜产业合并制定扶持优质蔬菜产业规划。

2015 年 9 月,黑龙江省农发办制订了《农业综合开发转方式调结构重点支持五大优势特色产业发展的实施意见(2016－2020 年)》,呈报省政府获得了批准。

指导思想 以"两大平原"现代农业综合配套改革试验总体部署和全省现代农业改革推进会议精神为指导,以生态高产标准农田建设为平台,以推进全产业链发展为路径,以促进农民持续增收为目的,集中打造优质高效粮食、优质饲草饲料、优质蔬菜、优质坚果、优质北药五大优势特色产业,做大做强绿色食品主导产业,提升龙江现代农业的核心竞争力。

遵循原则 一是以市场为导向。实现优质农产品既"种得好"又"卖得好",由"卖得好"倒逼"种得更好";二是坚持提高产能,完成生态高产标准农田建设任务,加强基地标准化建设,提高综合生产能力;三是全产业链打造。围绕大粮仓向大工厂、大厨房转变,支持五大产业完善链条;四是遵循优质高效。把提高质量效益作为主攻方向,提高农产品品质和价值,叫响寒地黑土绿色品牌;五是集中连续支持。坚持集中连年支持,着力打造"一县一业""一乡一品"。

目标任务 2016-2020年,规划总投入510亿元,建设优质高效作物生产基地2000万亩、优质种子种苗繁育基地110处,支持市场龙头企业253个、加工龙头企业228个,力争培育一批拉动能力强、经济效益好、能够成功上市的农业优质企业。

到2020年五大产业种植基地农业总产值比2015年翻两番,达到1225亿元,比种植普通玉米和水稻产值增长3倍以上;通过加工和市场环节新增产值600亿元;拉动财政增收60亿元,项目区农民年人均增收5000元,带动就业225万人。要着力做好五项工作。一是围绕粮食精深加工龙头企业,以旱改水、江灌稻、杂粮、马铃薯等为重点,打造优质高效粮食产业;二是围绕草业公司和畜产品加工龙头企业,以苜蓿、燕麦、青贮玉米、青贮大豆等为重点,打造优质饲草饲料产业;三是围绕蔬菜批发市场和加工龙头企业,以生产绿色有机食品为重点,打造优质蔬菜(食用菌)产业;四是围绕山特产品交易市场和加工龙头企业,以大榛子等为重点,打造优质坚果产业;五是围绕中草药产地销售龙头企业,以防风、甘草、桔梗、板蓝根、刺五加等道地品种为重点,打造优质北药产业。

【相关链接】一

农业综合开发应确立的几个基本观念

今后农发工作指导思想以党的十四大精神为指导,以社会主义市场经济为导向,以增加粮油肉糖等主要农产品产量,增强农业发展后劲为主要目标,以改造中低产田、开垦宜农荒地、推广良种和农林水气科技成果为主要内容,实行山水田林路综合治理,农林牧副渔全面发展,努力实现农业的高产优质高效,开发一个产品,建成一个基地,占领一块市场,致富一方农民。把握"六个原则",树立"四种观念"。

六个原则,即注重经济、社会和生态效益,不搞无效开发;注重农业基础建设,增强综合生产能力,不搞急功近利;注重规模推进、集约经营,不搞零打碎敲;注重因地制宜,发挥资源优势,不搞一个模式;注重开发区的内涵挖潜和外延扩大,不搞兴新废旧;注重引资开发和异地开发,不搞封闭开发。

四种观念:

1. 确立农业基础地位的观念,加快由传统农业向现代农业的转变,采取滚动方式搞开发。在以改造中低产田为重点,适当增加开荒面积,不断提高单位面积产量的前提下,大力兴修水利,改良土壤,植树造林,改良草场,努力提高生产设施装备水平,不断提高劳动者素质,按流域和区域规划,进行山水田林路的综合治理,实行农林牧副渔的全面开发。按着这一设想,目前要抓紧抓好一批较大规模开发区重点工程的实施,建立粮食高产稳产区,为国家培育充足的粮源,不断增加开发区的粮食商品量,以实现"两高一优"为目的,真正做到开发一片,见效一片,规模推进,滚动开发。

2. 确立市场经济观念,加快由单一的区域、流域治理型向区域、流域治理与专项、产业化开发并举型转变,采取经营方式搞开发。按照社会主义市场经济的要求,本着宜农则农、宜牧则牧、宜林则林、宜渔则渔的原则,调整农业的生产结构和农村产业结构。改生产原料型为种、养、加一起发展型;改单一生产型为产、供、销一体型。选择一批技术起点高、产品附加值高的配套项目进行开发,依托外贸、国营商业、乡村服务体系等多层次渠道,把开发产品直接推向市场,逐步使开发区成为各类农产品的生产基地、出口创汇基地。比如,目前可以重点抓好明水县10万亩葡萄苹果的栽培、望奎县20万头生猪直线育肥、绥化市5000万尾鱼种基地、肇东市6200亩商品鱼池和双城市、巴彦县的秸秆胶化养牛基地建设,并继续抓好桦南县网箱养鱼、讷河市和延寿县肉鸡生产等项目的开发建设。同时,也要抓紧对双城市、望奎县的皮革,甘南县的肉牛屠宰等加工企业的论证。通过抓好这些项目,可以逐步建立一批加工、贮藏、运输、保鲜等龙头式企业,推动各类农业开发区,把农副产品源源不断地向市场投放,形成规模性经营。

3. 确立质量观念,加快由数量型向名优型开发的转变,采取竞争方式搞开发。在对农林牧副渔的各业开发中,都要不断地增加科技含量,积极发展名、特、优产品,提高开发区各业产品的档次和价格,突出效益型开发。比如,应注意加快发展优质玉米、大豆、水稻的新品种;扶持好孙吴早熟大豆育种基地建设,扩大望奎瘦肉型猪的饲养范围;改进宁安虹鳟鱼的饲养技术,努力提高饲养量。

4. 确立改革观念,加快由封闭型向引资、合资型开发的转变,采取开放方式搞开发。国家、地方、农民共同投资搞农业综合开发,这种配套式、结构式的投资机制,是最基本的投入方式,应当加以坚持和完善。但在此基础上,也要面对国内外两大市场,抓住国家实施沿边开放战略的机遇,大胆引资、合资开发内陆农业资源,也可进行跨国投资,开展异地开发。与韩国合资开发三江平原的富锦头兴地区已经签订了合同,计划投资2.2亿元人民币,设计建设占地57万亩的现代化农牧场。但投入资金尚未到位,要积极工作,力争尽快进入开发建设阶段;逊克县已草签了赴俄罗斯开发种植1500亩蔬菜、21000亩大豆的协议。我们将采取引资开发、招商开发、有偿转让开发、投资异地开发等多种方式,进一步打开开放开发的局面,大力发展创汇型农业。

(此文为李方旭1992年12月20日在全省农业综合开发巴彦现场会上的讲话)

【相关链接】二

"十一五"农业开发投向研究报告

今后五年,是全面建设小康社会的一个关键时期。农业综合开发既是我国农业和农村经济工作的一个重要组成部分,也是财政支农工作的重要内容。进行"十一五"期间农业综合开发投向研究,是编制"十一五"规划,搞好今后五年农业综合开发的一项重要的基础性工作。为贯彻落实党的十六届五中全会精神,切实做好"十一五"期间的农业综合开发工作,必须认真研究"十一五"期间农业综合开发的投向,明确农业综合开发的指导思想、目标任务和政策措施。

一、"十五"期间农业综合开发回顾

"十五"期间,全省认真贯彻国家关于农业综合开发的指导思想和方针政策,以改造中低产田为重点,加大粮食主产区的基础设施建设,改善农业生产条件,提高农业综合生产能力;加快产业结构调整,加大优势产业扶持力度,推进农业产业化经营;加强生态环境建设,坚持走农业可持续发展之路;积极推进科技进步,大力发展优质、高效农业;为全省粮食增产、农业增效、农民增收和加快农村经济发展作出了重要贡献。

"十五"期间,共完成农业综合开发项目 1185 个,完成投资 55.69 亿元。其中土地治理项目 775 个,完成投资 35.43 亿元;产业化经营项目 397 个,完成投资 19 亿元;高新科技示范项目 13 个,完成投资 1.26 亿元。改造中低产田面积 726.25 万亩,其中:建优质粮食基地 337.8 万亩,建优质饲料基地 44.66 万亩;改良草原 32.5 万亩;建农业生态工程 95.08 万亩,造林 53.9 万亩。

(一)加强基础设施建设,项目区农业综合生产能力明显提高。针对全省"东涝西旱"的自然特点,在东部三江平原走"排蓄结合、以稻治涝"的路子,在西部松嫩平原大打机电井,走旱作农业的路子,在风沙严重和丘陵、半丘陵等水土流失严重的地区走综合治理、发展生态农业的路子。"十五"期间共投入资金 35.43 亿元,共修建小型水库 30 座、修建灌排渠系 1.38 万公里,新打和修复机电井 1.06 万眼,改良土壤 201.4 万亩,修建机耕路 1 万公里,购置农用动力机械 1.5 万台套。通过五年建设,项目区农业生产条件得到进一步的改善,农业基础设施建设得到加强,农业生产实现了旱涝保收、高产稳产,为农业增效和农民增收打下了坚实基础。

(二)扶持优势产业发展,项目区农产品市场竞争力明显增强。一是确立农业综合开发一县重点扶持一项优势产业的原则。在充分调研论证的基础上,依据县(市)优势产业规划,对大豆、奶牛、肉牛、生猪、蛋禽、果菜、亚麻、马铃薯等八大优势产业及万寿菊、红干椒、烤烟、北药等特色产业,进行了重点扶持,全省农业综合开发形成了一县扶强一项优势产业的格局。二是加大优势产业投入力度。五年间，全省农业综合开发扶持优势产业投资达到 19 亿元。三是扶持了一批优势农产品发展。五年来，共扶持绿色水稻、A 级、AA 级大豆种植 148 万亩，建设优质水稻、优质大豆、优质玉米基地 401 万亩，青贮玉米 36 万亩。农业综合开发扶持的优势农产品达 9 大类 100 多个品种。通过扶持优势农产品发展，拓宽了项目区农产品国际、国内两个市场，提高了市场竞争能力。农业综合开发扶持的优势产业新增产值 144 亿元，新增利税 53.8 亿元。

（三）加强生态农业建设，项目区农业生态环境明显改善。在项目建设中，把农业基础设施建设和生态建设有机结合起来，逐步加大对生态建设的投入，加强农田林网建设，支持退耕还林还草，开展防沙治沙，治理水土流失，努力实现生态、经济和社会效益的统一，促进农业可持续发展。"十五"期间，项目区新增和改善灌溉面积 653.03 万亩，新增和改善除涝面积 144.04 万亩，防护林面积 405.07 万亩。

（四）推进农业科技进步，项目区科技含量明显提高。一是不断加大农业科技措施的投入力度。2000 年以来，在农业科技措施方面共投入农业综合开发资金 4.66 亿元，占农业综合开发资金投入的 9%，比第四期开发（1997－1999 年）增加了 4 个百分点。二是突出抓好农业科技示范和科技成果转化。几年来，在全省建设了一批先进适用的农业科技示范推广项目，对优势农作物主栽品种和优质畜禽品种及各类先进栽培或饲养新模式、新技术进行了示范和推广。推广优良品种大豆、玉米、甜菜、水稻等多个品种，良种播种面积达 14.61 万亩。三是注重加强与科研单位和科研院校的合作。省农业开发办组建了由省内大专院校、科研院所 50 多名专家组成的农业综合开发专家咨询顾问组，坚持每个项目挂靠一个科研单位或院校，每个项目都有专家进行全程技术指导和服务。四是不断加大农民科技培训力度。几年来，共进行农发科技培训 1.3 万人次，项目区农民科技素质有了明显提高。

"十五"期间，全省农业综合开发取得了巨大成就，但也存在一些不容忽视的问题：一是地方财政配套能力不足。市县财政普遍困难，财政配套资金难以足额到位。二是税费改革后农民筹资投劳难的问题比较突出。农村税费改革取消"两工"后，村级集体公益事业筹资用工实行"一事一议"和上限控制,在此情况下,农业综合开发中农民筹资投劳的政策落实有较大难度。三是有的项目工程质量按设计标准存在一定差距。一些工程建设没有严格执行招投标制和工程监理制,标准质量监督工作不够到位。对这些问题,必须采取有力措施,认真加以解决。

二、"十一五"期间农业综合开发投向的基本依据

(一)政策依据

《中共中央关于农业和农村工作若干重大问题的决定》;《中共中央关于制定国民经济和社会发展第十一个五年规划的建议》;财政部《关于农业综合开发的若干意见》;《国家农业综合开发资金和项目管理办法》。

(二)资源依据:

1. 土地资源。全省土地面积45.48万平方千米,居全国第六位。现有耕地1.43亿亩,其中80%为中低产田,主要分布在中西部的松嫩平原和东北部的三江平原。全省土壤比较肥沃,肥力较高的黑土、黑钙土、草甸土等占60%。现有林地2.84万亩,森林覆被率为41.9%。土地面积大,生态环境好,农业有着广阔的开发利用前景。

2. 气候资源。黑龙江省处于温带至寒温带大陆季风性气候区,是全国纬度最高、气温最低的省份,年平均气温2.4℃,年有效积温1900—2800℃,无霜期100—140天,年降雨量400—800毫米。夏季高温多雨,冬季寒冷漫长,春易旱,秋易涝。气候条件适宜水稻、玉米、大豆、马铃薯和多种作物生长。

3. 水资源。境内江河湖泊众多,主要有黑龙江、松花江、乌苏里江和绥芬河四个水系,有兴凯湖、镜泊湖和五大连池三处湖泊,以及星罗棋布的泡沼。全省水资源总量为633亿立方米,其中地表水资源总量为467亿立方米,地下水资源总量为270亿立方米,现有水库610座,总库容85.3亿立方米。

4. 商品粮优势。全省2004年播种面积1.447亿亩,粮食产量313.5亿公斤,商品量约为203亿公斤,商品率65%,充足的商品量为全省发展粮食加工和实现过腹增值提供了基础保证。由于全省独特的土壤气候条件,生产的粮食品质好,粮食加工产品在市场上越来越受到欢迎,尤其是大豆、水稻、玉米、马铃薯系加工产品前沿科技含量高、开发潜力大、发展空间极为广阔。

5. 草原和发展畜牧业的优势。全省草原资源丰富,草原面积为753.18万公顷,居全国第七位,主要分布于嫩江平原、三江平原和东、北部的山区半山区,不仅发展草地畜牧业的条件优越,而且对维持生态平衡、改善生态环境也有十分重要的作用。松嫩平原有草原257.6万公顷,以盛产羊草驰名中外,是世界三大羊草草地之一,是国家和省重要的畜牧业生产基地。三江平原有草原191.3万公顷,是世界闻名的湿地之一,对区域小气候和东北大气环流有重要影响,是维持生态平衡的重要绿色屏障。山区半山区有林间草地、疏林草地等304万公顷,草质优良,产草量高。全省平均年份鲜草总产量约为4580万吨,可利用鲜草总产量为3515万吨,载畜量约为1926万个羊单位。为全省进一步发展畜牧养殖业提供了较大的发展空间,同时为畜牧加工提供了巨大的开发潜力。

6. 森林和发展绿色、山特产品优势。全省森林面积2.85亿亩,居全国第一位,森林覆盖率达到43.6%。林下产品资源丰富,适合发展林区绿色、特色食品和林药深加工等新兴产业,为建成国内最大的山特产品生产加工基地提供了保证。

7. 地理位置与对俄经贸优势。黑龙江省毗邻俄罗斯,有17个国家级一类口岸,对于发展中俄边境贸易十分有利。由于两国间产业结构互补,农副产品在俄有较大市场空间,为全省对俄出口提供了条件。

三、"十一五"期间农业综合开发主要投向的指导思想和基本原则

"十一五"期间,农业综合开发的指导思想是:以"三个代表"重要思想和党的十六届五中全会精神为指导,认真贯彻省委"努力快发展、全面建小康"的战略部署,落实科学的发展观,较大幅度地增加农业综合开发投入,继续以提高农业综合生产能力为主线,做到"四个着力、四个提高",即着力加强农业基础设施和农业生态建设,提高农业综合生产能力;着力扶持优势产业,提高农产品的市场竞争能力;着力推进科技创新,提高农业高新技术创新和成果转化能力;着力加强项目和资金管理,提高农业综合开发管理水平,为确保国家粮食安全、增加农民收入、建设社会主义新农村作出新的

贡献。

"十一五"期间的工作目标是:农业综合开发资金投入计划达到49.6亿元,其中中央财政资金投入达到24.9亿元,地方财政配套资金达到12.5亿元,自筹资金达到12.2亿元。计划改造中低产田700万亩,建设优质粮食基地560万亩,建设优质饲料作物基地100万亩,草场改良100万亩。

根据上述指导思想和奋斗目标,"十一五"期间农业综合开发应当坚持以下基本原则:

一是坚持以改造中低产田为主。改善农业生产基本条件,建设旱涝保收、高产稳产的高标准基本农田。

二是坚持突出重点。加大对粮食主产区的投入力度,着力扶持粮食生产重点县。

三是坚持发展农业产业化经营。加大对规模较大、带动能力较强的产业化龙头及农民专业合作组织的扶持力度。

四是坚持依靠科技进步。提高农业综合开发科技含量,促进农业竞争力不断增强。

五是坚持改革创新机制。充分发挥市场机制作用,实行政府引导和市场机制相结合。

六是坚持按项目进行管理。实行统筹规划、综合治理、规模开发、注重效益、奖优罚劣。

四、"十一五"期间农业综合开发主要投向

(一)投向农业基础设施建设,重点改善农业生产条件,提高农业综合生产能力

1. 加强节水农业建设。在西部干旱地区,因地制宜采取喷灌、滴灌和注水点灌等节水农业措施,计划发展350万亩;在东部易涝地区,加强排涝设施建设,继续实施"以稻治涝"战略,计划新增除涝面积200万亩,改善除涝面积150万亩。

2. 加强农业机械化建设。加大农业机械的投资力度,组建农业机械作业股份公司,对项目区的农业机械进行重点装备,鼓励有大型农机的农户入股,进行统一管理,实现规模经营,增加村级经济收入。"十一五"期间,计划

新增大型动力机械达到 750 台,新增配套机具达到 1800 台套,项目区整地、播种等基本作业实现机械化。

3. 加强优质粮食基地建设。通过加强优质粮食基地建设,初步形成以嫩江、松花江流域和三江平原为主的优质水稻生产基地,以北部高脂肪、中南部高蛋白大豆为主的大豆生产基地,以南部高淀粉、高氨酸为主的专用玉米生产基地及优质杂粮、杂豆生产基地,以城市郊区为主的绿色蔬菜基地以及各类名优特新农产品生产基地,以边境地区县份为主的外向型农业基地。同时,从全省优势出发,大力开发绿色食品,建设绿色食品基地。"十一五"期间,计划建设优质粮食基地 400 万亩,使全省项目区优质农产品面积达到 90%。

4. 加强良种基地建设。加大对种子工程基地建设的投入。在良种基地基础设施建设上重点改善良种田农业生产条件,加强良种田喷灌和机械化作业,实现园林化、水利化和机械化。修建晒场、仓库,搞好优良品种引进、示范和推广,配套种子繁育质检、精选、包衣等技术设备,开展技术培训、建立质量监督检测体系。"十一五"期间,计划建设良种繁育基地 25 万亩。

5. 重点扶持农业主产县和产粮大县。继续加大对全省 46 个粮食主产县和 19 个农业重点县的投入。重点加大耕地面积大、粮食播种面积多、粮食总产量高、粮食商品量多县份的财政投资额度,充分调动粮食主产县的各级政府和广大农民的积极性。"十一五"期间,全省农业开发用于粮食主产县和农业重点县土地治理项目的中央和省财政资金计划达到土地治理项目中中央和省财政资金的 80%。

(二)投向生态农业,重点改善农业生态环境,提高农业可持续发展的能力

1. 治理水土流失。按照生态省建设总体规划要求,突出重点,实施区域化治理。小流域治理区重点在克东、克山、拜泉、龙江、海伦、明水、青冈、尚志、宾县、穆棱、林口等县(市)进行。以小流域为单元、统一规划,坚持工程、生物和农艺各项措施相结合,建设高标准生态农业工程。计划治理水土流失面积 75 万亩。

2. 治理风沙。大力推行乔灌草、网带片治沙模式,绿化荒山荒坡,增加

植被覆盖度,建成沿雅鲁河而下至嫩江流域的甘南、龙江、泰来、杜蒙、肇源等县风沙治理带,将该地区建设成为全省西部地区的生态屏障。主要措施一是种草植树固定沙丘,锁住风沙;二是营造防护林,形成生态屏障,挡住风沙;三是打井抗旱增加空气湿度,盖住风沙。西部地区每年生态建设治理面积计划达到10万亩。

3. 改良草场。大力推广围栏封育、深松振动等治理模式,结合打井和引水灌溉等灌排工程建设,解决草原干旱和易涝问题,把西部地区建设成为全省的生态屏障,同时积极推广圈养舍饲牲畜,大力发展青贮饲料和秸秆利用等实用技术。计划改良草场50万亩。

4. 加强农田林网建设。继续加强农田林网建设,使项目区农田造林面积达到开发面积的5%,努力实现生态、经济和社会效益的统一,为全省保护和改善农业生态环境,促进农业可持续发展做出积极贡献。计划造林30万亩。

(三)投向优势产业,重点扶持农业产业化经营,提高农产品的市场竞争能力

1. 扶持产业化龙头企业。"十一五"期间,全省要加大扶持以粮、肉、奶为主要原料的农产品加工项目,适当扶持有全省地域特点的特色、绿色食品加工项目。粮食加工项目重点扶持水稻、玉米、大豆、马铃薯主产区的加工转化项目。优质水稻加工项目重点扶持松花江流域、三江平原及绥化市的部分县(市、区);玉米加工项目重点扶持肇东、青冈、双城等中部和西部地区;大豆加工项目重点扶持宾县、北安、海伦、绥棱、集贤、嫩江、富锦、同江等县(市、区);马铃薯加工项目重点扶持讷河、克山、爱辉、加格达奇、呼玛等县(市、区)。

2. 扶持种植和养殖基地建设。重点扶持畜牧养殖,适当扶持种植基地建设。畜牧养殖重点扶持肉牛、奶牛和生猪的养殖,适当扶持地方特色品种,扶持方式采用财政有偿资金与无偿资金相结合的方式。扶持类型为龙头企业、专业大户和农民合作组织,推进集约化、规模化、标准化养殖模式,提高产品品质和经济效益。种植业重点扶持沿边地区的对俄出口基地建设和大中城市周围解决城市"菜篮子"所必要的种植项目。

3. 扶持市场流通、仓储、保鲜基础建设。重点扶持有规模的产地批发市场扩大规模与完善功能;扶持有地方特色产品的市场建设;扶持自发形成的农产品集散地完善市场功能在项目区内探索有形市场与网上市场、期货市场相结合的方式。产地批发市场重点扶持大宗粮食、蔬菜交易市场建设;地方特色产品的市场扶持禽、蛋、肉交易市场建设;农产品集散地扶持肉牛、奶牛、生猪的交易市场。

4. 扶持对俄经贸基地建设。重点扶持对俄罗斯市场有出口能力和出口潜力的农产品种植、养殖与加工,扶持面向俄罗斯市场出口的农产品交易市场。种植业扶持蔬菜、果品等方面的项目。养殖业扶持允许通关的畜牧产品;加工业扶持能进入俄罗斯市场的产品生产。市场服务项目扶持边境口岸城市的、具有较大交易量的市场服务项目,重点在于现有市场的完善与提高。

(四)投向农业科技进步,重点示范和应用先进科技成果,提高农业的科技含量

1. 抓好良种引进繁育示范。在农作物良种示范方面,重点支持专用玉米、专用小麦、高油高蛋白大豆、特色食用玉米、浅芽坑高淀粉马铃薯、优质大米等优质高效专用新品种的培育。在蔬菜和食用菌良种繁育示范方面,重点支持优质出口品种选育和国外新品种引进,支持名产蔬菜种质的创新利用。在畜牧良种繁育示范方面,以夏洛莱、西门塔尔、美系大荷兰奶牛为重点,培育黑龙江优质高产杂交新品种,带动全省品种的改良。

2. 搞好先进栽培和饲养模式示范。在种植业方面,加强良种繁育基地建设,重点进行优质、高产、抗病等良种的生产和组培、杂交、茎尖脱毒等先进扩繁技术的示范和推广;加大生产基地技术示范力度,重点扶持大豆窄行密植、行间覆膜、水稻提纯复壮、马铃薯气雾栽培等先进栽培技术的应用。注重科研和推广的有机结合,重点推广无土栽培技术、蔬菜设施栽培技术、高效节水栽培技术,积极发展以日光温室和塑料大棚为重点的设施农业,实行资本、技术高效集约经营。在畜牧业方面,以奶牛、肉牛、生猪等优势产业为重点,在双城、富裕、肇东、杜蒙等养殖大县,进行奶牛等新的饲养模式、饲料配方的示范。选择大庆银螺、大庆田丰、三元种猪等有实力的企业,进行

胚胎移植、性别控制、性能测定等高新技术扩繁。同时加快乳制品加工技术的开发,加强优质高产抗逆性强的饲用玉米和牧草新品种的选育、繁育和示范,完善畜牧产业链条。

3. 搞好农业科技推广服务体系建设示范。选择一批有一定基础的项目重点进行农业科技服务体系建设。加强动植物疾病防治、良种繁育与推广等农业技术服务方面的建设;加强农业专业协会、经济中介组织等农业社会化服务体系建设;为农产品市场、优质粮生产基地、养殖专业户提供产加销等网络信息服务。

4. 搞好产学园结合示范。积极探索以利益机制为联结,以企业发展需要为出发点,以转化科技成果、提高企业科技含量和经济效益、发挥园区科技示范作用为目的,以壮大农业产业规模,探索现代农业发展新模式为目标,实现学校科研、园区示范和企业生产有机结合。

5. 加强世行贷款科技项目建设。以农业科技园区和全省主导产业的发展壮大为主,重点扶持奶牛、生猪、大豆、马铃薯、设施农业等方面项目建设。奶牛产业重点进行性别控制、良种扩繁、饲料饲草开发、鲜奶质量检测、乳蛋白肽开发等方面的建设;生猪产业主要进行人工受精和性能测定等方面建设;大豆产业重点进行高油、高蛋白优质大豆专用品种的良种繁育、先进栽培技术集成及全程机械化示范,计算机网络技术应用、大豆蛋白肽微生物提取和功能检测等方面的开发建设;马铃薯主要示范推广茎尖脱毒技术和无基质气雾栽培技术;生态建设主要进行优质抗性苗木培育和生产。

6. 加强农民科技培训。通过举办培训班、专家现场讲课、科技人员或科技示范户现场示范、发放科技实用读本、疏通农村科技信息渠道、建立农村科技广播等多种行之有效的形式,提高项目区农民的科技素质,培养一批新型的能带动广大农民学科技、用科技,靠科技增产致富的科技带头人队伍。"十一五"期间,省级科技培训项目重点县(市)项目区,科技培训到位率要达到100%,先进实用技术在示范户的入户率达到90%以上。

(五)投向农业合作经济组织,重点增强合作组织对农民的带动和服务功能,提高农业的组织化程度

1. 扶持类型。从领办者和为农民服务的性质上划分,可分为10种类

型,即协会牵动型、企业领办型、协会与企业配合型、能人带动型、村干部领办型、乡村干部与农民合股经营型、科技服务型、产加销综合服务型、职能转变型、招商引资型。

2. 扶持原则。一是因地制宜的原则。围绕当地主导产业和特色产品,多领域、多形式、多层次地积极扶持农民合作经济组织。二是民主自愿的原则。坚持以农民需要为前提,做到"民办、民管、民受益"。三是典型示范的原则。统筹规划,有选择地扶持一批有示范效果好、典型引带强、产业化程度高的农民合作经济组织。四是条件准入的原则。农民专业合作经济组织在人员数量、合作组织章程、生产经营项目、具体的合作内容,内部财务管理等方面比较规范,符合扶持条件,方可纳入扶持范围。

3. 扶持措施。一是多形式扶持。对于投资规模较大、效益可观、辐射带动能力较强的可立为土地治理项目、产业化经营项目,也可以作为银行贷款贴息项目。对于一些投资规模较小或完善服务功能的可采取小额专项资金予以扶持。一些农业综合开发项目工程,可以优先考虑由具备条件的农民专业合作经济组织实施建设;二是多方面建设。一方面支持农民合作经济组织生产经营性活动。支持标准化生产基地水利、电力、农机、机耕路等基础设施建设。支持新品种、新技术的引进、开发和推广,支持兴办仓储设施和加工企业购置农产品加工运销设备。一方面支持农民合作经济组织完善服务功能。支持农民专业合作经济组织开展信息、技术、培训、质量标准与认证、市场营销等服务,加强农技推广服务体系和信息网络建设;三是多元化投入。充分调动各方面积极性,尤其要调动农民专业合作经济组织成员的积极性,采取多元投入方式;四是规范化管理。严格资金管理,做到专款专用,不得挤占、挪用。无偿资金全部实行县级报账制,并在一定范围实行资金公示。

(黑龙江省农业开发办公室2005年10月形成的调研报告)

【相关链接】三

促进农业综合开发转型升级

我省实施"两大平原"现代农业综合配套改革试验及涉农资金整合以

来,省农业开发办在省委、省政府领导下,审时度势,大胆改革,勇于创新,走出了一条"以质量效益为核心,集中资金、突出重点,围绕区域主导产业,打造全产业链,促进农业综合开发转型升级"的新路子,收到明显效果。目前,全省农发项目区优质水稻、优质杂粮、优质马铃薯、优质奶牛、优质肉牛、优质蔬菜(食用菌)和林下经济等优势主导产业格局凸显,呈现出勃勃生机。对此,省委、省政府给予高度评价,主要领导多次做出批示,对农业综合开发转型升级成果和做法给予充分肯定。

一、增强五大发展理念,由数量扩张型向质量效益型转变

全省粮食总量在 2012 年达到 1300 亿斤之后,粮食库存压力空前,农产品价格出现下滑,粮食高产并没有带来高效,农民再次遭遇增产不增收的困惑,我省农业综合开发也面临着新的抉择。因为长期延续下来的农发政策和投入方式,已经不再适应新形势发展的需要,必须进行改革和创新。我们先后多次调研,举办培训班、深入项目区总结、分析、对比,以创新、协调、绿色、开放、共享五大发展理念为统领,不断加大推进力度,初步构建了以质量效益为核心,促进农业综合开发转型升级的新格局。

(一)增强协调发展理念,向综合开发转型发挥"综合"优势,对市场流通、农产品加工、种植基地及良种繁育各环节进行重点支持,打造区域主导产业,推动农发项目区粮经饲统筹、农林牧结合、种养加一体、一二三产业融合发展。围绕主导产业,哪个环节薄弱就支持哪个环节,充分发挥了飞鹤乳业、宾西牛业、亮子奔腾、托古小米等一大批龙头企业和各类农民专业合作社的拉动作用。

(二)增强开放发展理念,向科技开发转型积极引进国内外先进品种、先进机械设备和先进技术,提升农业综合开发科技含量。支持克山县由龙科种业、农民种植合作社、马铃薯加工企业成立马铃薯产业战略联盟,立项扶持引进荷兰优质原原种和成套机械设备,进行原种繁育和示范,着力解决我省马铃薯品种不优问题。支持五常、大同等县市示范"互联网＋"的应用,建立农业物联网中心,既提高了现代农业装备水平,又提高了农产品市场营销能力。

(三)增强绿色发展理念,向生态开发转型通过调整种植结构支持生产绿色有机农产品,打造龙江绿色有机品牌,有效促进优质农产品流通和农民稳定增收,实现由"种得好"向"卖得好"转变。据测算,项目区种植普通水稻亩收入不到700元,而种植饲草饲料可达1000元,绿色有机水稻可达1500元,大棚蔬菜可达1万多元,大棚食用菌可达2万多元。

(四)增强共享发展理念,向主体开发转型积极培育新型农业经营主体,让农民通过土地入股共享农业综合开发成果。农发项目全部以专业大户、家庭农场、农民合作社、龙头企业等新型农业经营主体为投资主体。重点选择在当地有产业带动作用的龙头企业、有实质经营、规范运营的农民合作组织申报并实施农业综合开发项目。2014年以来,全省共扶持新型农业经营主体158个。同时坚持产业项目与扶贫有机结合,让贫困县农民通过精准帮扶更多地享受农业综合开发的财政阳光,为实现精准脱贫贡献力量。

(五)增强创新发展理念,向滚动开发转型改变过去财政资金全部无偿投入的方式,支持有实力的龙头企业和农民专业合作社实行股权投资,重新建立了"滚动开发"机制。通过股权投资撬动金融资本和社会资本投入,壮大农发资金投入规模。同时,通过股权投资方式,把资金使用权交给了企业或合作社,更有利于资金安全,减少财政资金风险。两年来,我省农业综合开发实行股权投资试点2.1亿元,撬动金融资本和社会资本投入9.5亿元,效果明显。如果每年采取股权投资5亿元,到"十三五"末,考虑企业经营问题难以全部退出的因素,至少可建立起20-25亿基金用于滚动式开发。

二、加大工作推进力度,由基础建设型向产业培育型转变

(一)推进由高标准农田向主导产业基地建设升级牢牢把握水利、农机、科技、生态四条主线,实施减农药、减化肥、减除草剂"三减"行动计划,发展循环农业,生产绿色有机农产品,提升我省现代农业物质装备和技术支撑水平。2014年以来,农业综合开发已建立优质粮食基地321万亩,优质饲草饲料基地95万亩,蔬菜(食用菌)基地15.2万亩,蓝莓、大榛子、北药等林下经济基地7万亩。庆安、北林、方正、通河、依兰、抚远、虎林等沿江县(市)建设生态高标准水田示范区200多万亩,以节水灌溉、大棚育秧和全程机械化为重点,新增优质粳稻产能4多亿斤,既为水稻龙头企业提供了优质原料,又以有机绿色为品牌,打入了北京、上海、广州等大都市高端市场,农民真正卖上了好价钱,装满了"钱袋子"。

(二)推进由普通粮食种植向优化种植业结构升级注重增加市场紧缺、附加值高的农产品生产,大力支持优质高效粮食(水稻、杂粮、马铃薯)、优质饲草饲料、优质蔬菜(食用菌)、优质坚果浆果、优质北药等优势特色产业发展。沿嫩江、松花江、黑龙江、乌苏里江沿岸区域,大力支持"旱改水"工程,发展江灌稻生产,引导农民减少普通玉米种植,积极发展优质杂粮、马铃薯、饲草饲料作物和裸地瓜菜、食用菌、北药等特色种植。牡丹江、佳木斯地区依托亮子奔腾、南京雨润等菌包加工、销售龙头,大力发展食用菌种植,项目区农民人均增收2万元。支持飞鹤乳业在齐齐哈尔市克东、甘南、泰来等县(市)建设标准化奶牛场,鼓励农民合作组织以为其提供充足原料为目的,打造优质饲草饲料基地40多万亩,年增加农民收入3.6亿元。

(三)推进由粗放型经营向构建主导产业体系升级一是支持规模化生产。采取土地流转、联户经营、托管生产、订单农业等多种形式,引导农民与龙头企业或农民合作社结成利益联盟,2014年以来规模流转土地300多万亩,推进农业适度规模经营;二是鼓励规模化经营。鼓励新型农业经营主体之间联合,使农户分享种植、加工、销售各环节收益,增强共同抵御自然及市场风险能力。大庆大同、绥化宝山等项目区建设大型蔬菜产业基地,采取统一用种、统一管理、统一包装、错时销售等措施,提高了农产品品质和销售价格,农民年人均收入突破2万元;三是支持品牌化营销。打造农产品地理标志品牌,支持已有小品牌整合形成大品牌,注重点对点营销、定制营销、互联网营销等新商业模式应用,提升扩大农产品品牌的知名度、市场占有率和整体竞争力。支持的五常大米、响水大米、北纬四十九杂粮、黄麻子土豆、飞鹤婴幼儿奶粉、大庄园肉食品、海林蘑菇、汤原木耳、大同蔬菜已形成品牌效应,享誉省内外,价格比立项开发前增长30%以上,甚至翻一番。

三、注重管理改革创新,由传统型管理向创新型管理转变

改变过去面面俱到、平均照顾、项目分散、不成规模的弊端,围绕区域优势主导产业,重点建设大项目。2014年以来,以"国内先进、省内一流"为标准,全产业链打造现代农业示范项目27个,项目区呈现了建设标准高、产业链条全、科技含量大、综合效益好等特点,发挥了示范带动作用。围绕飞鹤、

贝因美、光明等奶牛养殖园区建设青贮饲料基地，围绕大庄园、宾西等肉牛养殖园区建设饲草饲料基地，每个项目累计中省投资均超过1亿元，助推了我省现代畜牧业发展。2015年齐齐哈尔飞鹤乳业贡献地方税金7.53亿元，相当于我省3个中等县份一年的公共财政收入。

（一）注重投入方式创新将原来土地治理、产业化、部门、科技等项目资金集中使用，每个开发县建设一个现代农业示范大项目。2014—2016年全省农发项目个数安排平均比2013年减少77.7%，单个项目投资额度比2013年增加5倍以上，中省投入3000万元以上的大项目达到74个。同时，积极引导企业增加投资、撬动金融资本、鼓励农民投资投劳，大幅增加资金投入总量。三年来，省省农业综合开发总投入达到136.4亿元，其中项目区农民、企业及合作社自筹资金59.7亿元，是前三年的4.9倍。资金投入的大幅增长，为农业综合开发在现代农业建设中建功立业提供了有力的资金支撑。

（二）注重管理机制创新为实现农业综合开发转型升级，我们还注重在优化部门职能、下放管理权限和创新管理方式等方面大胆实践搞改革，初步形成了省市县三级职责明晰、共管共建新局面。一是调整处室职能。按照松嫩、三江两大平原管理格局和产业类别，重新调整了处室管理职能；二是下方管理权限。按照简政放权要求，将工程监理、项目竣工验收管理权限下放到市（地）级农发办，将物资设备政府采购权限下放到县级农发办，充分调动了市、县两级的积极性。2014年以来年项目竣工验收工作具体由13个市（地）组织实施，与往年相比验收组别多、用时长、验收更加精细。有的市还聘请了会计师事务所进行验收，探索了购买中介服务、借助第三方机构验收的新路子；三是加强省级监管。对基层项目与资金统管方式进行了改革，县级农发办主要管好项目，农发资金实行国库部门集中支付，农发办与国库部门互相制约，责任到人，解决了项目与资金统管的弊端。改进和完善了项目招投标、工程监理和政府采购等管理制度，农发资金和项目管理水平进一步提高，为农业综合开发转型升级提供了组织保证。

（原载《中国农业综合开发》2014年第6期，作者薛英杰）

【相关链接】四

大力推进优势特色产业发展

黑龙江省粮食实现十连增,为国家粮食安全做出了积极贡献。粮食多了,但增产不增效的现实凸显出来,农民种粮增收缓慢。农业综合开发如何推进优势特色产业发展,更好地促进农民增收成了一大课题。2014年以来,黑龙江省农业综合开发抓住"两大平原"现代农业综合配套改革试验机遇,把握转方式调结构的总要求,充分挖掘资源优势和潜力,集中资金扶持优势特色产业发展,项目区人均收入大幅提高,走出了一条有龙江特色的农业综合开发路子。

一、依托大水利资源,大力推进水稻产业发展

水稻是黑龙江省一大优势特色产业,种植的水稻全部为粳稻,产量高,效益好;大米营养丰富,口感好,深受消费者喜爱,尤其是五常、庆安、延寿、方正、北林等地大米全国闻名。水稻产区的农民收入水平高于一般旱田区,率先致富奔小康。2014年,黑龙江省水稻播种面积6121.7万亩,总产444.1亿斤,为全省农作物播种面积第二位,黑龙江省水稻商品量高达70%,占全国水稻商品量的25%,占全国粳稻商品量的60%,是保证国家粮食安全的主导型产业。黑龙江省水利资源丰富,拥有黑龙江、松花江、乌苏里江、绥芬河四大水系以及兴凯湖、镜泊湖等四个较大湖泊,大小河流1700多条,多年平均地表水资源为686亿立方米,地下水资源量为297.44亿立方米,平均年降雨量为469.8毫米以上。省委省政府加强大水利建设特别是对"两江一湖"的开发,为我省持续推进水稻产业发展打下了坚实基础。据不完全统计,全省发展水田的潜力在2000万亩以上,而且发展水田是真正意义上的"旱能灌、涝能排"稳产高产农田。黑龙江省农业综合开发因势利导,从2013年以来在推进高标准农田建设上大力推进旱改水,在低纬度、水资源丰富地区建设优势水稻生产基地,重点开发松花江、嫩江干流沿岸、东部三江平原的37个县,建设优质水稻生产带。农业综合开发项目区尽量使用江、河、湖、库等地表水,推广节水灌溉,引进优良品种,建设育秧大棚和催芽车间,扶持农民

购买插秧机和收获机械,使田间工程实现高标准,水稻生产实现优质高效。同时,大力扶持水稻加工园区龙头企业和农产品批发市场,打造优势品牌,推进水稻既"种得好",又"卖得好"。三年来,黑龙江省农业综合开发扶持优质水稻种植面积378万亩,占高标准农田建设面积的50%以上;扶持水稻加工重点龙头企业18个,建设水稻育秧大棚2.4万栋,建设水稻催芽车间12个,组建水稻农机合作社32个,助推了水稻产业整体升级。

二、依托大畜草资源,大力推进畜牧产业发展

畜牧产业是中轴产业,是农业结构调整的方向。大力发展畜牧业是充分利用草原资源的现实选择,也是粮食去库存实现过腹增值的有效途径。黑龙江省发展养殖业具有丰富的自然资源禀赋条件和巨大的养殖空间,全省拥有草原面积3100多万亩,玉米播种面积1亿亩以上、大豆播种面积2000万亩以上,优质饲草、饲料资源丰富,为发展草食畜牧业奠定坚实基础,加之高寒地区优越的气候条件,提升了养殖业产品品质。我省发展畜牧业具有扎实的产业基础。2014年全省奶牛存栏197.16万头,居全国第二位,其中荷斯坦奶牛总量居全国之首。全省生鲜乳总量556.6万吨,乳品加工企业88家;肉牛存栏400万头,出栏303.7万头。黑龙江省有17个县被列入全国肉牛优势区域规划,肉牛出栏量居全国第五位,大中型肉牛屠宰加工企业30余家,年总屠宰加工能力已达300万头以上;生猪存栏1356.7万头,出栏1821.6万头,猪肉产量133.4万吨。黑龙江省有22个县被列为全国生猪调出大县,生猪存栏数量全国处于第六位,规模以上生猪屠宰加工企业140多家,屠宰能力超过2000万头。黑龙江省生猪产业是全国菜篮子工程的重要保障,也是南猪北移的主要承载区。2014年以来,我省农业综合开发紧紧围绕全省畜牧发展总体规划,大力推进畜牧业发展,坚持全产业链扶持,围绕飞鹤、光明、贝因美、大庄园、宾西、恒阳等龙头企业建设一批现代畜牧养殖园区。扶持龙头加工企业26家,扶持现代奶牛养殖场34个,扶持肉牛标准化养殖场108个,建设优质饲料饲草基地67万亩。新增奶牛4.72万头,新增肉牛基础母牛2.58万头,新增肉牛存栏9.3万头,年可提供鲜奶37.6万吨,提供牛肉4.2万吨。畜牧业的快速发展,助推粮食去库存,加快了粮变肉、草变乳过腹增值,黑龙江省畜禽规模化养殖比重达到50%以上,

成为全国重要的高品质畜牧产品大省。

三、依托大森林资源，大力推进林下经济发展

黑龙江省是全国重点林区之一，森林资源丰富，林地面积 2453 万公顷，其中有林地面积 2080.3 万公顷，居全国首位。大小兴安岭生态主体功能区是黑龙江第一个纳入国家发展战略的规划项目，绿水青山已变成金山银山。林下经济是黑龙江省经济发展的新增长点，为大力推进林下经济发展，2014年我省出台了《黑龙江省林下经济发展规划（2013－2020）》，在全球经济普遍下滑的严峻形势下，林业总产值 1400 多亿元，全省依托林下经济的就业人员达 200 余万人。2014 年以来，省农业开发办对蓝莓、北药、食用菌等产业进行了专题调研，提出了大力发展林菌、林果、林药、林业养殖产业，以大、小兴安岭、张广才岭、老爷岭为重点，建设林下经济生产带，促进了林区职工增收和上岗就业。近三年，黑龙江省农业综合开发扶持东宁、穆棱、尚志、汤原、桦南、鹤岗、伊春等地建设优质木耳生产基地；扶持海林、阳明区、林口、双鸭山等建设优质蘑菇生产基地；扶持尚志、勃利、大兴安岭等建设优质浆果生产基地；扶持伊春、大兴安岭、鸡西建设优质北药生产基地。三年来累计扶持林菌基地 5.2 万亩，林果基地 3.1 万亩，林药基地 6.3 万亩，林业养殖基地 18 个，扶持林下产品加工企业 12 个。林下经济发展带动了产业链各环节运转，促进了生态建设，拉动了经济增长，增加了职工和林区农民收入，为林区社会和谐稳定及全省经济社会发展作出了重要贡献。

四、借助大边贸资源，大力推进蔬菜产业发展

蔬菜是人们餐桌上不可缺少的副食品，随着人民生活条件的不断改善和提高，对蔬菜质量的要求逐步向有机、绿色、无污染、营养型方面发展。黑龙江省土地、气候等自然资源丰富，是全国开发较晚、污染较轻的省份之一，具有种植蔬菜和发展绿色蔬菜食品得天独厚的优势和发展潜力。近年来，黑龙江省蔬菜种植面积一直稳定在 400 万亩，总产量 920 万吨。年蔬菜出口量 26 万吨，创汇额 1.6 亿美元。蔬菜产业已成为黑龙江省农业增效、农民增收、出口创汇的重要产业。黑龙江省是边贸大省，拥有边境线 4300 多公里，对俄贸易居全国首位。黑龙江省委省政府提出东部丝路带建设战略，大力

发展铁路、公路、机场等基础设施,将在北菜南送平抑物价,打造对俄蔬菜基地等方面发挥特殊作用。2014 年以来,黑龙江省农业综合开发大力扶持蔬菜产业发展,坚持露地菜和棚室菜同步开发,实现规模扩张与质量提升并重,既保证了本地"菜篮子"又开拓了外埠市场。以黑河、佳木斯、鹤岗、鸡西、牡丹江等地为重点,大力发展沿边出口蔬菜生产区;在哈尔滨、绥化、大庆等地为重点,发展夏秋菜南销生产区。三年来黑龙江省农业综合开发扶持蔬菜生产基地 15.2 万亩,蔬菜棚室 8.6 万栋,扶持蔬菜批发大市场 43 个,扶持蔬菜加工企业 8 个,有力地推进了对俄蔬菜基地建设和全省蔬菜产业持续快速发展。

（原载《奋斗》2017 年第 14 期,作者王福、常忠宝）

第四章 发展阶段

第一节 开发起步阶段

(1988－1990年)

这一阶段为黑龙江省农业综合开发起步阶段,也就是首期进行农业综合开发,集中开发三江平原时期。

这一阶段指导思想非常明确,即以增产粮豆为中心,把提高主要农产品产量作为主要目标,重点解决社会供给不足的问题。开发建设以种好现有耕地、改造低产田、扩大水田面积、提高单位面积产量为主,在保证生态环境不遭破坏,并尽可能得到改善的情况下,适当开荒增加耕地。

开发范围涉及三江平原的佳木斯、牡丹江、双鸭山、鸡西、鹤岗、七台河等6个市(地)的22县(市)和4个国有农场的62个农牧渔场。开发立项120个开发小区。

开发任务以规划为先导,以防洪治涝、林渠路配套、对现有耕地进行综合治理和适当开荒扩大耕地面积为总方针,采取小区立项管理方式进行农业综合开发。改造低产田826.3万亩,开垦宜农荒地195.8万亩,造林198.7万亩,改良草场100万亩,总投资9.62亿元。

这一阶段开发建设主要做法,一是引进竞争机制,实现承包责任制。采取分级承包、按系统承包、按项目承包三种承包方式,坚持按项目管理择优扶持;二是资金投入与商品产出挂钩,即推行钱粮挂钩标准;三是发动群众,自力更生地进行开发建设。充分体现了开发建设三江平原的精神;四是开放开发,多渠道筹集资金,广泛吸引境外资金、技术、人才;五是经营开发,建立基金制;六是以开发小区为单位,因害设防,综合开发,配套建设,集约经营,建一片成一片,发挥效益一片;六是以科技为先导,开展技术服务,实行科技开发与生产开发相结合。在白浆土种稻综合技术、大豆综合高产技术、低湿荒地综合开发模式(排灌用结合)与省科委合作开发研究。

小区立项管理就是在大区域统一规划下,以小区为单位立项管理的办法。选择小区的原则主要是大环境得到基本治理,防洪有保障,排涝有出路,抗旱有水源,土地相对连片集中,规模一般为 5－10 万亩左右。实践证明,小区立项管理收效明显,达到了开发一片,见效一片的效果。这是黑龙江省的一个创造。这一阶段比较有特色的小区一是桦南县新河宫大面积低洼地开发区;二是宝清县东升乡农林牧渔综合开发区;三是建三江前锋农场围堰养鱼、打井种稻,渔稻综合开发区;四是友谊七分场打井灌溉麦豆开发区;五是同江外向型农业产品开发基地等。

这一阶段新增水田面积 223 万亩,占全省同期新增水田面积的51.3%;改善灌溉面积 20 万亩,缓解全省渴水面积10%以上;治涝面积586 万亩,占全省同期治涝面积的53.9%。形成了新增粮食生产能力 15 亿公斤的目标。以稻治涝模式大显神通,打井种稻闻名遐迩。特别是在1991 年发生的严重洪涝灾害面前,显示出较强的抗洪涝特性。1991 年 8月,时任省委书记孙维本察看三江地区汛情时来到宝清县东升乡,站在大坝上,眼见开发区内外农田截然不同的景象,深有感触地说:"开发与不开发大不一样,开发区一片葱绿,丰收在望;开发区外一片汪洋,效果分明。"

1990 年三江平原地区粮豆总产 81 亿公斤,比 1987 年增加 25.2 亿斤,增长45.3%。上缴国家粮食48.3 亿公斤,实现新增收入24.03 亿元,按照国家投入 3 亿元计算,投资效益为1:8;按照总投资 8.75 亿元计算为1:3。

大事记:

1988 年 4 月 8 日,在北京由时任国务院副总理田纪云主持,时任国务委员陈俊生参加,时任省长侯捷与时任国家土地开发建设基金管理领导小组组长、农牧渔业部部长何康签订《黑龙江省三江平原农业综合开发建设协议书》。订立了开发建设目标、建设资金投入与商品产出挂钩、生产必须与技术开发紧密结合、国家提供相应的物资条件、国家给予的优惠政策、动员全省人民实现开发建设任务等六项协议。

1988年4月23日,省政府召开三江平原农业开发建设任务安排电话会议,时任副省长戴谟安在会上提出九点意见,一是关于任务安排,二是关于承包问题,三是关于资金安排问题,四是实行开放性、经营型开发,五是关于科技开发问题,六是有关计划管理问题,七是有关物资供应问题,八是国家给予的优惠政策,九是组织领导问题。

1988年6月18日,省政府召开三江平原农业开发座谈会,会上时任省长侯捷讲话,提出三江平原农业开发要按照新的路子起步,具体说必须是开放式的,必须是经营型的,必须是综合性开发。

1988年6月29日,时任国务委员陈俊生,会同时任国务院副秘书长李昌安和国家计委、财政部、农牧渔业部、农业银行、中科院等部门负责人,听取三江平原农业开发进展情况后,对三江平原农业开发提出五点意见,一要有新突破。要把三江平原农业开发作为黑龙江省农业的战略重点,集中几年时间,集中各方面力量,把水利、道路为重点的基础设施搞起来,创造良好的投资环境;二要从实际出发。以改造中低产田为主,旱改水是个方向。适宜种大豆的多种大豆。改造沼泽地要搞综合治理。养牛也要搞;三要搞活两个机制。资金投入机制,技术投入机制。四要先易后难。抓住重点,一片片开发,分期分批进行,不要全面开花;五要加强领导。开发工作要当作大事来抓,要抓得很紧很紧。千方不能把黑地都算进去。有个组,经常下去检查。人大要监督。公司不能安排老干部。

1988年7月3日,《中国日报》刊发《黑龙江省省长侯捷就开发三江平原答记者问》。

1988年7月29日,省政府召开三江平原农业综合开发建设承包工作会议,传达陈俊生等领导对三江平原建设的意见,听取各地工作进展情况。时任省长侯捷参加,时任副省长戴谟安代表省政府与佳木斯、牡丹江、鸡西、鹤岗、双鸭山、七台河6市和省农垦总局签订了三江平原农业综合开发建设承包协议书。戴谟安在承包签字仪式上讲话。

1989年11月15日,时任副省长戴谟安代表黑龙江省在全国农业开发经验交流会上发言《抓住机遇 发动群众 启动好三江平原的农业开发建设》。

1990年7月22日至8月1日,陈俊生到三江平原考察调研指出,三江平原开发两年来呈现出蒸蒸日上的势头,已经进入最佳效益期。他说,三江平原是个宝地,经过开发治理,几年内一个建三江将变成两个建三江,一个富锦变成两个富锦。

第二节　延伸扩面阶段

(1991－1993年)

这一阶段全省开发范围进一步扩大,从三江平原进一步向松嫩平原拓展,为二期农业综合开发时期。

这一阶段指导思想是以增产粮豆为中心,以提高农业综合生产能力为目的,以改造低产田、扩大水田面积为重点,发挥现有耕地潜力,提高单位面积产量,适当扩大开荒扩大耕地面积,提高资源利用率,促进山水田林路综合治理,农林牧副渔全面发展,经济、社会和生态效益同步增长。积极探索松嫩平原农业综合开发模式。

开发范围为三江地区28个市县和4个国有农场共111个小区;松嫩平原18个市县和33个国有农场共67个小区。国家批准松嫩平原立项开发是从1991年初开始的。

资金安排为总投资9.96亿元,其中中央财政资金3亿元、专项贷款3亿元、地方配套3.96亿元。国家拨款与地方配套为1:1.32。

任务安排为改造中低产田700万亩(其中旱改水215万亩)、开荒

100 万亩、造林 50 万亩、草场改良 100 万亩,形成新增粮食生产能力 12.5 亿公斤。

工作路数是抓好"八个结合"。一是常规农业与开发农业相结合;二是三江平原与松嫩平原开发相结合;三是农业开发与贯彻粮牧企、贸工农一体化方针相结合;四是农业开发与社会化服务体系建设相结合;五是农业开发与扶贫开发相结合;六是农业开发与科技兴农相结合;七是综合配套与大工程建设相结合;八是国家立项开发与地方多渠道筹资自力更生开发相结合。

这一阶段开发任务超额完成。至 1993 年 12 月末,三年完成中低产田改造 431.69 万亩,其中旱改水面积 140.89 万亩;开垦新增耕地 88.8 万亩;植树造林 46.54 万亩;改良草场 69.71 万亩。新增粮食为 79224.33 万公斤。

开发效益显著。这一阶段松嫩平原探索出一些可供借鉴的开发模式。一是泰来县庄园化治沙模式;二是拜泉县"七子登科"的生态化治理小流域模式;三是依安县、肇源县"以稻治碱"标准化开发模式;四是讷河市贸工农一体产业化开发模式和甘南县经营性开发模式;五是稻田养鱼、围塘养鱼、网箱养鱼立体开发模式等,推动了农业开发工作的深入发展。

新增加固配套小型水库 18 座,排灌站 244 座,开挖疏浚排灌渠道 8120.9 公里,打机电井 7247 眼,农电线路 247.48 公里,机耕路 1894 公里,建晒场 64095 平方米,种子库 2.8 万平方米,购置大中型农业机械 1376 台。

新增灌溉面积 170 万亩,改善灌溉面积 64.9 万亩,增加排涝面积 382.2 万亩,改善除涝面积 125.5 万亩,农田林网防护面积 201 万亩。

开发区粮豆总产量达 18.8 亿公斤,比开发前三年平均增长 81.4%;商品粮 11 亿公斤,增加 76.2%。农业总产值 26.4 亿元,增长 74.1%;农业纯收入 13 亿元,增长 77.7%。1993 年开发区人均收入 1160 元,比前三年增长 91.7%。

大事记：

1991年3月13日，举办全省农业综合开发干部培训班。

1991年7月22－23日，时任省委书记孙维本在佳木斯市主持召开第六届197次省委常委办公会议。邵奇惠、周文华、马国良、王海彦、谢勇、单荣范出席会议，王钊、张向凌、何首伦、孙魁文以及有关部门负责同志列席会议。会议听取时任省农业开发办公室主任李方旭汇报1988－1990年农业综合开发情况及下步打算后，常委们进行了认真研究讨论，并视察了部分开发区。在总结会上孙维本提出，要按照现代化大农业的要求，高标准、高起点地搞好农业综合开发。要把农业综合开发同振兴区域经济紧密结合起来。搞好农业开发是振兴区域经济的一个壮举，是实现"八五"计划和"十年"规划的重要措施，一定要把农业开发事业看成振兴龙江的一个机遇，加强领导，合力推进农业开发进程。

1991年10月3日，时任省长邵奇惠在人民大会堂召开的黑龙江省农业综合开发新闻发布会上作了题为"辉煌的开发成果 巨大的开发潜力"的讲话，提出要把开发区建设成农业现代化的示范区、旱涝保收的高产区和农民致富的先行区。

1991年11月，时任省农发办主任李方旭撰写了调研报告《因害设防 改善农业生产基本条件——三江平原农业综合开发抗灾能力调查》。时任国务委员陈俊生对此材料作了"很具体、很生动、很有说服力"的批示，国家农开办以(91)国农综办第54号转发全国农发系统。

1992年3月6日，省政府召开全省利用世行贷款实施农业综合开发项目部署会议，任兆奎讲话《解放思想大胆利用外资 促进农村经济发展和农民奔小康》。

1992年12月20日，召开全省农业综合开发巴彦现场会，李方旭讲话强调要确立几个基本观念，一是确立农业基础地位的观念，加快由传统农业向现代农业转变，采取滚动式开发；二是确立市场经济观念，加快由单一区域、流域治理型向区域、流域治理与专项、产业化开发并举型转变，采取经营方式搞开发；三是确立质量观念，加快由数量型向名优型的转变，采取竞争方式搞开发;四是确立改革观念,加快由封闭性向引资、合资型开发的转变,采取开发式搞开发。

1993 年 8 月初,时任国务委员陈俊生视察黑龙江省防汛和农业工作,提出农业开发要在松嫩平原搞出点名堂来,要发展优质高效农业。

1993 年 8 月 23 日,国家农业综合开发办公室在哈尔滨市召开黑龙江、吉林、辽宁和内蒙古"三省一区"农业综合开发培训班,孙魁文在开幕式上致辞,李方旭专题发言《研究新问题探索新路子不断把农业综合开发引向深入》,王兆力讲解《国家农业综合开发的计划管理》,张蔚波讲解《国家农业综合开发的财务管理》。

1993 年 9 月 26 日,召开全省农业综合开发密山现场会,李方旭讲话,提出要学习密山经验,提高开发建设质量。

第三节 全面开发阶段

(1994－1999 年)

这一阶段把伊春市、黑河市、大兴安岭地区都纳入了开发范围,开发范围扩大到全省各个市县,为农业综合开发全面发展阶段,是农业综合开发投资增长速度最快的时期。

适应农业农村发展出现"减轻农民负担,增加农民收入"的新要求,为有效地协调解决粮食增产与农民增收的矛盾,农业综合开发适时调整了这一时期开发的基本思路,由前一阶段的重点进行中低产田改造,转变为在继续进行中低产田改造的同时,加大多种经营项目的建设力度,并要求把增产与增收结合起来,以切实解决粮食增产而农民不增收或少增收的问题。各种制度进一步完善,并把农业综合开发纳入法制化轨道,进一步提高农业综合开发质量。

从 1994 年起,每年 30% 的农业综合开发财政资金和 70% 的银行贷款应用于发展多种经营项目,重点是发展以经济作物为主的种植业、以畜牧业为主的养殖业和以提高农副产品附加值为主的加工业,把粮食增产与农民增收有机结合起来。

这一时期,黑龙江省农业综合开发改造改造中低产田与开垦宜农荒地最多。同时,与前两个阶段相比,建设经济林、花卉、蔬菜等种植业基地及发展水产养殖基地面积增加了82%。项目区农民不仅"粮袋子"鼓了起来,而且"钱袋子"也鼓了起来。

大事记:

1994年4月16日,召开全省农业综合开发工作会议。时任省委副书记马国良讲话指出:一、充分认识农业综合开发对促进农村经济的重要意义。一是对农业基础地位的强化作用;二是对全省农业的示范作用;三是对农民致富的促进作用;四是对党群、干群关系的融洽作用;五是要进一步明确农业开发的指导思想,即明确一个要求,就是农业综合开发是在政府的宏观调控下,以经济效益为中心,以市场为导向,利用先进科学管理手段,采取外引内联和"四个一体化"的组织形式,在"四高九化"(高起点、高标准、高质量、高效益、耕地园田化、耕作机械化、种植区域化、品种优质化、生产技术现代化、服务系列化、经营规模化、产品商品化、管理科学化)的基础上,对利用不够充分或尚未利用的农业资源进行深度和广度开发和改造,建设和发展优质高产高效的现代农业。

树立一个目标,就是改善农业生产条件,逐步改变农业在国民经济发展中比较软弱的不利地位。处理好两个关系,就是一要处理好改善农业生产条件与发展粮油肉的关系;二是要处理好保持粮食等主要农产品稳定增长与增加农民收入的关系;三是要因地制宜地实施农业开发的优势战略;四是要积极探索"两高一优"农业的发展路子;五是要切实加强对农业综合开发的领导。

1994年5月10日,《现代经济信息》第10期刊登时任副省长孙魁文文章《农业综合开发必须坚持抓好的几个问题》。一是必须坚持择优立项;二是必须集中精力抓好基地的开发建设;三是必须坚持农业综合开发标准;四是必须加强对农发资金的管理;五是必须强化机构、队伍建设;六是必须加强对农业综合开发的领导。

1994 年 8 月 1－5 日,时任省委书记岳歧峰深入绥化、松花江地区考察并讲话。一要抓紧资源的一次开发和多次开发,积极培育和大力发展优质高效农业;二要依托农副产品,发展精深加工,提升农村的产业层次;三要瞄准翻两番、奔小康的目标,培植一批经济发达的县、乡、村。

1994 年 8 月 23 日,温家宝总理在黑龙江考察农业和农村工作并发表重要讲话,强调"黑龙江要继承和发扬艰苦创业、勇于开拓的北大荒精神,向农业的深度和广度进军,搞好农业综合开发,加快商品粮基地建设,为保障全国农产品供求平衡和本省经济发展作出更大的贡献。"

1994 年 11 月 27—12 月 3 日,举办全省农业综合开发系统业务骨干培训班。时任省政府副秘书长赵羽代孙魁文讲话,李方旭讲解《农业综合开发的若干政策(上篇)》,刘长胜讲解《农业综合开发的若干政策(下篇)》,王兆力作了《国家农业综合开发资金管理办法》有关问题说明,王槐隆讲解《农业综合开发的地方立法问题》。

1994 年 12 月 3 日,黑龙江省八届人大常委会第十二次会议通过《黑龙江省农业综合开发实施条例》,条例共五章 40 条,1995 年 1 月 1 日正式执行。

1995 年 2 月 26 至 27 日,由农业部、国家科委、人事部、水利部、林业部、国家农业综合开发办公室联合召开全国农业科技表彰大会。受到表彰的先进个人有宁安市农业综合开发领导小组组长金太云、呼兰县农业综合开发办公室主任黄铁岩、依安县农业综合开发领导小组组长王家旭、双城市农业综合开发办公室主任刘丰志、富锦市农业综合开发办公室主任张德元。

1995 年 4 月 24 日,全国农业综合开发经验交流会在四川成都召开。时任国务院副总理姜春云致信祝贺。李方旭代表黑龙江省发言《认真贯彻新规章制度把农业综合开发导入制度化、法制化轨道》。

1995 年 5 月 17 日,召开全省农业综合开发工作电视会议。孙魁文讲话:一、农业综合开发已成为黑龙江省农业综合生产能力提高的决定性因素，要一如既往坚定不移抓下去；二、全面规划，争取支持，坚决落实配套资金，为在资源开发利用和农村经济总量上再造一个黑龙江作出新的贡献；三、强力执行，始于足下，努力做好当前的几项工作。

1995年5月30日，时任国务院副总理田纪云在哈尔滨主持召开东北四省农业生产座谈会。一、农业综合开发成效显著；二、东北四省农业综合开发的潜力巨大；三、统筹规划，突出重点，组织实施好农业综合连片开发。

1995年6月18日，在哈尔滨举办《黑龙江省农业综合开发新闻发布会》，李方旭讲话《扩大开放 广招客商 深入开发农业资源》。

1995年9月18日，《经济日报》刊登王建功的文章《三江平原农业综合开发的思考》。一、用市场经济思想指导农业综合开发；二、坚持内涵开发与外延开发相结合；三、实现区域比较优势开发发展战略；四、提高农业综合开发的科技含量；五、建立多元化投资开发机制。

1995年9月25日，时任国务院总理李鹏在中共中央十四届五中全会上做《关于制定国民经济和社会发展"九五"计划和2010年远景目标建议的说明》时强调："要稳定粮食播种面积，增加对农业的投入，改善农业基础设施。大力改造中低产田。加快商品粮基地建设，搞好黑龙江、新疆和黄淮海等地区的连片开发。"

1995年10月11日，召开全省农业综合开发绥化现场会。李方旭讲话《深刻领会党的五中全会精神进一步做好农业综合开发工作》。

1995年12月22日，《人民日报》刊登时任省委书记岳岐峰文章《把黑龙江建设成为全国粮仓和农业强省》。一、坚持改革开放，进一步解放思想，放宽政策，放开经营，争取在国土资源的开发利用上取得大的突破。发挥黑龙江省农业开发投入少、见效大的优势，吸引更多的海内外、省内外客商投资开发；二、推进科教兴农，积极推进以良种繁育为主的"绿色革命"和以地膜覆盖为主的"白色革命"，把黑龙江建设全国大粮仓。

1996年1月5日，时任国务院副总理姜春云在中央农村工作会议上指出："要加大农业综合开发力度。今后要重点抓好三江平原、松嫩平原、黄淮海平原、河西走廊若干大片商品粮棉基地建设。同时,加强草原建设,防治沙化,发展牧区畜牧业"。

1996年3月12日,《黑龙江日报》刊登李方旭调研报告《一项大有潜力的事业——齐齐哈尔市农业综合开发的调查》,时任孙魁文副省长批示:"这个报告充分证明了农业开发的潜力非常大,只要我们锲而不舍、坚持不懈地抓下去,一定会取得巨大成果。"

1998年3月12日,龙开委、老促会全会暨工作会议上,时任省农发办副主任刘长胜发言《搞好农业综合开发促进老区贫区经济发展》。

1998年3月25日,时任副省长王宗璋主持召开黑龙江省农业开发领导小组会议,研究1998年农业综合开发计划编制及实施意见和全省农业综合开发工作会议筹备情况。

1998年7月4-5日,召开全省农业综合开发工作会议。原省长田凤山、副省长王宗璋、国家农发办常务副主任韩连贵讲话,原省财政厅副厅长李继纯、省农牧渔业厅副厅长李忠奎、省农业银行副行长赵家国、省林业厅副厅长王英忱发言,27个单位介绍经验。

1998年10月16日,召开全省农业综合开发理论研讨会。时任省农发办副主任刘长胜讲话。

1998年12月9日,召开全省农业综合开发统计工作会议。时任省农发办副主任史青衿讲话。

第四节 战略转型阶段

(2000-2004年)

这一阶段我国农业发展进入新阶段,随着农产品供求关系中主要矛盾的变化,需要加大对优质高效农业的扶持力度。国家联席会议提出"两个转变""两个着力,两个提高"的指导思想,标志着农业综合开发进入重大战略转型新的发展阶段。

这一阶段指导思想,黑龙江省农业综合开发由过去的改造中低产田与开垦荒地相结合,转到以改造中低产田为主、尽量少开荒不开荒,把农业开发与保护环境有机结合起来。由以往追求增加主要农产品产量为主,转到调整结构、依靠科技、发展优质高产高效农业上来。着力加强农业基础建设和生态环境建设,提高农业综合生产难能力。着力推进农业和农村经济结构的战略性调整,提高农业的综合效益。

工作的基本思路是坚持改造中低产田,改善农业基本生产条件和生态环境,建设优质农产品生产基地。适应农业生产、农产品生产满足市场多样化、优质化的要求,由过去追求总量转到追求质量和效益。农业综合开发更好地为粮食优质化服务,为绿色食品产业和特色农业服务,为发展畜牧业、把畜牧业建成黑龙江农业半壁江山服务。

主要标志是土地治理和多种经营建设内容进一步拓展,多种经营项目由全部有偿改为有偿与无偿相结合,新增了专项科技项目,三类项目有机结合,坚持有所为,有所不为原则,集中扶持县域和区域比较优势产业,一县重点扶持一个优势产业;制度体系逐步健全,项目管理引入竞争机制,资金管理全面推行县级报账制;在机构改革中完善了职能,理顺了关系。各级农发机构隶属财政系统,赋予了预算管理职能,项目和资金管理实现了统一。

大事记:

2000年1月15日,召开全省农业综合开发工作会议,时任副省长申立国强调,一是农业综合开发要更积极、更主动、更自觉地为农业和农村经济的战略性调整服务;二是突出重点、狠抓落实,在农业和农村经济的战略调整中更好地发挥农业综合开发的作用;三是农业综合开发要在农业现代化建设方面,更好地发挥示范、辐射、带动作用;四是农业综合开发要抓出一批高水平、符合调整方向、对全省农业有影响的有牵动作用的好典型。

2000年8月23日,召开全省农业综合开发工作会议,时任省财政厅厅长、省农发办主任王利民讲话提出,农业综合开发在项目建设中要突出

"三性"(项目的先进性、示范性、导向性),做到"三个结合"(项目安排与农业结构调整结合、项目安排与已有基础结合、项目安排与县、市资金配套能力和积极性结合),处理好"三个关系"(普及与提高的关系、一般和重点的关系、扶优与救贫的关系),做到"四个有所作为"(在基础设施建设上有所作为、在基地建设上有所作为、在农业产业化龙头建设上有所作为、在市场建设上有所作为)。

2000年12月17日 全国农业综合开发财务会计软件培训班在黑龙江举办。培训班除进行农业综合开发财务会计软件系统培训外,还对加强资金管理,提高财务水平等问题进行了研讨。对1999年度农业综合开发资金决算工作先进单位进行了表彰。

2001年6月18日,印发《黑龙江省农业综合开发土地治理项目实施产权管理的指导意见(试行)》。

2001年10月23日,召开全省市(地)农发办主任会议,时任省农发办常务副主任史青衿讲话提出,要认真完善"四项政策",即资金配套政策、资金投入政策、资金使用政策、项目布局政策;要逐步健全"十项制度和一个流程",即项目专家评审制、项目法人制、招投标制、工程监理制、项目检查验收制、工程建后管护制、县级农发资金报账制、有偿资金委托银行放款制、项目资金公示制、项目资金"三专"制、县级农业综合开发工作流程。

2001年12月20日,印发《黑龙江省农业综合开发"十五"计划》。

2001年12月30日,转发财政部印发的《农业综合开发资金会计制度》。该制度的出台,标志着农业综合开发财务管理规章制度体系已基本形成。

2002年4月11日,召开全省农业综合开发财务工作会议。时任省财政厅厅长、省农发办主任李继纯讲话强调,要抓好以中低产田为主要内容的农业基础设施建设,要抓好以改草种树为主要内容的生态农业建设,要以发展畜牧业为主要内容的农村多种经营,要抓好以科技服务为主要内容的农业社会化服务体系建设。

2002年7月4日,召开全省农业综合开发项目建设现场会,参观了延寿、青冈、富裕、讷河四个典型。时任省农发办副主任运连鸿讲话指出四个典型的五个特点,一是有新的开发思路,做到项目建设与本地农业优势产业发展紧密结合;二是有较高的建设标准,做到项目建设与农业结构调整紧密结合;三是有较高的科技含量,做到项目建设与推进农业科技进步紧密结合;四是有健全的服务体系,做到项目建设与为农民服务紧密结合;五是有较高的投入产出效益,项目建设实现了农民增收与财政增收紧密结合。

2002年8月22日,时任财政部副部长廖晓军在黑龙江省考察部分农业综合开发项目区后,充分肯定了项目区取得的良好经济效益和社会效益,并指出,农业综合开发实实在在地为农民办好事,办实事,是在农村实践"三个代表"思想的重要途径,要适应新形势的要求,进一步提高农业综合开发水平。

2003年1月3日,国家发展计划委员会印发了经国务院批准的《关于利用世界银行贷款2003-2005财年备选项目规划的请示》,确认利用世行贷款1亿美元的"农业科技推广"和2亿美元的"农业加强灌溉三期"项目为"结转世界银行贷款备选项目"列入该规划,由国家农业综合开发办公室牵头组织实施。

2003年5月21日,印发了《黑龙江省农业开发办公室关于扶持农业产业化经营的指导意见(试行)》《黑龙江省农业综合开发土地治理项目产权管理的指导意见(试行)》。

2004年1月6日,全国农业综合开发工作会议在浙江杭州召开。黑龙江省介绍经验。

2004年1月14日,财政部印发《关于调整农业综合开发资金若干投入比例的规定》,明确土地治理项目实行100%无偿投入,产业化经营项目有偿无偿资金的投入比例按项目类型分别确定并适当延长产业化经营项目有偿资金的回收期限。

2004年2月1日,国家农业综合开发办公室调研组到黑龙江省就农业综合开发开展投资参股项目试点工作进行专题调研。

2004 年 2 月 20 日 国家农业综合开发办公室发出通知,强调从 2004 年起,凡是没有实行县级报账制的县,一律取消其农业综合开发县资格。

2004 年 3 月 16 日,印发《农业综合开发县管理暂行办法》。

2004 年 4 月 6 日,印发《农业综合开发土地治理项目和资金公示制暂行规定》。

2004 年 5 月 26 日,印发《农业综合开发土地治理项目建设标准》。

2004 年 9 月 6 日,印发《农业综合开发投资参股经营试点管理暂行办法》。

第五节 突出重点阶段

(2005 - 2012 年)

这一阶段为上一阶段的延续,继续深入推进农业农村经济调整和新农村建设,大力发展优势主导产业和建设高标准农田,把高标准农田建设与优势产业发展有机紧密结合。

指导思想进一步突出"两个更加注重",即按照发展现代农业、推进社会主义新农村建设的总体部署,更加注重支持粮食主产区、更加注重支持现代农业产业体系建设,努力提高土地产出率、资源利用率、劳动生产率,提高农业整体素质、效益和竞争力,促进农业可持续发展。

工作方式上,围绕建立符合科学发展观要求的体制机制,农业综合开发采取了一系列深化改革措施。坚持"集中资金办大事,突出重点抓关键",在加强农业基础设施、推进农业产业化经营、支持生态建设基础上,把抓粮食安全和推进高标准农田建设放在了更加突出的位置,资金项目进一步向粮食主产县聚焦。同时为防范管理上的风险,深化改革的重点集中在投入政策和管理模式上,相继出台了一批新规。

主要标志是土地治理项目全部无偿投入,多种经营项目更名为产业化经营项目，取消产业化项目有偿投入；启动高标准农田示范工程建设，建设了一批具有现代化农业水平的项目区；加大对农机合作社投入力度，组建了一批现代农机合作社；加大对十大优势产业扶持力度，推进农业产业化加快升级；深入实施黑土地保护工程，促进生态环境改善和增效；扶持新农村试点村、示范村建设，加快促进经济发展。

大事记：

2005年9月9日，召开全省农业综合开发工作暨投资参股经营培训会议，时任省农发办常务副主任运连鸿讲话。

2005年9月12日，时任副省长申立国在黑龙江省农发办呈报的《关于农业综合开发组建农机合作社运行情况》上批示：探索利用农业开发资金支持农机合作社工作得到国家农业综合开发办公室肯定，有了一个良好开端，来之不易。建议跟踪后续各项工作，及时解决前进中出现的问题，努力加强资金管理，促进农机合作社健康运行发展。

2005年9月26日，印发《黑龙江省农业开发办公室关于扶持农民专业合作经济组织的意见》。

2005年11月10日，印发《黑龙江省农业开发土地治理项目工程建设监理办法（实行）》。

2005年11月21日，在哈尔滨举行全省农业综合开发第一批参股经营项目签约仪式，时任省农发办副主任薛英杰致辞。

2005年12月20日，时任副省长申立国在省审计厅报送的"黑龙江省部分农业综合开发土地治理项目闲置"和"黑龙江省农业开发建成后需加强管理"两个文件上批示：请开发办高度重视，认真研究，解决有关问题，似应从体制、机制上解决问题。

2005年12月27日，印发《黑龙江省农业综合开发项目评估实施细则》。

2005年12月29日，印发《黑龙江省农业综合开发项目竣工验收管理办法（试行）》。

2006年1月11日，全国农业综合开发工作暨培训会议在山东省烟台市召开。会议着重研究"十一五"期间农业综合开发推进社会主义新农村建设的政策措施。黑龙江省在会上做了经验介绍。

2006年2月8日,国家农业综合开发办公室印发《国家农业综合开发县管理办法》。

2006年2月13日,省委、省政府印发《黑龙江省新农村建设规划(2006—2010年)》。

2006年3月3日,省农发办组织召开全办推进新农村试点村建设动员大会,时任常务副主任运连鸿做动员讲话。

2006年3月9日,省农发办印发《建设土地治理项目高标准示范农田实施方案》,支持有条件的新农村试点村每村建设1000亩左右的高标准示范农田。

2006年3月18日,印发《黑龙江省农业综合开发"十一五"规划》。

同日,印发《省农业开发办公室2006年推进新农村试点村实施方案》。在推进全省"百乡千村"建设活动中,省农发办负责72个试点村工作任务。时任省财政厅厅长、省农发办主任李继纯,时任省农发办常务副主任运连鸿在全省农业综合开发工作会议上讲话。

2006年4月19日,哈尔滨市农发办组织全市农发干部及项目法人代表培训班,时任省农发办副主任薛英杰应邀讲话。

2006年4月20日,国家农业综合开发办公室印发通知,要求13个粮食主产省(区)的农业综合开发办事机构对《国家优质粮食产业工程建设规划》涉及的开发县中低产田改造项目进行检查。

2006年4月22—24日,举办全省农业综合开发新农村建设试点村干部培训班。

2006年5月27日,财政部修订印发《农业综合开发财务管理办法》。

2006年8月16日,时任国家农业综合开发办公室主任王建国带队赴黑龙江省及黑龙江垦区调研,调查了解农业综合开发在推进社会主义新农村建设过程中的有效经验和做法,听取基层干部群众对农业综合开发的意见要求,探讨农业综合开发创新机制、推进新农村建设的措施办法。

2007 年 7 月 18 日，中央电视台《新闻联播》栏目头条以《黑龙江：从"种田农民"到"土地股民"》为题，报道了黑龙江省农业综合开发创新扶持农机合作社机制的情况。同日，新华社也播发了通稿。

2007 年 7 月 19 日，新华社以《粮食大省黑龙江大力推进高标准农田建设》为题播发通稿，报道了黑龙江省农业综合开发坚持山水田林路综合治理、连片开发、规模推进，积极探索高标准农田建设有效途径，推出以稻治涝、打井治旱、节水灌溉等特色开发模式的做法，肯定了农业综合开发为构筑北方粮仓，提高农业综合生产能力，确保国家粮食安全做出的重要贡献。

2007 年 8 月 2 日，时任国家农业综合开发办公室主任王建国应邀出席由全国政协经济委员会和黑龙江省政协在哈尔滨联合举办的"现代农业与国家粮食安全论坛"。

2007 年 8 月 26 日，财政部印发《国家农业综合开发投资参股国有股权收益收缴管理办法》。

2008 年 3 月 20 日，财政部印发《农业综合开发财政有偿资金管理办法》。

2008 年 4 月 14 日，时任省农业开发办常务副主任运连鸿专门向省政府副省长汇报了全省农业综合开发情况。时任副省长吕维峰指出黑龙江省要想实现现代农业，必须做到以下六点：一要实行新的耕作制度，必须由春整地向秋整地转变，土地浅翻向深松转变；二要建立新的轮作制度，要适区适地，实行作物轮作，防止重迎茬；三要建立培肥地力制度，要增施有机肥，实行保护性耕作，实现秸秆还田；四要建立起植保制度，有效地防止各种作物的病虫害发生；五要实行良种更新换代制度；六要推行高产栽培模式，黑龙江要大力推行大型农业机械。

2008 年 4 月 24 日，陕西省人民政府举办"农业综合开发推进现代农业建设研讨会"。时任省农发办常务副主任运连鸿应邀参会并做大会发言。

2008 年 6 月 12 日，时任省财政厅厅长、省农发办主任李继纯提出要把"庆北绥"200万亩现代农业示范区建成农业科技示范区、绿色生态农业样板区、财源建设涵养区、先进合作组织试验区、观光农业旅游区。

2008年7月3日,黑龙江省农业综合开发工作会议在牡丹江市召开。时任国家农业综合开发办公室主任王建国到会并讲话,充分肯定近几年黑龙江省农业综合开发工作成绩,要求黑龙江省在今后的工作中,全面落实科学发展观,创新和完善农业综合开发政策机制,以促进现代农业发展为目标,进一步明确农业综合开发工作重点。要坚持改革创新,实现农业综合开发科学化、精细化管理;加强队伍建设,为农业综合开发提供人才和智力保障。李继纯做了《深入推进农业综合开发为加快黑龙江省现代农业发展做出新的贡献》的讲话。

2008年7月11日,中央电视台《新闻联播》节目以"国家加大力度改造中低产田 年新增生产能力60亿斤"为题,报道了近几年农业综合开发改造中低产田,提高粮食生产能力的情况。时任国家农业综合开发办公室主任王建国在庆安县农业综合开发水田项目区接受了采访。

2009年2月16日,时任省委书记吉炳轩在新华通讯社国内动态清样第667期登载的《黑龙江省创新投入机制用好中央财政支农资金》上批示:请家毫同志阅。杜家毫批示:请农开办落实炳轩书记要求,在两大平原农业综合开发区中继续创新投入机制,集中力量办成几件扎扎实实有成效大事。

2009年4月14日,时任省委书记吉炳轩视察青冈县农业综合开发项目区。吉炳轩实地视察了芦河镇农业综合开发玉米吨粮田项目区和民政乡农业综合开发玉米高产攻关项目区,充分肯定了青冈县大力推广育苗移栽和地膜栽培的先进生产技术,并强调全省实施千亿斤粮食产能工程,必须依靠先进生产方式来实现,应大力扶持和推广移栽、覆膜等先进技术。

2009年4月23日,时任副省长吕维峰在《黑龙江省农业开发办公室上关于进一步扶持大豆等优势产业的重点企业的报告》批示:原则同意。争取国家支持大豆产业。把分散米业组建集团公司,准备上市;按照省长召开专题会,加大支持奶业的要求。抓好这三项工作。

2009年4月23日至24日,黑龙江省委召开十届七次全会,通过了《黑龙江省松嫩平原三江平原农业综合开发试验区规划》。结合千亿斤粮食产能建设,提出要推进松嫩平原和三江平原农业综合开发试验区建设,力争全年粮食总产达到850亿斤以上。

2009年4月27日,省委办公厅、省政府办公厅印发《全省新农村建设工程实施方案》和《全省新农村建设第二批"千村试点"实施方案》。按照方案要求,省农发办调整扶持思路,从原来扶持74个村中,选出35个村集中打造示范村。

2009年6月1日,时任省长栗战书在黑龙江省农发办5月25日呈报的《全国农业综合开发工作会议精神及贯彻意见的报告》批示:同意所拟工作意见。请认真贯彻落实良玉副总理的指示和会议要求,结合黑龙江省实际,围绕两大平原农业综合开发试验区建设,进一步加大创新开发力度,走出一条科学开发的路子。

2009年6月24日至25日,国家农业综合开发办公室在北京举办全国农业综合开发资金和项目管理培训班。时任国家农业综合开发办公室主任王建国在培训班上讲话。黑龙江等34个省、自治区、直辖市、计划单列市总共150人参加了培训。

2009年10月12日,国家农业综合开发办公室印发《关于2008年度农业综合开发统计工作情况的通报》,表扬了黑龙江省农发办等16个统计报表编报工作先进单位。

2009年11月9日至10日,国家农业综合开发办公室在北京组织黑龙江、湖南等地农业综合开发财务工作人员讨论完善《农业综合开发资金决算报表(征求意见稿)》。

2009年12月3日,时任财政部条法司巡视员许大华、国家农业综合开发办公室巡视员宋志刚在长沙市就《农业综合开发条例》的立法问题召开了座谈会,分别听取了以地方立法形式已出台农业综合开发条例的黑龙江、吉林等四省农发办和财政厅有关人员以及部分市县政府分管领导、农发办主任的意见。

2009年12月6日,亚洲开发银行派团对利用亚洲银行贷款农业综合开发项目进行首次实地综合考察。亚洲银行组织的专家团赴黑龙江、河南等4省进行了实地考察。

2010年6月10日,时任省长栗战书在省农发办呈报的《关于财政补贴阳霖集团3000万元收购加工高水分大豆情况的汇报》上批示:政府和政府有关部门制订出台政策措施,要注意到维护市场公平,要有利于营造公平的市场环境;对经营性企业一般不采取财政资金无偿拨付的方式;对企业的特殊支持,如技术创新、保护民族工业、支持出口、做大做强等,涉及金额较大的,按有关规定,经一定程序讨论或审批。

2010年6月24日,时任副省长杜家毫在省农发办呈报的《关于2010年全省农业综合开发项目计划的汇报》上批示:注意与省委、省政府主要领导提出的重要工作和重要项目衔接,以形成合力。逐步引导资金安排从定向分配向定向招标、以奖代补方向转变。对组建的奶牛合作社,可以突出飞鹤,但不宜仅此一家,不利于调动其他社会投资积极性。时任副省长吕维峰批示:按照家毫副省长批示精神进行落实。当期能办的尽量办,当期不能办到的明年按照这个精神予以修正。

2010年8月31日至9月3日,国家农业综合开发项目评审课题暨《关于加强和规范农业综合开发项目评审工作的指导意见》座谈会在黑龙江省鸡西市召开。国家农业综合开发办公室课题组成员,黑龙江、江苏、浙江等部分省市农发机构的人员和中国农业大学、山西财经大学、华南农业大学、中国农科院的专家等参加了会议。

2010年11月8日,时任副省长杜家毫在省农发办呈报的《关于中韩合资三江平原农业开发有限公司有关情况的汇报》上批示:请谭文同志阅处。按当时协调精神办。一、把土地还给农民,必须省市同时进行;二、原农开办的经营人员应主要由富锦市负责接收安排;三、拟同意财政厅建议,对富锦市土地收入进行专项检查,与财政转移支付挂钩起来。谭文批示:请省农开办和富锦市按家毫省长批示办,办理结果望及时上报。

2010年11月12日,世界银行检查团在北京听取了黑龙江省、湖南省世行科技项目实施情况的汇报,并国家农业综合开发办公室交换了检查情况的意见。检查团对世行科技项目的顺利实施高度赞扬,认为项目初步达到了预设效果,实现了公共财政支持公益性基础建设的预定目标。

2012年1月4日,时任财政部部长助理胡静林在国家农业综合开发办公室呈报的"《农民日报》对黑龙江等五省农业综合开发工作有关情况的报道稿件"上批示:"请谢部长阅。农发办向来重视宣传工作,去年在新闻联播和一些主流媒体,做过不少声势浩大的宣传活动,效果很好。《农民日报》这几篇报道也非常好。既要扎实埋头做好业务工作,也要做好新闻宣传工作"。

2012年1月14日至18日,国家农业综合开发办公室在湖北省襄阳市组织开展2011年度全国农业综合开发项目统计报表会审工作。时任国家农业综合开发办公室副主任黄家玉同志作了题为《提高认识 强化措施 进一步加强农业综合开发统计工作》的讲话。山西、黑龙江、江苏、湖北、新疆5省(区)的同志在大会上作了典型发言,交流做好统计工作的经验。

2012年1月20日至22日,时任国家农业综合开发办公室主任王光坤率队到黑龙江省调研。调研组通过听取汇报、座谈交流、实地查看项目、深入田间地头走访基层干部和农民群众等方式,广泛征询了各级政府、财政(农业综合开发)部门、农业产业化龙头企业、农民合作社和农民群众对农业综合开发工作的意见和建议。

2012年3月25日,时任省委书记吉炳轩、副省长吕维峰视察望奎现代化农业示范区。

2012年5月15日,向国家农业综合开发办公室上报《黑龙江省农业综合开发节水增粮行动实施方案(2012年度)》。

第六节　整合发展阶段

（2013－2018 年）

这一阶段为黑龙江省实施"两大平原"现代农业综合试验阶段,农业综合开发正式纳入涉农资金整合使用范围。

黑龙江省制定出台了《黑龙江省"两大平原"现代农业综合配套改革试验涉农资金整合方案》,明确了涉农资金整合的原则、主体、范围和支持重点。按照"钱随事走、集中力量、形成能力、解决问题"的原则,安排使用涉农整合资金。省政府为涉农资金整合责任主体,省直有关部门和市县政府为实施责任主体,每年度由涉农部门提出资金需求和使用方向,由省政府专题会议根据全省农业发展实际,确定用于各部门项目的具体资金额度。突出支持重点,集中解决制约农业核心生产能力、农村社会事业发展的瓶颈问题和薄弱环节。

这一阶段按照"两大平原"实施方案,农业综合开发以规划任务为导向,突出扶持重点,集中整合资金,集中力量建设现代农业示范园区。一是坚持集中投入。在时间节点上,打破以往"添油式"投入方式,对于确定支持的重点项目,财政扶持资金尽量当年一次性全部投入到位。在空间投放上,打破以往面面俱到、"撒芝麻盐"式的传统方式,因地制宜,适当集中,不搞平均分配;二是坚持重点投入。农业生产发展类资金重点用于解决水利化、农机化、科技化和畜牧规模化发展问题,农村社会发展类资金重点用于解决农村教育设施和医疗卫生条件建设,扶贫开发类资金重点用于贫困地区和少数民族地区基础设施和产业项目建设;三是坚持配套投入。避免"各唱各的调、各干各的事",努力发挥涉农资金整合的综合效益。

这一段时期工作的五个着力点,一是着力提升农业综合生产能力,继续推进高标准农田建设,实现藏粮于地;二是着力补齐农业产业链短板,大力扶持优势特色产业,促进农业供给侧结构性改革;三是着力转变农业发展方式,大力扶持绿色食品产业和生态农业建设,促进农业可持续发展;四是着力扶持新型农业经营主体,推进农业适度规模经营;五是着力支持贫困地区发展,助力打赢脱贫攻坚战。

大事记:

2013年3月5日,国务院批复《国家农业综合开发高标准农田建设规划》。

2013年8月24日至26日,时任国家农业综合开发办公室主任王光坤结合群众路线教育下基层深入到黑龙江省调研,实地察看了鸡东县高标准农田建设项目,并听取了两大平原现代农业综合配套改革农发工作的基本思路的汇报。王光坤主任对黑龙江省农业综合开发提了三点意见,第一,农业综合开发要紧紧围绕国务院批准的黑龙江现代农业综合配套改革试验方案来研究推进工作;第二,在龙江现代农业综合配套改革中,农业综合开发要坚持规划、资金的使用方向"两个不动摇";第三,要坚持龙江现代农业综合配套改革与农业综合开发工作紧密结合。一是重点项目重点安排与一般项目适当扶持相结合;二是抓高标准农田建设与推进农业现代化相结合;三是按照重点项目专项转移支付与一般项目一般转移支付相结合。

2014年4月11日,时任省农发办常务副主任薛英杰及有关处处长一行赴北京,就黑龙江省农业综合开发落实松嫩、三江两大平原综合配套改革试验资金整合情况向国家农业综合开发办公室做了专题汇报。时任国家农业综合开发办公室主任王光坤在听取汇报后,对黑龙江省农发工作表示肯定并做了重要指示。

2014年9月1日,时任省农发办常务副主任薛英杰在佳木斯市调研座谈会上讲话,提出了农业综合开发的总体思路和总体要求,并对当前工作提出了具体意见。农业综合开发的总体思路,概括起来就是"三个紧紧围绕",要紧紧围绕龙江的主导产业,紧紧围绕地方的实际需求,紧紧围绕农业、农民、农村"三农"存在的突出问题,集中力量、集中资金、突出重点,打造农业综合开发的全产业链,做好"综合"二字的文章,真正把农业综合开发项目区建设成为现代农业示范区、产业发展的先行区、地方经济的优势区、农民致富的样板区。

2014 年 9 月 3 日,省财政厅印发《黑龙江省农业综合开发项目实施政府采购管理办法(试行)》的通知。

2014 年 9 月 21 日至 23 日,国家农业综合开发办公室在上海国家会计学院举办"亚行项目管理培训班"。来自黑龙江、河南、吉林、安徽、云南、宁夏六省(区)农业综合开发机构的 80 余名亚行项目管理人员参加了培训。

2014 年 10 月 19 日至 28 日,亚洲开发银行检查团对吉林、黑龙江两省实施的亚行农业综合开发项目进行了综合检查。

2015 年 1 月 31 日,印发《黑龙江省农业综合开发资金支持部门项目指导意见》。

2015 年 4 月 17 日,省委办公厅、省政府办公厅印发《黑龙江省亿亩生态高产标准农田建设规划(2013 – 2020 年)》,明确省农发办为责任部门。

2015 年 5 月 11 日,时任省财政厅厅长、农发办主任王庆江就举办全省农业综合开发干部培训班作出的批示:两年来,全省农业综合工作围绕改革创新和加强管理,认真解决集资金和项目管理于一身、"既当运动员,又当裁判员"的问题,在项目监管、资金使用、发挥"综合"优势上,迈出了可喜步伐。全省农发干部培训班,要在解决思想认识、深化改革措施,创新和加强监管上多下功夫。要认真研究发挥"综合"优势,挖掘"综合"潜力,突出"综合"特色,以"综合"为抓手,全力推进现代农业建设;要切实加强资金和项目管理工作,建立科学立项、实施、验收和绩效考核等机制,全面提高资金和项目管理水平。为提高农业综合生产能力,培育新型农业经营主体,助推黑龙江省现代化大农业加快发展做出新的更大贡献!

2015 年 5 月 20 日至 22 日,时任国家农业综合开发办公室主任卢贵敏带队到黑龙江省就农业综合开发推进现代农业发展和适度规模经营等情况开展调研。调研组通过察看项目区和农业物联网中心、考察龙头企业和农民合作社、召开座谈会等形式,广泛听取项目区干部群众对农业综合开发推进现代农业发展和适度规模经营的意见和建议,研究完善农业综合开发推进现代农业发展和适度规模经营的主要措施。

2015年6月16日,时任省委副书记陈润儿同志在省政府研究室《参阅件》第4期刊发的《整合农业综合开发资金,集中支持现代农业发展——全省农业综合开发集中建设现代农业示范项目区的调查与思考》调研报告上作出重要批示:"薛英杰同志的意见可取。"

2015年7月14日,省农发办向国家农业综合开发办公室呈报了《关于黑龙江省农业优势特色产业发展的调查报告》。

2015年8月8日,印发《关于2014年现代农业示范项目区建设情况的通报》。

2015年8月31日,时任副省长吕维峰同志在省委政策研究室《决策参考》第5期刊发的《发挥职能优势,做好"综合"文章,助推黑龙江省现代农业建设加速发展》经验文章上作出重要批示:"省农发办近年来做了大量工作,成绩显著,很多产业、很多企业都有农发办的印记。未来在形成大产业上下功夫"。

2015年9月9日,印发《关于进一步加强农业综合开发工程建设监理工作的通知》。

2015年12月18日,时任省政府副秘书长赵万山主持召开了《研究国家开发银行贷款到期偿还问题》的专题会议,并就国家开发银行贷款偿还问题作了重要部署。会后按照省领导的会议精神,由齐齐哈尔市财政局负责解决,由省农发办督促落实。齐齐哈尔市林田生态农业有限公司应偿还贷款127万元已由富拉尔基财政局于2015年12月22日先行垫付。

2015年11月17日,印发《2016年支持五大优势特色产业项目申报指南》的通知。

2016年1月22日,印发《农业综合开发亿亩生态高产标准农田示范点建设实施意见(2015－2017年)》,在全省16个县市布局示范点12处面积248万亩。

2016年4月14日,时任省长陆昊在财政厅呈报的《关于2016年"两大平原"第二批农业综合开发项目资金安排意见的请示》上批示:畜牧业1.9亿按照全省支持方案统一考虑,其他同意,告维峰并会龙同志。

2016年5月24日,习近平总书记一行在时任省委书记王宪魁、时任省长陆昊陪同下深入抚远市通江乡农业综合开发高标准农田示范区调研。习总书记详细了解了项目区水稻智能催芽和箱式快速育秧等技术流程,向农民和技术人员询问了水稻先进种植模式和田间管理经验,合作社负责人向总书记介绍了农业综合开发为其配套的各种机械设备。随后,总书记来到项目区插秧地块,现场观看机械插秧情况,询问机械的工作原理、插秧效率,并饶有兴趣地在一台插秧机进行了体验操作。习总书记指出,农民专业合作社是带动农户增加收入、发展现代农业的有效组织形式,要总结推广先进经验,把合作社进一步办好。要创新粮食生产经营模式,优化生产技术措施,落实各项扶持政策,保护农民种粮积极性。

2016年4月16日,印发《关于规范农业综合开发项目勘察设计单位选定工作的通知》。

2016年6月14日,印发《关于开展2015年度农业综合开发高标准农田建设项目绩效评价的通知》。

2016年6月27日,印发《关于编辑中国农业综合开发黑龙江专刊的通知》。

2016年8月8日,《关于黑龙江省农业综合开发项目区域绩效目标的报告》上报国家农业综合开发办公室。

2016年8月19日,印发《关于下达黑龙江省林业产业投资基金计划的通知》。

2016年11月8日,省农发办向黑龙江省中央环境保护督察整改工作领导小组上报了《关于大庆市杜尔伯特蒙古族自治县违规建设波贺岗灌区工程涉及农业综合开发的初步整改报告》。

2016年12月8日,省农发办党组向省委巡视组上报《省农业开发办公室党组关于工作情况的报告》。

2017年1月29日,省政府批复了《农业综合开发扶持畜禽粪污资源化利用项目资金安排意见》。

2017年5月24日,时任省长陆昊在财政厅呈报的《关于2017年第二批农业综合开发项目资金安排意见的请示》上批示:可同意工作方向。要把农产品电商平台建设资金单独列出。注意抓总体工作,不能都点对点给各种企业。

2017年6月16日,时任省长陆昊在省财政厅呈报的《关于2017年第二批农业综合开发项目资金安排调整意见的报告》上批示:电商平台建设资金要留出,请与商务厅共同制定支持办法。

2017年8月15日,印发《关于做好部分县农业开发办干部思想工作维护社会稳定的紧急通知》。

2017年8月18日,转发《黑龙江省财政厅关于做好部分市县农业开发办干部思想工作切实维护社会稳定的紧急通知》的通知。

2017年8月23日,党组印发《省农业开发办关于开展倡导"五个好作风"争做"三个好把式"评选活动实施方案》的通知。

2017年10月30日,转发《关于开展田园综合体建设试点工作的通知》《国家农业综合开发办公室关于农业综合开发项目实行"先建后补"的意见》。

2018年2月6日,时任副省长刘忻听取农业综合开发工作情况并作出指示,一是全面梳理近五年农发项目;二是按照规划建设生态高产标准农田;三是重点打造精品高效农业;四是完善农发资金投入机制,五是加快农发投资公司发展;六是收集整理制作企业名录;七是把事业单位体制机制研究好;八是积极对上沟通争取支持。

2018年3月14日,《全省涉农项目审计情况专报》第3期中涉及农业综合开发项目问题自查情况报告上报省政府。

2018 年 9 月 3 日,时任国家农业综合开发办公室主任卢贵敏到黑龙江省调研高标准农田建设和地下水保护利用情况。

2018 年 9 月 13 日,《关于 2018 年农业综合开发支持黑土区侵蚀沟综合治理项目实施方案的报告》上报省政府。

2018 年 9 月 17 日,印发《关于开展全省农业开发项目区农业大棚改建"私家庄园"问题自查自纠工作的通知》。

2018 年 10 月 15 日,印发《关于农业综合开发 2018 年第二批财政资金项目管理有关要求的通知》。重点支持种业工程建设、高值高效产业发展、深度贫困县脱贫攻坚和生态高产标准农田建设四类项目。支持方式以股权投资为主、以财政补助为辅,农发财政资金全部切块下达到省直有关部门和相关市、县(市、区)。

【相关链接】一

首期开发在三江

10 年来,黑龙江省的农业综合开发走过了不平凡的历程,展示了极其恢宏的开发场面。据不久前统计,全省立项 848 个,其中土地开发项目 481 个,多种经营项目 367 个,累计投入资金 37.07 亿元,改造的中低产田和开荒增加的耕地面积达 2600 多万亩,新增粮食产量 99.75 亿公斤……不难想象这些数字的背后,涉及多少工作,包含多少艰辛和曲折!

莫衷一是归统一

1988 年 4 月,黑龙江省三江平原地区的广大干部和群众,用火一般的热情,驱走北疆初春的寒冷,拉开了国家立项的农业综合开发序幕。

三江平原总面积 14.47 万平方公里,是世界现存的三大黑土地带之一。她肥沃、富饶,又是那样的神奇。这块土地直到 1987 年,仍然洪涝肆虐,占耕地 90%以上的低产田,亩产不过百公斤,年复一年地走着粗放经营、广种薄收、靠天吃饭的老路子。同时,仍有几千万亩宜农荒地还在那里鼾睡着。开发三江的价值早就引起党和国家的高度重视，邓小平、李鹏、邹家华等领导同志，都曾一一到过这里视察。1990年夏，国务委员陈俊生，纵深三江平原几百公里，高瞻远瞩地写下了"三江开发，潜力巨大"的题词，至今，刻有这八个大字的石碑，迎风挺立在富锦支河的大桥旁，成为鼓舞三江人改天斗地的力量。

国务院在三江平原开发协议书中写道：要把这里建设成为高产稳产的国家级重要商品粮基地，以大豆为主的农副产品出口创汇基地、畜产品供应基地和农副产品综合加工基地。同时还规定，在第一期开发中，"每投入1元钱要增产2.5公斤粮食"；三年，国投和贷款6亿元要增产15亿公斤粮食。任务艰巨，有些基层干部产生了思想负担，怕完不成任务"白搭工"，也有些人担心基层把钱拿去干别的，然后用账外"黑地"产的粮食顶任务……对如此种种思想反应，新华分社的记者，通过"内参"接二连三地发往北京，一时议论纷纷，对怎样开发，能不能开发好？其说不一，莫衷一是。

省委、省政府领导为搞好开发进行了深入谋划。当时主管农业的副省长戴谟安教授，会同有关领导，连续召开座谈会、研讨会，深入三江平原，调查研究，听取基层汇报，夜以继日地勾画着三江平原开发的蓝图，先后对方针、政策、资金、开发范围、任务以及物资供应等，一一作出安排。同年7月，省长侯捷在一次有市（地）、县（市）主管领导参加的会议上，专门发表了关于"三江平原农业开发要按新的路子起步"的讲话，提出了一系列新要求。通过反复学习消化国家关于开发三江平原的方针、政策和中央领导的指示，逐步统一了广大干部和群众的思想认识，为开发的顺利起步做好思想准备。

统一规范落小区

为保证开发的计划性和科学性，省政府主管部门，先后组织百余名专家学者，用半年的时间，对三江平原进行实地考察，并借助国土区域规划资料，一举完成了对三江平原农业综合开发的总体规划。通过这些步骤和反复的研究、论证，决定在防洪有保障、排水有出路、抗旱有水源——大环境基本得到治理的安邦河、别拉洪河、七星河等五条河流的广阔地域里，本着先易后难、集中连片，在较短时间内，能实现大面积增产、取得较高效益的原则，共选择 120 个小区,进行立项开发。小区内一般都有 5～10 万亩耕地,个别大的达 30～40 万亩,其总范围涉及 6 个省辖市、22 个县(市)、62 个国营农牧渔场,三江平原上所有的市、县、场都有选择地辟建了农业开发小区。

这些小区,经过一年必要的准备,于 1989、1990 年走上了科学的开发道路。三年累计投向开发小区的资金总量达 8.75 亿元,平均每个小区 729 万元;其中国家投资 3 亿元,平均每个小区 250 万元。在资金的保证下,120 个小区展开了火热的开发建设。根据三江平原多年水患困扰,农业基础设施差的情况,确定以防洪排涝、田林渠路配套、对现有耕地进行综合治理和适当开荒扩大耕地面积为开发总方针;针对地势平坦、内涝严重、单产不高、总产不稳的现象,确定以排水治涝、改造低产田为开发重点;在分析自然条件和土壤特点的基础上,确定把旱改水、开荒种水稻放在低产田改造的首位;在坚持综合治理、全面发展、提高资源利用率的前提下,确立了五种类型的开发模式:在低湿内涝地的改造中,确定了打井种稻、以稻治涝地的模式;对不适宜旱改水的内涝地,确立了以干、支、斗、农渠配套排地表水的模式,对"哑巴涝""尿炕地"的治理,确立了采用沟、管、洞、缝排壤中水的模式;对荒地的开垦,确立了一水二路三开荒的模式;在浅山区,确立了山、川、塘同步利用的立体开发模式。

在统一规划下,各个小区进行科学而具体的开发设计,相继展开了工程、生物、机械、科学等多方面措施的综合治理,开发建设出现了前所未有的高潮。富锦市为开挖一条总干渠——富锦支河,每天出动几万人次、上万台车辆和机械,红旗招展,一片沸腾。许多县、市、场的农民、农工,一面耕田,一面挤时间投工投劳,参加农业开发小区的建设。经过试验证明,种水稻很适宜三江平原白浆土、草甸土和气候特点,于是,利用江河湖泊水或打井种稻、以稻治涝,一时风靡各个开发小区。1988—1990 年,共打机电井 15035眼,修建小型水库 9 座,为兴修农田水利工程而完成的土石方总量达 1.93立方米,共改造低产田 817.7 万亩,开荒 196.13 万亩,其中实现旱改水和开荒种水田 234.9 万亩,三江平原上破天荒地出现了大面积水稻区,水稻播种面积每年以近 80 万亩的速度递增,使种植业结构的调整朝着趋于合理的方向发展,增产增收的效果十分明显。除此之外,还改良草场 86.6 万亩,植树造林 170.27 万亩，修农田道路 2340 公里，建粮食晒场 25.1 万平方米，建粮食和种子处理中心 13 处，开发养鱼水面 29 万亩，建苗圃 1130 亩，新增农机具 10969 台套。

这些农业基础设施建设，使相对连片的 120 个开发小区多年的水患得到控制，严重的内涝得到治理，使单产不高、总产不稳的现象得到扭转，生态环境得到改善，农业的综合生产能力和发展后劲明显增强，出现了经济、生态和社会效益同步增长的好势头。据 1990 年末统计，120 个小区三年共形成新增粮食生产能力超过了国家的规定指标，达 15.6 亿公斤。各市、县开发小区当年平均单产达 223 公斤，比立项开发前的 1987 年增加 59 公斤，增长 36%。"七五"后三年，整个三江平原地区，共增产粮食 25 亿公斤，其中农业开发增产 15.6 亿公斤，占 60%。1990 年末，开发小区农民人均收入 702 元，比立项开发前的 1987 年增长 44.7%。无可辩驳的事实说明，三江平原第一期开发取得了成功。

严峻考验出奇迹

1991 年，三江平原第一期开发刚刚结束，就迎来了"天赐"的严峻考验。7 月末、8 月初，大范围内连降大雨、暴雨，平均雨量达 200 毫米以上，90% 以上的市县和 100% 的农场，都毫无例外地遭受 30 年一遇的特大洪涝灾害，造成大面积、大幅度的减产，其中有许多耕地出现绝产。

那么，120 个开发小区又怎样呢？省农业开发办主任李方旭还没等大雨停止就匆匆上路。他用半个月的时间，跑遍了三江平原的各个角落，结果一个奇迹出现了，120 个开发小区，在同样遭灾的情况下，有占小区总数 82.5% 的 99 个小区，通过地面水利工程使洪水得以及时逍遁，在大灾之年，保住了庄稼，保住了好收成。富锦市南部新七星河流域，由于洪水困扰，大面积肥田沃土多年陷于弃耕。立项后由于由西向东开挖了百里人工河——富锦支河，并在两岸辟建了两开发小区，开挖 5 条新干渠，连接 9 条老干渠，修建 425 条斗支沟和几百个桥涵闸，使农田水利工程基本实现综合配套，一举使 150 多万亩土地受益，使全市耕地比立项开发前增加 1/3。就是在这里，当 1991 年特大洪水利到来的时候，与历史比较，本应全部受淹的 150 多万亩土地,有120多万亩得到保护,在大灾之年,取得了单产209公斤、总产4053.3万公斤的好收成。当地农民面对此情此景,高兴地说:"共产党真了不起,去年挖了一条大河,今年就保住了丰收!"依兰县倭肯河开发小区,地处九河下梢,多年内涝难以解决,种旱田亩产不过70公斤,是全县有名的贫困村。立项开发3年,打井710眼,使82%的旱田都改成水田,单产提高到500公斤,总产翻两番。在小区内有个叫后良村的,实现水田化后,一举使人均收入由370元猛增到2400元,由穷村变成全县的首富村。就是在这里,1991年众多干部和群众,眼看大水吞噬大片良田,都以为"这下可完了"!可没过几小时,开发兴修的沟沟渠渠,很快把洪水排除,之后虽然旱田秧苗都腐烂了,但大面积旱改水的稻谷,却依然生长旺盛,创造了"以稻治涝"的奇迹。宝清县有个总面积50多万亩的东升乡,是三江平原第一期立项的重点开发小区。它四面环水,号称"河岛",由于多年小雨内涝、大雨汪洋,使这里70%以上的肥沃土地弃耕闲置。在3年立项开发中,修起10年一遇、106公里的环型大堤,1991年7月末,有史以来第一次挡住了挠力河特大洪水的进犯,使这里已耕种的30多万亩土地得到了保护。当年的省委书记孙维本,察看汛情时来到这里,他站在大堤上四下环顾,开发区内一片葱绿,庄稼长势喜人,开发区外一片汪洋,大片禾苗淹没在洪水之中。他深有感触地说:"开发不开发,大不一样!"

1991年9月,三江平原第一期开发项目通过了国家的检查验收。可喜的开发成果告诉人们:国家开发方针一经与广大群众的开发热情结合起来,便会产生排山倒海的物质力量。同时也预示着在三江平原上,连续的、扩大的、深入的开发,一定会到来!

(原载《农业综合开发》1997年第3期,作者柳遇春)

【相关链接】二

高潮迭起到松嫩

三江平原首期农业综合开发成功的喜讯像春雷一样震撼着黑龙江大地。

农区多年存在的抗御自然灾害能力差，单产不高，总产不稳的现象，主要是投入不足、农业基础设施薄弱、先进科技措施不到位所致。人们开始明白，农业综合开发是解决这一问题的法宝！于是，除三江平原上的各市县要求立项、连续开发外，位于中、西部的农业老区——松嫩平原上的各市县，情绪异常高涨，纷纷找上级领导，要求立项搞开发。一时间，申请报告、可行性论证，像雪片一样飞往省城的农业开发主管部门……

松嫩平原的农牧业在本省占有极为重要的地位，在历史上做过重大贡献。它位于东经123°20′～130°10′，北纬44°00′～52°00′之间，幅员面积18万平方公里，占全省总面积40.2%。它拥有誉满国内外的黑土地带和优质草原，是全省农牧业的主产区。至20世纪80年代中期，全区耕地面积达8000多万亩，占全省耕地总面积的57%。全区拥有全省产粮最多的10个县市，粮食总产达123.8亿公斤。占全省粮食总产的65%左右，牧业用地4323万亩，畜牧业比重占全省70%左右。然而由于长期的投入不足，治理不够，先进技术措施不到位，致使干旱、洪涝及水土流失和沙化、碱化及草原退化等自然灾害日趋严重。中低产田面积占80%，与历史比较，尽管耕地和高产作物面积比重有所增长，但粮食总产仍以25%—40%的幅度上下波动，有的重点产粮县市出现滑坡，粮食商品率逐渐下降。草原退化使牧业用地面积比20世纪60年代减少20%，草原过载量达50%，牧草产量成倍下降。

松嫩平原的现状表明，自然资源条件很好，有发展农业的突出优势和比较好的农业生产基础，但是农业基础设施条件仍然很脆弱，抗灾能力低，丰富的自然资源有待进一步合理开发利用。因此，紧紧抓住农业综合开发的历史契机，改善本区的农业生产条件，加速农民致富奔小康的步伐，既成为省委、省政府的重大决策，又成为全区广大农民的强烈愿望。经过省委、省政府的不懈努力，1991年初，国家农业综合开发领导小组终于批准农业综合开发的立项措施，在黑龙江省由三江平原扩大到松嫩平原。至此，全省形成了三江和松嫩两大平原比翼齐飞的开发局面。

松嫩平原的开发一开始就高潮迭起，惹人注目。由于松嫩平原开发计划批复较晚，国投资金有限，而且到位晚，如果坐等国投资金到位，立项伊始的1991年就有白白渡过的可能，使整个工程建设拖期后延，浪费时间，流失效益。在这种情况下，各地不等不靠，通过赊、借、欠等多种渠道筹集资金，千方百计地使工程早启动、早运转、早收益。许多地方，不仅农民们自觉自愿地缓建新房，推迟婚期，拿出钱来用于农业综合开发的筹资，而且有许多县、市直的机关干部，也自愿地集资支援农业综合开发，还有数千计的农民群众，在县市领导的带领下，夜以继日地奋战在工地上，出现了联产承包后从未有过的大兵团作战进行农田水利建设的动人场面。一时没列入国家开发项目的许多县、乡自己立项搞开发，干好了，打下一定基础，再争取国家立项，于是出现了"民打基础，国上水平"的新做法……所有这些，充分显示人们对国家搞农业综合开发的拥护以及对此充满的热情和期望。

1991—1993年的第二期农业综合开发，在松嫩平原区域内的27个县（市）区、5个农场管理局、6个省属农牧渔场展开，共立项86个开发小区，总投资达32584.96万元，其中国家投入农发资金9982.89万元，地方配套投入4944.27万元，专项贷款6851.52万元，群众自筹9077.25万元，国营企业配套投入869.01万元，其他资金860.02万元。在资金投入的保证下，在总体规划和小区规划的基础上，辟建了6个模式区，即拜泉坡耕地生态农业综合开发模式区、明水岗地旱作农业综合开发模式区、肇源碱性退化农业综合开发模式区、龙江沙化农业综合开发模式区、甘南河泛区农业综合开发模式区。在模式区的带动下，松嫩平原的开发节节深入，到1993年底全面完成了各项开发任务，共改造低产田191.84万亩，开荒36.8万亩，其中直接种水田31万亩，植树造林16.82万亩，改良草场86.24万亩，形成新增粮食生产能力7.27亿公斤。

农业综合开发不啻是一声春雷，犹如一阵春风，它使松嫩平原这个农业老区焕发出勃勃生机。据1992年末对18个重点农业开发区的调查表明，松嫩平原的农业开发取得了令人满意的效果：

——资源利用率提高。各开发区本着"因地制宜、综合发展"的原则，对自然资源合理开发利用，有效地缓解了资源开发抵不住耕地减少的矛盾。据统计，这18个项目区，通过开荒和废弃地利用，三年共扩大耕地面积5万亩，占耕地面积4.98%，同时还改造盐碱地2.8万亩，使亩产由原来的150公斤提高到400公斤；大面积改良草场，使草原的沙化、碱化、退化得到遏制；

植树造林使项目区覆被率增加0.1个百分点;利用泡沼建鱼池1232个,面积达75262亩。这些都说明农业综合开发使自然资源进一步得到了合理利用。

——产品产量提高。各个开发区在保证80%以上农发资金用于发展粮食生产的前提下,合理调整产业结构,发展基地型农业,提高经济效益,增强自我发展能力。双城在第二期开发中,确立了坝下和库后两个小区,总面积10.3万亩,到1993年末,两个小区共购进农机具139台件,修建水利工程96座,完成田间工程328座,动用土石方135万立方米,全面完成了各项开发任务。竣工后的开发区,路变了、林变了、渠变了、田变了,出现了"八增"的喜人成果。耕地面积增加1.5万亩,增长19.7%;粮豆总产增加17641000公斤,增长93%;鲜奶产量增加347500公斤,增长158%;肉类年产量增加208000公斤,增长94.5%;鲜鱼年产量增加431000公斤,增长188%;商品粮增加15623000公斤,增长154%;农业产值增加2128.6万元,增长85.6%;人均收入由开发前的443元,增加到1196元,增长164.1%。

——农民收入水平提高。松嫩平原的一些项目区,多建在贫困的县(市、区)中,通过有效的开发治理,增加了农民的收入,加快了脱贫致富的步伐。依安县庆丰小区1991年立项,经过三年的综合性治理开发,共投入资金582.17万元资金,改造低产田4.8万亩,粮豆单产达618公斤,是立项开发前的1.6倍,实现新增农业产值1324万元,人均收入达到1558.7元,是立项开发前的5.2倍。在进行土地项目开发的同时,还新上了粮食、饲料和马铃薯等12家多种经营加工项目,使这个昔日"涝洼塘、不产粮"的穷乡僻壤,一举变成了粮、牧、企齐头并进的欣欣向荣的富裕农村。

——农业发展后劲增强。各开发区大力加强农田基础设施建设,改善农业生产环境。海伦市伦河小区立项当年完成田间干渠100条,动用土方2.5万立方米。市政府为支援开发区建设,调动5.1万劳力,投劳127.5万工日,修固15公里长的连丰水库回水堤,使开发区水利设施条件明显改观。

——农民科学种田素质提高。各开发区贯彻"农科教一体化"的方针,大力加强对农民的培训,推广良种良法,建立科技示范田,据1992年末对18个项目区的统计,先后培训农民达10.2万人次,占18个开发区总人口的48.3%。

与松嫩平原红红火火开发建设同时进行的三江平原的二期农业开发，仍然抓住治水不放，继续开展了大规模的农田基本建设。经过三年的治理开发，到1993年底，连同国营农场在内，实现总投资75570.86万元，改造中低产田581.12万亩，开荒86.29万亩，植树造林53.64万亩，改良草场30.05万亩，形成新增粮食生产能力11.56亿公斤，较好地完成了各项开发任务。

黑龙江省的第二期农业综合开发，从三江平原扩展到松嫩平原，其范围涉及12个市（地）、63个县（市）和96个国营农牧渔场，有力推动全省农业生产步入历史新阶段，为全省实现农业的现代化开辟了一条道路，展示出极其令人鼓舞的美好前景。

（原载《农业综合开发》1997年第4期，作者王春涛　柳遇春）

【相关链接】三

新的希望在质量

1994－1996年的第三期农业综合开发进入崭新的阶段。其重要标志是由前两期侧重扩大开发面积，增加粮食产量，进到产量、质量、效益并重的阶段。特别是把提高开发质量摆到核心的重要位置。

问题的提出

强调开发质量，是省政府及农业开发主管部门的领导者们，在工作抓法上的一个重大改变。

对第一、二两期开发，人们总的印象是开发面积很大，增产粮食很多，经济效益很高。但在肯定成绩的前提下，省委、省政府有关领导以及国家检查验收组，都不约而同地认为，某些田林渠路工程比较粗糙，在质量上有很大差距。

最初听到这些话时，主管农业开发的领导者们，虽然也感到刺激与遗憾，但同时也有理由的认为，北方与南方不同。北方开发区面积大，范围广，许多条件远不如南方，在同等投入情况下，比南方费工、费时、费钱，因而不可能像南方那样搞得细致精美。

这些话不无道理。南方与北方在地域、气候及基础条件等方面，确有很大不同。因而，尽管在开发起步之时，领导者们已经注意抓质量，但与南方兄弟省市比较，仍有很大差距。于是，无形中形成这样一种态势：在北方怎么努力，也很难赶上南方的质量，在质量问题上，似乎北与南不可同日而语。

但是，时隔六年，进入第三期开发，经过认真总结、思考与反复比较，领导者的思想有了新的飞跃。认识到农业开发同其他基本建设工程一样，也要贯彻"百年大计，质量第一"的方针，否则，在开发之后，很难实现永续利用，旱涝保收的要求。纷纷表示南方做到的我们也应该做到，要逐步向国家提出的"四高九化"的标准靠拢。省政府主管领导指示：第三期开发一定要坚持高标准，田要像田、路要像路、林要像林、渠要像渠，开发前后相比，要面貌一新。

在把质量问题摆到核心重要位置之后，首先对第三期上马的158个项目严把设计关。领导与有关业务处室不知用了多少个日日夜夜，反复研究比较，对有些存在疑点的项目一次次下到实地重新考察，请专家咨询，反复论证，各市、县的业务人员说："要求越来越高，立项越来越难了！"

管理措施的加强

为提高开发质量，第三期开发上马以来，省农业开发主管部门，不断加大领导力度，出台一系列管理措施。曾先后提出"四到位"、"五不立"的规定。"四到位"是认识要提高，质量观念要到位；标准要明确，质量措施要到位；科技含量够档次，先进适用技术要到位；项目牵头人要落实，奖罚要到位。"五不立"是在建项目未能按期验收的、工程质量不达标的、有偿资金到期不还的、匹配资金应配不配的、挪占用中央和省里拨款的，一律不予立项。

在一次市、地开发办主任会议上，省开发办主任李方旭在总结报告中，打破以往的暧昧，对工程质量不高的原松江地区宾县的二龙山小区、黑河市的孙吴县超早熟基地小区、牡丹江市郊区的东兴小区和齐齐哈尔市的龙江县和平小区，进行公开点名批评，并宣布这些小区工程质量没解决之前，停止拨款。资金到位是开发质量的物质保证。对配套资金分文没到位及到位率很低的牡丹江市宁安镜泊小区和牡丹江市郊区东兴小区，宣布下年停止立项。这使各市(地)、县(市)农业开发主管部门受到很大震动,产生极大鞭策。

为使开发的高质量摸得见,看得着,在第三期开发未启动之前,省农业开发主管部门就制订抓好农业开发高科技园区样板的规划,市、地要抓好一个高科技园区的样板县,县(市)要抓好一个高科技样板区或样板方。样板区、方的面积要分别达到2000亩和3000亩以上。在统一规划下,高科技园区、示范区、示范带、样板方、样板田、样板工程等等,如今已遍布三江和松嫩平原各个开发小区之中,对整个开发质量的提高,起到了极大的带动作用。在阿城市的亚麻开发小区中,先后建起旱田喷灌、水田改造、果树基地、花卉基地、新品种试验、稻田养河蟹试验等多种高科技示范样板,不仅收到提高开发质量的效果,而且美化大地,给人们留下一道道秀丽景观。依兰县永开发小区,科技示范面积达4725亩,科技示范户320个,建立起水、旱田和果园、养殖等7个类别的融试验、示范、推广为一体的区域,承载试验项目30个,引进新品种125个。

随着时间的推移,提高开发质量的观念越来越深入人心。进入1996年,省农业开发办不失时机地在全省开展"质量标准年活动",制订下发了活动方案,落实组织领导和奖惩方法,并把质量标准年活动,同建设高科技样板工程紧密结合,同启动1997年新上项目紧密结合,同迎接国家对第三期开发项目检查验收紧密结合。

为验收全省农业开发质量到底有多大提高,省农业开发办主动要求省人大农林委对全省农业开发区贯彻执行《黑龙江省农业综合开发管理条例》的情况,进行一次全面检查。为此,于今年初,省人大农林委下发执法检查通知和检查方案,要求各市、地人大农林委于今年7月对所属地区农业开发的执法情况先行进行检查,然后于8月省里将组织3-4个工作组,在全省范围选择若干个开发小区进行抽查,并在检查活动结束后,召开全省农业开发执法检查汇报会,决定表扬一批管理好、质量高的开发单位,公开向社会曝光一批管理差、质量低的项目开发单位。其意图在于通过执法的手段,把全省农业开发的质量,推向更有保证的地位。

可喜的质量成果

第三期农业综合开发竣工之后,在三江和松嫩平原的大地上,留下一座座、一道道农业建设者们的杰作。其质量如何?人们自有比较和评说。

阿城市的阿什河流域的双丰、荒沟、亚麻、民合、西川5个开发小区,兴修水利工程动用的土石方总量达362.5万立方米,5座大型渠首,使多年来旱涝无常的阿什河及主要支流的河水,按照人们的意志,通过6条干渠上的167个大小闸门、跌水、渡槽等,驯服地流向44条支渠和上千条斗、农渠,经过支渠以下的811个桥、涵、闸、泵等构造物和3650多个农门,总流程长达三四百公里,一直流向广阔的田间和人们需要的地方。由于这项恢宏的系统工程的完成,使在省城"眼皮底下"(28公里)、旱涝为患、多年低产的阿什河流域37万多亩肥田沃土得到改造。如今在这个区域里,不仅粮食增产,多种经营也得到蓬勃发展。镜面一样白亮亮的鱼池鳞次栉比,一排排塑料大棚和温室耀眼夺目,绿油油果园散发芳香,绒山羊在饲养地里低头啄食或抬头漫语,良种基地的禾苗苗壮诱人,传技育人的培训中心新姿俊美……。这个大的开发区域真好像是一个较大的风景区。劳动间歇的农民们,或坐在渠首上欣赏潺潺的流水和游人垂钓,或在渠水里除暑洗涤,或三三、两两地坐在渠路旁的小树林里谈天和小憩……这里实现了综合配套开发,河川大地得到了新包装。

但是,不是"这边风景独好"。在已竣工的144个土地治理项目中,个个都有好景致。巴彦县沿江开发小区渠首有一个座大型排灌站,3台机组、6.9个流量,引松花江水灌溉54500亩水田,并可为21200亩旱田解除内涝。站在总干渠上,眼前是高耸漂亮的机房和管理站办公楼,脚下的总干渠水泥板护坡宽敞大方,伴着丰满急喘的流水,笔直地通向远方……农业能有这样高质量的水利工程,10年、20年前简直不可同津,而如今已遍布三江和松嫩大地的各个角落。假如你不信,可以到肇源县的立陡山小区、桦南县的松木河小区、呼兰县的苫屯小区、齐齐哈尔市的江东小区,等等,都可以看到这样高标准的水利工程。在宾县二龙山小区有水田样板示范带,在木兰县红光小区有水林田互为依托的小流域治理的样板,在庆安县的拉林青、富锦市的安基、汤原县汤旺河等等开发小区,都有几万亩、十几万亩大面积标准化水田区,在地处中俄边境的东宁县的苹果梨小区,可以饱眼"花果山"的仙境……

在第三期开发中,永久性工程明显增多。过去羡慕南方在小范围内、多为永久性工程的做法,如今在北方,在大范围内、长距离地实现了。同时在开发区内进一步推进了综合配套开发、产业化开发、经营性开发和引资开发。这些,是农业开发质量提高更深层次的表现。它进一步促进农村产业结构的调整,更加适应市场经济的需要,成为推动农村经济全面发展的巨大杠杆。

第三期开发质量确实长进了一大步。在 99718.65 万元总投入的保证下,修建中小型水库 26 座,开挖疏浚渠道 20359.75 公里,修建各种农田水利构造物 28142 座,打机电井 10339 眼,架设农田线路 316.93 公里,购置农机具 3978 台套,修农田道路 4487.23 公里,完成土石方总量 9352.1 万立方米……通过这些巨大的工程,使昔日旱涝皆灾的 345 万亩中低产田得到改造,使 88.84 万亩昔日无法垦耕的涝洼地得到开垦利用,在这其中实现旱改水、开荒种水田和改善灌溉面积达 141.35 万亩,治理水土流失 16.11 万亩,治沙 2.5 万亩,治理盐碱地 24.88 万亩,同时还完成植树造林 37.62 万亩,改良草场 23.02 万亩,修建晒场、种子库、畜禽舍等总达 382402 平方米,建造鱼池 37413.97 亩。这些措施,把大地装点得更加多彩多姿,使农业生产取得更加可喜的回报。据统计,形成新增粮食生产能力 9.89 亿公斤,增产肉类 5200 万公斤、鱼 2482.2 万公斤、蛋 1567.01 万公斤、鲜奶 4092.03 万公斤、油料 1880 万公斤、干草 4310 万公斤、蔬菜 26847.8 万公斤、水果 5645.55 万公斤。

无穷的回味

第三期结束,进入 1997 年,农业开发已进行 10 年。10 年来的工作实践给开发者留下许多难忘的回忆。但最难忘的还是提高开发的质量。因为质量决定生产条件,条件好,农业生产等于定在"定盘星上",能够旱涝保收;相反,朝不保夕,旱涝难挡。

早在 20 世纪 80 年代初,时任省委书记杨易辰同志高瞻远瞩地意识到,黑龙江这块土地还有相当大的增产潜力,于是提出粮食总产要突破 150 亿公斤……他带领省领导班子、广大干部和农民群众，整整奋斗三年，但终因当时的投入有限，先进科技未能实现这个夙愿，而留下深深的遗感。

如今粮食总产已超过300亿公斤。这除了农业生产条件普遍得到改善外，一个重大因素就是农业综合开发武装了农业、改造了农业。10年来，农业开发用占全省23.6%的耕地，生产出占全省同期粮食增产总量45.4%的粮食。这说明开发区的生产条件优于非开发区。如果开发质量得不到保证，生产条件得不到改善，取得这么大的效益是难以解释的。使省政府和农业开发主管部门的领导者们感到欣慰的是，十年来，总投入的34亿多元开发资金，没有打"水漂"，没有出现贪占挪等重大案件，基本都派到了用场。这对保证开发质量是至关重要的一环。

为提高开发质量，各级开发工作者呕心沥血，夜以继日。省开发办主任李方旭及其班子成员，为保证第三期几十个重点工程建设的质量，反反复复地深入到各个建设现场，有的进展不顺利的工程工地，已无法记清他们去了多少次？据不完全统计，他们每年每人下乡日数不低于200天。可见，对于提高开发质量，他们下了多么大的功夫！省开发办有位业务处长，他在上海的兄长年来来信催他回趟老家，看看年已近九旬的母亲，但年复一年、日复一日地深入下去检查质量和案头上总有看不完的业务报告、审不完的设计图纸，使时间过去七、八年，至今也未能拔出身子圆上探母之梦。工作忙到什么程度，累到什么程度？省开发办有一位最年轻，学识与能力颇具上乘的副主任，不久前情不自禁地说实在招架不住了，到了难以支撑的地步！他们忙到这种程度仍一丝不苟的实打实的坚持工作，其共同的精神支撑点是农业综合开发是解决下个世纪"谁来养活中国人"这个世界关注的重大问题的一个有效措施，所以，再苦再累也要把好质量关。

现在全省从上到下农业开发专职干部有600余人，他们把质量视为开发的生命。为提高质量，不仅要克服自然地理方面的许多困难，还要克服许多来自社会的不利因素。巴彦且沿江开发小区，在搞方田化、平整土地时，就遇到来自农民中怕"流失有效面积"和破坏田园"风水"阻挠。前程村有位农村妇女，躺在拖拉机前不让平整她家的承包田。县开发办领导会同乡村基层干部苦口婆心地说服动员，她才沮丧地坐到了地边上。当平整后的土地棱角分明、方方正正地出现在她面前,并比原来多出好几亩时,她高兴得热泪盈眶,回家拿来两只鸡、两瓶酒和一条烟,要送给驾驶员表示感谢! 农业开发工作者,就是用这样艰苦细致的工作,才赢来了开发质量的提高。

要在质量上有所突破,思想认识必须先行。去年春天,国家开发办为黑龙江省追加3000万元农发资金,但破例地把资金指标直接分配到有关的市、地,并限制市、地把资金用到1、2个县(市)的开发项目上。这引起省开发办领导们的认真思索。他们认为这种紧缩开发范围的做法,意在把有限的资金,用在有限的项目上,以便做到高起点、高标准,切实保证质量。据此,他们调整了全省未来一切的规划,李方旭主任还在会议上郑重宣布:今后每年不一定县县都立项,选项要引入竞争机制,不符合条件的,坚决不予立项。

今年春天,李方旭带领有省、市、县三级代表组成的参观学习小组,到山东、河南、江苏等省、市的农业开发区进行考察,写出近万字的考察报告,找出差距,明确启示,肯定应借鉴的经验,要求省、市、县各级开发部门,切实改进工作,在开发质量上打一更大的翻身仗。

(原载《农业综合开发》1997年第5期,作者柳遇春)

【相关链接】四

农业综合开发赋

岁月如逝水,时光若飞梭。沧桑留胜迹,世事任评说。实践验真理之是非,人民判政策之绩过。农业综合开发者,乃财政支农之特殊方式,农业发展之重大举措也。始于20世纪末,日渐隆盛;兴于新世纪初,愈发雄勃。横跨华夏西东,气冲牛斗而方兴未艾;纵推大江南北,势贯长虹而劳苦功卓。放眼座座田间工程,遍布农田沃野;片片涝洼之地,建成鱼米乡郭。壮美之画卷,徐徐展露;项目之开发,处处欢歌。势如破竹,播撒万里燎原之星火;志在富民,情牵亿万百姓之心窝。

财政政策,贵在创新。针对症结,把准脉搏。下药必保万无一失,出招需戒千篇一律。农业综合开发,系于粮食安全,关乎民生国计。恰为农业发展之良药,正逢农业转型之时期。领农业之航向,务开发之实际。向传统农耕,挥手而告别;建现代农业,砥夯而基立。借鉴世行管理之办法,实行全程规范之管理。得益综合开发之优势,赖于财政资金之导示。以项目为载体,资金跟着项目走;以资金为支持,项目按着计划施。发展势头之强劲,开发特点之独异。为机动之兵,彰财政惠农之功效;乃一支劲旅,为现代农业而给力。

项目分土地与产业,有机而合统;资金为财政与自筹,戮力而并行。其管理,有法可依;其成效,无不赞惊。各级党政,关心备至,争立项而恐后;亿万农民,翘首以待,盼农发之福音。纵观今日之项目区,农业生产,换新颜而去旧貌;农民生活,除贫困而变富欣。人心齐则泰山移,县乡村龙腾虎跃,一派生机;人气旺而土变金,受益区坤隆乾盛,万众归心。功绩归于财政之力,欣慰莫过农发之人。

忆昔开发前,粮食总量,近乎停滞,产品呈供不应求之状;农业徘徊,增产不再,生产陷窘境难继之中。党中央国务院,运筹帷幄;农业综合开发,应运而生。党中央国务院规划部署,纳入日程;建构组织,高度重视。历任主管副总理挂帅亲征,决策运筹,多次讲话,关怀备至。有关部委,步调一致密切配合;分管部长,亲力亲为大力支持。中低产田奋力改造,藏粮于民;生产能力有效提升,以为宗旨。一场攻坚战,号令即出;无数农发人,凝神聚力。至乃各级农发干部汗洒农田,戴月披星,情怀所在,责任所系。破基础薄弱之瓶颈,解产能低下之难题。东北平原,新疆平原,黄淮海平原先行启动,率先发力;沿海区域,西部区域,全国各区域全面开花,随后紧趋。十三个产粮大省,集中投入,规模开发;八百个产粮大县,各显其能,群星闪熠。粮棉剧增而成效显卓,首推东鲁西疆①;农发前辈之铿锵负重,齐赞南王北李②。

每见田水路林山,综合治理,一二三产融合,配套推进。建高标之农田集中连片,规模达标;治旱涝等灾害除患解忧,风调雨顺。水利化,旱能灌,涝可排,旱涝无忧,高产稳产。机械化,作业标准,整地及时,墒保温增,导航定位,耕作高效,铁马神威。农民不再动锄抢镐,挥汗如雨;不再背向苍天,脸蒙土灰。科技化,种子质优,产品高端,订单销售,稳将钱赚。合作化,土地入股,身份转变,股东分红,家喜人欢。走出土地,从事三产;务工进城,收入翻番。极目如今之农田,地互牵手,路相通贯,林网茵茵,渠水潺潺。村中鸟语花香,田里蛙声一片。产业融汇,品牌靓闪;反弹琵琶,市场在先。粮棉产业,畜禽产业,林下产业,业业环节成链;绿色农田,有机农田,生态农田,处处生机盎然。

唯应十三亿人之饭碗,端在自己手中;十八亿亩之耕田,坚守政策红线。担负保障,财政支持;粮食安全,农发奉献。思路阔,克难而躬亲;激情高,劲足而自信。目标瞄准,重在政策续连;接力开发,功归历届主任。初始期,开局稳稳,立制建规;步步而深入,循序以迈进。中间期,总结经验,突出科管;程序以规范,阔斧而力推。优势产业立项,开发思路稳准。近期来,正值改革之关头,夺路闯关而霆奋。项目升华,建设全产业链之示范区;开发再造,建设生态循环农业与田园综合体。让大耕地变大粮仓,意义之重大;促大粮仓变"大厨房",任务而艰巨。

况复好政策,好经验,贵在总结提升;能干事,干成事,自当回首无愧。其思路以涉农资金而整合,按特色产业而布局。其程序还应立项评审,专家把关;竣工验收,专项专款。工程招标,支出公示;民主把控,秉公无私。一项好政策,贵在持之以恒;一笔专项钱,绝无"人吃马喂"。创新之措施,必当拓推;成功之经验,应以为继。虽省市县机构人乏,任务艰辛;然各部门友好协作,助力一臂。众人拾柴火焰高,团结即为生产力。诸多老领导与老同志,无悔于农发最好之时期。日落日出,草青草黄;人事自有代谢,后浪继之前浪。期望接续之同仁,后来居上居高;祈寄事业之发展,势头更强更棒。

嗟夫!和时代之旋律,弹绿色之弦簧。大胆识,凝聚大智慧;大手笔,铸就大华章。描绘多彩之画卷,谱写壮丽之诗行。齐合财政支农小康曲,再续农发奋进新辉煌!

注:①东鲁西疆分别为山东省、新疆维吾尔自治区。②南王北李分别为原江苏省农发局局长王清、原黑龙江省农发办主任李方旭。二人当时因突出的农发业绩和雷厉风行的工作作风,在全国农发系统颇具影响力。

（原载《中国农业综合开发》2017 年第 10 期,作者任秀峰）

第五章　牢记使命

第一节　土地资源开发

三十年来,农业综合开发坚持以改造中低产田、建设高标准农田为重点开发土地资源,着力改善农业基本生产条件,提高农业特别是粮食综合生产能力,为保障国家粮食安全,增加农民收入,促进农业可持续发展作出了重要贡献。

一、开垦宜农荒地

开垦宜农荒地,是指将宜于农用的尚未开发利用的土地或虽已耕种过,但撂荒三年以上的土地开发成耕地的建设项目。

农业综合开发实施之初,全省宜农荒地较多,尤其是三江平原,当时就有 1700 万亩。为了增产粮食,1988 年,签订的三江平原农业综合开发建设协议书,明确到 1995 年要开荒 500 万亩,其中到 1990 年要开荒 300 万亩。

随着农业综合开发的深入,更加注重内涵式开发,因此开垦宜农荒地越来越少,到 1999 年农业综合开发全面停止了对宜农荒地的开垦,也就不再安排开荒任务。

为保持生态平衡,开荒伊始,确立了一水二路三开荒的模式。而且在开荒过程中,所有需要开荒的土地都必须经过土地部门审批。

因开荒成本较高,财政扶持较少,各地多数采取开放开发联合开发方式,坚持"谁开发谁受益"原则,面对国内外两个市场,抓住国家实施沿边开放战略的机遇,大胆引资、合资开发土地资源,在政府引导下吸引企业和农民参与开荒。

1988 年省政府确定,依托农场总局和市县两大支柱,分别成立实体公司经营开发。三江平原开发吸引了大批国外、省外和省内的企业和农户。

跨国投资开发。1992 年与韩国合资开发三江平原的富锦头兴地区57 万亩土地建设现代农场。与合顺经贸泰国有限公司、香港益阳公司、大连开发区合顺经贸公司合资在虎林市开发 157.7 万亩荒地。同江、抚远等市县,在俄罗斯开荒建立蔬菜基地。

跨省投资开发。1995 年郭凤莲率领大寨人到龙江县考察,对龙江县土地资源开发非常感兴趣,经过协商以每亩 20 元的价格转让土地使用权,租期 30 年。双方签订了《大寨村在龙江县哈拉海乡承租万亩荒地开发建农场的意向书》。

实行异地开发。到 1995 年,三江平原已经吸引省内外农户 2000 多户开荒种地。其中比较多的农户来自绥化市,其中双河镇就有 842 户,因为双河镇是水田区,许多农民有水稻种植经验。为更好组织异地开发,绥化市出台 15 条优惠政策,市领导带队考察三江平原,北林区农发办还专门成立了异地开发组,加强领导和指导,推广双河经验。绥化市有 20 多个乡镇,建设异地开发点 30 多处,开发土地 11.165 万亩。

省农垦总局采取建场开荒、建队开荒、扩队开荒三个类型的投资规划,解决开荒资金不足问题。

土地资本运营模式。1996 - 1999 年,财政厅实行土地资本运营,开垦国有宜农荒原,农业综合开发积极扶持,仅 1996 年就扶持土地经营模式项目县 21 个,完成开荒 33.3 万亩。

二、改造中低产田

中低产田改造,是指对现有中低产田通过水利、农业、林业、科技等措施进行综合治理,改善其基本生产条件和生态环境,使之成为高产稳产农田的建设项目。

1988 年,黑龙江省有中低产田 1 亿多亩。从农业综合开发实施之初到 2009 年,农业综合开发都以改造中低产田为主。

在措施上,坚持因地制宜,因害设防,突出主要矛盾,坚持山田水路林综合治理,配套完善电力设施、农机设备,努力建成旱能灌、涝能排稳产高产农田。

针对瘠薄型、干旱型、侵蚀型、内涝型、盐碱型、沙化型等多种类型的中低产田,在不同地区探索出不同的治理模式。

在中西部干旱、半干旱地区,发展旱作节水农业。在推广旱作高效生产模式上,针对各地的实际情况,因地制宜地采取了喷灌、滴灌和注水点灌、膜下滴灌等节水农业措施,综合运用改良土壤、平整土地、增施有机肥、秸秆还田、大机械整地等工程、生物和科技措施,全面加强农业基础设施和生态环境建设,挖掘土地增产潜力,建设田成方、树成行、路相通、渠相连、旱能灌、涝能排的高产标准农田,提高项目区的农业综合生产能力。

在东部涝区大力推进以稻治涝模式。根据地形地貌,因势利导,通过筑坝修渠,采取排蓄结合的方式,大规模开发水田,把原来的涝洼地充分利用起来,使不利因素变成有利因素,大大增加粮食生产面积和粮食产量,增加了农民收入。地处三江平原腹地最大的城市佳木斯市农业开发办主任殷海龙见证了这一历史巨变的过程,用他的话说,"农业综合开发在粮食产量上,把一个佳木斯变成了两个佳木斯,把一个抚远(县)和同江(市)变成了三个抚远和同江,把一个富锦(市)变成了四个富锦。"

在水利资源丰富地区,通过开发地表水与地下水,大力推进旱改水。比较典型的项目区,如林甸、巴彦等地大力发展管道输水,桦川新河宫实行排灌结合模式,宝清县东升小区实行围梯垦田进行区域治理模式,虎林市阿北小区改良白浆土,肇源县采取以稻治碱模式等。

三、建设高标准农田

高标准农田建设,是指对现有中低产田通过水利、农业、林业、科技等措施进行综合治理,改善其基本生产条件和生态环境,并达到田地平整肥沃、水利设施配套、田间道路通畅、林网建设适宜、科技先进适用、优质高产高效农田的标准。是对中低产田改造的提升,其投资标准、建设标准、单个项目治理面积均高于中低产田改造项目。

2008年,党中央、国务院多次强调要加快建设高标准农田,并将这项任务明确赋予了农业综合开发。

2009年,国家农发办下发了《高标准农田示范工程建设指导意见》,对全国高标准农田建设起到了重要示范和带动作用,并由此掀开了黑龙江省加强农业基础设施建设新的一页。

2009年以来,黑龙江省以粮食主产县为重点,大力推进高标准农田建设。这一时期,省农发办参与了《黑龙江省新增1000亿斤粮食生产能力规划(2009-2020)》和《黑龙江省亿亩生态高产标准农田建设规划(2013-2020年)》的编制,并组织编制了《黑龙江省农业综合开发高标准农田建设规划》,提出到2020年完成2448万亩高标准农田建设的目标。

2009-2013年,根据全省建设松嫩三江两大平原农业综合开发试验区、推进千亿斤粮食产能工程的总体要求,省农发办制定了《关于推进松嫩三江两大平原农业综合开发八大示范区建设的实施方案》,按照土地规模化、农田水利化、耕作机械化、生产标准化、农民组织化标准,带动全省项目区推进高标准农田建设。

2014年,省农发办启动了现代农业示范园区建设,安排了27个融入多种要素的试点项目。园区以高标准农田建设为平台,在完善基础设施前提下,结合产业发展需要,因地制宜设置粮食生产、优势特色种植、标准化规模养殖、农产品加工、农产品冷链物流、生态环境保护等不同功能区,其中粮食作物种植面积必须占总面积的一半以上。通过高标准农田建设,为特色产业发展提供了支撑。

2015年,根据现代农业发展要求,农业综合开发中低产田改造项目与高标准农田示范工程实行了并轨,统一以高标农田建设项目组织实施。

2016年,省农发办制定了《农业综合开发亿亩生态高产标准农田示范点建设实施意见》。

2017年,按照《关于深入贯彻落实省第十二次党代会报告责任分工方案》的通知要求,省农业开发办作为建成亿亩生态高产标准农田牵头单位。在省委省政府的正确领导下,完善"谁主管、谁负责"的部门责任制和市县主要领导"亲自抓、负总责"的主体责任,强化分工协作、齐抓共管的工作机制,形成上下联动、合力推进的高标准农田建设的工作格局。

2017 - 2018 年,生态高产标准农田建设坚持"五个一致",加强生态高标准农田建设,夯实现代农业基础,加强水利化、机械化、科技化、生态化建设,巩固和提高粮食综合生产能力,确保中国人的饭碗装更多的"龙江粮"。突出生态建设。大力推广保护性耕作技术、农产品秸秆还田技术、大力推广施用农家肥,大力发展绿色有机食品。

2017 年,全省落实生态高产标准农田 736 万亩。其中,发改部门 172 万亩,国土部门 251 万亩,水利部门 30 万亩,农业开发部门 84 万亩,农垦部门 199 万亩。

2018 年,省农发办又在全省 4 个试点县(区)各安排了 1 个田园综合体试点项目。集中连片建设高标准农田,加强"田园 + 农村"基础设施建设。

四、大力发展节水农业

2000 年以来,农业综合开发积极探索节水农业模式,西部干旱地区的 20 个县推广喷灌技术,在蔬菜生产基地推广滴灌技术。起初为移管式喷灌设备,后发展到卷盘式喷灌设备和指针式喷灌设备。

2003 年,在肇州烤烟项目区和大庆瓜果项目区试点了膜下滴灌,在安达青贮玉米项目试点了注水点灌,在延寿水稻项目区试点了水稻覆膜节水技术。这些技术试点成功并得到了有效推广。

从 2004 年开始,农业综合开发进一步强化了以节水为主的水利工程建设,如修建小型水库、新建和完善机电井、修建衬砌渠道等。此外,为了解决项目区外部灌排条件,还加大了对中型灌区节水配套改造的力度,当年国家增加了由地方切块资金安排实施的中型灌区节水配套改造项目。

中型灌区节水配套改造,是指对能够为项目区直接提供外部水利灌排条件、设计控制灌溉面积为 5 - 30 万亩的已有中型灌(排)区的灌排骨干工程设施进行以节水配套改造为主的建设项目。

中型灌区节水配套改造项目主要由水利部门负责实施,重点解决灌区田间设施不配套,解决农田水利进地"最后一公里"的问题。从2004年开始实施,中型灌区节水改造,到2016年起不再安排地方切块内中型灌区节水配套改造项目。

2009年,农业综合开发以粮食主产区为重点开始了大规模高标准农田建设。突出水利建设投入,并将水资源情况和是否采取了高效节水措施作为立项的重要条件。项目区大力推广高效节水技术和旱作农业技术,先后建设了一大批节水高效示范工程和旱作节水示范基地。

2011年,在杜蒙水田项目区,试点了低压管道输水节水技术。

2012－2015年,在全省干旱半干旱地区实施了节水增粮行动计划。大力推广节水灌溉措施,严格控制地下水开采,尽量使用地表水。

五、建设现代农业示范区

推进现代化大农业一直是黑龙江省农业综合开发的重要目标。早在农业综合开发之初,省委省政府就要求把农业综合开发区建成现代农业示范区。

1994－1996年,全省把绥化市宝山、依安县泰东列为国家级现代农业示范区,把庆安县拉林青、双城市京哈路、阿城市新乡、兰西县兰荣列为省级现代农业示范区。坚持高起点、高标准、高质量、高效益和农田园林化、种植区域化、耕作机械化、灌溉节水化、栽培模式化、服务系列化、管理规范化、产出优质化,各个方面综合治理,各项措施综合运用,各种技术综合组装,取得了良好的综合效益。

1995－2001年,哈尔滨市先后对哈同路、京哈路、哈罗路、哈五路、机场路、雪场路等六大主干路进行了开发,建成了南岗红旗、道里建国、双城京哈路、呼兰双井、阿城新乡、巴彦驿马山、木兰红光、尚志雪场路等"田成方、林成网、路相通、渠相连、旱能灌、涝能排"的现代农业示范区,成为全市及全省现代农业建设的亮点。

2010年,省农发办明确提出农业综合开发要首先建成现代农业示范区。

2010—2013 年,全省通过规模开发、集成投入、连续推进,把"绥庆北"优质粳稻示范区、肇东玉米吨田示范区、青冈贫瘠土地创高产示范区、依安"四区轮作"示范区、宝清高标准水田示范区、依兰提水灌溉"旱改水"示范区、桦南灌区改造示范区、龙江干旱地区蓄水灌溉示范区,建设成为了现代农业样板区。

2014 年,省农发办又提出农业综合开发项目区要成为发展现代化大农业的排头兵。

2014—2018 年,省农发办围绕省委省政府建设"两大平原"现代农业综合配套改革试验区,打造农业生产规模推进精品,以高标准农田建设为载体,以构建全产业链为依托,综合组装各项先进措施和先进技术,集中建设现代化农业示范大项目。重点打造现代农业示范项目区 27 个。

示范区以"国内先进、省内一流"为标准,实行田、水、路、林、山、电、技、管综合治理,种植、养殖、加工、销售紧密结合,实现"五个配套",即高标准农田与农机合作社配套、粮食烘干与仓储库建设配套、育秧大棚与浸种催芽车间配套、温室大棚与蔬菜保鲜储藏配套、规模养殖与饲料基地和粪污处理配套,发挥了粮食生产、规模养殖、科技引领、信息集散、生态涵养等功能作用。

现代农业示范区建设,有力地推动了全省农业综合开发工作,引领全省农业逐步迈向现代化大农业。

五、推进作物轮作

建立作物轮作体系,是有效开发土地资源、优化种植结构、促进农业可持续发展的重要途径。

2007 年,在依安开始建设"四区轮作"示范区,以大型农机合作社为牵动,借鉴欧盟农业经验,建设大豆、玉米,马铃薯、甜菜轮作示范区。

2008 年,以推进我省大豆产业持续稳定发展为目标,在北部地区建设麦豆轮作示范区,实施以麦救豆,解决大豆多年重迎茬种植严重减产问题,建立合理的轮作体系。

2008 年 8 月 8 日,省农发办在黑河市召开北部地区轮作工作会议,部署北部地区麦豆轮作工作。

2009－2010年，在北部地区建设麦豆轮作示范区21个，面积30万亩，推行"六统一"的生产管理模式，平均亩产达到650斤，比种植大豆效益高30%以上。

建设麦豆轮作示范区，得到了各级领导的高度重视。国务院发展研究中心农村部副主任张云华赴我省北部地区考察麦豆轮作情况，温家宝、李克强、回良玉等时任国家领导人先后在其呈报的材料上分别做出批示。国家农发办领导就此进行调研，建议财政部给予特殊政策支持。《人民日报》以"破解一豆十年困局"为题进行了专题报道。

另外，省农发办还就高寒地区推进大豆和玉米轮作、大豆和马铃薯轮作进行了示范，逐步建立了豆麦、豆米、豆薯等多种形式的科学轮作体系，促进全省大豆生产可持续发展。

第二节 优势产业开发

推进优势产业开发是农业综合开发的一项重要任务，是农业产业化经营重要组成部分。农业综合开发通过产业化项目的实施，为推进优势产业发展构建现代农业产业体系、促进农业增效农民增收做出了积极的贡献。

一、发展优势产业种养基地

1991年开始立项扶持多种经营项目。1991－2000年，按照省委、省政府"打绿色牌，走特色路"调整农业结构的重大战略部署要求，农业综合开发在项目建设上，发挥各地的比较优势，先后扶持了一大批高油高蛋白大豆、绿色水稻、优质马铃薯、优质亚麻、优质烤烟和绿色瓜菜、北药等绿色和特色项目，为推动农业产业结构调整，促进农民增收致富起到了积极作用。

2001年开始，集中力量对农业重点产业进行大规模扶持。坚持有所为和有所不为,突出重点抓关键,集中力量办大事,项目选择的重点紧紧围绕十大产业立项。十大产业即水稻、大豆、玉米、奶牛、肉牛、生猪、马铃薯、亚麻、蔬菜及特色产业(北药、烤烟、山野菜、食用菌、小浆果)。"十五"期间,农业综合开发扶持的优势农产品达9大类92种,进一步拓宽了项目区农产品国际、国内两个市场,产业规模明显壮大,整体竞争力明显增强,全省初步构筑了十大产业全面发展的新格局。

2006年5月,在省农业开发办向财政厅党组全面汇报了"十五"期间扶持十大产业建设情况及效果后,省财政厅对农业综合开发的做法给予了充分肯定,同时指出:"十条线"(十大产业)涵盖了黑龙江省农业的主要产业,抓好"十条线"就是抓住了我省现代农业发展的关键,对于全省农业和农村经济发展具有十分重要的现实意义和深远的历史意义。

2007年1月,省财政厅下发扶持十大产业意见,将扶持"十条线"由农业综合开发行为上升为财政行为,举全省财政之力合力推进。省财政厅专门领导小组,由省农业开发办重点抓,财政厅下属的处室各有分工。同时,聘请全省60多名不同学科的知名专家组成专家组,分组开展广泛深入的调研,并依此制定扶持"十条线"五年规划,全面启动了产业战略升级计划。

2009 - 2015年,为了更精准扶持,省农发办集中资金集中扶持水稻、大豆、玉米、奶牛、肉牛、生猪六大优势产业。

2016年,省农发办制定了《农业综合开发转方式调结构,重点支持五大优势特色产业发展的实施意见(2016 - 2020年)》。实施意见获得了省政府的批准。

2016 - 2018年,在全省重点优质高效粮食(含水稻、杂粮和马铃薯)、优质饲草饲料、优质蔬菜(含食用菌)、优质坚果浆果、优质北药五大优势特色产业。

二、发展农产品加工业

1988 - 1993年,结合土地治理安排了少量小型农产品加工项目,且项目小、投入少。

1994年以后,进一步加大对农产品加工业扶持。结合扶持地方优势产业,以促进农业结构调整、推进产业化经营、实现地方财源和农民双增收为主攻目标,扶龙头、建基地,开发优质产品,为地方区域特色主导产业的发展起到了有力的助推作用。

1997-2006年,扶持建设的木兰肥牛加工龙头企业,引进荷兰先进设备,带动全县70%的养牛户改良肉牛,木兰的"汉德"肥牛国内驰名。扶持桦南县建起白瓜子深加工厂,带动全县白瓜子种植12万亩,成为县财政支柱产业。扶持依安大鹅项目,从种鹅繁育、商品生产到屠宰加工全面扶持,使该县专业养鹅场在短短几年发展到30家,成为远近闻名的养鹅大县。借助农业综合开发不仅壮大了地方龙头企业,还引进了一些企业,富裕引进了上海光明、双城招来了雀巢、尚志吸引了蒙牛。

2007年,开始扶持"十条线"(十大产业),重点突出龙头企业带动,进一步加大了对农产品加工项目扶持力度。2007-2010年,围绕优势产业每年立项60多个加工项目。

2011年起,农业综合开发产业化经营项目资金进一步向贷款贴息倾斜,2011-2013年,每年扶持加工企业100家以上,使得全省60%以上的农产品加工企业得到扶持。

2014年,省农发办提出全产业链打造优势产业,进一步加大对龙头企业培育。扶持企业加强技改和项目建设,提高加工层级,引带跟进配套企业,延长产业和产品链条,提升企业核心生产力和整体拉动力。

2015年,针对我省粮食库存大、加工和销售环节相对弱的实际,农业综合开发出资3.7亿元重点支持年加工能力10万吨以上玉米、水稻龙头企业进行政策性粮食竞购加工,促进了库存粮食加工转化。

2006-2018年,农业综合开发实施参股经营项目,扶持62个参股项目,全部为效益好、带动能力强的加工企业。

到2018年,通过财政补助、贷款贴息、参股经营方式扶持农产品加工企业512个。扶持了以鹤岗万源、庆安鑫利达、五常中粮美裕、桦南鸿源、青冈龙凤、明水格林、望奎双胞胎、阳霖集团、明达油脂、讷河港进、克山圣仁、大兴安岭丽雪,汤原亮子奔腾、海林北味、东宁黑尊、绥棱洪泽,大兴安岭超越,克东飞鹤、安达贝因美、双城雀巢,宾县宾西牛业、龙江元盛、肇东大庄园、阿城玉泉山、伊春宝宇、肇东正邦,呼兰松北对青为代表的加工企业,形成了多条农产品精深加工产业链。

三、加强农产品流通设施建设

农产品流通设施建设主要包括,扶持蔬菜类、肉类贮藏保鲜库及冷链运输设施,粮食仓储设施,农产品批发市场。1999 年开始设立这类项目,每年都很少,有的年份还没有。1999 - 2013 年立项 38 个。2015 年最多扶持 49 个项目。

2015 年,遵照《黑龙江省人民政府关于印发黑龙江省促进经济稳增长若干措施的通知》要求,按照省政府 2015 年第 23 次专题会议部署,农业综合开发安排 1 亿元资金用于农产品批发市场建设。

围绕建立稳定的农产品产销对接体系,重点扶持交易规模大,对地方农产品销售辐射能力强,对地方财政贡献率高,有发展后劲的农产品交易市场建设产地集配中心、物流配送中心及冷链设施、订单农业相关设施、市场信息化系统、电子商务平台、检验检测中心、废弃物处理等项目。

重点扶持新建、扩建、升级改造大型综合农产品交易市场,每个项目扶持财政资金 500 万元;积极扶持新建、扩建具有龙江特色农产品专业交易市场,每个项目扶持财政资金 300 万元;适当扶持新建、扩建、升级改造县级农产品交易(农贸)市场,每个项目扶持财政资金 150 万元。

扶持方式分三种,对于能够制定具体量化评价标准的项目,采取以奖代补方式予以扶持;对于投资规模大,能够获取银行贷款的项目采取贷款贴息方式予以扶持;对于盈利性弱、公益性强、难以量化评价,不适于以奖代补的项目,采取补助方式予以支持。

扶持过规模比较大的批发市场有黑龙江华南城绿色食品博览城、哈尔滨雨润南极食品交易中心农产品物流中心、双城区农贸批发市场电子商务平台、龙沙区哈达农产品批发市场、铁锋区水产品批发市场、克山县昆丰农产品批发市场、牡丹江牡达农副产品国际物流园区、东宁市绥阳黑木耳大市场、佳木斯市新纪元农产品批发市场、集贤县四达农副产品交易中心、绥化众旺农副产品批发市场等。

第三节 农业科技开发

科技措施是农业综合开发的一项重要治理措施,科技投入也是农业综合开发资金投入的重要方面。农业综合开发资金中的科技开发投入,包括土地治理项目中的科技投入、产业化项目中的科技投入、专项科技示范项目投入,以及利用外资实施的科技项目投入等。

一、落实科技推广措施

农业综合开发自1988年实施以来,黑龙江省高度重视科技措施的应用,并安排一定比例的财政资金专项用于土地治理和产业化项目中的技术服务、农民技术培训、推广良种良法及购买必要的仪器设备等公益性支出。

2002年,黑龙江省按照财政部《关于农业综合开发的若干意见》提出,进一步加大科技投入,将财政资金中的科技投入比例提高到10%。

2006年,黑龙江省为了加强和规范土地治理项目科技推广工作,按照国家农发办制定的《关于加强农业综合开发土地治理项目科技推广费管理工作的指导意见》,对科技推广费的使用原则、使用范围、提取比例、开支范围等作了具体规定。其中明确,由省级集中使用的比例控制在30%以内。

按照《指导意见》要求,省农发办通过合理安排科技项目,重点支持良种良法的推广应用,加强对农民的技能培训,加快项目区科技成果转化应用,为转变农业增长方式,提升项目区建设质量和效益发挥了重要作用。

省农发办统一组织实施的科技项目,借助科技依托单位力量,通过先进适用技术的组装配套,重点解决带有全局性和指导性的关键问题,成效更加显著。

2007年,把土地治理项目科技推广工作与新农村建设的要求相结合,围绕旱田节水灌溉、大豆行间覆膜、草场改良等推广多项农业新技术,扶持农民合作经济组织,涌现出一批科技含量高、示范作用大、辐射能力强的、农民素质高的新型项目区。

二、设立专项科技示范项目

1999年召开的国家第二次联席会议提出,农业综合开发在指导思想上要实行"两个转变",并把加快科技进步作为迈上新台阶的一项重要保障措施。当年省农发办集中安排了专项科技示范项目,在农业基础设施较为完善的农业综合开发项目区内,依靠技术依托单位,围绕市场,引进、示范和推广高新科技成果和农业先进适用技术,加速科技成果转化,因地制宜,培育和发展主导产业,促进产业化经营,实现农业增效、农民增收。

科技项目主要包括农业高新科技示范、农业科技推广综合示范和农业现代化示范项目,具体建设内容有技术引进、技术示范、技术推广、技术培训、产业基地建设。主要目的是充分发挥科技项目"做给农民看,引领农民干"的示范带动作用,将科技项目区建设成农业先进技术的示范基地、展示先进农业成果的舞台和培训农民提高农民科技素质的课堂。

科技项目小而快、小而精,投资少、见效快,又有较好的展示性,因而备受农民欢迎。1999年以来,农业综合开发立足科技前沿,促进农业科技进步,促进大专院校科技成果转化159项,引进国外技术28项,创新技术118项,其中获国家科技进步奖8项。推广共引进种植业新品种352个,示范、推广先进适用技术达351项,形成了46项不同农业生产区域的技术组装模式,全面提升了项目建设质量和技术应用水平,起到了"投资少、见效快、受益广"的作用,成为提升主导产业档次,发展高效农业的重要途径。

建设科技园区,引领农业发展。实施"一园三区"建设模式,包括黑龙江省畜牧业创新区、黑龙江省种植业创新区、黑龙江省科技园区示范区。科技园区2001年开始建设,2005年完成,共投入资金32177万元,其中财政资金 16300 万元。

经过四年的建设,园区高标准建成,成为集科技创新、成果展示、技术培训、科技交流、综合服务和旅游观光六大功能为一体的国家级现代化的科技示范园区,为全省农业发展提供一个科技示范的平台。园区坚持走"政府扶持、院校孵化、企业运作、技术依托、农民参与"的建设模式,实行区校联姻、区企联姻、区农联姻,走出了一条企业化运作之路。示范推广农业高新技术成果和先进适用技术 285 项,形成了 30 多项不同农业生产区域的技术组装模式。园区自开放以来,接待国内外参观人员达 200 多万人次。

2004 年以后国家该类项目不再立项。黑龙江省还继续保留,而且投入额度增大,由之前的每年财政资金不足 5000 万元,增加到每年接近 1 亿元。计划列在土地项目中,集中使用科技推广费。

1999 - 2010 年,农业综合开发共立项扶持科技示范项目 167 个,其中:农业高新科技示范项目 72 个、科技推广综合示范项目 79 个、农业现代化示范项目 16 个。

2013 年,省农发办取消科技项目。

三、推进产学园结合

黑龙江省农业科技园区由建设阶段进入应用阶段后,由于运行机制不活,社会化、市场化步伐不大,一些科研成果不能较好地转化为现实的经济和社会效益,也严重影响了自身的生存和发展。如何发挥园区的优势,实现真正意义上的企业运作,尽快把科研成果转化为现实生产力,成为摆在黑龙江省农业综合开发面前的一个严峻的课题。

2015 年 8 月,省农业开发办高度重视这项工作,成立了专门班子,由省农业开发办常务副主任运连鸿任组长,开展了大量的调研工作。调研中了解到全国奶牛养殖规模最大的大庆银螺集团在发展中缺乏技术支撑,遇到许多技术难题无法解决,自主创新能力不强,急需与大专院校、科研单位合作,保障其健康快速发展。调研中还了解到东北农大拥有较强的技术和人才优势,科研水平较高,也积极探索为我省农业和农村经济发展服务的新路子，但苦于没有较好合作方式和伙伴。

2006年2月14日，省农发办牵线，省畜牧业科技创新区引进大庆银螺集团，联姻东北农大的产学园结合合作签约仪式隆重举行，这是巩固和扩大农业综合开发成果，进一步加快科技成果转化的重大举措，更标志着一种新的经济发展模式——产学园结合的诞生。国家农业综合开发办公室、省政府领导、省直有关部门负责同志参加了签约仪式，新华社、中央电视台等新闻媒体记者专程赶来现场报道。

产学园结合是企业、高校、科技园区以利益机制为联结，以企业需要为前提，以高校提供科研成果和技术服务为保障，以园区为平台，以科技成果转化为现实生产力为目的，三者有机结合的一种新型经济发展模式。产、学、园三者是相互联结、相互依存、相互贯通、相互作用的统一体，是新生事物的实践性、科学性和理论性的结合。"学"是前提和基础，"园"是桥梁和纽带，"产"是根本和目的。"学"的价值要通过"园"来渗透和展示，最终要通过"产"来体现和放大。产学园结合是一个开发—实验—推广—再开发—再实验—再推广的良性合作链条循环。

大庆银螺集团作为全国的"牛老大"，东北农大作为全国高校的"农老大"，省畜牧业创新区作为全国独一无二的畜牧高新技术的"特色园"，三方强强联合，优势互补。

2006－2009年，三方共同实施了"四项工程一个模式"。"四项工程"，即科学性控工程、规模养殖工程、疫病防治工程、有机肥产业化工程。"一个模式"，即奶牛高产饲养模式。"四项工程一个模式"科技含量较高，是全省奶牛业发展急需解决的课题。三年多来，通过产学园结合形成的优势，攻克了这些难题，使园区的科技成果尽快转化为企业的现实生产力，推动了农大自主知识产权的研发和企业的自主创新能力的形成，对黑龙江省实施奶业振兴计划，提高畜牧业生产水平，起到了引领和示范作用。

四、利用外资科技项目

2005－2010年，农业综合开发利用世界银行贷款在黑龙江省的20

个县(市、区)实施了农业科技项目。该项目坚持把是否具有先进适用技术,且可以转化为现实生产力作为立项的重要条件。技术性门槛的设置确保了项目的科技含量,从而使其中多数子项目所拥有的较为成熟的农业新技术,被迅速转化为了现实生产力。

此外,世行科技项目还对带有显著公益性质的高新技术给予了专项扶持,如两系超级杂交水稻育种技术、干旱地区节水灌溉技术、转基因测定技术、种猪原原种选育技术等。

在项目建设过程中,采取田间操作示范与课堂教学相结等多种灵活有效的方式,开展了对农民的技术培训,大大提高了当地农民的科技文化素质。世行科技项目的实施,成为农业综合开发促进农业科技进步的又一生动实践。

第四节　生态效益开发

加强生态环境建设是党中央赋予农业综合开发的主要任务之一。三十年来,黑龙江省农业综合开发坚持"改善农业基本生产条件和保护生态环境相结合"的开发方针,通过加强农田林网建设、改良草原(场)、治理沙化土地、进行小流域综合治理,同时积极支持农口部门实施的山区绿化、水土保持、防护林建设、防沙治沙示范工程等生态建设,有效保护和改善了生态环境,促进了农业的可持续发展。

一、加强林网建设

土地治理中低产田改造项目林业措施主要是建设农田防护林。农田防护林建设既是保护农业生态环境的关键措施,又是农业综合开发项目的重要标志。自实施农业综合开发项目以来,农田防护林建设作为始终受到各级农业综合开发部门的高度重视,也倾注了基层农业综合开发机构的大量人力和心血。

农业综合开发项目区,主要是旱田项目区的农田防护林种植样式,绝大多数为棋盘式格局,一路两沟两行树,农路4-6米宽,林网网格不大于300×500米;从树种结构上看,品种单一,经济树种极少,百分之九十以上地区种植杨树,个别地区偶尔种植柳树或小灌木,经济价值都较低,主要起生态防护作用。

在实施高标准农田时期,突破"棋盘式"布局的僵化模式,采取灵活的防护林布局。因地制宜,因害设防,宜网则网,宜带则带,宜片则片。网格适当扩大,副带林间距可扩大到1000米左右,以利于农业机械化,这种模式主要适用于人均耕地较多或灌溉渠系网络化地区;宜带则带是指在适宜发展单一走向的地区可用宽林带取代林网,林带宽度应该在5-10米以上,这种模式主要适用于灾害性风向比较单一的地区,林带走向与灾害性风向垂直;宜片则片是指适宜发展片林的地区可随地势建设片林,这种模式主要适用于地势不规则的丘陵地区。

按开发面积,平原地区5%比例营造农田防护林,丘陵地区30%比例营造水土保持林、水源涵养林,土地沙化地区营造防风固沙林。25度以上的山坡地退耕还林。

小流域治理、水土保持、沙化治理项目,重点是采取林业措施,建设水土保持林、水源涵养林、防风固沙林等生态林。种植的树木因地制宜,样式也是多种多样。

产业化项目主要建设经济林,大规模种植蓝莓、红树莓、大榛子等。

为配合防护林项目,土地治理项目单独建立了一些苗木基地。

2009年,国家农发办和林业部制定了部门林业项目实施意见,由此开始实施储备林和名优经济林项目。

2016-2017年,在林业系统、森工系统,为推进四大煤城转岗职工再就业,实施一批林下经济项目。

二、加强草原(场)建设

草原(场)建设,是指在主要牧区省份为保护和建设草原(场)所进行的人工种草、天然草场改良、划区轮牧、饲草(料)基地建设,以及支持草原畜牧业发展的配套设施建设项目。草原(场)建设是农业综合开发的一项主要内容,是农业综合开发项目建设的重要组成部分。

1988 – 1995 年,为初步探索阶段。主要是在西部一些草原比较大的县进行草原建设,特点是建设地点比较分散、规模较小、投入较少,主要以封育为主。

1995 – 2002 年,为深入推进阶段。1995 年,在省委、省政府提出建设生态省的奋斗目标后,省农业开发办与省发改委、省农委、省畜牧局联合对全省草原情况进行了调查,了解到全省草原面积由建国初期的 1.32 亿亩锐减到 6500 万亩,而且草原碱化、沙化、退化面积达到了 3178 万亩。在这个背景下,加快草原建设步伐,主要是治理"三化",每年平均改良草场 5 万亩以上,采取了比较综合的技术,取得了较好效果。

2002 – 2010 年,为加强推广阶段。2002 年国家提出农业开发要把提高农业综合生产能力和保护生态环境相结合,走农业的可持续发展之路。全省农业综合开发把草场改良摆上了重要位置,省财政厅高度重视草原建设,明确要求开发办要搞好全省草原建设情况调研,制定治理规划,有重点、有步骤地加强生态环境建设。

2003 年在全省农业开发干部培训班上,时任省财政厅厅长、农发办主任李继纯进一步表达了农业开发要加强生态环境治理的态度,"赵主任(时任国家农发办主任赵明骧)不拿钱,我财政厅长拿钱支持生态环境建设"。在这一阶段,进一步加大草场改良力度,扩大草改面积,完善项目管理,提高建设标准,突出综合效益。做到了规划具体、思路明确、重点突出、措施得力,年改良草场面积在 10 万亩以上。

2004 年 4 月 15 日,时任副省长申立国在龙开委、省老促会《关于我省西部退化(盐碱化)草原综合整治情况的报告》上做出批示:"这是一件大好事,请水利厅、国土资源厅、农业开发办及水科院、畜牧局积极予以支持,把扩大试点工作抓得更好"。随后,省农发办把资金和项目进一步向草场改良倾斜,2005 年当年共改良草场 19.3 万亩,投入中省财政资金 3257 万元,占全省农业开发土地治理项目中省财政资金的 9%,已经达到国家对粮食主产省用于生态项目资金的上限要求。

草原建设主要推广人工种草、围栏封育、松土补播、浅翻轻耙、星星草改盐碱、以振动深松为主的集成技术治理盐碱等 6 种改草模式,这些改草模式都收到了较好效果。特别是 2005 年推广的以振动深松为主的集成技术为治理重度盐碱化草场找到了有效方法。2004、2005 两年农业综合开发在安达市太平庄、任民、万宝山,青冈县长发、连丰和明水县育林、种畜场、崇德等地改草面积 12.4 万亩,其中一半的改草面积推广了以振动深松为主的集成治碱改草技术。

2005 年 9 月,省政府在青冈、安达召开草原建设现场会,在全省推广农业综合开发以振动深松为主的集成治碱改草技术。2010 - 2013 年,突出建设优质饲草基地,在青冈、克东等建设紫花苜蓿草场。

2014 年以后,围绕扶持奶牛、肉牛产业全产业链发展,在畜牧业发达地区,围绕龙头企业养殖基地配套建设饲草基地。

三、加强沙化土地治理

1988 年以前,在黑龙江沙化地区道路沙阻、风扒路面等现象很常见。由于风力侵蚀,淤积田间渠道和水库,造成水面缩小,河流受堵,泵站废弃,严重影响水利设施效益的发挥。沙化地区群众的生活条件越来越恶劣,生存环境受到威胁。泰来县胜利乡查干村和平洋乡解放村都因流沙推进,而被迫搬迁。西部地区因风沙危害造成的直接经济损失每年高达 1.2 亿元左右,区域经济的发展受到了严重制约

从 1994 年开始,农业综合开发首先在泰来县街基乡丰田村和江桥镇豆海村进行庄园化治沙试点。"泰来大沙包,风刮土就潦,春种三遍地,难保半成苗",这是人们对泰来县风沙灾害的形象写照。泰来县境内有 6 条大沙带,总长 276 公里,沙漠地表形态面积 374 万亩,全县有 80% 的农民生产生活在这 6 条沙带上,每到春季全县大部分地区风沙弥漫,风沙严重困扰着泰来县经济的发展。农业综合开发在泰来县立项,连续多年扶持。一些地方已由原来风沙滚滚的荒漠,变成了瓜果飘香的绿洲。

农业综合开发在泰来县豆海、江桥、文胜三个项目区治沙面积 6 万亩。2001 年农业综合开发在豆海项目区投入资金 560 万元,治理沙地

1.5 万亩。共建标准化网格 41 个、引进农户 36 户、打机井 41 眼、配套喷灌设备 36 套、造林 7000 亩。种植花生、绿豆等经济作物 3000 亩、葡萄 1000 亩。森林覆盖率由治理前的 2.2%，提高到现在的 48.9%。2003 年在项目区大旱情况下，小区外收成只有两成半，小区内喜获丰收，人均收入由治理前的 1100 元提高到 3400 元，增长了 2.1 倍。豆海庄园入住的农户刘明利，在小区内承包了 3 个网格共 282 亩沙荒地，盖了一栋房，打 3 眼井，栽 60 亩沙棘，种 60 亩花生、62 亩绿豆、10 亩葡萄，年收入达到 7 万元。

通过生态环境治理，实现了人进沙退，在庄园化生态经济治理模式带动下，泰来县有 350 户农户参加沙地治理，总治理沙地面积 8 万多亩。联合国世界治沙组织中国总代表西古·皮埃尔先生对庄园治沙给予高度评价，他说"庄园化治沙，我只见过两处，一处在尼罗河畔，一处在中国泰来县，这种模式值得推广"。

2004－2010 年，省农发办又在泰来、龙江、龙沙区、富拉尔基区、昂昂溪区等地实施防风固沙工程，持续治理土壤沙化问题。

2016－2018 年，结合生态高产标准农田建设，在泰来、讷河等 4 个县规划了防治风沙工程，加强林业措施投入，建设经济林和防风林，涵养水源，遏制水土流失，防治面积 40 万亩。

四、加强水土流失治理

黑龙江省水土流失比较严重，据专家研究，开垦初期近一米余厚的黑土层，到 1988 年只剩下 20－30 厘米，每年以近 1 厘米的速度流失，而形成 1 厘米黑土层却要 200－400 年时间。如果黑土一旦流光，将寸草不生。

首先实施小流域治理，主要就是针对水土流失较为严重的地区以小流域为单元进行综合治理项目。

1998 年以来，农业综合开发在宾县、拜泉、尚志等水土流失严重的地区立项，采取修建塘坝、截流沟、谷坊等工程技术措施，建立起田间蓄水、抗旱保水、节灌补水和土壤培肥等技术体系，有效地控制了水土流失。

到 2006 年全省农业综合开发共治理小流域 312 个,冲沟 2320 条,横坡改垄 24 万亩,种植地埂生物带 6.4 万亩,修坡式梯田 19 万亩,栽植水土保持林 15 万亩,修截流沟 23 万延长米,修建塘坝、谷坊等各种水利工程建筑物 23.7 万座。

其次实施黑土流失治理,主要就是针对全省黑土区水土流失进行综合治理。

2007 年 4 月,国家农发办和水利部联合对东北黑土区进行了考察调研,并给国务院领导报送了调研报告。温家宝、回良玉等时任国家领导人在调研报告上作出重要批示:东北黑土地是我国十分宝贵的耕地资源,保护与治理刻不容缓。农业综合开发要把黑土区水土流失治理作为提高农业综合生产能力建设的一件大事来抓,要求财政部、水利部加大投入力度,加快黑土区水土流失治理速度。

2008 年,为贯彻落实国务院领导批示,保护珍贵的黑土资源,国家农发办和水利部启动实施了国家农业综合开发东北黑土区水土流失重点治理工程。

2008 - 2010 年,借助国家实施东北黑土区水土流失综合治理机遇,黑龙江省农业综合开发在拜泉、克东等 15 个县连续实施黑土区保护工程,大力进行水土流失治理,治理水土流失面积 145 万亩。拜泉、望奎等地水土流失治理,成为全省生态农业建设的样板。

2011 - 2014 年,为第二轮东北黑土区水土流失综合治理期,在庆安、望奎、宾县等地实施了水土保持项目。

第三是实施侵蚀沟治理,就是针对部分市县存在的侵蚀沟影响水土流失的问题进行综合治理。

2018 年,开始治理侵蚀沟。在穆棱市、宾县、北安市、嫩江县、尚志市、克山县、海林市、五常市、双鸭山市等 9 个市、县共计划治理侵蚀沟122 条(其中小型沟 55 条、中型沟 67 条),控制水土流失面积(保护黑土地面积)26.53 平方公里。

五、加强粪污资源化利用

黑龙江省是农业大省,同时也是畜牧大省,粪污资源丰富。农业综合开发从扶持畜牧业项目时,就注重粪污的处理和资源化利用。从总体看,投入粪污处理和利用的设施较少。粪污多数经过堆肥发酵作为普通有机肥肥料。

1999年、2006年、2010年、2012年,农业综合开发在大庆、绥化、齐齐哈尔、哈尔滨等地专门扶持了粪污资源化利用试点项目,生产颗粒有机肥。在推进产学园合作中,把粪污资源化利用作为一项合作内容。

2014-2015年在富裕、肇东、安达、宾县等现代畜牧业示范园区中,从打造全产业链角度,把粪污处理利用作为独立开发区列出加大扶持力度。

2017年,省财政厅高度重视粪污资源化利用工作,责成省农发办组成以常务副主任薛英杰、副主任王福为组长的调研组深入省内外粪污资源化成熟企业调研。时任省财政厅厅长、农发办主任史青衿听取调研情况,主持党组会研究推进措施。在省财政、开发部门的积极努力下,省政府同意安排财政资金2亿元,用于畜禽粪污资源化利用试点。

2017-2018年,省农发办积极落实项目。其中安排资金1亿元建设畜禽粪污资源化利用示范项目,以规模养殖场改造升级粪污处理设施和粪污集中处理中心建设为主,扶持产品销售有市场的专业粪污处理企业和粪污已造成环境危害的规模养殖场。采取财政补助和股权投资的扶持方式,扶持粪污全量还田利用、固液分离利用、粪污能源化利用、专用品牌有机肥利用四种类型项目共25个。

2018年,经省政府同意,省财政从环境污染防治产业投资引导基金30亿元中出资1亿元,联合社会资本、金融机构,撬动各类资金约5亿元,共同设立黑龙江省畜禽粪污处理产业投资基金,以政府引导、农业企业参与、市场化运作的方式,全面推进畜禽养殖废弃物资源化利用,打造种养结合、农牧循环的可持续发展新业态。首期投入资金1.1亿元,落实粪污资源化利用项目10个。

六、推广节约生态技术

注重改善土壤的理性指标。全面推广大型机械深松整地,推广秸秆还田,改善土壤结构。通过实施麦豆轮作、米豆轮作改善土壤生态环境。增加青贮玉米种植面积,调减普通玉米种植面积,减少秋季玉米秸秆焚烧带来的环境污染。

应用节水灌溉技术。在旱田项目区推广喷灌、滴灌、微灌等高效节水灌溉技术,减少灌溉用水量。在水田项目区用地表水置换地下水,利用江河水库等地表水发展水田,减少地下水的开采量,实施浅晒浅湿等水田节水灌溉技术,提高水资源利用率。2017年黑龙江省农业综合开发承担全省高效节水灌溉任务30万亩。

在项目建设内容安排上考虑环保要求。水田项目区斗、农渠不进行混凝土衬砌;田间道路不进行混凝土硬化,使用砂石路面结构;干、支渠混凝土衬砌预留生物通道,维持生物多样性和生态系统的平衡。

在生产环节把生态放在首位。项目区实施"三减"行动计划,减化肥、减农药、减除草剂,在水田项目区推广"鸭稻""蟹稻""鱼稻",减少污染。

推广新技术助推环境保护。在林甸、巴彦、林口等水田项目区推广低压管道灌溉输水技术,生态效益显著。在棚室蔬菜生产上,推广节能技术,减少冬季取暖烧煤数量,降低生产成本,减少燃煤对大气的污染。

第五节　村级经济开发

全面建设小康社会最艰巨的任务在农村,农村小康建设重点、难点在村级。从2004年,农业综合开发便开始着手村级经济发展,在新农村建设各个阶段都做出了积极贡献。

一、扶持村级发展联系点

2004年全省有9196个村、1766万农村人口,占全省总人口的45%,

其中贫困村和贫困人口比重较大,贫困村 3052 个,占 33.1%,贫困人口 373 万,占农村人口 21.1%。这些贫困村的共性问题,一是经济结构不优,农业比较效益差。二是优势产品不突出,农业产业化程度低。三是村级集体经济脆弱,为农民服务能力不强。四是农民就业门路不宽,农民收入水平较低。

2004 年,针对农村经济发展的问题。省农发办坚持科学发展观,以全新的理念、发展的思维,率先在全省项目区选择 100 个村先行启动,以建立村级经济发展联系点为切入点,充分发挥财政资金的支农作用,大力扶持村级经济发展,受到了广大干部和农民的拥护和欢迎。

2004、2005 年,实施"六大推进行动",加快村级发展。一是实施专项资金支农推进行动,为每个联系点安排一定额度的农业综合开发专项资金。二是实施支农示范项目推进行动,紧密结合各村实际,每村建设一个示范项目。三是实施包扶绿色通道推进行动,建立示范村与开发机构沟通机制。四是实施零距离服务推进行动,要求包扶干部面对面指导,为农民办好事,解难题。五是实施强村富民产业推进行动,打造"一村一品"的专业化发展格局。六是实施文明村素质提升推进行动,切实解决精神文明建设中存在的问题。

经过两年的扶持和建设,共为村联系点投入中省财政资金 6644 万元。打井 925 眼,修农田路 612.8 公里,建桥涵闸构造物 1391 座,购置农机具 550 台套,购灌溉设备 245 套,建晒场和种子库 7300 平方米,新建牛舍 900 平方米,维修牛舍 400 平方米,新建猪舍 1800 平方米。突出解决了障碍村级经济发展的一些关键性问题,联系点发生了明显变化,为新农村建设奠定了良好基础。

2005 年,村级经济发展联系点粮食亩产达到 347 公斤,粮食总产 32826 万公斤,分别比 2003 年增产 25% 和 28%。畜牧业产值实现 25683 万元,比 2003 年增加 4651 万元,增长 23%。形成养殖专业村 13 个。扶持加工企业 42 户,实现工业增加值 6910 万元,比 2003 年增加 4439 万元,增长 51%。联系点债务减少 1101 万元,比 2003 年减少了 22%。农民人均收入平均达到 2718 元,比 2003 年增加 23%。

二、推进新农村示范村建设

党的十六届五中全会做出了建设社会主义新农村的战略决策,省农发办按照省委、省政府帮建"百乡千村"要求,在总结农业综合开发扶持村级经济发展联系点经验的基础上,2006 年开始帮建 74 个新农村试点村,省农发办在全省中省直单位中是帮建数量最多的单位,占中省直单位帮建试点村总数的 20%。

2006 年 3 月 3 日,省农发办在全省率先召开动员大会之后,提出举全办之力推进试点村建设。74 个村的帮建任务责任到处,落实到人,制定了详细的实施方案。

2006 年 4 月 22 日至 23 日,省农发办举办了为期两天的全省农业综合开发新农村建设试点村干部培训班。各市(地)农业开发办包村干部、74 个试点村的党支部书记及省农业开发办全体干部参加了培训。聘请省委党校、省社会发展研究所、省农科院、东北农大动物科学院的教授讲课,聘请全国人大代表、甘南兴十四村党总支书记、富华集团董事长在培训班上就"如何白手起家,带领农民走共同富裕道路,建设社会主义新农村"作报告。村干部们还参观了省农科院农业科技园区种植业创新区。

农业综合开发强力推进新农村试点村建设。坚持做到健全组织,保证推进;落实责任,扎实推进;集中资金,合力推进;制订规划,有序推进;强化检查,督促推进。省农发办 37 位包村干部及市、县农业开发办包村干部深入 74 个试点村 800 多人次,深入开展调查研究,召开各层面的座谈会,组织专家进行论证,确定帮建内容,制订发展规划,指导新农村建设。

坚持因地制宜,突出发挥资源优势,实行产业强村、生态建村、科技兴村、环境靓村、民主管村发展战略。在发展模式上,倡导走集约经营型、专业合作型、资源依托型等发展道路。在建设模式上,坚持整村推进,全面推进,合力推进。在建设目标上,明确提出把试点村建成示范村,实现农业生产集约化、村屯建设城镇化、农民素质知识化。

每个村都建设一处千亩集中连片的高标准示范田,围绕优势产业扶持"一村一品"。以推广良种良法、建设科技服务体系和加强培训为重点,提高试点村农业科技水平。努力改善村容村貌,创造良好的人居环境。切实加强社区服务的基础设施建设,建立农村社区服务中心。

2006－2007年,农业开发投入试点村资金9070万元。通过帮建,村级发展思路进一步清晰,农业基础设施进一步加强,村级经济发展进一步加快,村级积累进一步增加,农民收入进一步提高,村容村貌进一步改观,74个试点村建设取得阶段性成果。与帮建前比,农民人均增收740元,提高26%;道路硬化率达到89%,提高了77%;村屯绿化率达到34%,提高了17%;农户砖瓦化率达到75%,提高了19%;自来水入户率达到36%,提高了16%。

由于省农发办帮建试点村数量多、效果好,省委、省政府给予充分肯定。2006年10月,省农发办在全省中省直单位帮建试点村工作会议上介绍经验。2007至2009年,省农发办连续受到省委、省政府表彰。

三、建设新农村示范区

为更好地发挥农业综合开发在新农村建设中生力军作用,省农发办在2006年提前启动示范区建设,以村为单位整村推进,在绥化市北林区规划建设面积38万亩,按照新农村建设的总体要求,对田、林、路、村综合治理。

2007年,国家农业综合开发办公室提出建设新农村示范区之后,黑龙江省把农业综合开发新农村示范区由1个扩展到6个,包括北林、庆安、宁安、依兰、大庆、哈尔滨南岗新农村示范区,核心区16万亩,辐射区80万亩。

新农村示范区建设按照"基础设施完善、生态环境良好、产业结构优化、服务体系健全、龙头基地联结紧密"的标准,科学规划,精心实施,达到标准一流,布局合理,技术先进,措施配套。坚持土地治理项目、产业化经营项目、科技项目有机结合,农田建设与农村设施建设有机结合,努力把示范区打造成粮食生产核心区,农业综合开发创新区,农民致富先行区,现代农业展示区。

新农村示范区建设为农业综合开发更好地发挥优势和作用提供了舞台,也成为省农发办的一号工程。

2006年以来,办领导班子和业务处室负责同志,先后15次深入6个示范区现场办公。现场办公引起了地方党政领导的高度重视,示范区建设成为当地重点工程,并快速启动。

哈尔滨市、南岗区、宁安市、北林区政府确保财政资金重点向示范区倾斜。

宁安市、北林区、庆安县主要领导亲自协调串换土地,解决水田集中育秧串地问题。

绥化市政府分别于2007年4月1日和9日在庆安示范区和北林示范区召开水田生产现场会,推广大棚育秧和标准化种植技术。

新农村示范区着力在四个方面下工夫:一是着力加强农业基础设施建设,提高农业综合生产能力,为发展现代农业、保障粮食安全做出示范。二是围绕区域优势主导产业搞开发,为推进农业产业化做出示范。三是加强农村生态和环境建设,为改善村容村貌做出示范。四是推进科技进步,提高农民素质,为培育新型农民做出示范。

到2009年,新农村示范区取得明显成效,并呈现出不同特色,项目区现代农业雏形初步显现。6个示范区新增产值576.7万元,农民年人均收入增加469元,达到4169元。示范区从根本上解决了农村人畜饮用水问题,村内60%道路达到硬化,村容村貌彻底改变,农民生产生活环境显著改善。

宁安新农村建设示范区,改善水田2.9万亩,水稻单产由480公斤增至610公斤。

南岗新农村示范区大力发展绿色有机产品,1000亩耕地全部种植甜玉米,甜玉米亩产达到3000穗,生产的产品全面达到有机检测标准,亩增收950元。

依兰新农村示范区通过水源工程和田间基础设施建设,哈尔滨天晶米业有限公司成功入驻项目区,不但全部承包了项目区土地,使农民土地经营权得到合理流转,而且实现了土地规模经营。

四、推进美丽乡村建设

2013 年,中央一号文件提出了建设"美丽乡村"的奋斗目标,进一步加强农村生态建设、环境保护和综合整治工作。

2015 年,黑龙江省上下紧紧围绕党中央、国务院的总体部署,加大推进美丽乡村力度。实施《美丽乡村建设三年行动计划》后,各地各部门迅速掀起了推进热潮,新农村建设进入了提速发展的新阶段。

按照美丽乡村建设三年行动计划,省农发办为全省领导小组成员单位。按照省美丽乡村建设领导小组办公室提出的美丽乡村工作要点和任务分解意见,省农发办主要负责支持设施农业种植业、加工业发展的工作。

2015 年以来,省农发办把农业综合开发项目和资金向示范村倾斜。主要发挥农业开发优势,围绕优势特色产业大力扶持,构筑美丽乡村优势特色产业发展规模优势。主要围绕高效的蔬菜、食用菌、北药、大榛子、浆果产业,集中连片建设设施农业基地。对一些大规模的生产基地扶持加工业,促进产业化发展。

2015-2017 年,扶持了汤原县汤原镇、绥化市宝山镇、安达市升平镇、阿城区金龙山镇、青冈县青冈镇、桦南县秀山镇、穆棱市下城子镇、茄子河区铁山乡、佳木斯市郊区沿江乡,双鸭山市岭东区、齐齐哈尔市龙沙区、伊春市五营区、漠河县黑山区、桦南县工业园区、尚志市民主村、鸡西市滴道区王家村、巴彦县富江村、宾县永和村、呼兰区杨木村、双城区长产村、依兰县土城子村、拜泉县爱众村、依安县兴胜村、克东县和平村、富裕县齐心村、克山县古城村、杜蒙县南阳村、孙吴县春吴村、北安市建民村、加格达奇区加北村、铁力市红光村、北林区西南村、安达市昌德村,大青山、帽儿山等林场,落实项目 25 个,落实财政资金 38182 万元。

2018 年 4 月,全省美丽乡村建设大检查,省农发办带队检查了哈尔滨、大庆市建设情况。从全省检查情况看,农业综合开发贡献突出,得到检查组一致认同。

第六节　扶贫解困开发

农业综合开发在松嫩平原开发时就注重贫困地区开发,因地制宜确定扶持项目,加快贫困地区脱贫致富。

一、扶持贫困县加快发展

1993年3月1日,省农发办下发《关于扶持贫困县搞好农业综合开发脱贫致富的工作方案》,加大对贫困县扶持力度。

1994年4月16日,全省农业综合开发工作,交流了扶贫经验,其中一篇为《农业综合开发是脱贫致富的希望之路》,一篇为《以小区开发为龙头 加快脱贫致富步伐》。

1994年,黑龙江省农业综合开发领导在黑龙江省农业综合开发(1994－1996)第三期项目建议书中提出,按照省委、省政府确定的龙虎战略,把农业开发与推进贫困县经济发展、富县率先致富结合起来,抓两头带中间,加快贫困县脱贫致富步伐。

2012年以来,省农发办作为省扶贫领导小组成员单位,每年对28个贫困县有计划地安排资金和项目,把常规开发任务与扶持贫困县脱贫计划有机结合起来,其中国家扶贫开发工作重点县20个,分别为富裕县、甘南县、饶河县、抚远市、望奎县、延寿县、龙江县、泰来县、克东县、拜泉县、桦南县、桦川县、汤原县、同江市、林甸县、绥滨县、兰西县、明水县、海伦市。省扶贫开发工作重点县8个,分别为巴彦县、木兰县、克山县、依安县、杜蒙县、绥棱县、孙吴县、勃利县。

实施产业扶贫模式。十八届五中全会提出了全面建成小康社会新的目标要求:我国现行标准下农村贫困人口实现脱贫,贫困县全部摘帽,解决区域性整体贫困 。按照中央和省委要求,黑龙江省农业综合开发加大对贫困县扶持力度。从点到面扶持食用菌产业,助力贫困县脱贫攻坚战役。

2014 年以来,全省投入农发资金 3.26 亿元,在贫困县实施食用菌产业项目 24 个,带动贫困户 4660 户实现脱贫。

首先在汤原先行示范。从 2014 年开始,连续四年累计安排农发股权投资及财政补助资金 5000 万元,支持亮子奔腾公司采取"企业 + 基地 + 农户"的运作方式,打造黑木耳全产业链发展模式,实施精准扶贫,推动贫困户批量脱贫。建成占地 16 万平方米的菌包加工厂 1 家和 500 栋棚室基地 1 处,为农户提供高品质黑木耳菌包 9000 多万袋,带动汤原棚室基地发展到 1500 栋,拉动农户直接增收 1.35 亿元,2016 年通过黑木耳产业已使全县 1050 户 2600 人如期脱贫。从而开辟了农业综合开发建设自动化、机械化、工厂化生产优质菌包的先河,并趟出了一条带动大批贫困户实现产业脱贫的新路子。

其次在桦南、佳木斯郊区拓展。2016 年,省农发办投入农发资金 2600 万元支持桦南、佳木斯郊区分别建设黑木耳棚室 200 栋、280 栋,带动 247 户菌农从事菌业生产,安排下岗再就业人员 1000 余人。同时,亮子华腾公司在桦南投资 2.3 亿元,其中农发股权投资 3000 万元,建设了国内规模最大、设备最先进的黑木耳菌包厂,年产菌包达到 1 亿袋。

最后在符合食用菌产业发展的贫困县铺开。2017 年,省农发办复制汤原产业扶贫模式,由佳木斯地区拓展到绥化、齐齐哈尔地区,扶持海伦、明水、望奎、青冈、兰西、拜泉、龙江等贫困县发展食用菌产业。投入农发资金 1.7 亿元,撬动社会资金、工商资本 8.4 亿元,引进 9 家龙头企业落户贫困县,每个县建设 1 个菌包加工厂,年产菌包可达 6.5 亿袋。同时,在 20 个国家级贫困县配套建设棚室基地 4200 亩。

从 2017 年开始,对国家级贫困县资金采取因素法切块下达到县级财政,由县级党委、政府选择并实施项目。两年来总计拨付财政资金 11.8 亿元,平均增幅比非贫困县高 37.5%。

二、扶持贫困村脱贫致富

省农发办作为国家级定点帮扶扶贫先进集体,高度重视扶持贫困村工作,曾连续多年帮扶龙江县、兰西县、绥滨县贫困村,帮助贫困村实现了脱贫致富。

2014 年以来,省市县三级开发办都有扶持贫困村任务,共帮扶贫困村 72 个,开发干部帮扶贫困户 255 户。

2015 年 9 月至 2017 年 6 月,按照省委省政府要求,省农发办选派省直部门优秀干部到贫困村任第一书记,深入开展精准扶贫、精准脱贫工作。通过个人申报、层层推选,经办党组研究决定,选派外资与部门项目处田庆锋同志驻鹤岗市绥滨县忠仁镇长发村任"第一书记",在长发村开展为期 2 年的精准扶贫、脱贫工作。

2017 年 6 月,省农发办按照省委要求,组成扶贫工作队进驻绥滨县忠仁镇长发村,综合处副调研员朱庆民任队长,任"第一书记",项目管理三处尹慧峰、综合处李楠为队员。省农发办班子成员每月带领分管处室同志深入长发村,了解工作情况,帮助解决实际问题。

帮扶长发村重点推进产业扶贫。一是提升水稻生产水平。水田 14200 亩,实行品种、测土、供种、用肥、技术、销售"六统一",平均亩增产 100 斤以上,增收 150 万元;二是利用闲置宅基地发展木耳产业。建设木耳大棚 16 栋,创收近 50 万元;三是搞好育秧大棚二次利用。在水稻秧苗移栽后,利用 51 栋水稻育秧大棚栽植适销对路的蔬菜,吸纳 60 位农民进棚打工,其中贫困户 15 人,每人年收入可达 1 万元;四是房前屋后种植花脸蘑。全村 19 户农民种植花脸蘑 2500 延长米;五是充分利用"小菜园"发展订单农业。203 户村民"小菜园"每户种植鲜食玉米 300 平方米,村里统一与企业签订收购合同,每户纯收入 1000 元;六是大力发展养殖业。长发村与广亿肉牛养殖场、宝江养猪场合作,积极扩大养殖规模。全村养殖大鹅 5400 只,增收 8 万元。

长发村原有贫困户 60 户 148 人。2018 年底动态管理结束后,脱贫户 55 户 138 人,未脱贫 5 户 10 人,贫困发生率 0.94%。2018 年贫困户人均纯收 12867 元。长发村被授予鹤岗市首届中国农民丰收节十佳美丽乡村称号和"县农村环境卫生综合整治优美村"称号,村党支部被授予"县脱贫攻坚工作先进党组织"称号。工作队长朱庆民被授予"全省优秀驻村干部"称号。省委书记张庆伟、省委副书记陈海波、省纪检委书记王常松、省委秘书长张雨浦等领导先后到长发村视察脱贫攻坚工作,给该村扶贫工作给予肯定。

三、帮助"四大煤城"转岗职工再就业

遵照省长批示精神和省政府专题会议要求,从2016年开始对龙煤集团转岗职工再就业进行扶持,主要扶持鹤岗、鸡西、双鸭山、七台河等四大煤城和森工、林业系统用于安置龙煤集团转岗职工的农业产业项目。明确在符合农业综合开发政策投向的前提下,由森工、林业等部门和四煤城政府负责选项、实施和管理,主要用于龙煤集团转岗分流人员安置等工作。

2016年以来,省农发办单独安排财政专项资金10.05亿元,帮助"四大煤城"建设产业项目75个,竣工投产后可提供就业岗位1.3万个。

第七节 财源建设开发

由于受政策、体制以及经济环境等诸多因素制约,黑龙江省财政属于"吃饭型"财政,各县基本上属于"资源大县、工业小县、财政穷县"。农业综合开发既可以促进农业增效、农民增收,同时也可以促进财政增收。农业综合开发推进财源建设主要三种方式。

一、实施土地资本运营推进

土地资本运营模式,就是由县级政府组织,财政投资,开发国有宜农荒原,通过竞价承包的形式,收取租金,纳入县级财政收入,通过提高经营效益和粮食产量,提高粮食自给率和县级财政自己水平,达到富民、富县、富财政的目标。

土地资本运营模式是省财政厅1995年提出来的,主要由农业综合开发负责实施,因为农业综合开发的一项任务就是开垦宜农荒地。

1996-1998年,农业综合开发扶持土地资本运营模式县33个,收到了较好效果,一是增加了粮食;二是增加了财政收入。从而形成了政府开荒——农民承包——粮食增产——财政建设新格局。1996年,开荒33.3万亩财政增收3330万元,农村财源占整个财政收入的比重由1992年的23.1%提高到40%以上。到2000年,一些通过实施土地资本经营的贫困县和财政补贴县实现了脱贫脱补。

二、专题财源建设推进

2001年,省委、省政府做出在全省范围内开展县级财源建设工作,省财政厅为主要负责单位。省农业开发办并入财政后,各处室以处为单位编入全省推进财源建设小组,负责部分市县财源建设,三年为一个周期,各处室每年要至少两次深入基层,了解展望财政收支情况,分析存在问题,帮助解决困难。特别是全省实施"千亿元地方财政收入财源建设工程"后,省财政厅抽调省农发办骨干力量负责推进财源建设工作。

2000—2014年,主要由时任省农发办常务副主任负责,综合处、计财处、多经处、土地处负责具体推进,曾负责伊春市、铁力、嘉荫、绥化市、庆安、北林、望奎,兰西、青冈、明水,肇东、安达、海伦,克东、克山、依安,拜泉、甘南、讷河,大兴安岭、加格达奇、呼玛、塔河、漠河等市县财源建设推进工作。

三、落实开发项目推进

在农业综合开发初期,主要目标是增产粮食,后期多种经营项目实施以来,加大了烤烟扶持力度促进财政增收,特别是对加工业的扶持,其中立项一个重要条件就是否对财政收入有贡献。对于财源贡献大的加工企业连续扶持,从全产业链角度帮助解决瓶颈问题。

2001年以来,农业综合开发按照"抓两头、带中间"的思路,对财政状况较好的富县和财政状况较差的穷县给予重点扶持。给穷县"雪中送炭",促其尽快转变面貌;对富县"锦上添花",加快发展。引导和带动"中间"县加快发展。扶持了克东、安达、双城乳制品,肇东、宾县、龙江的肉类,绥化、青冈玉米深加工,东宁、绥芬河蔬菜基地,依安、富锦、松北大鹅,兰西、克山亚麻等产业,为县级财源建设增加了活力。

2007年以来,为发挥大庄园实业集团在拉动地方经济发展、带动农民致富、提高财政税收的优势,省农业开发办加大对肇东大庄园的支持力度,为累计投入农业综合开发资金1.43亿元,拉动企业投资4.28亿元,打造了从青贮饲料种植、肉牛标准化繁育养殖、肉产品加工的全产业链发展模式,夯实了企业发展的基础。企业生产能力由原来的年加工牛羊肉10万吨增加至20万吨,企业已经成为全国最大的羊肉产品加工企业,牛肉加工全国前三名,牛羊产品市场销售份额全国排名第一,建成年出栏2万头优质育肥牛的标准化养殖基地,企业累计缴纳税款2.8亿元。

2010年以来,农业综合开发累计投入飞鹤乳业农发资金3亿多元,助推企业打造集饲草饲料种植、饲料加工、奶牛养殖、粪污处理、乳粉生产、包装物流、终端销售于一体的全产业链模式。为飞鹤乳业从一个仅有240万资产的小乳品厂发展成为已拥有员工两万余人、资产总额120.7亿元的大型乳品企业做出了积极贡献。公司现可生产奶粉、豆奶粉、米粉、核桃粉、保健休闲食品等十大系列近百种产品,2015年以来,飞鹤乳业每年直接贡献地方税金都在7亿元以上。

【相关链接】一

黑龙江省农业综合开发土地治理项目任务(1988－2018年)

年度	开发建设任务(万亩)						
	土地治理项目						
	高标准农田	改造中低产田	开垦宜农荒地	造林	草原建设		
					计	其中:	
						围栏	人工种草
合计	1035.89	3721.8	474.2	298.11	223.26	53.7	89.1
1988		60.9	24.9	23	8.8	3.5	5.3
1989		137.2	30.8	12.4	9.5	3.8	5.7
1990		139.6	79	52.7	23.9	9.6	14.3
1991		124.5	25.8	14	17.3	7.7	9.6

续表

年度	开发建设任务(万亩)						
	土地治理项目						
	高标准农田	改造中低产田	开垦宜农荒地	造林	草原建设		
					计	其中:	
						围栏	人工种草
1992		165.9	39.7	19	31.1	12.8	18.3
1993		141.3	23.4	13.5	21.3	11.6	9.7
1994		51.2	15.4	10.9	4.4		4.4
1995		99.2	30.1	11.3	8.6		8.6
1996		194.8	43.3	15.4	10	4.7	5.3
1997		109.7	79.8	6.2	3.5		3.5
1998		152	82	7	2		2
1999		285.26		14.18	1.4		1.4
2000		291.78		8.89	1		1
2001		174.77		8.59			
2002		145.8		10.14	5.3		
2003		165.97		18.15	11.9		
2004		164.63		8.88	2.4		
2005		168.2		8.93	12.9		
2006		152.89		7.77	8.9		
2007		126.77		5.16	11.5		
2008		129.43		5.9	13.9		
2009		139.27		5.25	6.54		
2010	34.31	113.59		3.66	2.29		
2011	36.29	95.04		2.87	2		
2012	92.07	106.39		2.29	2.83		
2013	107.2	85.71		2.05			
2014	248						
2015	234.71						
2016	111.75						
2017	85.55						
2018	86.01						

【相关链接】二

2009 年省农业开发办帮建新农村示范村

县（市）	乡镇	村
哈尔滨市合计		5
双城市	新兴乡	永支村
道里区		太安村
通河县	通河镇	城西村
宾县	宾西镇	西川村＊＊
五常市	民乐乡	富胜村（美裕新村）＊＊
齐齐哈尔市合计		4
龙沙区		爱国村
富裕县	二道湾镇	二道湾村
依安县	向前乡	新合村
甘南县	巨宝镇	金星村
伊春市合计		1
铁力市	桃山镇	兴旺村
牡丹江市合计		5
东宁县	三岔口镇	三岔口村
海林市	海林镇	密南村
穆棱市	穆棱镇	柳毛村
宁安市	东京城镇	振兴村
阳明区	铁岭乡	青梅村
双鸭山市合计		1
宝清县	青原镇	庆东村
绥化市合计		8
庆安县	民乐镇	民乐村
北林区	东津镇	爱国村
肇东市	东发乡	同发村
安达市	升平镇	保田村

续表

县（市）	乡镇	村
青冈县	建设乡	新合村
兰西县	远大乡	胜利村
明水县	树人乡	利金村
庆安县	发展乡	发祥村＊＊
佳木斯市合计		4
郊区	长发镇	长发村
同江市	向阳乡	红旗村
桦南县		西咋村
抚远县	浓江乡	双胜村
鹤岗市合计		2
绥滨县	北岗乡	永泰村
萝北县	东明乡	黎明村
大庆市合计		3
肇源县	福兴乡	复兴村
杜蒙县	烟筒屯镇	南阳村
大同区	大同镇	一村
黑河市合计		2
嫩江县	双山镇	展新村
逊克县	车路乡	宏伟村

【相关链接】三

2004－2013年全省农业综合开发农机合作社

建设年度	合作社名称		建设地点	中省投资（万元）
	合计（238个）			47773
2004年（5个）	2004年小计			500
	1	克山县农机合作社	河南乡华安村	100
	2	克山县农机合作社	北联镇建设村	100

续表

建设年度		合作社名称	建设地点	中省投资（万元）
	3	海伦市农机合作社	前进乡东兴村	100
	4	海伦市农机合作社	东安镇兴安村	100
	5	桦南县农机合作社	金沙乡红丰村	100
2005 年（11 个）	2005 年小计			1100
	1	宾县农机合作社	宾西镇经济开发区	100
	2	甘南农机合作社	金星村	100
	3	龙江农机合作社	鲁河镇	100
	4	克山农机合作社	古北乡保安村	100
	5	宁安农机合作社	渤海镇江西村	100
	6	富锦农机合作社	头林镇何家湾	100
	7	望奎农机合作社	通江镇正兰头村	100
	8	北林区农机合作社	五营乡吉利村	100
	9	肇东农机合作社	黎明镇长富村	100
	10	肇州农机合作社	托古乡益林村	100
	11	黑河爱辉农机合作社	二站乡北二龙村	100
2006 年（25 个）	2006 年小计			2500
	1	阿城市亚沟亚站农机合作社	亚沟亚站村	100
	2	讷河学田农机合作社	学田镇永强村	100
	3	甘南巨宝农机合作社	巨宝镇立志村	100
	4	海林市密南农机合作社	海林镇密南村	100
	5	杜蒙一心勇敢农机合作社	一心乡勇敢村	100
	6	鸡西市直郊区恒星农机合作社	恒山村红旗乡	100
	7	鸡东县兴农农机合作社	兴农镇兴农村	100
	8	安达市青肯泡农机合作社	青垦泡乡农义村	100
	9	青冈县桢祥农机合作社	桢祥村	100
	10	北林区秦家西口子农机合作社	秦家西口子村	100
	11	绥棱县长山农机合作社	长山乡十步村	100
	12	海伦永富真理农机合作社	永富真理村	100

续表

建设年度		合作社名称	建设地点	中省投资（万元）
	13	海伦市海北镇农机合作社	海北镇	100
	14	庆安丰收丰民农机合作社	丰收丰民村	100
	15	庆安民乐镇农机合作社	民乐镇	100
	16	明水县明水镇农机合作社	明水镇美丽村	100
	17	兰西奋斗农机合作社	奋斗乡团结村	100
	18	北安市二井自和农机合作社	北安镇自和村	100
	19	五大连池市和平镇四平农机合作社	和平镇四平村	100
	20	嫩江县前进镇双泉农机合作社	前进镇双泉村	100
	21	孙吴县沿江乡四季屯农机合作社	沿江乡四季屯村	100
	22	逊克县逊河镇双河农机合作社	逊河镇双河村	100
	23	逊克县新鄂乡农机合作社	新鄂乡新鄂村	100
	24	黑河爱辉区西峰山新建农机合作社	西峰山乡新建村	100
	25	密山市白泡子农机合作社项目		100
2007年（25个）		2007年小计		2500
	1	五常市杜家镇永联农机合作社	杜家镇永联村	100
	2	通河县通河镇桦树村农机合作社	通河镇桦树村	100
	3	依兰宏克力镇袁家抽水灌区农机合作社	宏克力镇	100
	4	宾县宾西镇农机合作社	宾西镇	100
	5	南岗红旗农机合作社	红旗乡	100
	6	讷河市通南农机合作社	通南镇通南村	100
	7	甘南县巨宝兴久村农机合作社	巨宝镇兴久村	100
	8	富裕县大岗子农机合作社	富路镇大岗子村	100
	9	克山县西建同庆农机合作社	西建乡同庆村	100
	10	拜泉县兴农进卫村农机合作社	兴农镇进卫村	100
	11	海林西德佳农机合作社	海林镇西德佳村	100
	12	东宁县三岔口村农机合作社	三岔口镇三岔口村	100
	13	绥芬河阜宁北寒农机合作社	阜宁镇北寒村	100

续表

建设年度		合作社名称	建设地点	中省投资（万元）
	14	宁安市东京城农机合作社	东京城镇东京村	100
	15	穆棱市马家店农机合作社	兴源镇马家店	100
	16	同江向阳红旗农机合作社	向阳红旗	100
	17	抚远县海青海旺农机合作社	海青海旺村	100
	18	鸡东向阳中信农机合作社	向阳镇中信村	100
	19	虎林伟光太平农机合作社	伟光太平	100
	20	勃利县倭肯长福农机合作社	倭肯镇长福村	100
	21	绥滨北岗永昌农机合作社	北岗永昌	100
	22	海伦市海伦爱城农机合作社	海伦镇爱城村	100
	23	绥化新立农机合作社	宝山镇新立村	100
	24	逊克县五三村农机合作社	松树沟乡五三村	100
	25	爱辉区张地营子农机合作社	张地营子乡	100
2008年（35个）	2008年小计			5400
	1	克山县西建乡同启村农机合作社		100
	2	富裕县繁荣乡富金村农机合作社		100
	3	甘南县音河镇兴农农机合作社		100
	4	泰来县二龙涛农场农机合作社		100
	5	依安先锋乡长福村农机合作社		100
	6	讷河市孔义乡信义村农机合作社		100
	7	明水县光荣乡光荣村农机合作社		100
	8	望奎县东郊乡水四村农机合作社		100
	9	海伦市联发乡百春村农机合作社		100
	10	青冈县民政乡公平农机合作社		100
	11	逊克县干岔子乡河西村农机合作社		100
	12	孙吴县沿江乡胜利村农机合作社		100
	13	嫩江县临江乡铁古碱村农机合作社		100
	14	嘉荫县保兴乡双丰村农机合作社		100
	15	双城市朝阳农机合作社		100

续表

建设年度		合作社名称	建设地点	中省投资（万元）
	16	尚志市长营村农机合作社		100
	17	宾县居仁镇福合村农机合作社		100
	18	呼兰区许卜乡郎卜村农机合作社		100
	19	大兴安岭丽雪农机合作社		100
	20	杜蒙巴彦查干乡农机合作社		100
	21	宁安市下马合农机合作社		100
	22	林口县北甸子农机合作社		100
	23	穆棱下城子镇中心村农机合作社		100
	24	桦南县公心集农机合作社		100
	25	抚远县永祥农机合作社		100
	26	富锦市德胜农机合作社		100
	27	桦川县中星农机合作社		100
	28	鸡东县长庆农机合作社		100
	29	虎林市兴隆农机合作社		100
	30	宝清县庆东农机合作社		100
	31	饶河县苇子沟农机合作社		100
	32	萝北县工农兵农机合作社		100
	33	绥滨县永发农机合作社		100
	34	依安县先锋镇现代农业示范园区		2000
	35	望奎卫星镇厢兰头村	新农村	100
2009年（29个）	2009年小计			5050
	1	抚远县海青农机合作社		150
	2	桦南县梨树农机合作社		150
	3	绥滨县连生太和农机合作社		150
	4	鸡东县鸡林农机合作社		150
	5	密山市裴德农机合作社		150
	6	海林市长汀农机合作社		150
	7	穆棱市河西农机合作社		150

续表

建设年度		合作社名称	建设地点	中省投资（万元）
	8	集贤县永安农机合作社		150
	9	宝清县兴东农机合作社		150
	10	饶河县饶河村农机合作社		150
	11	北安市赵光镇农机合作社		150
	12	铁力市年丰农机合作社		150
	13	嘉荫县向阳农机合作社		150
	14	甘南县东阳镇龙胜农机合作社		150
	15	克山县农机合作社		150
	16	克东玉岗农机合作社		150
	17	拜泉县永勤农机合作社		150
	18	泰来县大兴农机合作社		150
	19	富裕绍文农机合作社		150
	20	讷河同义农机合作社		150
	21	海伦市百祥农机合作社		150
	22	明水县通泉农机合作社		150
	23	双城市幸福农机合作社		150
	24	依兰县团山子农庄村农机合作社		150
	25	木兰县柳河双星农机合作社		150
	26	呼兰区许堡农机合作社		150
	27	庆安农机合作社	久胜镇久安村	300
	28	肇东农机合作社	五里明镇	700
	29	尚志乌吉密农机合作社		150
2010年（40个）	2010年(项目区内含农机合作社)小计			9850
	1	泰来县胜利旱田改水田项目	胜利乡	150
	2	依兰巴兰河高标准农田建设示范项目	迎兰 宏克力	150
	3	桦南县大八浪乡水田改善项目	大八浪乡	150
	4	呼兰区腰堡水田改善项目	腰堡	150

续表

建设年度	合作社名称	建设地点	中省投资(万元)
5	鸡东县下亮子乡水田改善项目	下亮子	150
6	虎林市虎头镇水田改善项目	虎头镇	150
7	饶河县大佳河水田改善项目	大佳河镇	150
8	宝清县青原镇高标准水田改善项目	青原镇	150
9	铁力市王杨水田改善项目	王杨乡	150
10	绥滨县忠仁农机合作社	绥东镇	150
11	拜泉县龙泉镇优质玉米种植项目	龙泉镇	150
12	大同区高台子优质玉米种植项目	高台子镇	150
13	肇州县托古优质玉米种植项目	托古乡 肇州镇	150
14	明水县双兴优质玉米种植项目	双兴乡 光荣	150
15	明水县通泉优质玉米种植项目	通泉乡 树人	150
16	尚志元宝青贮玉米种植项目	元宝 帽儿山	150
17	克东宝泉镇青贮玉米基地项目	宝泉镇、昌盛乡	150
18	克山县古城镇优质马铃薯种植基地	古城镇	150
19	海伦市海北米豆轮作项目	海北镇 伦河镇	150
20	五大连池市和平镇麦豆轮作项目	和平镇	150
21	嫩江县霍龙门乡麦豆轮作项目	霍龙门 科洛 双山镇	150
22	北安市赵光镇麦豆轮作项目	赵光镇 海星镇	150
23	北林连岗乡高兴村农机合作社项目	连岗乡	150
24	讷河市长发农机合作社		150
25	黑河市爱辉外三道沟农机合作社	爱辉镇	100
26	绥化市宝山优质蔬菜种植项目	宝山镇	150
27	齐市铁锋区扎龙乡查罕诺村农机合作社	扎龙乡查罕诺村	150
28	拜泉县丰产乡整洁村农机合作社	丰产乡整洁村	150
29	密山市白泡子乡湖沿村农机合作社	白泡子乡湖沿村	150
30	宁安市渤海镇小朱家村农机合作社	渤海镇小朱家村	150
31	鹤岗新华镇永祥农机合作社	新华镇永祥	150

续表

建设年度		合作社名称	建设地点	中省投资（万元）
	32	绥棱靠山乡光芒村农机合作社	靠山乡光芒村	150
	33	讷河市同义镇优质马铃薯基地项目	同义镇保国村	150
	34	克东县克东镇飞鹤农机合作社	克东镇万发村	150
	35	富裕农机合作社	绍文乡胜利村	150
	36	逊克县干岔子乡麦豆轮作项目	干岔子乡干岔子村	150
	37	黑河市高标准农田示范项目	爱辉镇忠辉	150
	38	绥滨县富强向阳农机合作社	连生乡	150
	39	青冈县现代农业大型农机合作社	劳动乡 民政乡	2000
	40	肇东五里明农机合作社	胜平村 东升村	2200
2011年（20个）	2011年(项目区内含农机合作社)小计		20	6562
	1	呼兰区腰堡旱改水项目	腰堡街	150
	2	阿城区阿什河街水田改善项目	阿什河街	150
	3	尚志市马延乡水田改善项目	马延乡	150
	4	肇东市涝洲农机合作社项目	涝洲镇	800
	5	肇东市东发水田农机合作社项目	东发办事处	800
	6	海伦市共合镇米豆轮作项目	共合镇	204
	7	明水县双兴高标准农田建设示范工程项目	双兴乡	150
	8	北林区连岗乡中低产田改造项目	连岗乡	120
	9	望奎县火箭高标准农田示范工程项目	火箭乡正兰三	1100
	10	依安县上游乡旱改水项目	上游乡 红星乡	218
	11	富裕县绍文高标准农田建设示范工程项目	绍文乡	800
	12	克山县古城镇旱改水项目	古城镇	149
	13	克东县千丰镇青贮玉米基地项目	千丰镇、昌盛乡	133
	14	拜泉县富强镇玉米基地项目	富强镇	175
	15	北安市赵光镇前进村麦豆轮作项目	赵光镇	123
	16	黑河四嘉子乡高标准农田建设示范工程项目	四嘉子乡	136

续表

建设年度		合作社名称	建设地点	中省投资（万元）
	17	密山市连珠山镇红光水田改善项目	连珠山镇	164
	18	虎林市宝东镇共乐农机合作社	宝东镇	100
	19	五常国宾农机合作组织项目		340
	20	宁安响水农业合作组织项目	响水村	600
2012年（25个）	2012年（项目区内含农机合作社）小计		25	5811
	1	双城市公正中低产田改造项目	公正乡贤邻村	150
	2	依兰县江湾高标准农田建设示范工程项目	江湾镇五家子	200
	3	呼兰区许堡中低产田改造项目	许堡乡郎堡村	194
	4	松北区对青山中低产田改造项目	对青山镇对青山村	236
	5	泰来县泰来农田示范工程项目	泰来镇长胜村	1000
	6	拜泉县拜泉农田示范工程项目	拜泉镇利民村	163
	7	克东县昌盛中低产田改造项目	昌盛乡、润津乡	177
	8	富裕县富路农田示范工程项目	富路镇富路村	153
	9	绥化市宝山农机合作组织项目	宝山镇新胜村	150
	10	海伦市长发农田示范工程项目	长发乡长兴村	250
	11	北林区新城农机合作组织项目	兴福乡新城村	100
	12	望奎县卫星中低产田改造项目	卫星镇信头村	219
	13	兰西县远大中低产田改造项目	远大乡胜利村	172
	14	庆安县发展示范工程项目	发展乡发明村	155
	15	肇东市宣化生态治理项目	宣化乡	168
	16	桦南县梨树高标准农田示范工程项目	梨树乡民主村	200
	17	同江市八岔新胜农机合作组织项目	八岔乡新胜村	450
	18	富锦市头林镇中低产田改造项目	头林镇长河村	256
	19	林甸县东兴中低产田改造项目	东兴乡福兴村	147
	20	让胡路区银浪中低产田改造项目	银浪牧场四队	125
	21	嫩江海江中低产田改造项目	海江镇五星村	186
	22	绥滨县绥东中低产田改造项目	富强乡向阳村	160

续表

建设年度		合作社名称	建设地点	中省投资（万元）
	23	五常市国宾农机合作组织扩建项目	背荫河镇大荒村	300
	24	绥滨县忠仁农机合作组织项目	忠仁镇新安村	200
	25	逊克县逊河中低产田改造项目	逊河镇二十三连	300
2013 年（23 个）	2013 年合计			8500
	1	双城市金城农机合作社项目	金城乡金城村	500
	2	依兰县江湾农机合作社项目	江湾五家子	300
	3	木兰县柳河农机合作社项目	柳河镇靠山村	300
	4	松北区万宝农机合作社项目	万宝镇万宝村	300
	5	双城市朝阳农机合作社项目	朝阳乡胜利村	200
	6	讷河市信义农机合作社项目	孔国乡信义村	500
	7	克东县飞鹤原生态农机合作社		500
	8	泰来县平洋农机合作社项目	平洋镇双龙河	100
	9	富裕县马岗村农机合作社项目	塔哈乡镇马岗村	400
	10	拜泉国镇农机合作社项目	国富镇自治村	200
	11	克东县富锦农机合作社项目	宝泉镇石山村	500
	12	同江市顺河农机合作社项目	清河乡东辽村	300
	13	桦南县新兴农机合作社项目	梨树乡西大村	500
	14	望奎县后三农机合作社项目	后三乡前二村	400
	15	绥棱县上集农机合作社项目	上集镇诺敏河村	500
	16	庆安县同乐农机合作社项目		500
	17	海伦市主力农机合作社项目	共和镇主力村	500
	18	肇东市五里明农机合作社项目	五里明镇规划新区	300
	19	北林区长发镇双合农机合作社	长发镇双合村	400
	20	让胡路区红骥农机合作社项目	红骥牧场七队	300
	21	五大连池市新发农机合作社	新发乡和民村	500
	22	逊克县车陆宏伟农机合作社	车陆乡宏伟村	300
	23	绥滨县北山农机合作社	北山乡友谊村	200

第六章　投入政策

第一节　资金构成

农业综合开发投入政策是农业综合开发政策体系的重要组成部分，实行"国家引导、配套投入、民办公助、滚动开发"的投入机制，以农民为主体，政府引导，社会参与，多层次、多渠道、多形式筹集农业综合开发资金。投入农业综合开发的资金包括中央财政资金、地方财政资金、农村集体和自筹资金及其他资金(含银行贷款)。

一、中央财政资金

中央财政资金包括预算安排资金和回收的有偿资金再投入。1988年农业综合开发实施之初，国务院采取开征耕地占用税、扩大税种设立农业发展基金等措施，筹措专项资金用于农业综合开发。1994年实行分税制改革后，由于耕地占用税等税种划归地方，纳入农业发展基金的其他资金来源也发生了较大变化，中央财政农业综合开发资金开始改由预算安排，并将部分已回收的财政有偿资金用于农业综合开发再投入。1996年以后由中央财政统借统还的利用外资项目资金，也成为中央财政资金的重要组成部分。1988—2018年，国家投入黑龙江省的中央财政资金2539321万元，年均增幅8%。

二、地方财政资金

地方财政资金，按中央财政投入的一定比例配套投入。配套比例，最初实行的是全国"一刀切"做法，后改为按各地财力状况区别对待，并多次降低了地方财政配套比例，特别是黑龙江省作为农业主产区降幅更加明显。随着配套政策的不断调整,有效缓解了地方财政特别是县级财政的配套压力。在保证国家对省下达配套总数不变的情况下,省级农发机构可根据省本级、市(地)不同时期、不同财力状况,分配配套资金指标额度,如大庆和哈尔滨两市,财力较其他地市强,省可以少配或不配,县也可以少配或不配,只要总量不低于国家规定的下限即可。随着经济的发展,地方财力也发生变化,财政状况好的、发展快的可以多配;财政状况不好的、发展慢的可以少配。1999-2001年,哈尔滨、大庆两市财政匹配资金达到1.32亿元,超匹配12.2%。2010年以来实行粮食主产县取消配套资金,省级负担加重,省财政加大土地出让收入征缴力度,确保省级资金足额到位。

三、农民筹资投劳

农民筹资投劳是农业综合开发投入的重要组成部分,它体现了"民办公助"的原则和农民在开发中的主体地位。为了既充分调动农民参与的积极性,又实事求是控制在适当范围,以减轻农民群众负担,国家农发办曾先后7次调整农民筹资投劳政策。为保证自筹资金到位,县级开发办对当年立项的项目所需自筹资金,要召开受益村村民代表大会讨论落实,做到有会议、有表决、有记录,把投入形式固定下来,现金、投劳落到人头,以物折资落实到户。从2015年起,国家不再硬性要求按比例自筹(含折资),而是鼓励以筹资投劳的形式进行投入。

四、其他资金

投入农业综合开发的其他资金,主要包括银行贷款及各类民间资本、工商资本和外资等。用于农业综合开发的银行贷款原为专项政策性贷款,2001年起改为按商业贷款运作。为了吸引金融等其他资金投入,农业综合开发逐步加大贷款贴息力度。此外,银行贷款过去主要用于产业化项目,2011年进行了利用金融资本实施土地治理项目试点,从2015年起,再次开展了撬动金融资本推进高标准农田建设试点工作。此后,随着高标准农田建设模式创新、现代农业示范园区和田园综合体等试点项目建设,建设主体呈现多元化,从而吸引了更多社会资金投入,进一步做大了农业综合开发资金投入"蛋糕"。

第二节 资金使用

一、资金投向

立项开发初期,农业综合开发资金主要用于中低产田改造和开垦宜农荒地,以增加粮棉油等主要农产品产量。从 1994 年起,国家规定以省级为单位,中央和地方财政资金的 30% 以下可用于发展多种经营和龙头项目,以带动农产品的系列开发,把农业增产和农民增收有机结合起来。从 1999 年起,为适应农业发展新阶段的要求,农业综合开发资金着重投向改善生产条件和生态环境、推进结构调整和增加农民收入的项目。从 2001 年开始,为发挥区域比较优势,又进一步明确了财政资金用于土地治理和产业化项目的比例。1999 - 2003 年期间,中央财政还安排专项资金用于科技示范项目,以推动农业科技进步。三十年来,农业综合开发资金投向始终坚持以土地治理为重点,从而确保了主要目标任务的完成。

二、投入方式

2009 年以前,中央财政农业综合开发资金实行无偿与有偿相结合的投入方式,原则上投入公益性的财政资金实行无偿使用,投入非公益性的财政资金实行有偿使用,并明确了一定的比例。其中,有偿资金回收后继续滚动用于项目建设。地方财政无偿与有偿投入比例参照中央确定,并报财政部备案。2004 年中央财政取消了土地治理项目有偿投入,2009 年又取消了产业化项目有偿投入。实行全部无偿投入后,其扶持方式主要为财政补助和贷款贴息两种。2005 - 2009 年进行了投资参股经营试点。2017 年,中央财政主要保留补助和贴息两种扶持方式,黑龙江省还建立股权投资基金等扶持方式,撬动金融资本和其他社会资金的投入。

三、使用范围

农业综合开发资金使用范围在 2005、2009、2016 年财政部分别以三个部令颁布的《国家农业综合开发资金和项目管理办法》都作出规定。其中,2016 年部令颁布的"管理办法"根据新的形势和任务要求,对两类项目财政资金使用范围进行了归并与简化,明确应当用于的方面包括:田水利工程建设;土地平整、土壤改良;田间道路建设;防护林营造;牧区草场改良;优良品种、先进技术推广;种植、养殖基地建设;农业生产、农产品加工设备购置和厂房建设;农产品储运保鲜、批发市场等流通设施建设;农业社会化服务体系建设;国家农发办规定的其他内容。

四、扶持对象

三个财政部令颁布的"管理办法"都强调,"土地治理项目扶持对象应以农民为重点"。其中,2016 年部令颁布的"管理办法"除将两类项目扶持对象进行了合并,并根据新形势下发展新型农业经营主体的要求进一步明确,"农业综合开发以农民为受益主体,扶持对象包括专业大户、家庭农场、农民合作组织、农村集体经济组织以及涉农企业与单位等。"所指涉农企业与单位为纳入农业综合开发规划或计划,按照农业综合开发要求,从事农产品生产、加工、销售、流通、研发、服务等活动的企业与单位,包括农、林、牧、副、渔等行业。

第三节　配套比例

一、中央与地方财政资金配套比例

1988—1993 年,农业综合开发财政资金主要由中央和地方财政农业发展基金及农行专项贷款三部分组成,约各占三分之一。此后,财政部于1994、2001、2003、2004、2008 年连续几次进行了调整,调整后的中央与地方财政资金配套比例,从最初的 1∶1 逐步降至降到 1∶0.5 以下。2010 年为进一步减轻粮食主产区财政配套压力,中央与地方财政资金降至 1∶0.4。中央与地方财政资金配套比例:1988 - 1993 年为 1∶1;1994 - 2002年为 1∶0.9;2003 年为 1∶0.72;2004 年为 1∶0.5;2005 - 2007 年为 1∶0.4;

2008 - 2009 年为 1∶0.5;2010 - 2018 年为 1∶0.4。

二、地方财政资金中的分级配套比例

在上述几次政策调整中,国家先后明确,省本级在地方分级配套比例中应承担"70%以上""不低于70%""总体上承担80%以上",以减轻县级财政配套压力。2010 年 8 月,财政部在财发〔2010〕46 号通知中进一步取消了产粮大县中的开发县财政配套任务,明确减少的地方配套资金由省(区、市)本级财政承担。

三、自筹资金与中央财政资金投入比例

1988—1995 年,中央财政资金与自筹资金比例未有明确规定,只是鼓励农民以自筹和投劳的方式积极参与开发。1996—1999 年,投入到土地治理项目的群众自筹资金,按照与中央财政资金 1∶1 的比例配套投入;2000—2002 年,调整为农民自筹资金和投劳折资应分别达到中央财政资金投入的50%;2003—2004 年,比例由 1∶1 调整为 1∶0.7;2005 年,比例由原1∶0.7 降为 1∶0.4;从 2015 年起,不再硬性要求按比例自筹(含折资),优先扶持能落实自筹的新型农业经营主体。

2018 年 5 月 14 日,省农发办下发《关于农业综合开发项目自筹资金管理有关问题的通知》规定,土地治理项目,受益主体为村集体或新型农业经营主体的土地治理项目,财政资金与自筹资金比例为 1∶0.2;产业化发展项目中经济林及设施农业种植基地、农产品加工、农产品流通设施建设、农业社会化服务体系建设等项目,自筹资金与财政资金比例不得低于1∶1;养殖基地建设项目参照《黑龙江省畜牧兽医局 黑龙江省财政厅关于申报 2016 年"两牛一猪"标准化规模养殖基地建设项目的通知》(黑牧综〔2016〕16 号)执行。

四、土地治理与产业化经营财政资金投入比例

1988 - 1993 年,农业综合开发以土地治理(改造中低产田和开垦宜农荒地)为主,结合土地治理安排了少量种植养殖基地和小型农产品加工项目,统称农业综合开发项目。1994 年(增设多种经营项目)明确,财

政资金70%以上、农贷资金的30%用于改善农业生产基本条件;财政资金30%以下、农贷资金的70%用于发展多种经营和农产品的系列开发。2001－2007年投入比例大致为70:30;2008－2013年投入比例大致为75:25;2014年以后,黑龙江省涉农资金整合,投入比例由省政府决定。

五、中央财政资金无偿、有偿投入比例

1988—1993年,中央财政资金无偿、有偿投入比例各占二分之一,其中土地治理项目30%有偿,多种经营项目100%有偿。在以后的四次调整中,逐步减少了土地治理项目有偿投入比例,适度增加了多种经营(产业化经营)项目无偿投入。土地治理项目有偿、无偿比例,2001－2002年为85:15,2003－2004年为90:10。从2004年起,土地治理项目实行全部无偿投入。产业化经营项目有偿、无偿比例,2001－2002年为15:85,2003－2004年为20:80,2005－2008年为25:75。2009年取消产业化项目有偿资金后,中央财政对所有农发项目全部实行了无偿投入。

第四节 资金管理

一、管理原则

农业综合开发资金安排遵循"效益优先,兼顾公平;突出重点,兼顾一般;集中投入,不留缺口;奖优罚劣,激励竞争"的原则。以资金投入控制项目规模,按项目管理资金。

一是坚持将效益放在第一位,优先扶持那些水土资源条件好,配套能力强,投入产出效益高的项目。同时,又从公共财政角度出发,与促进贫困地区发展结合起来,如一些在西部地区实施的项目,尽管效益比东部地区差,也要予以兼顾,以促进区域经济的协调发展。

二是始终把加强农业基础设施建设,保护和改善生态环境,提高农业特别是粮食综合生产能力作为主要任务。在资金投向上,重点是土地治理项目,同时兼顾产业化经营项目;在治理措施上,重点是改造中低产田、

建设高标准农田,并且突出水利基础设施配套,以解决主要障碍因素,同时兼顾其他措施投入,提高综合治理效果;在区域布局上,以农业主产区特别是粮食主产区作为重点,同时兼顾其他地区投入;在扶持对象上,重点是地方,同时兼顾农口部门。

三是农业综合开发项目一经确定,就要根据项目的实际需要安排资金投入,不得留有缺口,以避免形成半拉子工程,确保项目如期发挥效益,这也是农业综合开发的一条成功经验。

四是农业综合开发强调实行规范管理,通过严格的监督检查和验收考评,根据项目建设和管理工作优劣情况,分别给予奖励或惩处,从而有效调动了各级农发机构工作的积极性,并在全社会营造了支持和合力推进开发的氛围。

二、管理模式

全省农业综合开发资金管理主要经历了三个阶段:

一是1988—2000年为"大分管"阶段。农发机构属于政府直属机构,资金和项目分开管理。财政部门负责资金管理,农发机构负责项目管理。财政部门主要职能是参与财政投入资金的立项工作,负责地方财政配套资金的筹集和有偿资金还款对象的落实工作并对财政投入资金的使用和管理实行监督,参与农业综合开发项目的申报、概预算编制,复核农发机构转来的报账单及原始凭据,检查农发机构资金使用情况,将审定后的工程款项或商品价款按程序要求办理授权支付到工程或劳务的直接供应者或用款单位。农发机构主要职能是制定农业综合开发规划,做好项目的储备工作;编制农业综合开发项目的申报计划、概预算,协助财政部门筹集农民自筹资金缴入财政专户,审核施工单位编制的单项工程预决算和提交的工程支出原始凭证,汇总编制农业综合开发工程决算,审定施工单位编制的预决算和提交的工程支出原始凭证报送同级财政农财部门复核后办理工程款项的支付。

二是2000—2011年为"统管"阶段。2000年政府机构改革,农发机构成为财政部门的所属事业单位,财政部门将资金管理职能划归农发机构管理,赋予预算职能,资金和项目统一管理。这一阶段,国家及省农发机构制定了一系列的资金和项目管理制度使农业综合开发资金和项目的管理走向科学化、制度化的轨道。

三是 2011 - 2018 年为"小分管"阶段。主要在财政内部分开管理。农业综合开发资金纳入国库统一支付,形成了农发机构管项目,农发机构和财政部门国库共同管理资金的内部分管模式。2017 年后,农业综合开发土地治理项目在批复前,必须经财政部门或第三方对资金预算进行评审。

三、管理方式

一是严格按照项目管理资金。借鉴世界银行项目和资金管理的经验,以资金投入确定项目规模,严格按项目管理资金。财政资金的拨付(借)必须依据批复的项目计划,并落实到具体项目上,按照规定的范围和用途使用,确保资金跟着项目走。这也是农业综合开发项目和资金管理的一个显著特点。

二是严格控制资金使用范围。在国家农发办早期出台的几个资金和项目管理办法中,对土地治理和多种经营(产业化)项目的资金使用范围和用途都做了规定。2016 年最新颁布的部令,对两类项目的资金使用范围作了归并和简化,为资金管理和使用提供了更加符合实际和科学合理的遵循。

三是坚持实行"三专"管理。农业综合开发资金严格实行专人管理、专账核算、专款专用制度。即资金必须严格按照规定用途和范围使用,严禁挤占挪用;所有项目资金都应当分别纳入相应的专账核算体系,并严格执行现行资金会计制度;应配备专人管理和核算项目资金。

四是全面推行县级报账制。以县级为单位,对财政无偿资金实行"统一资金拨借、统一会计核算、统一报账管理"的县级报账制度,既是农业综合开发资金管理的一大创新,也是资金管理最核心的内容。

2000 年以前,农发财政无偿资金按照行政隶属关系,通常拨付到乡级财政所并由其核算管理。2001 年财政部先后印发《农业综合开发资金报账实施办法》《农业综合开发财政资金县级报账实施办法》,全面推行县级报账制的做法。2003 年全省开发县基本都实行了县级报账制。2004 年国家农发办印发《关于进一步加强农业综合开发县级报账制工作的通知》,强调从 2004 年起,凡是没有实行县级报账制的,一律取消其开发县资格。县级报账制不仅开创了我国农业投资项目资金管理的先河,极大地丰富了资金管理的内涵,并作为农业综合开发基本管理制度之一,为确保项目安全、资金安全和干部队伍安全提供了保障。

四、监督检查

一是强化内部制度约束。各级农发机构通过建立健全资金审批、使用及管钱、管账相分离的内部监督机制,以确保资金专款专用。对不按规定使用资金的,分别采取了停拨项目资金或中止项目执行的措施。此外,每年通过开展专项检查、综合检查和竣工验收,不断加大内部监督力度。2005、2011 年还先后出台《农业综合开发财政资金违规违纪行为处理暂行办法》及办法,为违规违纪行为处理提供了遵循。

2007 - 2009 年度农业综合开发资金管理使用情况专项审计,取消开发县资格的有双城市农业开发办公室,取消相关企业立项资格的有密山市凯水渔民专业合作社、桦南县巨龙实业有限责任公司。涉事问题较轻,取消县农发办产业化经营项目立项资格的有密山市农业开发办公室、桦南县农业开发办公室,取消相关企业立项资格的有大庆市银螺乳业有限公司、密山市正昌水产饲料厂、桦南县天生乳业有限责任公司、东北大集团有限公司。

实行省直管县后,省农发办对全省所有市县的项目进行了有效的跟踪、监督、检查,查出存在的问题分别是:未经批准擅自调整、变更和终止农业综合开发项目,农业综合开发项目地方配套资金不到位,未按规定拨借农业综合开发财政资金,未按规定进行账务核算,挤占、挪用农业综合开发资金;未及时足额归还农业综合开发有偿资金,未按规定对农业综合开发资金实行专账核算,虚列农业综合开发项目投资完成额,未按规定对农业综合开发财政资金实行县级报账制未按规定开具、取得发票,大额现金支付农业综合开发项目资金,未按规定提取农业综合开发项目管理费,违规使用农业综合开发项目管理费;农业综合开发资金和项目未实行公示制。

2017 年上半年,省审计厅对 15 个县市 2014 - 2016 年农业综合开发土地治理资金进行了专项审计。根据省审计厅的通报和反馈,暴露出农业综合开发资金和项目管理中存在着诸多问题,不容忽视。2017 年下半年,省农发办高度重视,决定配合省审计厅,启动农业综合开发内部审计检查程序,对 2014—2016 年经省农发办批准立项的各类农业综合开发项目进行拉网式排查、全方位内审。

二是主动配合审计监督。省审计厅每三年对农业综合开发资金实行定期专项审计,地方各级审计部门则采取每年一次的审计。各级农发机构除积极配合,还高度重视审计意见的反馈,全面落实整改。同时积极探索聘请社会中介机构开展检查的新方式。2017 年 11 月至 2018 年 2 月,省审计厅对全省涉农项目进行审计,列出 2013 - 2015 年农业综合开发问题项目共 4 类 33 个,涉及 28 个县(市、区),其中一是以农民合作社名义骗取、套取财政资金类项目;二是项目单位、施工企业或个人骗取、套取财政资金类项目;三是县乡政府、村级组织等套取上级财政资金类项目;四是涉农产业项目少数人受益或资产被少数人占用类项目。有关开发办都进行了认真整改。

三是自觉接受社会监督,包括全面实行项目资金公示制,主动邀请人大代表、政协委员视察和进行专题审议等。省农发办每年都将拟扶持的项目和资金在省级媒体进行公示。省农发办曾邀请全国人大代表桦南的孙斌、省人大代表苏艳霞,征求他们对农业综合开发工作的意见和建议。

【相关链接】一

黑龙江省农业综合开发财政资金报账实施细则

第一章 总则

第一条 为进一步加强农业综合开发资金管理,提高资金使用效益,确保项目工程质量,根据《国家农业综合开发资金和项目管理办法》(财政部令第60号)、《农业综合开发财务管理办法》(财发〔2006〕39号)、《农业综合开发资金会计制度》(财发〔2001〕55号)、《〈农业综合开发资金会计制度〉补充规定》(财发〔2006〕39号)、《农业综合开发财政资金县级报账实施办法》(财发〔2011〕22号)等有关规定,结合我省实际,制定本实施细则。

第二条 实行报账的资金为各级财政用于经上级农业综合开发办公室批准或备案的农业综合开发项目资金(含土地治理项目自筹资金)。

第三条 农业综合开发部门于2012年1月1日前,将农业综合开发资金专户和报账资金专户纳入本级财政国库部门管理。两个专户暂时保留,如遇国家规定需要调整时,按国家相关规定执行。

第四条 财政国库部门须按照农业综合开发资金会计制度对农业综合开发报账资金进行会计核算。

第五条 农业综合开发资金的支付按照财政国库管理制度和农业综合开发资金会计制度有关规定执行,并严格控制现金支出。属于政府采购范围的,应当按照政府采购制度规定执行。资金支付时须经本级财政局局长或国库部门主管局长签批。

第二章　报账资金管理

第六条 财政国库部门负责报账资金的日常核算,主要职责是:建立农业综合开发报账资金专户、设置专账,根据批复的项目计划和工程建设进度,对农业综合开发资金的支付进行核算,同时向上级相关部门提供所需的财务报表及相关数据。

第七条 农业开发办公室(含部门项目主管单位,以下简称农发办)负责报账资金的日常管理,主要职责是:编制农业综合开发项目资金总预算和总决算,负责报账凭证的审核,并设置专人根据批复的项目计划和工程建设进度向国库部门提供相应报账资料,农发办必须建立各类项目资金辅助账、审核工程预决算及核算单项工程成本,同时编制农业综合开发财政资金拨款进度表、农业综合开发资金决算报表。

第三章　报账程序及凭证管理

第八条　土地治理项目报账程序及凭证管理。

（一）土地治理项目报账程序。

土地治理项目资金采取直接报账的方式，即报账资金直接支付给项目施工单位、物资设备供应商等开具原始票据的单位。

土地治理项目开工时，施工单位根据中标通知书、承包合同等提出用款申请，经农发办审核同意后，报财政国库部门核准，预付部分工程启动资金（原则上不得超过该项目财政资金总额的30%）。

项目建设过程中，施工单位凭原始凭证及阶段性工程结算单报账，经工程监理单位核实、农发办审核同意后报财政国库部门审核支付资金。

项目完工后，应及时办理竣工决算并进行决算审计，经工程监理单位核实、农发办组织相关部门验收合格后，报财政国库部门审核后及时支付其余的工程款项（工程质量保证金除外）。

实行政府采购的物资设备，由供货单位依据政府采购合同、物资设备签收单等提出申请，经农发办审核同意后，报财政国库部门审核后支付资金。

土地治理项目工程管护资金严格按规定比例计提，由工程管护主体单位提出用款申请，经农发办审核同意后，凭合法有效的原始凭证等经财政国库部门审核同意后进行报账。

（二）土地治理项目凭证管理。

土地治理项目报账，除提供报账申请单、税务发票等凭证外，还应当根据项目不同阶段提供有关资料。

在预付工程启动资金时，应当提供中标通知书、承包合同、开工报告。

在项目建设过程中支付工程或设备款时，应当提供阶段性工程结算单、工程监理报告、物资设备购销合同及签收单，其中，实行政府采购的物资设备还要提供政府采购合同。

在项目完工支付工程款时，应当提供工程竣工决算及审计报告、工程监理报告、竣工验收合格报告。

在支付工程管护资金时，应当提供工程管护合同。

在支付科技推广费时，应当提供科技推广方案。

第九条 产业化经营财政补助项目报账程序及凭证管理。

（一）产业化经营财政补助项目报账程序。

产业化经营项目中的财政补助资金，原则上应采取直接报账的方式。项目建设单位先行垫付实施项目的资金（指申请立项后实施的项目建设内容），可将报账资金支付至项目建设单位。

项目建设单位应在自筹资金落实到位、项目总投资完成过半的情况下提出报账申请，经农发办核实后，到财政国库部门审核后进行报账。

实行先建后补的项目，可以待项目全部完工后，经农发办验收合格，到财政国库部门审核后进行报账，将报账资金支付到项目建设单位。

（二）产业化经营财政补助项目凭证管理。

产业化经营财政补助项目报账应当提供：报账申请单、项目建设进度验收单、支出明细表和税务发票等原始凭证原件。农发办和财政国库部门审核无误后，应在项目建设单位提供的原件上加盖"农业综合开发财政已补助"印章，并将原件退回项目建设单位，财政国库部门留复印件入账（采取直接报账方式的，财政国库部门可保留原件入账）。报账凭证的日期可追溯至农发办向省级农业开发办公室申请立项备案的截止日（项目可行性研究、初步设计、环境评估等前期费用除外）。

产业化经营项目建设单位（指负责实施产业化经营项目的农民专业合作社或龙头企业等）应建立农业综合开发财政补助项目资金辅助备查账，并向农发办提供相关财务和效益报表。

第十条 贷款贴息项目报账程序及凭证管理。

（一）贷款贴息项目报账程序。

贷款贴息资金，由项目建设单位凭有关合法有效凭证据实报账，经农发办审核同意后，到财政国库部门审核后进行报账，财政国库部门应及时将资金支付至项目建设单位。

（二）贷款贴息项目凭证管理。

贷款贴息项目报账应当提供：银行借款合同、贷款到位凭证、利息结算单、利息支付凭证原件等。经农发办审核无误后，到财政国库部门进行报账,应在项目建设单位提供的利息支付凭证上加盖"农业综合开发财政已贴息"印章,并将原件退回项目建设单位,财政国库部门留复印件入账。

第十一条　实行政府采购的物资设备,应按照《黑龙江省农业综合开发项目实施政府采购管理暂购办法》(黑财农发〔2005〕2 号)执行。农发办负责审核票据,到财政国库部门报账,财政国库部门应及时支付资金。

第十二条　项目建设或施工单位按规定程序提交报账申请后,如无正当理由,农发办和财政国库部门应在 30 日内审核完毕,并按照财政国库管理制度和农业综合开发资金会计制度的有关规定及时支付资金。

第十三条　财政国库部门必须严格审查报账凭证的真实性、合法性、有效性和完整性。对下列不符合要求的支出,不予报账。

(一)未列入农业综合开发年度项目计划的支出;

(二)经农发办或工程监理单位核实未按照承包合同和经批准的设计方案施工的项目支出;

(三)经工程监理部门核实工程建设质量存在问题,未按照工程监理要求改进到位的项目支出;

(四)虚报冒领、与事实不符的支出;

(五)违反农业综合开发资金管理制度及其他财经制度的支出。

第四章　监督检查

第十四条　财政国库部门、农发办和项目建设单位要建立健全监督制约机制,共同做好报账工作,并积极配合审计部门进行资金检查。

第十五条　县级以上财政国库部门和农发办要加强对县级报账工作的指导、检查,及时发现和解决问题。

第十六条　对报账工作中出现的违纪违规问题,除责令改正外,要依照有关规定,区别不同情况予以处理。

第五章　附则

第十七条　科技项目和部门项目资金,应根据项目类别按本办法执行。

第十八条　世行项目资金参照《利用世界银行贷款农业科技项目财务

管理办法》(国农办〔2006〕65 号)执行,不在本办法执行范围内。

第十九条 地方财政单独扶持的农业综合开发项目财政资金的报账,应按本办法执行。

第二十条 本办法自 2012 年 1 月 1 日起开始执行,《农业综合开发资金报账实施细则(试行)》(黑农发办发〔2004〕28 号)同时废止。

【相关链接】二

农发资金和项目管理工作质量考评实施细则

第一章 总则

第一条 为进一步加强农业综合开发资金和项目管理,建立健全激励和约束机制,全面提高我省农业综合开发工作水平,根据《国家农业综合开发资金和项目管理工作质量考评办法(试行)》(国农办〔2007〕41 号)的有关规定,结合实际工作,制定本办法。

第二条 考评的内容为各市(地)(以下简称各市级单位)农业综合开发资金管理、项目管理和综合管理的主要事项。

第三条 考评的依据:

(一)国家、省农业综合开发政策和规章制度。

(二)资金拨付文件、决算报告、有偿资金借款合同及相关会计资料。

(三)项目建设规划、年度项目可行性研究报告、专家组评审意见、年度计划报表、项目扩初设计、项目计划批复文件、统计报表等项目管理有关资料。

(四)各市级单位上报的综合性材料、调查研究报告、开展宣传工作的有关资料等。

(五)省农业开发办公室(以下简称省农发办)组织的各类检查、验收(考评)结论、审计部门出具的审计报告、财政部驻各地财政监察专员办事处出具的检查结论等。

(六)各市级单位的自我测评报告等其他相关资料。

第四条 考评坚持突出重点、加强管理、遵循客观公正公开规范的原则。

第五条 考评结果在全省范围内通报,并作为农业开发项目资金分配的重要依据。

第二章 考评办法

第六条 考评实行定性考评与定量考评相结合,以定量考评为主;平时考评与集中考评相结合,以集中考评为主。

第七条 考评实行量化指标计分,总分100分。其中:资金管理40分,项目管理30分,综合管理30分。(详见附表)

第八条 考评按公历年度进行,每年3月份为集中考评时间。

第九条 考评的具体工作由省农发办组建考评领导小组统一组织实施。

第十条 各市级单位应按照本考评办法所列内容及考评标准,做好相关工作,每年2月10日前报送上一年度自我测评报告。

第三章 资金管理考评指标及分值

第十一条 财政配套资金落实情况,分值为5分。考核地方财政配套资金落实情况。

第十二条 自筹资金落实情况,分值为5分。考核各市级单位农民、企业等被扶持对象的投入情况。其中土地治理项目自筹资金落实情况占1分,产业化经营项目自筹资金落实情况占2分,科技项目自筹资金落实情况占1分,世行项目、亚行项目自筹资金落实情况占1分。

第十三条 资金拨借情况,分值为5分。考核各市级单位农业综合开发财政无偿资金和有偿资金拨付的时效性、规范性以及无偿资金报账支出进度情况。

第十四条 有偿资金回收情况,分值为6分。考核各市级单位到期中省财政农业综合开发有偿资金还款情况。

第十五条 资金管理制度执行情况,分值15分。考核各市级单位资金管理制度执行情况。

第十六条　财务报告编报情况,分值为3分。考核各市级单位年度资金决算等报表编报情况。

第十七条　其他,分值为2分。考核各市级单位资金管理材料上报等项工作。

第四章　项目管理考评指标及分值

第十八条　项目前期准备情况、分值为4分。考核各市级单位项目前期准备工作的经常化、制度化情况。其中制定开发规划占1分,建立项目库占1分,编制可行性研究报告占2分。

第十九条　项目评估情况,分值为2分。考核各市级单位按职责组织项目评估的规范性。

第二十条　年度项目实施计划编报情况,分值为4分。考核各市级单位计划编报的及时性、完整性、真实性。

第二十一条　年度项目任务完成及标准质量情况,分值10分,年度项目计划调整、变更和终止情况,分值为3分。考核各市级单位计划调整、变更和终止行为的及时性、规范性。

第二十二条　项目管理制度推行情况,分值为3分。考核各市级单位招投标制、工程监理制、资金和项目公示制推行情况的规范性。其中三项制度各占1分。

第二十三条　部门项目管理情况,分值为2分。考核各市级单位安排专门力量参与部门项目管理的情况。

第二十四条　项目建后管护情况,分值为2分。考核各市级单位项目建后管护的制度化、经常化情况。其中明确主体,及时办理移交手续占1分,建立健全各项运行管护制度占1分。

第二十五条　其他,分值2分。考核各市级单位项目日常管理工作。

第五章　综合管理考评指标及分值

第二十六条　上报综合性材料情况,分值为3分。考核各市级单位上报综合性材料的时效性和质量。

第二十七条 宣传工作情况,分值为 4 分。考核各市级单位开展宣传工作的主动性和质量。其中综合性宣传情况占 3 分,《中国农业综合开发》杂志投稿、采用、订阅等情况占 1 分。

第二十八条 综合性调查研究情况,分值为 3 分,考核各市级单位开展综合性调查研究的时效性和质量。

第二十九条 综合性检查情况,分值为 3 分。考核各市级单位组织综合性检查的规范性和效果。

第三十条 项目竣工验收情况,分值为 6 分。考核各市级单位安置则组织项目竣工验收工作的制度化、规范化情况和效果。其中按时完成验收工作占 2 分,及时完整地报送验收材料占 1 分,市级农发机构督察情况占 1 分,县级农发机构准备情况占 2 分。

第三十一条 综合性检查和验收考评中提出问题的整改情况,分值为 3 分。考核各市级单位对国家或省农发办在综合性检查、验收和考评中提出问题的整改情况。

第三十二条 统计工作考评情况,分值为 3 分。考核各市级单位编报农业综合开发项目统计报表的时效性和质量。

第六章 附则

第三十三条 各市级单位可根据本办法并结合本地工作实际制定资金和项目管理工作质量考评办法。

第三十四条 本办法自 2008 年 1 月 1 日起试行。

【相关链接】三

2008 年全省农发资金和项目管理工作总结

2008 年,黑龙江省农业综合开发工作按照国家农业综合开发总体要求,以科学发展观为指导,围绕保障主要农产品基本供给、促进农民持续增收,不断拓宽工作思路,创新管理机制,加大资金投入,完善推进措施,大规模改造中低产田,更加注重稳步提高粮食和农业综合生产能力,更加注重支持现代农业产业体系建设,为全省农业和农村经济又好又快发展做出了积极贡献。

一、基本情况

2008 年黑龙江省农业综合开发内资项目 239 个,其中:土地治理项目 147 个,产业化经营项目 92 个。在产业化经营项目中一般产业化项目 68 个,重点产业化项目 21 个,计划投资 19692 万元;参股经营项目 3 个。

农业综合开发项目概况图(一)

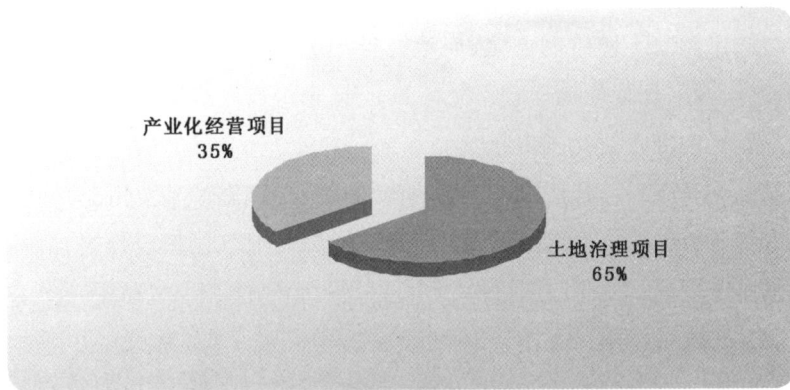

2008 年农业综合开发土地治理项目建设任务完成 145.6 万亩,占年度计划 98.07%,其中:中低产田改造项目完成 128.02 万亩,占计划 98.04%,生态综合治理项目完成 17.58 万亩,占计划 98.32%;产业化经营项目任务完成 89 个,占计划 96.74%。

2008 年土地治理项目,水利措施中完成修建拦河坝 2 座,排灌站 5 座,新打和修复机电井 2200 眼,衬砌渠道 293.4 公里,渠系建筑物 4356 座,喷灌、微灌面积 28.79 万亩;农业措施中完成改良土壤 44.45 万亩,良种繁育基地 11.34 万亩,购良种 290.47 万公斤,修建机耕路 1996 公里,购置农(牧)业机械 2767 台套;林业措施中完成造林 5.25 万亩;草业措施中完成改良草原(场)7.77 万亩;科技推广措施中完成购置仪器设备 676 台件,技术培训 29.41 万人次,示范推广面积 72.02 万亩。2008 年产业化经营项目完成了种植项目 9 个,养殖项目 34 个,加工项目 39 个,流通设施项目 4 个,参股经营项目 3 个,贷款贴息项目 6 个(2008 年任务完成情况统计表 1)。产业化经营项目重点扶持黑龙江省具有比较优势的粮食、畜产品和特色农产品生产加工。完成设施蔬菜 186 亩;养殖项目完成畜牧养殖 8.14 万头(只),禽类617.9 万只。

农业综合开发项任务完成情况图(二)

单位:万元

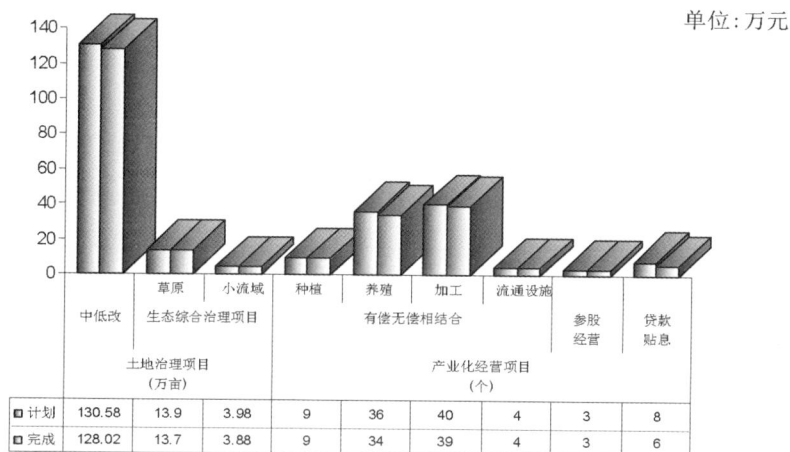

	土地治理项目(万亩)			产业化经营项目(个)					
	中低改	草原	小流域	种植	养殖	加工	流通设施	参股经营	贷款贴息
		生态综合治理项目			有偿无偿相结合				
计划	130.58	13.9	3.98	9	36	40	4	3	8
完成	128.02	13.7	3.88	9	34	39	4	3	6

2008 年黑龙江省农业综合开发项目完成年度计划总投资 141585 万元,占计划的 98.52%。其中:中央投资完成 66336 万元,占计划的 100%;地方财政配套投资完成 31901.47 万元,占计划的 95.25%;自筹资金完成43347.53 万元,占计划的 98.78%。

农业综合开发项目资金完成情况图(三)

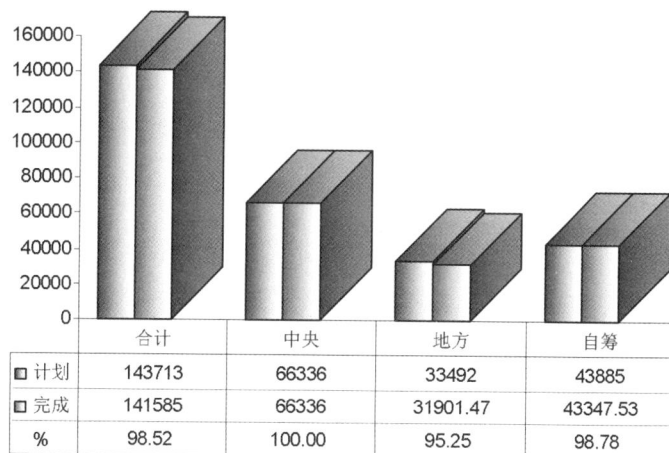

	合计	中央	地方	自筹
计划	143713	66336	33492	43885
完成	141585	66336	31901.47	43347.53
%	98.52	100.00	95.25	98.78

— 203 —

2008 年黑龙江省农业综合开发项目资金完成较好。按项目类别划分，土地治理项目资金完成 91161 万元，占计划的 98.01%；产业化经营项目资金完成 50424 万元，占计划的 99.46%。

农业综合开发各类项目资金完成情况表（一）

单位：万元

项目类别		合计	财政资金		自筹
			小计	地方	
总计	计划	143713	99828	33492	43885
	完成	141585	98237.47	31901.47	43347.53
	%	98.52	98.41	95.25	98.78
土地治理项目	计划	93014	73473	24707	19541
	完成	91161	72112.47	23346.47	19048.53
	%	98.01	98.15	94.49	97.48
产业化经营项目	计划	50699	26355	8785	24344
	完成	50424	26125	8555	24299
	%	99.46	99.13	97.38	99.82

土地治理项目中，中低产田改造项目完成投资 84778 万元，占计划的 97.99%；生态治理项目完成投资 6883 万元。

产业化经营项目中，种植项目完成投资 2025 万元，按计划全部完成；养殖项目完成投资 12698 万元，占计划的 99.26%；加工项目完成投资 18494 万元，占计划的 99.04%；流通设施项目完成投资 2245 万元，按计划全部完成。参股经营项目计划投资 14962 万元，完成 14962 万元。

2007 年贷款贴息项目完成 6 个，完成投资 38359 万元，中央财政贴息资金 328 万元，银行贷款 19335 万元（其中：贴息贷款额 10315 万元），自筹资金 18696 万元。

农业综合开发项目投资完成情况图(四)

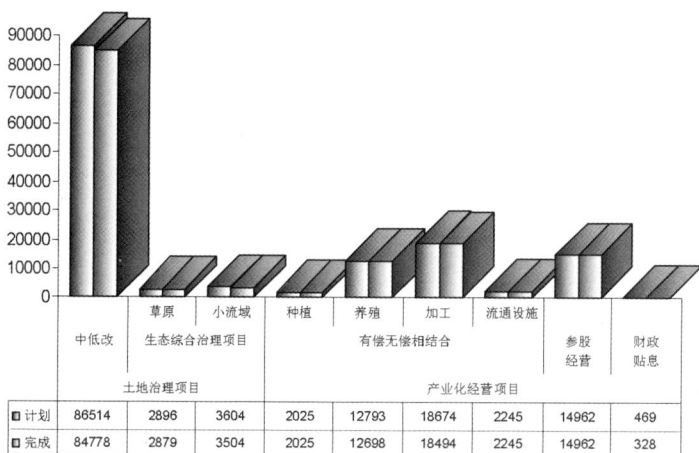

	中低改	草原生态综合治理项目	小流域	种植	养殖	加工	流通设施	参股经营	财政贴息
		土地治理项目			有偿无偿相结合			产业化经营项目	
计划	86514	2896	3604	2025	12793	18674	2245	14962	469
完成	84778	2879	3504	2025	12698	18494	2245	14962	328

同时,充分利用外资加大农业综合开发力度,完成建设项目 19 个。利用世行项目完成建设资金 7277.73 万元,利用开行贷款总额达到 24900 万元,其中软贷款 18900 万元,硬贷款 6000 万元。利用北欧贷款 2858 万欧元。

二、主要成效

2008 年通过全省农业综合开发项目的实施,极大地改善了项目区农业生产基础条件,增加了农业生产的科技含量,加速了农业产业化经营步伐,项目建设取得的成果显著。

(一)推进粮食生产核心区建设,农业综合生产能力进一步增强。积极扶持粮食主产县大力发展优质粮食生产,以推进水利化为重点,加强农业基础设施建设,建设旱涝保收、高产稳产、节水高效的高标准农田。继续抓好北林节水高产水稻、南岗特色玉米、大庆饲料生产、依兰提水灌溉水稻、宁安特色品牌水稻、庆安生态绿色水稻 6 个示范区,新建肇东小垅密植玉米吨田、青冈大棚育秧移栽玉米吨田、依安"四区轮作"、绥棱水田改善 4 个示范区。在增加数量的同时,努力提高建设标准,发挥示范作用。庆安、北林、绥棱连成一片,建设国内面积最大的"绥庆北"200 万亩优质粳稻示范区。依安组建全省最大的农机合作社,机耕能力达到 50 万亩。肇东重新整理土地,变小田块为大田块,建设 2000 亩左右方田,实行大型机械作业,成为全省旱作农业样板。

2008 年新增和改善灌溉面积 117.97 万亩,新增和改善除涝面积 22.46 万亩。通过造林增加农田林网防护面积 29 万亩,控制水土流失面积 26.67 平方公里,新增农机总动力 3.1 万千瓦,增加机耕面积 59.54 万亩。扶持农业技术服务站 74 个,完善农产品质量检测体系 27 个,项目区农业生产条件明显改善,新增粮食生产能力 1.44 亿公斤、干草 1761 万公斤、饲料作物 1.94 亿公斤。项目区农民新增纯收入达 2.14 亿元,人均增收 638 元。另外,完成了千亿斤粮食产能工程农业综合开发规划,为今后五年大面积改造中低产田提供了依据。

(二)推进优势产业集群区建设,农业产业化水平进一步提高。紧紧围绕十大优势产业选项立项,扶持一批带动能力较强的龙头企业提高加工能力,推进集中连片优势产业基地壮大规模,推动优势产业提档升级,促进企业增效、农民增收、财政增税。紧紧围绕十大优势产业选项立项,扶持一批带动能力较强的龙头企业提高加工能力,推进集中连片优势产业基地壮大规模,推动优势产业提档升级,促进企业增效、农民增收、财政增税。全省共立产业化经营项目 92 个。项目建成投产后,可新增蔬菜生产能力 191.15 万公斤,药材 105 万公斤,肉 664.6 万公斤,奶 1622 万公斤,加工转换农产品 5.65 亿公斤。2008 年实现新增总产值 35.41 亿元,增加值 3.41 亿元,新增利税 1.96 亿元。受益农户 9.4 万户,受益农民年收入增加总额 1.48 亿元,增加农民就业 3361 人。参股经营项目实现新增总产值 8.82 亿元,增加值 1.72 亿元,新增利税 0.53 亿元。受益农户 3.98 万户,受益农民年收入增加总额 0.5 亿元,增加就业 330 人。贷款贴息项目加工转化农产品 7.36 亿公斤。实现新增总产值 13.94 亿元,增加值 5.46 亿元,新增利税 1.8 亿元。受益农户 4.05 万户,新增纯收入 0.84 亿元,增加农民就业 1073 人。

(三)推进农业科技示范区建设,科技示范作用进一步凸现。大力实施良种良法示范推广行动、科技园区建设行动、资源高效利用行动、农民素质提升行动。围绕粮食主产区、规模较大的经济作物区和畜牧大县,每个产业主推 1-2 个优质高产品种,推广 1-2 套先进适用技术和优质高效生产模式,突出示范性和带动性,强化项目区的科技示范、指导和服务,加快科技成果转化速度。努力提高项目区的科技含量,引导和带动农民积极推广农业新技术、新品种,强化项目区的科技示范、指导和服务,充分发挥科技示范和辐射作用。科技示范面积120万亩,项目区良种覆盖率100%。繁育水稻、玉米、大豆三大作物高产、高效、抗逆性强新品种54个,推广高效种养技术46项。涌现出一批建设标准高、示范作用突出的精品项目。同江市水稻高产栽培示范项目、龙江县"四位一体"生态节能温室示范项目,受到省委、省政府领导好评。

(四)推进生态农业样板区建设,生态环境进一步改善。积极推广"旱改水"治涝模式、节水灌溉治理干旱模式、深松振动集成技术治理盐碱草原模式、小流域综合治理模式、"庄园"治沙模式,全省出现了一批生态环境治理较好、农业可持续发展效果明显的优秀项目区。以治理黑土区水土流失为重点,加强生态环境建设,促进生态农业加快发展。召开黑土区水土流失治理工程启动视频会议,启动了15个县黑土区水土流失治理项目,完成投资9903.15万元,其中中央财政投资6000万元,完成治理面积34716公顷。同时,采取深松振动技术改良草场,建设优质草场13万亩。

(五)推进合作组织试验区建设,土地规模化经营进一步扩大。探索农业经营机制创新,鼓励和引导龙头企业参与农业综合开发,促进土地规模经营。积极扶持农民专业合作经济组织规模化生产,提高农民组织化程度。扶持各类合作组织72个,规模经营土地面积124万亩,涉及农户12000余户。其中土地治理项目组建农机合作社34个,规模经营土地86万亩。产业化经营项目扶持农民专业合作社申报的项目6个。

(六)推进新农村建设展示区建设,村级经济发展步伐进一步加快。农业综合开发与新农村建设结合起来,不但加强农业基础设施建设,同时也推进村容村貌建设。扶持帮建的74个试点村,发展生产性项目104个,探索了产业牵动型、企业拉动型、能人带动型、协会推动型等多种发展类型的新农村建设之路,村级经济发展加快,农民收入持续增加,村容村貌大为改观,正在向示范村目标迈进。被黑龙江省委、省政府授予"帮建新农村试点村工作先进单位标兵"称号。

三、主要做法和经验

2008年全省农业开发工作之所以取得较好成效,主要得益于采取了以下措施。

（一）加强组织领导，形成开发合力。各级党委、政府把农业综合开发纳入重要议事日程，相关部门大力支持紧密配合。省委、省政府主要领导、主管领导多次深入项目区检查指导，多次听取工作汇报，并做出重要指示。许多项目区都成立了专门推进组织机构，10个现代农业示范区等重点项目都是由"一把手"挂帅，举全县（市、区）之力，组织推进。哈尔滨、大庆等市主动匹配资金，确保项目落实和推进。省农业开发办先后召开22次会议，研究推进工作。办领导和工作人员常年深入项目区，检查督导、组织推进，各县、项目区干部积极配合，形成了上下联动、合力推进的强劲工作态势。

（二）积极争取资金，加大投入规模。根据国家重点支持粮食主产区、建设大粮仓的战略思路，黑龙江省积极抓住这一有利机遇，争取各方面资金支持，重点项目领导亲自协调。2008年全省农业综合开发项目争取中央财政资金66336万元。比2007年增长了7.6%。

（三）突出重点工作，谋划新的思路。以新农村建设为主线，以建设现代农业示范区和加速推进"十条线"为重点，谋划推进思路。土地项目重点围绕中低产田改造，推进现代农业示范区建设，加快发展专业合作组织，推动建立优质粮食生产核心区；产业化项目重点围绕"十条线"，扶持带动功能强的龙头企业和规模基地及标准化小区建设；科技推广突出示范性，着力建设科技示范区；帮建试点村重点突出"一村一品"，发展致富主导产业。全省95%以上的农业综合开发资金投入"十条线"建设，并重点向农业主产区和粮食主产县倾斜，形成集中力量、重点突出、强势推进的态势，充分发挥农业综合开发资金作为财政支农主渠道的作用。

（四）严格把关，科学选项立项。坚持突出优势、效益优先、集中投入、规模推进原则，各类项目紧密配合集中扶持优势产业。把关键环节前置，加强前期实地踏查，反复对接，择优选项。进一步规范申报材料附件，完善申报程序。土地治理项目在东部地区大力推进水田改善项目建设、在西部推进旱作农业项目建设，北部地区大力发展大豆生产；产业化经营项目突出带农作用效果明显项目，推进主要农产品加工，奶牛、肉牛、生猪养殖项目建设；科技推广主要围绕水稻、玉米、大豆产业推进良种良法推广。发挥专家作用,严格评审,在可行性上把关,在技术性上完善,提高了项目质量。共评审各类农发项目 239 个,占应评审项目的 100%。

(五)加强项目管理,建设样板工程。按照发展现代农业、加快新农村建设的要求,争创一流工作,建设开发精品,努力做到建一个、成一个、见效一个,引领现代农业发展。全省着力打造 10 个现代农业示范区,按照设施完善、装备优良、科技领先、结构优化、效益明显的要求,重点在科学规划设计、指导项目建设、加大监管力度上下功夫。全面推行工程招投标制、设备政府采购制、工程监理制。目前,拥有全省最大农机合作社的依安县现代农业示范区、全国最大面积集中连片的庆北绥 200 万亩高标准水田示范区、全省旱作农业水平最高的肇东市玉米吨田高产示范区和北部地区麦豆轮作示范区等现代农业示范项目已成为全省农业项目的样板。

(六)加强资金管理,保证资金安全与使用效益。省政府在财力紧张的情况下,按国家规定足额配套省级财政资金,同时,对国家级贫困县、全省十弱县的财政配套资金全部由省财政承担。对有条件配套的县(市、区),省财政配套 80%,县(市、区)配套 20%。哈尔滨、大庆等市配套近 2000 万元资金,为所属县(市、区)承担财政配套任务。以农业综合开发项目建设为平台,整合部分支农资金,继续探索资金整合机制。坚持"性质不变、渠道不乱、相对集中、各记其功"的原则,吸引社会其他资金提高了农业综合开发项目建设的规模和质量,同时也加快了社会主义新农村建设的步伐。2008 年,全省农业综合开发整合其他支农资金 15600 万元投入优势产业和试点村建设,发挥农业综合开发资金"四两拨千斤"的作用。形成监管合力,保证农业综合开发资金发挥效益。一是分组包片,落实责任。二是结合省市县(市区)三级验收、中期检查等工作,定期开展资金检查与监督。三是配合审计部门、财政监督部门对全省农业综合开发资金进行专项检查。四是农业开发内审机构,对县(市区)农业综合开发管理部门和项目区进行经常性检查。对财政资金有偿放款实施抵押担保制。省农业开发办对当年及时足额偿还到期有偿资金的开发县(市区),以奖代投,按偿还财政资金额度的 10% 给予奖励;对无故不偿还到期财政有偿资金而又不说明理由的开发县(市区),削减下一年度安排的农业开发专项资金。

（七）严格执行中期检查，为完成第七期项目验收奠定良好基础。全省集中对 2006、2007 年项目进行了中期检查，制定了中期检查方案，抽调各类业务能手组成 6 个检查组，召开动员大会，深入项目区近一个月时间，通过实地查验工程、审核资金财务等方式，详细了解受检县（市、区）2006－2007 年投资计划和主要建设任务完成情况，了解和掌握一批工程建设质量好、项目和资金管理规范的项目单位，并查找出一些突出问题。对检查情况予以了通报，对检查出的问题督促进行整改，进一步规范了项目和资金管理，同时为 2009 年验收奠定了基础。

（八）加强自身建设，提升服务水平。积极开展学习实践科学发展观、新时期财政干部形象建设、党员规范化教育等活动，有针对性整改存在问题，加强制度建设，加强政策和业务学习，引导教育干部做努力学习的表率，做努力工作的表率，做廉洁自律的表率，全力推进"五型"机关建设和干部素质提高。结合全省农业综合开发工作会议，开展了农业开发政策与业务培训。结合科学发展观活动，到发达省份考察，进一步开阔了干部视野。领导带头，以身作则，深入实际开展调查研究，大兴求真务实之风，积极研究和解决项目区存在的实际问题，并且坚持在实践中认真总结提炼经验，为领导决策提供依据。完成了《关于飞鹤乳业发展情况的调查报告》和《关于省财政厅支持乳业发展意见的汇报》。省委、省政府主要领导分别在《关于飞鹤乳业发展情况的调查报告》上做了批示。

（九）加大舆论宣传，营造良好农业开发氛围。以纪念黑龙江省实施农业综合开发 20 周年为契机，加大宣传力度。专门召开会议，下发实施意见，构筑多视角、深层次、大规模、广覆盖、系列化的宣传格局。在省级以上新闻媒体及机关内部刊物、简报发表稿件 230 多篇，其中在《中国农业综合开发》发稿 22 篇。组织摄制专题片《为了大地的丰收》，编辑帮建新农村试点村大型画册《阳光照耀新农村》，征集纪念实施农业综合开发 20 周年征文 145 篇，编发信息 101 期。省农发办被国家农发办评为全国宣传工作先进单位。

四、存在的问题、原因及建议

2008 年，黑龙江省农业综合开发工作虽然取得了较好成绩，但也存在一些问题和不足。

　　总体上看,农业基础设施还比较薄弱,优势产业大而不强,农业科技贡献率与发达国家比差距较大,农业综合开发投入规模与面临的任务相比还有不相适应的地方,资金存在缺口;在引领现代农业发展方面,尚处于探索之中;个别单位资金和项目管理存在漏洞,有的项目建设标准还不够高,需要切实加以改进;有的市、县财政配套资金不能足额到位,在一定程度上影响了更多开发项目的实施和整体效益的充分发挥;由于新成分较多,干部队伍素质亟待提高。

　　几个具体问题:

　　一是由于北方季节因素的影响,项目建设仍存在尾欠现象。北方季节性较强,项目工程建设有效时间短,当年的项目批复下来时,已错过春季最佳施工期,有些建设工程又很难在当年的秋季完成,导致部分项目工程结转到下一年度春季完成。

　　二是适度调整项目开发面积标准。国家农业开发办应在全国选择有代表性的县进行耕地资源分布调查,了解土地资源集中连片分布的情况。界定土地治理项目开发标准、控制项目规模可以用加权平均开发面积、加权平均亩投资和中央投资下限来控制。对土地治理项目的开发面积标准进行调整,据黑龙江省部分县市反映,以省为单位,丘陵地区开发面积加权平均不低于3000亩,平原地区加权平均不低于5000亩比较符合实际。

　　三是集中部分资金支持,探索适合我国现代农业和农村发展的新路子。农业开发在推动现代农业发展、新农村建设、扶持农民经济合作组织等方面已进行了大胆探索,但这种探索在深度和广度上与现行的管理办法有矛盾,缺少有力的政策依据。2008年黑龙江省在新农村建设上继续对试点村进行帮扶,按政策,农业开发仅对千亩示范田的基础设施进行投资建设,而对村容、村貌的整治、高标准农田道路建设等方面缺少投入的政策依据。建议国家拿出少部分资金,允许各省市或一部分省市搞一些试点,探索农业综合开发发展的新模式、新思路,可不局限于现有的农业开发管理办法。

　　四是提高农业综合开发项目管理费标准。土地治理项目前期费改为管理费在资金使用范围上得到了拓宽,多数项目管理费的标准高于过去的前期费,这对农业开发的发展是有利的。一是与同行业相比,农业开发项目管理费的标准还是偏低。如农业综合开发项目管理费包括勘察、设计、招投标、项目公示、检查、验收和培训等,既包括项目勘察设计费用又包括项目管理费用,管理费最高上限提取比例为财政资金的3.5%,仅占项目总投资的2.76%。而水利部门中小型项目的勘察设计费为总投资的4.5%,项目管理费为总投资的6-7%,二者之和远远高于农业综合开发管理费的标准。二是一些资金额度大的项目县管理费标准低于原项目前期费标准,如某县土地治理项目财政投资1342万元,项目管理费26.71万元,占财政投资1.99%,占项目总投资1.57%。三是实际运行中项目管理费不能满足实际需要。从黑龙江省多数项目实施情况看,工程勘察设计费一般占总投资2.5%左右,工程招投标费占总投资0.3%左右,项目验收费占3%左右,这些支出已超过了管理费的额度,容易产生挤占当年项目资金问题。建议国家在管理费用的提取上应以项目为单位,不应以县为单位;提取管理费应以总投资为基数,不应以财政投资为基数;管理费提取比例适当提高,不应低于6-8%。

【相关链接】四

2016年支持五大优势特色产业项目申报指南

为认真贯彻落实省委、省政府关于调整优化农业结构、转变农业发展方式的总体部署,按照省农业开发办公室《农业综合开发转方式调结构重点支持五大优势特色产业发展的实施意见(2016-2020年)》的要求,特制定2016年农业综合开发支持五大优势特色产业项目申报指南如下:

一、指导思想

以"两大平原"现代农业综合配套改革试验总体部署和全省现代农业改革推进会议精神为指导,以优质农产品基地建设为平台,以推进全产业链发展为路径,以促进农民持续增收为目的,集中打造优质高效粮食、优质饲草饲料、优质蔬菜、优质坚果、优质北药五大优势特色产业,重点解决产业瓶颈制约,发挥农业综合开发引导、牵动和示范作用,为构建布局合理、集约高效、产品安全、环境友好的现代农业体系做出积极贡献。

二、遵循原则

(一)以市场为导向。适应国内外农产品供需格局的变化,有效发挥市场配置资源的决定性作用,充分尊重农民意愿,引导农民认识市场、熟悉市场、对接市场,提高适应市场能力,实现既"种得好"又"卖得好",由"卖得好"倒逼"种得更好"。

(二)坚持提高产能。完成《黑龙江省亿亩生态高产标准农田建设规划(2013—2020年)》赋予农业综合开发的建设任务,加强基地标准化建设和生态农业建设,提高农业综合生产能力。

(三)全产业链打造。围绕大粮仓向大工厂、大厨房转变,支持五大产业完善链条,龙头企业与基地建设结成紧密联结的利益共同体,支持市场体系和加工能力建设,开发高端产品,形成以销定产、产加销一体化格局。

(四)遵循优质高效。把提高质量效益作为主攻方向,通过减化肥、减农药、减除草剂,提高农产品品质,叫响寒地黑土绿色品牌,提高农产品价值。

(五)集中连续支持。根据各地资源禀赋和产业基础,每个县份重点突出一项特色产业,坚持集中连年支持,着力打造"一县一业""一乡一品",推进五大产业规模化、集约化发展。

三、产业类别及其布局

(一)产业类别。优质高效粮食产业(以水稻、杂粮、马铃薯为重点)、优质饲草饲料产业(以苜蓿、燕麦、青贮玉米、青贮大豆为重点)、优质蔬菜产业(含食用菌、瓜果、浆果等)、优质坚果产业(以大榛子为重点)、优质北药产业(以防风、甘草、桔梗、板蓝根、刺五加等道地品种为重点)。

(二)产业布局。根据各地资源禀赋和产业基础,着力构建农业综合开发"三带五区"产业发展新格局。

三带:在松嫩平原和三江平原构建以松花江、嫩江沿岸为重点的优质水稻产业带;在中西部地区构建优质杂粮产业带;在北部和中部地区构建优质马铃薯产业带。

五区:在畜牧规模化养殖集中的县份重点打造优质饲草饲料产业区;在

大中城市郊区和对俄口岸县份重点打造优质蔬菜产业区；在林木资源丰富及具备育秧大棚条件的区域重点打造优质食用菌产业区；在山区、半山区等坡地资源丰富的区域重点打造以大榛子为重点的优质坚果产业区；在大小兴安岭及其他适宜中草药生产环境的区域重点打造优质北药产业区。

四、主要建设内容

（一）围绕生产服务社会化，支持市场流通体系建设。高度重视农产品营销和互联网＋的应用，配套建设仓储、保鲜、冷藏、运输配送、交易展示等设施，支持农业物联网中心建设，完善市场服务功能。

（二）围绕优质农产品销售加工市场化，支持农畜产品精深加工。高度重视产业发展，支持新装备、新技术、新工艺引进和技术改造，延伸产品链、产业链、价值链，提升精深加工能力和市场层次。

（三）围绕粮田种植标准化，支持优良品种引进繁育。高度重视种子种苗安全，支持种业龙头引进国内外适宜种子种苗资源，突破提纯扶壮、高效繁育核心技术，培植龙江高端优质种子种苗。

（四）围绕粮食生产适度规模化和生产过程现代化，加强基地基础设施建设。高度重视生态保护、农业可持续发展，完善灌排渠系、配套机电井和灌溉设备；支持农机合作社装备先进适用农业机械，提升基地现代农业水平。

五、项目申报形式

各市、县从五大优势特色产业中选择适宜支持的产业，以"统分结合"的方式进行申报。

"统"：名称统一为××县（市）××产业项目；统一形成产业项目建议书；统一填写农业综合开发拟支持产业项目申报表（详见附表）；统一报送市（地）级农发办汇总并报送省农发办审定；省农发办将拟支持意见统一报省政府领导审批。

"分"：优势特色产业项目分别由种植基地（含良种繁育示范）、农产品加工、市场流通三个环节组成；市、县申报的优势特色产业项目计划经省政府审批后，纳入2016年省农发办拟支持项目。应分别形成××产业生态高产标准农田(种植基地)项目、××产业生态高产标准农田(良种繁育示范基地)项目、××产业农业产业化(蔬菜食用菌设施农业、食草类畜牧养殖基地、农产品加工、市场流通)项目建议书;分别与省农发办有关业务处室进行对接;对省农发办拟扶持的项目分别编制《项目可行性研究报告》。

省农发办业务处职责分工:《农业综合开发拟支持产业项目申报表》由有关业务处审核把关后,由计财处审核汇总;生态高产标准农田(种植基地含蔬菜露地种植)项目分别由土地项目一处、土地项目二处负责,生态高产标准农田(良种繁育示范基地)项目由综合处负责;农业产业化(蔬菜食用菌设施农业、食草类畜牧养殖基地、农产品加工、市场流通)项目由产业化项目处负责;涉及的部门项目由外资与部门项目处负责。

六、项目申报条件

(一)产业项目申报的前提条件:

1. 必须是本区域、本市(地)、县(市、区)的优势特色产业。

2. 市(地)、县(市、区)党委、政府认可和重视。

3. 有龙头(包括加工企业和市场流通企业)拉动,投资主体积极性高,实行市场化运作机制。

4. 具备土地流转和规模经营能力,龙头与基地形成紧密联结的利益机制,有金融资本、社会资本等自筹资金规模投入能力。

5. 能够带动农民调整种植结构和显著增加农民收入。

(二)优势特色产业涉及各环节的项目申报条件:

1. ××产业生态高产标准农田建设(种植基地)项目。投资主体应具备一定规模,一定经营时间,不能为申报项目而临时拼凑。承担金融贷款(贴息、补助)和股权投资项目的企业或合作社需取得一定年限的土地流转经营权,自有资金符合相关要求;股权投资项目建设单位需要具备申报的建设资金所对应的资本额度。

2. ××产业生态高产标准农田建设(良种繁育示范基地)项目。重点支持有条件、有能力的农业科研院所、农业种业龙头企业、农民专业合作社(包括水稻、马铃薯、玉米、杂粮、蔬菜、食用菌、坚果、北药)建设良种繁育示范基地;农业科研院所不具备独立建设条件的可与具备条件的种业龙头企业、农民专业合作社合作共建良种繁育示范基地。同时,适当支持具有国际国内领先水平的栽培高新技术示范项目,包括新材料、新设备、新技术的引进和示范。

部门项目参照以上两类项目申报条件执行。

3. ××产业农业产业化建设(含蔬菜食用菌设施、食草类畜牧养殖基地、农产品加工、市场流通)项目。投资主体具有法人资格;资产优良,持续经营一定时间,具有一定的经营规模和经济实力,有较强的自筹资金能力;建立了符合市场经济要求的经营管理机制,财务管理规范。重点支持年加工能力 30 万吨以上水稻加工企业、年加工能力 3 万吨以上杂粮加工企业、年加工能力 30 万吨以上马铃薯加工企业;大型饲草饲料加工企业、规模以上畜产品加工企业和标准化规模食草类畜牧养殖场;绿色蔬菜瓜果(食用菌)设施农业基地建设、大中型蔬菜批发市场和蔬菜储藏保鲜库建设,年加工能力万吨以上蔬菜加工企业、年生产 5000 万棒以上菌包加工企业,以及年处理 3000 万棒以上废弃菌包加工企业;有一定规模的坚果加工企业以及中草药仓储和批发市场建设。

申报主体(投资主体)不受地域、行业、所有制限制,积极引导专业大户、家庭农场、农民合作社、龙头企业等新型农业经营主体作为投资主体。鼓励有影响力大企业,尤其上市公司及其控股公司等到优势特色农产品产地投资建设原料基地、加工基地和销售市场。

七、资金投入方式

2016 年农业综合开发资金投入采取以贷款贴息、股权投资为主,以财政补助为辅的方式。

(一)贷款贴息

1. 生态高产标准农田项目(含种植基地、良种繁育示范基地):按照财政部与国家开发银行(财发〔2015〕26 号文件)、财政部与中国农业发展银行、中国农业银行(财发〔2015〕30 号文件)联合下发的《关于创新投融资模式加快推进高标准农田建设的通知》规定的政策执行。

2. 农业产业化项目(含设施农业基地、市场流通、农产品加工):投资主体在 2015 年 1 月 1 日以后签订贷款合同,在 2015 年 1 月 1 日至 2016 年 6 月

30 日之间实际发生并已经支付的贷款利息。

（二）股权投资

各类项目都可采取股权投资方式，坚持财政资金只参股不控股、股权 4 －5 年适时退出的原则，根据实际情况确定投资规模，参股经营项目每年按参股金额 1% 左右收取管理费，具体按照省农业开发办公室关于参股经营的政策性文件（黑农发办发〔2015〕6 号）有关规定执行。

（三）财政补助

1. 生态高产标准农田项目（含种植基地、良种繁育示范基地）：按照《黑龙江省生态高产标准农田建设实施规划（2013－2020 年）》有关规定执行。

2. 蔬菜（食用菌）设施农业项目：单个财政补助项目自筹资金不少于申请财政资金。单个设施农业基地项目财政补助金额最多不超过 2000 万元。

八、投资及补贴标准

（一）贷款贴息项目。项目银行贷款累计不少于 1000 万元，单个贷款贴息项目的贷款额度一般不高于 1 亿元，贴息期限最高为 12 个月。贴息率按照同期中国人民银行公布的同档次人民币贷款基准利率。

（二）股权投资项目。对于参股企业、参股合作社固定资产达到 3000 万元，新建企业、新建合作社投资 3000 万元以上（含 3000 万元）的参股 1000 万元；固定资产或新建投资 5000 万元以上（含 5000 万元）的参股 1500 万元；固定资产或新建投资 1 亿元以上（含 1 亿元）的参股 3000 万元。

（三）财政补助项目。

1. 种植基地：旱田改水田 2000 元/亩左右，坚果和北药种植 2500 元/亩左右，水田改善、马铃薯、杂粮及饲草饲料基地 1000 元/亩左右，良种繁育示范基地根据实际需要掌握，其中国外引进良种可适当提高投入标准。

2. 农机合作社：旱田农机合作社 1000 万元/个，水田农机合作社 500 万元/个。农机合作社投资计入种植基地亩投资标准内。

3. 水稻育秧大棚和催芽车间：360 平方米育秧大棚 1.44 万元/栋，100 吨水稻催芽车间 235 万元/个。水稻育秧大棚和催芽车间投资计入种植基地亩投资标准内。

4. 蔬菜（食用菌）大棚和温室（按每栋 1 亩计算）：蔬菜大棚 4 万元/栋

左右、食用菌大棚 10 万元/栋左右；蔬菜温室 20 万元/栋左右、食用菌温室 30 万元/栋左右；根据使用材质不同和空间面积的不同可做适当调整。

九、有关要求

（一）申报程序。

1. 具备条件的投资主体可根据本指南相关要求，直接向所在地农发办申报。

2. 当地农发办初审后，以县（市、区）政府文件报市（地）农发办，并附《××县（市、区）农业综合开发拟支持××产业项目申报表》《××县（市、区）农业综合开发拟支持××产业项目建议书》，市（地）农发办将经市（地）政府主管领导同意后的汇总表，连同县级申报材料一并上报省农发办各有关处室。

3. 涉及股权投资方式支持的优势特色产业项目，在报送有关业务处室的同时报送计财处，由业务处与计财处按照职责分工共同审核，业务处主要负责项目申报条件审核，计财处主要负责参股企业经营状况、财务指标、资产评估及带动农民受益情况的审核。

（二）申报时间。各市（地）农发办汇总的优势特色产业项目要于 2015 年 12 月 10 日前上报省农发办。省农发办拟于 12 月下旬完成与市（地）、县（市、区）对接，拟扶持计划向省政府汇报。

（三）需提供的相关材料。

在 2016 年农业综合开发项目申报至省政府审批阶段，各地应按优势特色产业上报《××县（市、区）农业综合开发拟支持产业项目申报表》《××县（市、区）××产业项目建议书》。待省政府批准 2016 年全省农业综合开发项目计划安排意见后，再按优势特色产业链条各环节项目性质上报下列相关材料：

1. 涉及生态高产标准农田建设的项目，需上报项目可行性研究报告和项目区总体布置图（附县级政府正式申报文件，新建水田灌区需提供水利部门意见，项目区总体布置图、主要单项工程布置图，总概算表，良种繁育示范项目同时报送有关种子管理行业的许可证书）。

2. 涉及股权投资的项目，需要上报项目可行性研究报告，由社会中介机构出具的项目申报单位前两年度的审计报告(包括资产负债表、损益表和现金流量表)，项目申报单位新征用的土地批准文件，项目申报单位营业执照复印件、银行信用等级评定证明，项目申报单位具备的技术水平证明材料(包括专利、成果、专业技术资料和技术依托单位证明等)、公司章程、现有的股权结构(包括前 5 位股东及持股数量)以及同意投资参股经营事宜的股东大会或股东代表决议、拟参股企业与基地建立紧密的利益联结方式的佐证材料。

3. 涉及贷款贴息的项目，需上报项目可行性研究报告、贷款银行对项目的评估论证报告、项目单位法人营业执照、贷款银行批复文件、银行贷款合同和贷款到位凭证;银行贷款卡复印件;贷款银行出具的利息结算清单、利息支付原始凭证、还款凭证。

4. 涉及财政补助的项目，需上报自筹资金到位证明(合作社性质的要提供股东大会决议)。项目单位属企业性质的还要上报营业执照复印件、土地使用证明。加工项目要提报环保部门出具的环评意见。

2015 年 11 月 17 日

【相关链接】五

黑龙江省农业综合开发投资表(1998－2018 年)

年度	总投资(万元)							
	合计	中央财政	地方财政配套		农行专项贷款	自筹资金		其他资金
			计	其中省级		计	其中:群众自筹	
合计	5141021.77	2539321	717868.4	525037.43	87746.34	1734818	1465884.59	61268.33
1988	17011.4	5000	3041.4	1675	3551.2	5342.8	4992.8	76
1989	17050.6	5000	3046.6	1675	3562.8	5365.6	5009.2	76
1990	17308.6	5270	3046.1	1677	3559.2	5355.6	5002.4	77.7
1991	18175.1	3425.5	4599.7	2000	4190.3	5460.3	4483.8	499.3
1992	26602.1	7043.2	4671.5	2000	5012.8	8243	7539.4	1631.6
1993	23535.2	8131.3	4503.8	1700	2707.6	8108.1	6561.3	84.4

续表

| 年度 | 总投资（万元） | | 地方财政配套 | | 农行专项贷款 | 自筹资金 | | 其他资金 |
	合计	中央财政	计	其中省级		计	其中:群众自筹	
1994	14539.8	3971	5703.5	2242	1336.7	3209.6	2675.6	319
1995	27446.9	6931	11071.6	4352	2594.8	6230.5	5193.7	619
1996	62029.2	19698	17934	9975	5266.8	17008.4	11722.9	2122
1997	91767.4	17600	16205	10710	9311.7	45820.7	33083.3	2830
1998	109040	28040	27000	14280	4000	42000	31899	8000
1999	99965.88	26800	28824	18070	6923	36384.88	35877	1034
2000	95438	29705	30349	17220	327	35057	28764	
2001	60724	34477	6567	110	7443	12237	5670	
2002	117542.2	40016	39983.2	28166.2	11897	25646	18023	
2003	75663	43788	12370	6396	2767	16738	10233	
2004	103126	52850	13708	5777		36568	25206	
2005	101197	55696	15247	11622		30254	30254	
2006	106367.6	59867	19306.9	14723.9		27193.7	13003	
2007	138836.7	64235	34852	25255		39749.7	17066	
2008	161342	75035	34812	25586		51495	24957	
2009	192049.35	97294	38061.12	30965.12		56694.23	19537	
2010	211524.58	108981	39495	32164.21		63048.58	20690	
2011	196283	125706	40276	36919		30301	12580	
2012	295564.2	178496	67759	58892		49309.2	28598	
2013	289011	207427	41563	30352		40021	25287	
2014	466338.2	228294	65734	55297		172310.2	172310.2	
2015	536815.88	246413	46005	33103	13295.44	231102.4	231102.44	
2016	651280.92	257212	20358	20358		373710.9	373710.92	
2017	508813.96	245637	13775	13775		205502.6	205502.63	43899.33
2018	308632	251282	8000	8000		49350	49350	

第七章 项目管理

第一节 项目类型

项目设置是为实现目标任务服务的,而项目类型及建设内容、实施主体、扶持方式的调整,更直观反映了不同阶段农业综合开发的指导思想和目标取向。农业综合开发项目,大致分为以下几种类型:

一、土地治理项目

土地治理项目包括高标准农田建设、生态综合治理和中型灌区节水配套改造等。其中,高标准农田建设项目 2015 年由原中低产田改造项目、高标准农田示范工程项目并轨而来,而原中低产田改造项目则包括建立优势农产品基地、良种繁育、土地复垦、土地资本运营等方面内容;生态综合治理项目包括草原(场)建设、小流域治理、土地沙化治理、生态林建设、黑土区水土流失治理项目;中型灌区节水配套改造项目的对象为设计灌溉面积 5～30 万亩的中型灌区,从 2016 年起,由地方切块实施的中型灌区节水配套改造项目已不再安排。截至 2018 年,实施的土地治理项目主要为高标准农田建设和生态综合治理两类。

土地治理项目实行区域开发,采取综合措施,实施综合治理,从开荒垦地增加耕地面积,到改造中低产田建设高标准农田,加强农业基础设施建设,提升农业综合生产能力,打造一大批"田成方、林成网、渠相通、路相连、旱能灌、涝能排、渍能降"高产稳产、节水高效农田,为国家粮食安全做出了积极贡献。

二、产业化发展项目

产业化发展项目包括经济林及设施农业种植基地、养殖基地建设,农产品加工,农产品流通设施建设,农业社会化服务体系建设等。该类项目1994年启动时称多种经营项目,2004年改为产业化经营项目,2016年改为产业化发展项目。2005年以来,农业综合开发资金扶持的重点在于引导产业发展,即对从种养基地到产品加工、储藏保鲜、流通服务、科技支撑等的全产业链,按照"缺什么补什么、什么弱扶什么"的原则补齐短板,消除薄弱环节,并撬动更多社会资本投入,推动整个产业做优做大做强。

产业化发展立足区域产业发展实际,针对关键环节、薄弱环节,重点扶持、连续扶持,支持新型农业经营主体开展优质高效农业种植养殖、农产品加工、储藏保鲜和流通服务等项目建设,构建农业产业链和价值链,优化农业农村经济结构,打造优势特色产业集群,促进农村一、二、三产业融合发展,保障主要农产品有效供给,提升农业市场竞争力,带动农业增效和农民增收。

三、科技示范项目

科技示范项目指1999-2013年立项(2008-2013年含在土地治理项目中)的新的项目类型。包括农业高新科技示范项目、科技推广综合示范项目、农业现代化示范项目三小类。其中,农业高新科技示范项目侧重于生物工程技术、农业信息技术、新型材料技术和其他前沿农业技术等农业高新技术的示范应用;科技推广综合示范项目以大规模推广先进适用农业技术为主,以促进区域农村经济的发展;农业现代化示范项目重点加强农业基础设施、投入要素、农业科技和经营管理体制等方面建设。

科技示范项目着眼于农业发展的现实需要,积极推广示范良种、良法,做给农民看,带领农民干,促进了科技成果转化和农业科技进步,充分发挥了科技是第一生产力的作用,使项目区成为现代农业科技示范区、农民致富先行区。

四、外资项目

外资项目包括利用世界银行、亚洲开发银行贷款等实施的加强灌溉农业、农业科技、可持续发展农业等项目。主要包括土地治理和科技示范项目。2005－2011年实施了利用世行贷款农业科技项目,2014－2018年实施了利用亚行贷款农业综合开发项目。

外资项目是农业综合开发积极引入国际农业发展和项目建设的先进理念,在积极利用国内银行贷款的基础上,吸收利用世界银行贷款、亚洲开发银行贷款,扩大农业综合开发投入规模,书写了一段以内引外、内外融合、技术共享、合作开发的农业综合开发新篇章,有力支持了传统农业向现代农业的跨越。

五、部门项目

部门项目指经国家或省农发办批准,由农口有关部门组织实施,由农业综合开发和农口部门两个垂直系统负责组织管理的项目。2010年前由省农发办综合处负责管理。2010年成立部门项目处,专门负责部门项目管理。2014年4月份部门项目处与世行处职能合并,成立外资与部门项目处,继续管理部门项目。

部门项目单位,包括省水利厅、省农委、省林业厅、省森工总局、省农垦总局、省畜牧局、省供销社、省商务厅、省监狱局、省劳改局、省农科院和省科学院等。部门项目主旨是发挥部门的行业技术优势和财政农发资金管理优势,共同打造精品示范工程。根据国家及省确定的投资方向的不同,每年涉及的部门项目也有所变化。农业部门的原原种扩繁、良种繁育、"菜篮子"工程、优势特色种养示范等项目,畜牧部门的秸秆养畜项目,林业部门的防沙治沙、名优经济林和花卉项目等,水利部门的水土保持、中型灌区改造项目等,国土部门的土地复垦项目,供销部门的新型合作示范、产销对接项目,商业部门的市场建设项目,森工部门的林下经济项目等,也分为土地治理和产业化发展项目两类。

2014年,部门项目资金整合后"小钱大用",集中力量办大事。部门项目个数由2013年的112个减少到2016年的14个,单个项目投资额度由2013年的最低60万元,提高到2016年的600万元。2017年农业综合开发资金主要投向省林业厅、省森工总局、省农垦总局和省商务厅。2018

年农业综合开发资金主要投向省林业厅、省森工总局、省供销社、省农委、省商务厅、省水利厅、省农科院和省科学院。

部门项目依托农口部门的行业和技术优势，实施了灌区改造、水土保持、良种繁育、节水增粮、土地复垦、黑土保护、秸秆养畜、林业生态示范、批发市场建设、互联网信息平台建设等，不断加强农业基础设施建设，扶持新型农业经营主体发展，为推进农业现代化和可持续发展发挥了重要作用，探索出了一条农发搭台、部门合作、优势互补、协同推进的农业综合开发部门发展之路。

第二节　管理原则

一、项目扶持原则

农业综合开发立项坚持"因地制宜，统筹规划；规模开发，产业化经营；依靠科技，注重效益；公平竞争，择优立项"的原则。

一是各地可以开发利用的资源很多，而政府财力有限，必须按照先易后难的原则确定项目扶持的先后顺序。

二是土地治理要按流域或灌区统一规划，坚持集中连片综合治理，建一片成一片，以利先进适用技术的推广应用，提高开发效益。

三是产业化发展项目要坚持以市场为导向，以效益为中心，充分利用和发挥当地资源和技术优势，优先扶持经济效益好、市场潜力大的种植、养殖和农副产品加工项目，推动农业结构的进一步调整优化和产业化经营，带动农民增收。

四是依靠科技进步提高开发效益，示范推广先进适用农业技术，加强对农民的培训，加强社会化服务体系建设，鼓励和支持科研、教学单位和科技人员创办领办科技项目。

五是明确项目申报审批程序，引入竞争机制，以调动各方面共同参与的积极性。每年省农发办都根据国家农发办和省政府要求，制定下发申报指南或意见,项目的确定实行自下而上申报,自上而下审定。

二、组织管理原则

农业综合开发是一项涵盖社会多行业、经济多部门、技术多学科,对象广泛、环节复杂的系统工程,加之全省各地机构设置不完全一致,为防止管理过程的有效性被弱化,农业综合开发项目坚持"统一组织,分级管理"的原则,以充分发挥各地积极性。同时明确各级农发机构的职责权限,以促使其主动加强资金和项目管理,保证各项建设的顺利进行。

一是成立机构,实行"三专"管理。有开发任务的各级地方政府,应按要求建立农发办事机构,配备与工作任务相适应的人员力量,明确职责权限,实行专人、专职和专业化管理。

二是统筹协调,合力推进。充分发挥政府职能,实行联席会议制度,建立健全协调运作机制,在各级政府的统一领导下,调动一切可以利用的资源要素,共同推进建设。

三是建立制度,强化监管。虽然各级办事机构在地方隶属关系上存在差异,但必须在业务上实行统一管理,自觉接受上级机构的指导与监督,并实行严格的目标考核。实践证明,健全的组织管理网络和制度建设,为各级农发机构工作的有序开展和目标任务的完成提供了有力保证。

三、项目建设原则

一是突出内涵开发把加强能力建设摆在首位。二是保护生态环境促进农业可持续发展。三是采取综合措施实现综合效益。四是强化标准约束确保建设质量。农业综合开发坚持走以内涵开发为主的道路,始终把改造中低产田、建设高标准农田,提高农业综合生产能力和改善生态环境作为主要任务,把提高农业综合效益和增加农民收入作为重点,开发利用和节约保护资源并重,促进农业的可持续发展。此外,体现"综合"和依靠科技进步,也是农业综合开发项目建设的鲜明特色和显著特点。自立项开发以来,始终强调采取综合措施,实行综合治理,取得综合效益。而依靠科技进步,不仅一开始就提出,而且成为后来成功实现战略转型的关键措施之一。项目建设坚持标准,按照初步设计或实施方案严格施工,实行法人制、公示制。土地治理项目实行招投标制、工程监理制、政府采购制,确保项目建设标准和质量。

第三节　管理程序

农业综合开发项目管理程序依据世行贷款项目设置的,同时又体现了自身特点,大致分为七个阶段。

一、前期准备阶段

前期准备阶段包括组织编制规划、提交项目建议书和建立项目库、编制项目可行性研究报告并进行评估论证等。

开发规划,通常分为总体规划和分项规划、中长期规划和年度(或专项)规划。农业综合开发实施初期,项目分为总项目、分项目和子项目,规划以三年为一个建设期编制,项目分年组织实施。后来项目逐步改为一年一定,当年审批当年组织实施。为此,省、市、县基本按照国民经济建设期编制中长期规划,在规划框架内每年编制年度计划并组织项目建设。

项目建议书。农业综合开发一直重视项目库建设,要求基层提前做好项目培育和选项工作,分级建立项目库,通过对项目建议书初步审查后进入项目库,并实行动态管理。同时强调,拟当年扶持的项目必须从项目库选取,从而较好地把控了项目质量。

可行性研究报告。在项目前期工作中,项目建议书、可行性研究报告、初步设计主要回答项目为什么建、能不能建和如何建的问题,其中,开展可行性研究又是确保科学选项、择优立项的关键。报告编制由有资质的单位或专家、技术人员编写。

二、项目评审阶段

项目评审又称评估、审定,是农业综合开发项目建设程序中前期工作的重要内容,也是确保项目建设顺利进行并取得预期效益的一项重要基础性工作和保障措施。

1988－1993年农业综合开发处于起步阶段,各项管理制度还不完善。1994年以后,随着开发范围的扩大和开发工作的深入,评估(评审)工作开始起步探索。1995年12月,国家农发办出台《农业综合开发项目评估暂行规定》,开始将项目评估工作纳入制度化轨道。1996年,成立了省农业开发评审中心,明确评审岗位及专职人员。哈尔滨市也成立了农业开发评审中心。

1996－2008年评审职能得到强化,机构和制度逐步完善,评审工作有序展开。1999年省农发办开始组建专家库,聘请专家参与项目评估工作。由于项目改为一年一定,评审工作基本转为主要对当年或下年项目可行性研究报告(包括总体规划)的审查把关。

2009－2015年对评审工作更加重视,评审工作质量和水平进一步提高。国家农发办于2010年出台《加强和规范农业综合开发项目评审工作的指导意见》,2011年出台《国家农业综合开发项目评审暂行办法》。这一阶段,国家经过几次项目审批权限的下放,评审工作主要由省农业开发评审中心负责。

2016年起,国家农发办将全部项目审批权限下放到了省一级,管理工作的重点逐步由前置性审批向后置性监管转变,由事后监管向事前、事中、事后监督相结合转变。

2018年省农发办把评审权力下放,由市县农发办组织或委托第三方评审当地申报项目。项目审批权限陆续下放后,省农发办将工作的重点转到了加强顶层设计和对地方组织的评审活动进行指导监督上。

三、计划审批阶段

计划审批阶段包括下达年度投资控制指标,下发土地治理项目计划编报通知,发布产业化发展项目申报指南,组织编报和审批年度计划,组织编制和审核项目初步设计或实施方案等。

初步设计。初步是项目批复和实施的依据,就具体建设项目而言,设计通常分为初步设计、技术设计和施工图设计三个阶段。由于土地治理项目工程大多为中小型农田水利工程,所以各地的普遍做法是将初步设计与技术设计合并为一个阶段,称之扩大初步设计。科技项目要求编制实施方案,产业化发展项目要求编制初步设计或实施方案。2017年以来,省农发办提出项目可研报告必须达到初步设计的深度,将投资控制的关口进一步前移。

年度计划。农业综合开发项目实行自下而上申报,自上而下审批,并严格按照计划管理。由于项目一年一定,每年国家先下达中央财政年度投资控制指标,并逐级分解细化。据此,省农发办依照现行投入政策、编报通知和申报指南要求,明确两类项目资金规模、建设任务及相关配套比例,正式编报年度实施计划。年度计划的调整变更按照分级管理的原则,由不同层级在授权范围内受理,并履行对上报备手续。

四、项目实施阶段

项目实施阶段包括下达年度建设资金,组建项目法人,进行资金和项目公示,委托(或招标确定)工程建设监理,组织工程和设备招投标,进行计划、进度、质量、投资、安全控制和资源调配,做好统计和监督检查工作等。

为了加强农业综合开发项目管理,2001年国家农发办出台《农业综合开发招投标管理暂行办法》,2004年以来,省农发办根据国家制度先后制定下发财政资金县级报账制、工程招投标制、工程建设监理制、项目和资金公示制,连同积极推行的项目法人制,成为项目管理最基本的制度规定。

各地在执行这些基本制度过程中,结合工作实际进行了许多创新,如在监理制基础上建立农民义务监督员制度,在招投标中建立施工企业诚信制度等,进一步丰富了基本制度的内涵,提高了执行效果。社会普遍认为,农业综合开发项目管理是支农项目管理最严格、最规范的,被其他支农项目管理所借鉴。

五、竣工验收阶段

对竣工项目组织验收,是农业综合开发项目管理的重要内容,也是检查各项政策制度贯彻落实情况的重要途径,以及检验开发成果和促进各项工作的重要措施。包括文档建设，标识设置，资金报账和财务结算，分级开展项目自验、复查、验收、考评工作，完成资金决算等。

农业综合开发实施初期，由于缺少可资借鉴的成功做法，验收工作处于探索阶段。经过多年实践，制度不断完善，操作也更加规范。这其中，根据开发条例和三个部令的要求，特别是管理权限逐步下放后，在执行主体、验收周期、分级责任等方面都作了较大调整。此外，农业综合开发一直重视文档建设和标识设置，要求通过平时的收集整理，竣工时分别形成完整、真实的资金和项目资料。同时完善项目工程及设施设备的标识、编号设置，以便于今后管理和接受社会监督。

从 2005 年起实行"县级进行验收准备、市级检查验收准备情况、省级全面验收、国家抽查进行验收考评"新的工作机制。从 2010 年开始，国家取消竣工项目验收考评，改为每年对所有省份进行综合检查（主要考虑计划一年一批，而验收考评三年进行一次，存在间隔时间过长、监督检查力度不够和问题查处不及时等弊端，已不能适应当前工作需要），且以委托社会中介机构为主的方式进行。2016 年颁布的 84 号部令明确，土地治理项目由省级或者设区的市级农发机构组织验收，产业化发展项目由县级农发机构组织验收。国家农发办采取直接组织或委托第三方的方式，对各省的农业综合开发资金和项目开展绩效评价和进行监督检查。

从 1994 年开始，省农发办将验收结果作为下一年度是否继续立项和立项规模大小的重要依据，1996 年又开始实行验收意见反馈制度。对于验收结果不合格的，除给予通报批评和要求限期整改外，将酌量扣减现有投资或不予追加投资。在以后多年开展的验收、验收考评、综合检查、中期检查、专项检查等工作中，也一直坚持将其结果与目标考核和资金分配挂钩，狠抓问题整改。对于严重违规违纪的，还采取了取消或暂停开发县资格的处罚措施。

2009 年 8 月 19 日至 9 月 4 日，采取省级验收和委托市（地）验收相结合的办法，对 2006—2008 年全省农业综合开发 674 个项目进行了全面竣工验收。其中省级验收项目 371 个，占全省应验项目的 55%；委托市

（地）级验收项目 303 个,占全省项目的 45%。

2015 年 7 月至 9 月,采取委托市（地）验收和省级抽查相结合的办法,对 2013 年农业综合开发项目进行了复查,对 2014 年项目进行了全面检查。共验收全省 13 个市（地）、86 个县（市、区）,共 721 个项目。

六、运行管护阶段

运行管护阶段包括工程移交明晰产权归属,落实管护主体、管护制度和管护经费,对投入运行项目进行绩效监测与后评价等。

运行管护的前提是产权处置,包括形成固定资产的所有权、使用权和管护权。只有明晰产权归属,才能真正做到人员、制度、经费"三落实",进而保证项目工程长期发挥效益。由于农发项目工程面广量大,且涉及不同专业和部门,一直以来成为基层农发机构致力解决的难点问题。为此,各地进行了许多有益探索,如按照"谁受益、谁负担"和"以工程养工程"的原则筹集工程和设备管护费用,推行建立自主管理灌排区的投资、养护管理机制,及时移交产权,明确管护主体及管护责任。对产生直接经济效益的工程设施引入市场机制,通过公开竞价,宜卖则卖、宜股则股、宜租则租、宜包则包,取得明显成效,一是随意毁占项目的现象得到遏制;二是重建轻管的现象得到遏制;三是确保了项目长期发挥效益,巩固了开发成果。

七、绩效考核阶段

监督检查、绩效评价和预算执行监管结果均为财政资金分配的重要参考。财政部第 29 号、60 号部令规定:"各级农发机构应做好后期项目监测评价工作,为改进项目管理提供依据。"第 84 号部令进一步明确:"国家农发办采取直接组织或委托第三方的方式,对各省的农业综合开发资金和项目开展绩效评价和进行监督检查。"按照部令要求,省农发办严格执行国家在 2007 年、2011 年、2014 年制定开发资金和项目管理工作质量考评、绩效评价办法,并在开展监督检查工作的同时,扎实推进年度项目资金绩效评价工作,初步建立了以高标准农田建设为重点,以项目建设和资金管理后评价为主要内容的绩效管理机制,为全省农业综合开发的健康发展发挥了重要作用。

省农发办每年都进行综合考评,并将考评情况报国家农发办。此外,近年来省农发办对项目运行情况的监测评价工作也在不断加强。2014年,委托中科院地理资源所对"十二五"农业综合开发高标准农田建设开展了第三方评估。

第四节　管理制度

农业综合开发历来重视法规制度建设,三十年来,不仅国家层面研究制定了若干规章制度,黑龙江省农发办就其中一些制度办法的贯彻执行制定了实施细则,有的市县农发办还结合地方实际,提出了其他更具体的管理办法,从而逐步形成了涵盖不同项目和项目建设全过程比较完善的制度体系,为全省农发事业的健康发展提供了制度保障。

农业综合开发项目管理制度,一方面是综合性管理制度,既包括项目,也包括资金;另一方面是独立的项目管理制度。项目管理主要是按照国家制度执行,同时出台了一些地方性管理制度。回顾制度体系建立与完善的过程,从国家层面分了几个时段。

纵向看有六个主要时段,一是1989年国务院转发农发基金及项目管理的两个办法,制度建设开始起步;二是1994年国务院转发关于农业综合开发的若干政策,国家农发办分别制定了项目管理办法、资金管理办法,政策和制度框架初步形成;三是1998 – 2003年,以资金管理为主的一些规章制度相继出台(如资金会计制度、财务管理办法、县级报账制、资金违规处理办法等);四是2004 – 2006年,以项目管理为主的一些规章制度相继出台(如招标、监理、公示、评审、验收及世行项目建设等);五是2008 – 2011年,按照"两个更加注重"和"两个聚焦"的要求,对高标准农田建设和产业化经营(包括参股)作了规定;六是2013 – 2018年,主要针对管理模式调整和各项创新措施的落实出台了一些规定。

横向看有四个调整重点,一是关于农业综合开发的若干政策(意见）；二是资金和项目管理办法、开发县管理办法、部门项目管理办法等；三是资金若干投入比例的规定、资金会计制度、财务管理办法、有偿资金管理办法、贴息资金管理办法、农民筹资投劳管理规定等；四是工程建设监理办法、项目评审办法（意见）、项目验收办法（意见）等。

黑龙江省也按照国家农发办要求，及时出台相关政策、建设制度，细化意见办法。值得一提的是，1994年出台的《黑龙江省农业综合开发管理条例》，是全国农业综合开发的第一部条例。

黑龙江省农业综合开发对于黑龙江省粮食生产具有举足轻重的地位，这通过1988年到1993年农业综合开发的实践得到充分证明。社会主义市场经济是法治经济，随着农业综合开发资金投入增加规模扩大，迫切需要技能型法治管理。同时，通过开发也发现一些问题，比如机构不健全、管理不规范、建设标准低、资金截留挪用等，都有必要采取法律形式来保障、引导和规范农业综合开发。

1994年3月，经省农发办、省政府法制局和省人大农林委员会商量酝酿，将《黑龙江省农业综合开发管理条例》这个地方性法规列入当年立法规划。

1994年9月，省人大常委会对条例进行了初审。随即又征求了全国人大法工委、国务院法制局和国家农发办意见。

1994年12月3日，省人大常委会二审，通过了这部条例，定于1995年10月1日起执行。条例对农业综合开发指导思想、政策原则、资金使用和管理、项目的建设和管理、项目竣工的使用管护以及法律责任等，都做出了明确规定，由此黑龙江省农业综合开发步入了制度化、法制化轨道。

【相关链接】一

黑龙江省农业综合开发项目类型

土地治理项目类型	年度
改造中低产田、开垦宜农荒地，同时安排少量种植、养殖	
和小型农产品加工项目，统称农业综合开发项目	1988－1993

续表

土地治理项目类型	年度
改造中低产田、开垦宜农荒地、成片造林、天然草场改良	
沙区绿洲农业建设等	1994 – 1998
一般项目:中低产田改造、草原(场)建设	
重点项目:优质粮食基地、优质饲料作物基地节水农业示范	
农业生态工程	1999 – 2003
中低产田改造、生态综合治理、中型灌区节水配套改造	2004 – 2008
中低产田改造、高标准农田示范工程、生态综合治理	
中型灌区节水配套改造	2009 – 2012
中低产田改造、高标准农田示范工程、生态综合治理 中型灌区节水配套改造、现代农业产业园区(27 个)	2013 – 2015
高标准农田建设、生态高产标准农田 生态综合治理、田园综合体试点(2018 年 4 个)	2016 – 2018

产业化发展项目类型		年度
多种经营及龙头项目	农林牧副渔各业贸工农一体化、产加销一条龙式开发	1994 – 1998
多种经营项目	种植业;养殖业;农副产品加工、贮藏、保鲜;农产品批发市场建设	1999 – 2003
产业化经营项目 (2006 – 2009 年参股经营项目 13 个)	种植养殖基地、农产品加工、流通设施	2004 – 2012
	规模化现代养殖场	2013 – 2015
	种植养殖基地、农产品加工、流通设施	2015 – 2016
产业化发展项目(2015 – 2018 年参股权投资项目 49 个)	经济林及设施农业种植基地、养殖基地建设,农产品加工,农产品流通设施建设,农业社会化服务体系建设	2017 – 2018

科技示范项目类型		年度
农业高新科技示范项目(科技园区 2001 – 2005)	侧重于生物工程技术、农业信息技术、新型材料技术及其他前沿农业技术等农业高新技术的示范应用	1999 – 2003
科技推广综合示范项目	侧重于大规模推广应用先进适用农业技术,促进区域农村经济发展	2000 – 2012(产学园结合 2006 年)

利用外资项目类型	实施地点	年度
利用世行贷款农业科技项目	21个县（市、区）	2005—2010
利用亚行贷款农业综合开发项目	16个县（市、区）	2013—2018

部门		部门项目类型	年度
国土部门	土地复垦项目	对在生产过程中因挖损、塌陷、压占等造成破坏的土地采取整治措施,使其恢复到可供利用状态	1995
水利部门	中型灌区节水配套改造项目	针对设计面积5－30万亩的灌区	1988
	水土保持项目	坡改梯、水保林、经济林、种草、封禁治理及其他小型水保工程	1989
农业部门	良种繁育项目	原原种扩繁项目（1989） 良种繁育基地项目（1989） 育草基金项目（1989） 脱毒马铃薯良繁基地项目（2009）	1989
	优势特色种养示范项目	菜篮子工程（1989） 秸秆养畜项目（1992） 优质农产品示范（1996）	1989
	名优经济林和花卉项目	1993 增加花卉基地建设 1995 扩大到经济林产业建设	1993
供销部门	新型合作示范项目	种植类、养殖类、加工类、流通类项目	2009
	产销对接类项目	种植基地、养殖基地,加工设施、流通设施	2012
	新型社会化服务体系试点项目	重要考核指标:项目单位新增固定资产项目区服务农户数量	2014

【相关链接】二

黑龙江省农业综合开发管理条例

（1994 年 12 月 3 日黑龙江省第八届人民代表大会
常务委员会第十二次会议通过）

第一章　总则

第一条　为提高农业综合开发的整体水平,促进农业和农村经济的发展,根据《中华人民共和国农业法》和有关法律、法规的规定,结合我省实际情况,制定本条例。

第二条　本条例所称农业综合开发是指由国家农业综合开发主管部门批准立项,利用财政专项资金、银行专项贷款以及其他配套资金(含引进资金和城乡各种经济组织、个人自筹资金),对农业资源进行综合性的治理和利用。

第三条　凡在本省行政区域内从事农业综合开发活动的单位和个人,均应当遵守本条例。

第四条　省人民政府农业综合开发行政主管部门负责全省农业综合开发管理工作,并负责组织实施本条例。

市(行署)、县(市)人民政府农业综合开发行政主管部门负责本辖区内的农业综合开发管理工作。

第五条　各级人民政府财政部门参与财政投入资金的立项工作,负责地方财政配套资金的筹集和有偿资金还款对象的落实工作,并对财政投入资金的使用和管理实行监督。

各级人民政府的其他有关部门在各自职责范围内,负责与农业综合开发有关的管理工作。

省国营农场行政主管部门根据本条例负责本系统的农业综合开发管理工作,并接受省人民政府农业综合开发行政主管部门的指导和监督。

第六条　县级以上人民政府应当将农业综合开发纳入当地国民经济和社会发展计划,组织有关部门制定农业综合开发规划,做好项目储备工作。

农业综合开发规划必须与土地利用总体规划以及有关行业规划相协调。

第七条　农业综合开发应遵循经济效益、社会效益和生态效益相统一的原则,坚持以改造中低产田为主,有计划地开垦宜农荒地;坚持山、水、田、林路综合治理,农业、林业、牧业、副业、渔业全面开发。

第八条　农业综合开发应当加强社会化服务体系建设,采用先进的科学技术,推广经济效益高的科技成果。

各级人民政府应当重视培养和使用农业综合开发的专业技术人才,鼓励科技人员参加农业综合开发科学研究、技术推广和承包开发项目。

第九条　各级人民政府对农业综合开发工作中作出突出贡献的单位和个人应当给予表彰和奖励。

第二章　开发资金的筹集、使用和管理

第十条　农业综合开发资金的投入,实行择优选项。

农业综合开发项目投资计划批复后,各级财政专项资金、银行专项贷款以及其他配套资金应当及时足额到位,并按先配套后投入的原则分级拨款。

各级人民政府农业综合开发行政主管部门应当配合金融机构,统筹安排银行专项贷款,发挥资金的整体效益。

农业综合开发资金必须专款专用,任何单位和个人不得截留挤占和挪用。

第十一条　有偿投入的财政专项资金和银行专项贷款项目,因条件发生变化或者出现风险时,省农业综合开发行政主管部门、省财政部门和金融机构可以进行适当调整,并报国家农业综合开发主管部门批准。

第十二条　全省财政专项资金和银行专项贷款应当按照国家规定的比例分别用于改造中低产田、开垦宜农荒地、改良天然草场和发展多种经营、农副产品深加工。

对经济效益好的多种经营、农副产品深加工项目,择优扶持,重点安排所需资金。

第十三条　各级人民政府应当积极引进资金,扩大农业综合开发。鼓励中外合资开发、省内外联合开发。

鼓励、支持城乡各种经济组织、个人采取多种形式筹集配套资金和投入劳动力进行开发。

投资者依法享有合同约定的经营管理自主权。

第十四条　农业集体经济组织和农户自筹配套农业综合开发项目资金,由乡(镇)财政所负责管理,年终编制资金收支对照表,向集体经济组织和农户公布,并报送县(市)农业综合开发行政主管部门和财政部门。

国有农业企业自筹和引进的配套资金,在上级主管部门和财政部门指导监督下,由企业自行管理。

第十五条 有偿使用的财政专项资金和银行专项贷款,必须在投入时落实债务人,确定还款期限,按国家规定的办法到期回收。对到期不能足额还款的,取消续建项目或者相应核减投资指标。

有偿使用的财政专项资金,由财政部门统借统还。

第十六条 各级人民政府农业综合开发行政主管部门和财政部门必须依法加强农业综合开发资金的管理,建立健全财务会计和内部审计制度。

第十七条 审计机关依法对农业综合开发资金进行审计。上级审计机关对下级审计机关审计管辖范围内的重大审计事项,可以直接进行审计,但是应当防止不必要的重复审计。

第三章 开发项目的建设和管理

第十八条 农业综合开发项目县级人民政府农业综合开发行政主管部门会同有关部门共同论证;由农业综合开发行政主管部门会同财政部门和金融机构提出申请,并提交项目建设书和可行性研究报告,逐渐审核上报;由省人民政府农业综合开发行政主管部门会同省财政部门、金融机构审核认定,报国家农业综合开发主管部门和中国农业发展银行总行批准后实施。

第十九条 土地开发项目应当按照区域或者集中连片开发并实行适度规模经营。

第二十条 各级人民政府农业综合开发行政主管部门组织实施农业综合开发项目时,实行项目负责制,明确管理职责。在实施项目中,项目负责人变动时,必须与新的项目负责人办理交接手续。

农业综合开发工程项目,应当统一规划。工程应当由相当资质等级的专业勘察设计,由相应技术水平的施工队伍施工,并实行开工报告制度,未经省农业综合开发行政主管部门批准不得开工。

第二十一条 农业综合开发项目建设应当引入竞争机制,招标择专业施工队伍,保证工程建设质量。

第二十二条 农业综合开发项目建设,应当按照项目设计标准采购和使用所需物资,确保品种、规格符合质量要求。

第二十三条 各级人民政府农业综合开发行政主管部门和开发项目承

办单位必须执行国家和省规定的农业综合开发项目建设标准。任何单位和个人不得擅自变更建设标准。确需变动时间,必须报原审批部门批准,并报有关部门备案。

第二十四条　项目建设必须按照批准的年度计划组织实施,任何单位和个人不得阻挠施工和擅自延误工期。

第二十五条　农业综合开发项目竣工后,必须按照国家和省的有关规定,由省农业综合开发行政主管部门组织有关部门验收和评价,合格的颁发证书。

农业综合开发项目验收合格的,应当及时办理项目的使用、维修、管理和移交手续,并明确管护单位,建立健全管护责任制。

各级人民政府农业综合开发行政主管部门应当对已建成项目管护工作进行监督检查。

第二十六条　农业综合开发已建工程的管理工作,应当坚持以工程养工程的原则,所需维护费用由管护单位自筹解决;确有困难的,由地方政府统筹解决。

第二十七条　中低产田改造和天然草场改良项目,已经实行家庭联产承包责任制的,应当保持稳定。

宜农荒地开垦项目采取招标方式承包开发利用;可以兴办开发性家庭农场或者股份合作农场。

第二十八条　改造的中低产田、开垦的宜农荒地、营造的成片林木和改良的天然草场等不得擅自改变用途。确需改变用途时,应当按项目申报程序,由原申报部门申请,报省人民政府农业综合开发行政主管部门和财政部门、金融机构同意,依法办理批准手续,经资产评估机构评估后,由省农业综合开发行政主管部门收回应收资金,存入财政专户,继续用于农业综合开发项目建设。

第二十九条　农业综合开发项目建设设施受法律保护,任何组织和个人不得非法占用或者毁坏。

第四章　法律责任

第三十条　违反本条例第十条规定,截留、挤占和挪用农业综合开发资金的,由省农业综合开发行政主管部门、财政部门和审计机关按照各自职责责令其限期归还被截留、挤占和挪用的资金,并由所在单位或者上级主管机关对责任人员给予行政处分;构成犯罪的,依法追究刑事责任。

第三十一条 违反本条例第十八条规定,申报农业综合开发项目弄虚作假的,由省农业综合开发行政主管部门取消立项资格,收回开发资金,并由所在单位或者上级主管机关对责任人给予行政处分。

第三十二条 违反本条例第二十二条规定,采购或者使用不符合工程设计标准物资的,由县级以上农业综合开发行政主管部门责令采取补救措施,并处以采购物资总额5%至10%的罚款;构成犯罪的,依法追究刑事责任。

第三十三条 违反本条例第二十三条规定,擅自降低工程建设标准的,由县级以上农业综合开发行政主管部门责令其限期按国家标准补建,费用由建设单位承担,并由所在单位或者上级主管机关对责任人给予行政处分;逾期未补建的,收回达到工程建设标准补建所需的投资,并处以补建费用5%至10%的罚款。

第三十四条 违反本条例第二十八条规定,擅自改变开发项目用途的,由县级以上农业综合开发行政主管部门责令恢复原项目用途;不能恢复的,收回原项目建设投资。

第三十五条 违反本条例第二十九条规定,非法占用项目建设设施的,由管护单位的主管部门责令其限期退还,并处以建设设施造价1%至3%的罚款;毁坏项目建设设施的,由管护单位的主管部门责令其赔偿损失,并根据情节处以建设设施造价2%至5%的罚款;应当给予治安管理处罚的,由公安机关依照《中华人民共和国治安管理处罚条例》的规定处罚。

第三十六条 罚没款全额上交同级财政部门。罚款使用省财政部门统一印制的票据。

第三十七条 当事人对行政处罚决定不服的,可以按照《中华人民共和国行政诉讼法》和《行政复议条例》申请复议或者提起诉讼;当事人逾期不申请复议或者不向人民法院起诉又不履行处罚决定的,由作出处罚决定的机关申请人民法院强制执行。

第三十八条　农业综合开发行政主管部门或者其他主管部门以及农业综合开发管理单位的工作人员,玩忽职守、滥用职权、徇私舞弊的,由其所在单位或上级主管机关给予行政处分;构成犯罪的,依法追究刑事责任。

第五章　附则

第三十九条　本条例由省人民政府农业综合开发行政主管部门负责应用解释。

第四十条　本条例自1995年1月1日起施行。

【相关链接】三

关于申报2011年产业化经营项目的通知

各市(地)、县(市、区)农业开发办公室:

根据国家农业综合开发办公室国农办〔2010〕186号《关于印发2011年国家农业综合开发产业化经营项目申报指南的通知》文件精神,结合我省农业农村经济、农业产业化企业发展现状,经研究,确定我省2011年农业综合开发产业化经营项目指导意见。现将有关事宜通知如下。

一、指导思想和目标任务

以国家关于扶持农业产业化经营的方针政策为指导,以壮大龙头企业和农民专业合作社、促进农民持续增收为目标,围绕农业综合开发项目区,扶持我省具有明显竞争优势和辐射带动作用的产业化经营项目,促进优势农产品基地建设和农产品加工业结构升级,提高农业生产的专业化、规模化、集约化和标准化水平,逐步形成优势突出和特色鲜明的主导产业,推进现代农业产业体系建设。

二、扶持范围和重点

农业综合开发产业化经营扶持的项目范围包括:粮油、果蔬、畜禽等农产品加工项目;经济林及设施农业、畜禽水产养殖等种植养殖基地项目。农产品储藏保鲜、产地批发市场等流通设施项目。项目安排原则上限于农业综合开发县,并向产粮大县和粮食加工转化项目适当倾斜。

农业综合开发产业化经营重点扶持的产业包括:水稻、玉米、大豆、奶牛、肉牛、生猪等产业。

农业综合开发产业化经营严格限制的项目包括:中成药深加工、粮食酿酒工业、木材深加工、纺织工业,深海养殖及捕捞项目,列入中国国家重点保护野生动植物名录和有关野生动植物保护国际公约附录的动植物加工流通项目。

三、扶持对象

对农民增收带动作用强的农业产业化龙头企业和农民专业合作社。

四、扶持方式

扶持发展农业产业化经营采取贷款贴息和财政补助两种方式,以贷款贴息为主。

(一)贷款贴息项目

1. 优先扶持粮食加工转化贷款贴息项目。优先扶持固定资产贷款贴息项目,优先扶持与中国农业发展银行合作贷款贴息项目,同时积极扶持其他金融机构贷款贴息项目。

2. 中央财政贴息资金35%以上用于固定资产贷款贴息,65%以下用于收购农副产品流动资金贷款贴息。

3. 固定资产贷款贴息范围为2009年1月1日以后签订贷款合同(包括2008年签订贷款合同、申请连续贴息的贷款)、在2010会计年度实际发生并已经支付的利息。2009年签订贷款合同的中国农业发展银行固定资产贷款项目,按规定补办手续后,可列为双方合作贷款贴息项目,并对在2010会计年度实际发生并已经支付的利息予以贴息。

原则上对落实单笔固定资产贷款300万元以上、6000万元以下的部分予以贴息。固定资产贷款贴息期限:与中国农业发展银行合作贷款贴息项目一般为3年,最长不超过5年;其他项目最长不超过2年。

4. 流动资金贷款贴息范围为2009年6月30日以后签订贷款合同、2010年1月1日至12月31日期间实际发生并已经支付的利息。

原则上对落实单笔流动资金贷款100万元以上,且累计达到500万元以上、6000万元以下的部分予以贴息。

5. 对于同时申请固定资产和流动资金贷款贴息的项目,财政贴息的贷款额度上限合计为6000万元。

6. 贴息率根据同期人民银行同档次贷款基准利率确定,固定资产贷款贴息率为5.4%,流动资金贷款贴息率为4.8%。

(二)财政补助项目

1. 财政补助资金重点用于扶持农民专业合作社项目。

2. 财政补助项目的扶持重点:农民专业合作社申报的种植业、养殖业项目。龙头企业申报的种苗、种畜禽繁育项目;农产品加工(包括粮食加工转化)所需的技术改造、产品升级和废弃污染物综合利用等项目;以及储藏保鲜、产地批发市场项目。

3. 农民专业合作社项目年度中央财政补助资金不高于100万元、不低于20万元,龙头企业项目年度中央财政补助资金不高于200万元、不低于50万元。

4. 地方财政按政策规定落实配套资金。中央财政资金与省内配套资金比例为1:0.4。

5. 项目单位的自筹资金不低于所扶持的财政补助资金。

6. 财政补助资金使用范围

(1)种植基地项目:种苗繁育、经济林及设施农业种植基地所需的灌排设施、土地平整、农用道路、输变电设备及温室大棚、品种改良、质量检测设施,新品种、新技术的引进、示范及培训等。

(2)养殖基地项目:种畜禽繁育及养殖基地所需的基础设施、疫病防疫设施、废弃物处理及隔离环保设施、质量检测设施,新品种、新技术的引进、示范及培训等。

(3)农产品加工项目:与技术改造、产品升级和废弃污染物综合利用相配套的设施设备,质量检验设施,卫生防疫及动植物检疫设施,引进新品种、新技术,对农户进行培训等。

(4)流通设施项目:农副产品市场信息平台设施,交易场所、仓储、保鲜冷藏设施,产品质量检测设施,卫生防疫与动植物检疫设施,废弃物配套处理设施等。

原则上按不超过财政补助资金的3%用于项目可行性研究、初步设计或实施方案、环境评估费等项目前期费用。

五、申报要求及立项条件

(一)贷款贴息项目申报要求

1. 贷款用途符合农业综合开发产业化经营扶持范围;贷款期限、额度符合规定要求。

2. 项目申报单位具有独立法人资格,企业经营状况良好。

3. 法人代表具有良好的社会形象和诚信记录。

4. 对农业结构调整,农民增收和就业带动作用明显。

5. 申报材料真实可靠。

(二)财政补助项目立项条件

1. 基本条件

——有明确的主导产业发展目标,且有建设项目的主客观要求;

——申报项目符合国家产业政策、行业发展规划和法律法规;

——资源优势突出,区域特色明显;

——辐射带动能力强,预期效益好;

——规范生产,品质优良,符合农产品质量安全要求;

——产品科技含量较高,达到相关标准,竞争优势比较明显;

——市场潜力较大,销售方案切实可行;

——技术方案可行,技术依托可靠,工艺路线合理;设备方案与技术方案、工艺路线匹配;

——租赁承包用地或项目建设用地手续合法;

——低耗节能,符合环境保护和可持续发展要求;

——投资估算合理,自筹资金来源有保障,筹资方案可行。

2. 农民专业合作社的条件

——2009年6月30日以前在工商部门登记注册,取得法人资格;

——成员以货币出资、非货币出资等形式入股,成为经济实体;

——以产品和服务为纽带,农民自发组织;

——经营状况良好,净资产不低于申请财政补助资金总额;

——产权明晰,运行机制合理,章程规范,管理制度完善;

——财务规范,独立核算,盈余返还;

——农民成员不低于30户,50户以上予以优先扶持;

——企业、事业单位和社会团体成员不得超过成员总数的5%;

——国家补助资金形成的财产平均量化到全体成员,并向全体成员公示。

3. 龙头企业的条件

—— 2008年6月30日以前在工商部门登记注册,具有独立的企业法人资格;法人代表具有良好的社会形象和诚信记录;

——经营业绩良好,最近两年连续盈利,具有良好的发展前景;

——具有一定的经营规模和经济实力。2009年固定资产净值500万元以上,净资产300万元以上、且不低于申请财政补助资金总额的3倍;

——近两年资产负债率低于65%,银行信用等级A级以上(含A级,未向银行贷款的除外);

——财务规范、管理严格,资产优良,不欠税、不欠工资、不欠社会保险金;

——建立了符合市场经济要求的经营管理机制,能保证项目按计划建成和财政资金规范、安全、有效运行;

——与农民以多种形式,形成联结紧密、科学合理的利益共同体。龙头企业实施的项目直接带动农户300户以上;加工项目向农户采购的原料占所需原料的70%以上,流通设施项目涉及的农产品主要来自当地农户。

(三)不予扶持的项目

1. 龙头企业加工所需原料主要来源于自营基地、不能有效带动农民增收的项目,国家政策明令禁止的项目。

2. 截止到2010年底,同一项目单位已获得农业综合开发产业化经营项目连续扶持(包括贷款贴息和财政补助项目)满3年的,不在2011年申报范围。该项目单位,如再次申请农业综合开发项目扶持,须间隔2年以上。

3. 已申报2011年农业综合开发部门项目的,不在此次申报范围。

4. 近两年未上缴国有股权分红收益或经营亏损的农业综合开发投资参股企业,以及已上市的农业产业化龙头企业,不得申报2011年农业综合开发产业化经营项目。

六、相关要求

(一)申报程序和申报时间

1. 各级农业综合开发办事机构积极组织申报农业产业化经营项目。需对申报的项目进行现场考察,严格核对申报材料,并对材料的真实性负责。

2. 财政补助项目于2010年10月20日至10月27日进行申报,贷款贴息项目于2011年1月10日开始申报。各市(地)、县(市、区)申报项目的具体时间再行通知。

3. 鼓励申报贷款贴息项目,严格控制财政补助项目。每个县(市、区)级开发办申报贷款贴息项目不受限制;财政补助项目允许申报一个农民专业合作社项目,一个龙头企业项目,超过规定上报的不予受理。同一项目单位同一年度只能申报一类扶持项目。

4. 越级申报、逾期申报,不予受理。

(二)需提供相关材料

1. 贷款贴息项目:基层农发部门贷款贴息项目申报文件;2011农业综合开发产业化经营中央财政贷款贴息项目附表(含电子版);银行贷款合同和贷款到位凭证复印件;贷款银行出具的利息结算清单和利息支付原始凭证复印件;项目单位法人营业执照副本复印件;项目单位龙头企业级别认定证明;项目单位获得的贷款银行信用等级评定证书及授信证明复印件;由社会中介机构出具的项目单位2009年度财务审计报告。固定资产贷款贴息项目还须提供贷款银行批复文件复印件,工程施工(或设备采购)合同或付款凭证;流动资金贷款贴息项目还须提供农产品收购合同或凭证。一式五份。

2. 财政补助项目:基层农发部门财政补助项目申报文件;2011农业综合开发产业化经营财政补助项目附表(含电子版);农民专业合作社申报应提供项目申报书及附件(含电子版);龙头企业申报应提供项目可行性研究报

告及附件(含电子版)。一式五份。

(三)需说明相关情况

1. 同一项目单位上一年度已得到农业综合开发产业化经营扶持、拟申请连续扶持的,在申报材料中,须详细说明项目单位现状及项目建设、资金使用管理等情况。

2. 项目单位需说明近两年申请农业综合开发资金之外的其他财政专项资金的情况。

(四)其他事项

1. 项目单位和地方各级农业综合开发办事机构要确保项目申报材料的真实可靠与完整。如发现弄虚作假、违规操作等,按《农业综合开发财政资金违规违纪行为处理暂行办法》(财发〔2005〕68号)等规定严肃处理。

2. 省级农业综合开发办事机构对经过规定程序拟立项扶持的产业化经营项目,将进行公示。

附件:

1. 产业化经营中央财政贷款贴息项目附表格式;

2. 产业化经营财政补助项目附表格式;

3. 财政补助项目龙头企业可行性研究报告编写参考大纲;

4. 财政补助项目农民专业合作社申报书编写参考大纲。

黑龙江省农业开发办公室

2010年9月26日

【相关链接】四

黑龙江省农业综合开发股权投资企业

序号	企业名称
1	哈尔滨宏立药用胶囊有限公司
2	黑龙江鞍达实业集团股份有限公司
3	绥化市阜康粮油贸易有限公司
4	环宇集团黑龙江格林粮食开发有限公司
5	黑龙江阳霖油脂集团有限公司
6	依安黄淮油脂有限公司
7	黑龙江明达油脂开发有限责任公司

续表

序号	企业名称
8	东宁县宁城经济贸易有限公司
9	哈尔滨绿色实业有限公司
10	哈尔滨新胜牧业集团有限公司
11	庆安鑫利达米业有限公司
12	依安农机专业合作社
13	孙吴县隆凯面粉加工有限公司
14	黑龙江孙斌鸿源农业开发集团有限责任公司
15	大庆育禄农业科技开发有限公司
16	宝清县北大荒米业有限责任公司
17	黑龙江大森林食品集团有限公司
18	伊春宝宇农业科技有限公司
19	哈尔滨华强皮草开发有限公司
20	黑龙江亮子奔腾生物科技有限公司
21	兰西县兆林牧业有限公司
22	黑龙江省博瑞遗传有限公司
23	黑龙江省万源油脂有限公司
24	黑龙江大明宝贝面粉有限公司
25	黑龙江鹤翔春中药饮片有限公司
26	尚志市大地粮油有限公司
27	黑龙江宾西食品有限公司
28	黑龙江良源食品有限公司
29	绥化市裕达牧业有限公司
30	黑龙江恒阳农业集团有限公司
31	黑龙江大庄园肉业有限公司
32	鹤岗市经纬糖醇有限公司
33	牡丹江中龙食品有限责任公司
34	穆棱市龙穆黑牛牧业有限公司
35	五常市珍珠大米有限责任公司
36	哈尔滨市龙生北药生物工程股份有限公司

续表

序号	企业名称
37	五常市永达科风米业有限公司
38	北安华升食品有限公司
39	绥化金龙油脂有限责任公司
40	黑龙江利健生物有限公司
41	黑龙江泷安农业科技有限公司
42	勃利县禹森薰衣草农业发展有限公司
43	伊春中盟食品股份有限公司
44	黑龙江荣盛达食品有限公司
45	东宁黑尊生物科技有限公司
46	伊春林业发展集团股份有限公司
47	伊春黑臻食用菌种植有限公司
48	大庆鲍斯生物科技有限责任公司
49	黑龙江笨笨乐农牧科技发展有限公司
50	林口县林源食品有限公司
51	佳木斯市通四海稻米油深加工有限公司
52	五常市永泽粮油有限公司
53	勃利县大兴牧业有限责任公司
54	哈尔滨丰源农牧业有限公司
55	黑龙江省五米常香农业科技发展股份有限公司
56	哈尔滨市三元畜产实业有限公司
57	黑龙江红星集团食品有限公司
58	黑龙江省供销集团农业产业有限公司
59	牡丹江红星天野第六现代牧业有限公司
60	黑龙江对青鹅业集团有限公司
61	孙吴天之草汉麻新材料科技有限公司
62	黑龙江和记农业开发有限公司

第八章　农发硕果

第一节　推进大粮仓建设

黑龙江省有耕地 1.8 亿亩,居全国首位,是国家重要商品粮基地。多年来,省委、省政府把农业综合开发摆上重要位置,以提高农业综合生产能力为根本任务,以推进规模化、机械化、科技化为重点,实施千亿斤粮食产能工程,大力建设松嫩三江两大平原农业综合开发示范区,加速推进黑龙江大粮仓建设,取得显著成效。1988 - 2008 年,黑龙江省通过实施农业综合开发,改造中低产田 4135 万亩,新增粮食生产能力 180 多亿斤,为全省粮食产量连续登上 400、500、600、700、800 亿斤五大台阶发挥了重要拉动作用。2008 年项目区农民人均收入达到 5431 元,比非项目区高576 元。

一、连片开发、集约经营,提高规模化水平

规模化是现代农业的重要特征,是建设大粮仓的内在要求。黑龙江省耕地面积大,流域众多,产业集中,适于连片开发和集约经营。为此,农业综合开发把推进规模化作为加快发展粮食生产的重要前提和关键措施,做到规划上突出,立项上支持,资金上倾斜。

一是科学规划,区域治理。全省重点扶持粮食主产县,推进集群发展。根据各地特点,坚持技术措施与工程措施并举,采取不同治理模式,提高土地产出率。在内涝严重的东部三江平原,推广以稻治涝模式,开发水田 1100 万亩,占全省同期新增水田的 70%。在干旱比较严重的西部松嫩平原,推广节水灌溉模式,建设高标准旱田 1300 多万亩,玉米平均亩

产达到 1000 斤以上。在水土流失比较严重的丘陵半丘陵地区,推广生态治理模式,治理水土流失面积 202 万亩。在西南部沙化地带,推广庄园治沙模式,泰来县项目区通过庄园治沙,使荒漠变成绿洲,粮食产量比开发前增长 5.4 倍,受到联合国治沙组织的好评。

二是规模立项,连片开发。把规模作为立项的重要标准,不够万亩以上的不予立项。2003 年以来立项的优质粮食基地项目,20 万亩以上 8 个、10 万亩以上 15 个、5 万亩以上 30 个,连片开发在 5 万亩以上的占开发面积的 70 % 以上。对确立开发的乡镇实行连年立项开发,多数产粮大县已形成整乡推进格局。对全省三大水系的 40 多个灌区进行治理,先后建设和完善配套 10 万亩以上灌区 14 个、5 万亩以上灌区 32 个,形成了沿江沿河开发带,流域连片开发面积达到 1400 多万亩。目前全省已构筑起三个优质粮食产业带,即以松花江、嫩江、乌苏里江流域为主的优质水稻产业带,包括 24 个水稻主产县,开发面积 684 万亩;以中西部干旱区为主的优质玉米产业带,包括 18 个玉米主产县,开发面积 482 万亩;以绥化市北部和黑河市为主的优质大豆产业带,包括 20 个大豆主产县,开发面积 361 万亩。

三是壮大基地,集约经营。实施大项目牵动战略,着力建设优质粮食生产示范区,壮大基地规模,带动全省粮食生产集约经营。2006 年以来,全省集中投入农业综合开发资金,重点建设八大示范区,涉及 10 个县,建设旱涝保收、节水高效、高产稳产高标准农田 350 万亩,新增粮食生产能力 20 亿斤。庆安、北林、绥棱三县集中连片,以节水灌溉、全程机械化和大棚育秧为特色,建设 200 万亩高标准优质粳稻示范区。示范区建成后,新增水稻生产能力 8.4 亿斤,节水 2 亿立方米,增加耕地 3 万亩。在肇东市建设 50 万亩玉米吨田示范区,将小田块改造成 2000 亩左右大田块,突出节水灌溉,采用大型机械作业,主推小垄密植高产栽培模式,使玉米亩产由 1200 斤增加到 2000 斤,建设黑龙江旱作农业"第一田"。示范区建成后,新增玉米生产能力 4 亿斤,相当于扩大耕地面积 33 万亩。在青冈县建设 20 万亩贫瘠土地创高产示范区,针对该县盐碱地多的情况,实行精耕细作,坚持农机农艺措施相结合,推广大棚育秧移栽模式,使玉米亩产由 800 斤增加到 1600 斤,新增玉米生产能力 1.6 亿斤,实现贫瘠土地创高产的历史性突破。另外,还在 5 个县建设 5 个面积超过 10 万亩的优质粮食生产示范区。围绕建设八大示范区,全省重点扶持牵动力强的 16 户农业产业化龙头企业,增强企业拉动基地能力。扶持龙头企业自建基地、与农户共建基地,建立紧密利益联结机制,向规模化、品牌化方向发展。

二、立足省情、重点突破,提高机械化水平

联产承包之后,由于生产规模缩小,农民采用"小四轮"或畜力耕作,多数耕地 20 年没有使用大机械整地,造成犁底层上升,土壤板结,地力下降,严重影响粮食产量和品质。面对这种情况,我们突出装备大型农业机械,加快机械化进程,从而有效提高粮食产量,增加农民收入。2004 年以来,黑龙江省农业综合开发积极探索,创新机制,重点采取三种方式,提高项目区农机装备水平。

一是扶持组建农机合作社。农业综合开发以村为单位扶持组建农机合作社,每个合作社投入财政资金 100 万元,吸引农民入股,实行股份制管理。2004 年以来,黑龙江省农业综合开发共扶持组建农机合作社 130 个,投入财政资金 1.49 亿元,新增大中型机械 910 台套,促进土地流转 180 万亩,转移劳动力 2 万多人。2008 年农机合作社增产粮食 1.3 亿斤,增收 1.04 亿元,人均增收 670 元。采用这种方式,使"种田农民"变成"土地股民",破解了一家一户分散经营难以联合的难题,促进了土地流转,提高了农民组织化程度。在农业综合开发带动下,各种形式的农机合作社迅速发展。目前全省农机合作社已发展到 1216 个,大中型拖拉机总量达到 48.2 万台,标准化作业面积达到 4300 万亩。

二是实行农民购置农机补贴机制。按照国家规定的购置农机财政资金比例,农业综合开发对项目区农民以补贴形式推进农机具配套,解决了农民购置农机资金不足问题,扩大了购机规模。2004 年以来,全省共投入购机补贴资金 0.85 亿元,吸引地方、企业、农民投入 1.63 亿元,购置大中型机械 1686 台套,配套农机具 2760 台套。

三是引导企业入股合作装备大型农业机械。2007 年以来,黑龙江省公开招标选择有资金实力、有农机管理经验、实行现代管理制度的龙头企业入股组建大型农机合作社。全省组建规模经营土地 10 万亩以上的大型农机合作社 11 个。依安县现代农业示范区大型农机合作社于 2008 年通过公开招标组建,总投资 3000 万元,其中农业综合开发投入 2000 万元,企业投入 700 万元,村集体投入 300 万元。其瞄准国际一流水平,投入资金多,装备水平高,管理机制新,经营规模大,购置美国凯斯 385、195 马力拖拉机等大中型机械 69 台套,整地深度可达 45 厘米,机耕能力 50 万亩,目前 10 万亩核心区实现全程机械化,正在向现代农业迈进。

三、积极探索、创新方式,提高科技化水平

农业问题最终要靠科技解决。农业综合开发把提高科技含量作为推进开发的重中之重,实施四项工程,加快科技化步伐。

一是园区建设工程。农业综合开发着力支持科技园区建设,达到省有农业科技园区,大项目区有科技示范园,新农村试点村有科技示范田,形成体系。重点建设省农业科技园区,包括种植业创新区、畜牧业创新区、农业科技示范区三大功能区。园区建有 3000 平方米的农业科技博览中心 2.1 万亩的种植园,共引进创新示范品种 316 个,引进创新技术 40 项,完成一批国家重点课题,多项技术填补国内空白,成为推进全省农业科技进步的龙头。通过建设科技园区,做给农民看,引导农民干,吸引各地农民前来参观学习 20 万人次以上,提高了科学种田水平,项目区科技贡献率比全省平均高 5 个百分点以上。

二是大棚育秧工程。水稻大棚育秧可提前育苗,培育壮秧,抢积温 100 - 200 度,亩增产 150 斤左右。农业综合开发率先推广水稻大棚育秧技术,带动全省掀起建设育秧大棚热潮。2007、2008 年共投入农业综合开发资金 3 亿元,建设水稻育秧大棚 4.5 万栋。在农业综合开发带动下,2008 年冬 2009 年春全省多方筹措投入资金 7 亿多元,新建育秧大棚 10.3 万栋,大棚育秧比例提高 12 个百分点。此外,还在旱田区推广玉米

大棚育秧移栽模式,打造吨粮田。

三是麦豆轮作工程。黑龙江省北部地区种植大豆近 4000 万亩,约占全国 1/5。该地区由于大豆连续重迎茬种植,导致土壤营养元素失衡,有害真菌增加,物理性状发生改变,病虫害加重,造成大豆产量和品质下降,严重威胁大豆生产可持续发展。黑龙江省农业综合开发站在科学发展、保障我国大豆生产安全的高度,借鉴发达国家农业经验,在黑龙江省北部地区建立麦豆轮作示范区,以麦救豆,构建科学合理的轮作体系。对示范区农民种植小麦给予良种、农机补贴,购置灌溉设备,支持搞好田间基础设施建设,对与种植户签订订单的龙头企业予以贷款贴息扶持。2008 年以来,投入农业综合开发资金 4500 万元,建设 10 个麦豆轮作示范区,面积 15 万亩。

四是科技合作工程。黑龙江省集中使用农业综合开发科技推广费,推进农发部门、项目区与农业院校、科研院所开展多种形式的合作。由农发部门牵线,推出大型龙头企业、东北农业大学和省农业科技园区强强联合的"产学园"合作模式。各开发县先后与 29 所科研院所、64 个科技推广部门建立稳定合作关系,做到每个项目都有主栽优良品种和主推栽培技术,都挂靠一个科研单位或院校。全省专家深入项目区进行全程技术指导和服务上万人次。通过科技合作,加快科技成果转化与推广速度,为粮食创高产探索新路子。2008 年全省项目区科技示范面积 120 万亩,繁育高产、高效、抗逆性强新品种 54 个,推广高效种养技术 46 项。

(2009 年 5 月 13 日黑龙江省人民政府在全国农发工作会议上发言材料)

第二节 领跑现代化大农业

近年来,省农发办紧紧围绕省委、省政府规划建设的松嫩和三江两大平原农业综合开发试验区及确定实施的千亿斤粮食产能巩固提高工程、社会主义新农村建设工程和城镇化建设试点工程,发挥财政支农资金最大使用效益,坚持集中财力办大事,高标准建成一大批农业综合开发项目,覆盖全省 13 个市(地)、64 个县(市),为提高农业综合生产能力、促进农村经济繁荣发展、改善农民生产生活条件作出了重要贡献,成为领跑龙江现代化大农业的生力军。

一、始终着眼于夯实现代化大农业发展基础,坚持集中投入、综合开发,在推进农田水利化上充分发挥引领作用

农业发展制约在水、潜力在水、希望在水,只有大兴农田水利基础设施建设,大规模建设旱涝保收田,才能提高农业抵御自然灾害的能力,改变农业靠天吃饭的局面。

省农发办把大量资金集中投向农田水利工程及灌溉设施建设,通过实施田、水、路、林、山综合治理,把大面积的中低产田改造成为旱涝保收田、高产稳产田、节水高效田。在水源工程建设上,本着用好天上水、留住地表水、蓄好土壤水、合理利用和严格开采地下水的原则,依托现有水利骨干工程,积极兴建小水库、小塘坝、提水站及小型控制性水利工程,保证项目区的灌溉水源。

在项目区灌溉上,坚持走节水灌溉路子,积极兴建防渗渠道等节水工程,采取大型喷灌、注水点灌、膜下滴灌等措施,既提高了灌溉效率,又节约了水资源。同时,坚持走排蓄结合的路子,加强涝区排水骨干工程建设和田间排水配套工程建设,解决客水入侵和内涝成灾问题,提高农田的防洪除涝能力。

"十一五"期间,省农发办共投入资金 94.34 亿元,改造中低产田 660 万亩,建设高标准农田近 50 万亩,其中农田水利建设资金达 42.2 亿元,建设排灌站 27 座、拦河坝 28 座、小型水库 4 座,开挖疏浚沟渠 14900 多公里,衬砌渠道 1900 多公里,建设桥涵闸等渠系建筑物 28900 多座,建设小型蓄排水工程 127 座,打机电井 8700 多眼,架设输电线路 2300 多公里。通过加强农田水利基础设施建设,极大提高了项目区粮食产量。

在肇东市五里明镇 50 万亩玉米吨粮田示范区,调研组看到了一排排横跨田野、气势恢宏、缓缓移动的大型喷灌设施,看到了一条条傍依田野、笔直延伸、水量充足的水泥硬化渠道,看到了一片片株密个高、秆粗叶宽、长势喜人的高产玉米。目前,该项目区累计投入农业综合开发资金1.45亿元,建设玉米高产核心区5万亩,全部实施农田节水灌溉,在完善田间配套水利基础工程上,引用世界上最先进的"圆心自走式"大型喷灌机25台、"行架平移式"大型喷灌机4台,项目区玉米亩产由1200斤增加到2000斤以上,成为全国闻名的玉米吨粮田。2009年,时任中共中央总书记胡锦涛到项目区视察,称赞这里"走出了一条提高农业综合生产能力的新路子"。像肇东市五里明镇这样的高标准农田示范区还有很多,已经形成星火燎原之势。

2008年以来,省农发办在松嫩和三江两大平原规划建设了八大高标准农田示范区,即绥庆北200万亩优质粳稻示范区、肇东50万亩玉米吨粮田示范区、青冈20万亩贫瘠土地粮食创高产示范区、依兰10万亩提水灌溉旱改水示范区、佳木斯市郊区10万亩水田示范区、宝清30万亩水田示范区、龙江20万亩干旱地区蓄水灌溉示范区、汤原10万亩引汤工程旱改水示范。同时,还在延寿、绥滨、海林、桦南、富锦等10多个县(市)相继建设了一片又一片高标准农田,引领周边5000万亩农田提档升级,加快了两大平原粮食高产创建步伐。他们还以更大的气魄做出远景规划,"十二五"期间,在全省55个产粮大县1年建1个1万亩以上规模的高标准农田,连续扶持3年。到2020年,全省将建成高标准农田1500万亩以上,加上辐射带动周边区域发展,高产稳产面积将占到全省耕地面积的40%以上。

二、始终着眼于强化现代化大农业发展支撑,坚持集中打造、组装开发,在推进种植科技化上充分发挥示范作用

提高粮食产量关键要靠良种和良法,只有大面积推广各类先进适用技术,才能提高种植业生产水平,确保农业稳定增产,获取农业的大丰收。

省农发办加大了农业科技示范推广应用的投入力度,在加大良种引进力度、加快品种更新换代基础上,通过综合组装节水技术、栽培技术、农机技术、新品种应用、病虫害防治等各种先进适用技术,努力提高项目区科技含量和成果转化率;通过与农业科技部门合作,使农业综合开发项目区成为农业科技人员从事科学研究和技术推广的主战场;通过加大农民科技培训,做到项目区每个农户家庭都有一个科学种田的"明白人",不仅提高了项目区农民的科学种田水平,而且还激发了周边地区广大农民学习新技术、应用新技术的积极性。

"十一五"期间,省农发办用于科技措施的资金达到2.77亿元,引进优良品种118个,推广先进适用技术74项,培训农民140.5万人次。新技术、新品种、新仪器、新设施在项目区得到广泛应用,项目区科技含量比非项目区高出20%以上。在甘南县兴十四村,调研组参观了"黑龙江(兴十四)国家级现代农业示范园区"。近几年来,省农发办累计向示范园区投入资金7211万元,建设了3万亩高标准农田、1万平方米智能温室、280栋设施农业大棚。示范园区推广应用栽培、施肥、植保等农业高新技术46项,推广种植14大类、269个高产新品种农作物。玉米最高亩产达2200斤,红谷子最高亩产达650斤,大豆最高亩产达506斤,马铃薯种薯最高亩产达10285斤,超大西瓜每个重量达80－100斤。投入农业综合开发资金1000万元建设的智能温室大棚,运用电脑数控程序实现智能化控制,温度常年可保持在20－30℃之间,湿度、作物所需水分可以实施监控自动调节,蔬菜、瓜果、花卉一茬接一茬上市,仅智能温室就为兴十四村农民累计增收600多万元。目前,示范园区带动兴十四村及周边农村600多名农民就业,有近10万人到园区参观学习。

为解决黑龙江省北部地区多年重迎茬种植造成大豆产量品质下降的问题,2009年以来,省农发办投入资金2.37亿元,在该地区建设48万亩麦豆轮作示范区,实行以麦救豆,破解了一豆十年的难题,小麦平均亩产达到650斤,增产330斤,大豆平均亩产达到320斤,增产100斤。这种科学的种植方式得到当地农民积极响应,带动麦豆轮作面积不断扩大,今年嫩江、五大连池、逊克等8个县(市)麦豆轮作面积已经达到200万亩。国务院发展研究中心派员赴黑龙江省北部地区考察麦豆轮作情况,温家宝、李克强、回良玉等领导在其呈报的材料上作出重要批示。《人民日报》以"破解一豆十年困局"为题进行了专题报道。麦豆轮作为北部地区调整种植结构,建立合理的轮作体系趟出了新路。

三、始终着眼于增强现代化大农业发展实力,坚持集中建设、重点开发,在推进耕作机械化上充分发挥带动作用

大农机是现代化大农业的重要标志,只有大力推广应用大中型农业机械,提高农业机械化水平,才能实行大面积的深松整地,彻底打破犁底层,有效解决土壤板结、跑肥跑水、粮食减产问题,从而增加农业产出效益。

省农发办以推进大型农机装备工程为抓手,重点推广大中型农业机械,利用农业综合开发项目 10% 的财政资金,通过按比例补贴方式,对农机合作社发展进行扶持,对农民购置农机进行补贴,推进农业机械化进程。"十一五"期间,累计投入资金 5.59 亿元,购置各类农机具 11402 台(套),其中 100 马力以上大型拖拉机 1011 台、插秧机 700 台、收割机 630 台,新增农机总动力 43 万千瓦,组建农机合作社 178 个。仅 2010 年,就投入农业综合开发资金 1 亿多元,其中扶持农机合作社 7250 万元,对农民购置农机补贴 2800 万元,全年扶持组建农机合作社 35 个,新增大型动力机械 190 台(套),新增农机总动力 4.3 万千瓦。

在肇东市五里明镇,省农发办近两年投入资金 3000 万元,组建大型农机合作社 2 个,购置大型农业机械 48 台(套),其中进口美国凯斯 385 马力拖拉机 2 台、210 马力拖拉机 6 台,日本久保田 95 马力拖拉机 4 台,中法合资玉米收割机 6 台,洛阳中型收割机 3 台,同时还配套进口整地机械,大大提高了高标准农田的机械化水平。扶持的安达市丰桥农机合作社购置农业机械 126 台(套),合作社年经营土地 8300 亩,代耕面积 25000 亩,新增粮食生产能力 4500 吨,入股农民人均年收入 11400 元。扶持的依安县农机合作社购置国外进口大型机械 21 台(套)、国内大中型机械 49 台(套),规模经营土地 10 万亩。

据省农发办介绍,实行家庭联产承包后,农户分散经营,大部分使用小四轮拖拉机耕作,100马力以上拖拉机仅占全省农用拖拉机的0.5%。小四轮整地深度只有15厘米左右,打破不了犁底层,造成土壤板结,保水保墒能力差,抗灾能力不强,农业成本增加,作物产量不高。农民有一句顺口溜叫做"晴天亮光光,雨天水汪汪,土壤不保墒,见风就倒秧",就是这种板结土地的真实写照。黑龙江省具有土地平坦、集中连片、无霜期短、农时季节集中、人少地多等特点,适合走农业机械化之路。近几年,省农发办致力于推广大型农业机械,从土壤耕作入手,通过大型机械深松整地,深度可达30-40厘米,在打破犁底层基础上,地表土层每加深1厘米,每亩可增加2吨蓄水能力,一次降水50毫米,地表也不会有明水,相当于建立了土壤水库,增加了土壤通透性,实现了旱能保墒、涝能排水、粮食单产提高15%以上。

四、始终着眼于转变现代化大农业发展方式,坚持集中扶持、规模开发,在推进生产合作化上充分发挥集聚作用

组建合作社是推动农业生产由分散经营向规模经营转变的有效途径,也是农村生产关系的一场深刻变革,只有大力发展各类农民专业合作组织,才能改变一家一户的小生产分散经营方式,降低生产经营成本,提高抵御风险能力。

省农发办加大了对农民专业合作组织的扶持力度,不断建立健全利益联结机制,积极整合各种资源各方力量,大力推动农民专业合作组织总量扩张、机制创新、实力提升,通过市场拉动、企业牵动、能人带动和政策驱动,把分散的农户组织起来,分散的作业统一起来,分散的经营联合起来,切实解决一家一户做不了、做不好的问题,全力促进农业增效、农民增收。目前,农业综合开发项目区实行农民自愿合作、土地规模经营,采取统一种植方案、统一提供良种、统一采购生资、统一标准作业、统一作物收割、统一产品销售的"六统一"生产模式,提高了农业生产的组织化、规模化、现代化水平。"十一五"期间,省农发办共投入资金5.5亿元,扶持农机、种植、养殖等各类农民合作组织252个。

肇东市五里明镇农业开发有限公司共有8个合作社,其中5个玉米种植合作社、2 个农机合作社和 1 个米业合作社。说起加入合作社的好处，公司负责人自豪地说："生产效率提高了，农业标准化实现了，规模化经营落实了，农民外出创业安心了。"他给调研组算了一笔账，农民入社后共有两笔收入，一笔是入股土地收入，保底收入为每亩 350 元，盈利分红每亩 150 元，惠农政策补贴每亩 65 元，平均每户入社土地 25 亩，每户入股土地收入 14125 元，另一笔是其他收入，土地入社后平均每户解放劳动力 2 人，从事务工、养殖、经商贩运等二、三产业，人均年收入 9178 元，比未入社农民人均多增收 1200 元。

桦南县泓源水稻专业合作社，经过省农发办连续多年扶持，入社农户达到 273 户，规模经营土地 15000 亩。合作社实现了"五个十"的生产管理模式，即浸种催芽 10 天、水整地 10 天、插秧 10 天、收获 10 天、秋整地 10 天，该模式在全省获得良好农业规范一级认证。2010 年合作社亩收益达 1514 元，较成立前亩收益增加 596 元，增长 64.9%；社员人均年收入达到 23343 元，比同乡村非社员高出 9637 元。社员们评价说，"土地还是那块地，水稻还是那种水稻，但入了合作社后，土地变成了聚宝盆，水稻变成了摇钱树。"家有水田的农民，纷纷要求入社，合作社的凝聚力越来越强。

佳木斯沿江奶业专业合作社，现有社员 130 人，其中养殖户 60 户，种植户 70 户。为加大扶持力度，省农发办将该合作社列为 2011 年国家农业综合开发财政补贴对象，投资 85 万元，扶持社员统一购买荷斯坦奶牛，增强了合作社自我发展能力。

五、始终着眼于提高现代化大农业发展效益，坚持集中培育、深度开发，在推进经营产业化上充分发挥放大作用

产业化是传统农业走向现代化农业的必由之路，只有大力推进产业经营，才能延伸农业产业链，提高农产品附加值，实现企业增效、农民增收，带动农村经济发展。

省农发办集中培育、重点推进水稻、大豆、玉米、奶牛、肉牛、生猪、马铃薯、亚麻、蔬菜、山特产品十大优势产业发展。他们以省财政厅名义下发了《关于财政支持推进全省农业十大产业的实施意见》，将农业产业化工作上升为全省财政行为,成立推进十大优势产业领导小组,组建10个专家课题组,对各产业进行系统研究,加速构筑现代农业产业体系。围绕主导产业发展,通过贷款贴息、财政补助等形式,做大做强一批重点农业产业化龙头企业,培育一批产业关联度高、规模大、带动力强、创税水平高的龙头企业群体,促进产业集聚和要素集中,带动基地壮大规模和促进农民增收。水稻、大豆、玉米产业以提升企业竞争力为主要目标,重点扶持企业提档升级,促进品牌整合、产业集聚。生猪、肉牛产业以提高优质原料供应为主要目标,重点扶持养殖环节,适当扶持规模养殖场排泄物无害化处理和资源利用项目。重点扶持的庆安县稻米产业,目前加工企业发展到204户,其中国家级龙头企业1家、省级龙头企业4家,县内水稻加工转化率达到100%。鑫利达米业集团产品成功打入国外市场,双洁大米成为北京大学、清华大学等高校专用米,项目区农民人均纯收入达到9104元,高出全县12个百分点。

省农发办先后投入6000多万元,支持克东县飞鹤乳业发展,带动奶牛养殖业、饲草种植业、饲料加工业和运输业等相关行业兴起,间接创造就业岗位6000多个,全县奶牛规模养殖户达到2100余户,农户人均奶业收入实现1500元,占农民人均纯收入的22.7%,成为农民稳定增收的重要保障。"十一五"期间,省农发办共扶持加工企业215户,增加畜禽4210万头(只),新增肉、蛋、奶生产能力28.7万吨。其中仅2010年,就投入资金1.18亿元,扶持产业化经营项目114个,项目建成达产后,可新增奶牛存栏6200头,新增肉牛出栏8700头,新增生猪存栏4.2万头,新增猪肉制品加工能力7000吨,新增粮油加工能力70万吨。

围绕省委、省政府提出的把黑龙江省建设成畜牧强省的战略目标,以供应优质饲料为重点,扶持草业和乳品龙头企业建设苜蓿草种植基地。2007年以来,连续投入农业综合开发资金700万元,扶持富锦市远方草业公司建设优质苜蓿草示范基地1.2万亩、良种繁育基地3000亩,产品覆盖全国十几家乳品企业,并成功打入韩国市场。"十一五"期间,共投入农业综合开发资金2960万元,立项扶持龙头企业购置草种、牧草机械和节水灌溉、围栏等设施,支持种植苜蓿草5.76万亩。2011年立项投入资金6400万元,建设苜蓿草生产示范基地3.7万亩,扶持飞鹤、光明等乳业集团在青冈、富裕各建设1万亩苜蓿草种植示范项目。

六、始终着眼于拓宽现代化大农业发展路径,坚持集中帮建、整村开发,在推进农村城镇化上充分发挥辐射作用

农村城镇化是缩小城乡差距的有效途径,是实现城乡经济社会发展一体化的强劲引擎。只有跳出农业抓农业,从农业外部寻找出路,把农业综合开发同推进社会主义新农村建设结合起来,同推进小城镇建设结合起来,吸引更多的农民向新型农村社区集中或进入小城镇居住,才能促进土地规模经营,加快现代化大农业建设步伐。

省农发办通过支持农田基础设施建设和优势产业发展,加大新农村试点村和新农村省级重点示范村的扶持力度。"十一五"期间,共投入资金1.86亿元,帮建新农村试点村74个,新农村省级重点示范村17个,有效提升了新农村综合承载能力和辐射带动能力。作为"龙江第一村"的兴十四村,在省农发办扶持建设科技示范园区的带动下,小城镇建设步伐明显加快。据村委会主任介绍,他们将兴十四村规划为五个功能区,通过产业项目发展、现代农业园区建设、做大做强旅游产业、音河镇政府搬迁、学校医院及基础设施工程建设,不断提高对周边村屯的辐射力和带动力,到2011年末力争再增加常住人口和流动人口4600人,人口总数达到1万人,到2015年末总人口达到5万人。

在五常市,"美裕新村"——民乐朝鲜族乡富胜村远近闻名,不仅是因为美丽的拉林河依村而过,更因为它开创"村企共建"新农村的崭新模式而备受关注。2009年以来,省农发办投入资金1100万元,大力扶持有机水稻生产基地建设、农机合作社发展和新村基础设施建设,带动企业投资近2000万元,按照企业牵头、统一规划、统一建设、农民入社、房产入股模式,有效助推了富胜村新农村建设进程。全村已经修建了80栋农民新居,每栋两户,每户140平方米,农民不用花一分钱,就能住上新楼房。

东宁县绥阳镇柞木村,是远近闻名的"地栽木耳生产专业村",2009

年被列为新农村省级重点示范村。两年来,省农发办投资890万元,建设标准化木耳示范园区、年产700万袋菌包厂和柞木村堤防工程,全面配套水、电、路、喷灌、管护等设施,积极推广黑木耳小孔栽培、春秋连作、越冬木耳生产等先进栽培技术,使木耳种植从每年一季栽培达到两季生产,亩效益从过去7000-8000元提高到1万多元。2010年,仅黑木耳一项,农民人均纯收入就实现了10532元。黑木耳产业在给柞木村带来巨大经济效益的同时,也使村民对生活品质的认识有了提高。村党组织顺应村民愿望,多方筹资完成村内全部道路硬化,建设生态公园和文化健身广场,启动建设别墅式住宅,引导村民使用太阳能、沼气等清洁能源。经济强、百姓富、民风正、面貌新,一幅富裕、和谐、文明、幸福的新农村画卷正在塞北小江南逐渐展现。

(2011年省委政研室调研组撰稿)

第三节　增强可持续发展能力

黑龙江省农业资源富集,开发潜力巨大。"十一五"以来,针对农业基础设施脆弱、农业机械严重不足、农业科技含量不高、农业产业化程度不强等现代农业发展的瓶颈和障碍性因素,黑龙江农业综合开发以实施大项目为载体,以农发专项资金投入为保证,通过对三江、松嫩两大平原重点市、县的支持,破瓶颈、解难题,在推进现代农业进程中取得了斐然成就。五年间,全省共投入农业综合开发资金94.4亿元,其中中央财政资金40亿元,地方财政资金20亿元,自筹资金30.4亿元,银行贷款4亿元。改造中低产田660万亩、建设高标准农田49.2万亩。项目区农业基础设施明显改善,农业装备水平、抵御自然灾害的能力和农业综合生产能力显著提高,农业规模化经营出现可喜局面。2010年全省粮食首次登上1000亿斤大台阶,农业综合开发做出了突出贡献。农业综合开发建设的一批高标准农田示范项目和新农村示范项目,得到了胡锦涛、习近平等党和国家领导人及省委、省政府的充分肯定,受到了广大农民的由衷称赞。

一、针对"一家一户"小生产分散经营的制约因素,以转变农业增长方式为重点,推进农业规模化,增强合作组织服务带动能力

黑龙江一家一户的分散经营仍居主导地位,种植品种过杂,规模过小,不利于大型农机作业和先进技术的大面积应用,严重制约现代农业发展步伐。"十一五"期间,农业综合开发解放思想,创新机制,将土地规模化经营作为农业综合开发立项的重要原则,对于农村劳力转移多、土地流转快、规模经营达到一定标准的,优先立项、优先投入。不仅在提高农业综合生产能力方面发挥突破作用,而且通过项目带动,在改善生产关系方面,为推进农业规模经营,创新农业发展方式,发挥了引领作用。在项目区探索了一条专业化分工、规模化生产、产业化经营、企业化管理的农业发展新路子、新模式。主要有三种类型:

一是农发项目拉动型。把农民自愿合作、规模经营土地作为大项目立项条件,通过提高项目区农业装备水平,推动项目区实现规模化经营。2008年以来规划并建设了"绥庆北"200万亩优质粳稻示范区、肇东50万亩玉米吨田、青冈20万亩贫瘠土地创高产、依安10万亩"四区轮作"、宝清30万亩高标准水田、依兰10万亩提水灌溉"旱改水"、桦南10万亩灌区改造、龙江20万亩干旱地区蓄水灌溉等一批重点示范区,实行一次规划,分年度实施,普遍采取规模化经营方式,实行统一种植方案、统一优良品种、统一采购生产资料、统一标准化作业、统一收割、统一农产品销售的"六统一"生产模式,提高了项目区现代农业水平,项目区粮食产量和农民收入分别比立项前和非项目区高出15%以上。得到各级领导的重视、各界人士认可和广大农民的欢迎。

二是龙头企业带动型。通过扶持企业反租倒包,吸收农民入股等方式,由企业规模经营土地,把土地变成企业的"第一车间",把农民变为企业工人。2010年支持黑龙江鑫实农业开发有限公司在望奎县立项开发现代化旱作农业示范区,采取"反租倒包"的方式进行土地流转。示范区开发面积2万亩,新打机电井35眼、架设输电线路11公里、安装大型喷灌设备 21 套、小型喷灌设备 6 套、购置 205 马力的迪尔 7803 型拖拉机 3 台、购置大型精密联合收割机 2 台、配套机具 20 台套，并配备卫星导航自动驾驶系统。大机械作业大幅度提高了农业生产效率，今年仅有 6 名拖拉机驾驶员用 7 天就完成了 1.15 万亩的玉米播种任务，等于过去 200 多名劳动力 20 多天的劳动量，而且比农户分散种植提前 10 天完成了播种作业，解放了大批农村劳动力，促进了剩余劳力向二、三产业的转移。

三是合作组织引领型。通过扶持农机合作社或农民合作经济组织，引领农民规模化经营，提高农民组织化、市场化水平。五年间共投入农发资金 5.5 亿元扶持农机合作社及各类农民合作经济组织 252 个。2008 年以来扶持桦南县泓源水稻专业合作社，发展农民合作经济，规模经营土地 15000 亩，入社农户达 273 户。合作社实行"五个十"的水稻生产管理模式（浸种催芽 10 天、水整地 10 天、插秧 10 天、收获 10 天、秋整地 10 天）在全省首获 GAP（良好农业规范）一级认证。2010 年合作社亩收益达 1514 元，较该社成立前每亩收益增加 596 元，增长 64.9%；社员人均收入达到 23343 元，比同乡村非社员高出 9637 元。

二、针对水利设施脆弱的制约因素，以改造中低产田和建设高标准农田为重点，推进农业水利化，增强农田抗旱减灾能力

黑龙江省各类水库总蓄水能力仅有 85 亿立方米，地表水载蓄能力不足 20%，调控能力只有 7%，有效灌溉面积仅占耕地面积的 13%，不到全国平均水平的一半。由于灌溉能力不强，除涝设施不配套，一些县份年年因旱涝灾害造成严重减产。"十一五"期间，农业综合开发以立项形式，加大项目区水利设施建设资金投入，五年间松嫩和三江两大平原项目区共投入农业综合开发水利设施建设资金 31.28 亿元，其中中省财政资金 25.58 万元。共打机电井 8766 眼、开挖疏浚沟渠 14907 公里、建设干支斗衬砌渠道 1910 公里、修建小型水库及塘坝 32 座。水利设施的加强提高了项目区抵御旱涝自然灾害的能力和粮食生产能力。

一是在西部松嫩平原重点实施以打井为主要措施的"以井治旱"工程。肇东市农业综合开发 2007 年规划建设 50 万亩玉米吨粮田示范区，总投资 10 亿元,其中中省农发资金 7.5 亿元,新增粮食生产能力 2.5 亿斤。三年来累计投入中省农发资金 1.45 亿元,在五里明镇建设玉米高产核心区 5 万亩。项目区采用现代耕作方式,突出节水灌溉,将小田块改造成 2000 亩左右大田块,购置并使用美国大马力拖拉机和法国大型自走式喷灌机,实行全程机械化作业,亩产由 1200 斤增加到 2000 斤以上,成为黑龙江旱作农业"第一田"。在 2010 年春季遭遇历史罕见的低温多雨和 6 月份干旱少雨,非项目区玉米严重减产的情况下,项目区玉米产量创历史新高,亩产达到 2272 斤,连续第三年实现吨田目标。五里明镇 5 万亩玉米高产攻关的成功实践,加速了肇东市 50 万亩玉米吨粮田示范区建设进程,有效辐射带动了周边玉米高产示范带的发展。在吨粮田项目带动下,肇东可新增粮食生产能力 11 亿斤,占全国新增千亿斤粮食总体目标的 1% 以上。2009 年时任中共中央总书记胡锦涛视察该项目区给予高度评价,称农业综合开发"走出了一条提高农业综合生产能力的新路子"。

二是在东部三江平原重点实施以发展水田为主的"以稻治涝"工程。对有水资源保证,适宜进行旱田改造成水田的,通过农发资金立项实施"旱改水"工程,不仅破解了旱田遭受涝灾的隐患,而且种植水稻比旱田的产量、收入均提高 15 以上。针对依兰县低洼易涝地较多的实际,农业综合开发建设了依兰 10 万亩提水灌溉"旱改水"示范项目。通过维修泵站、建设灌溉设施和田间建筑物,提松花江水灌溉,将原来的低产旱田改造成高产水田。项目总投资 1.1 亿元,其中中省农发资金 8100 万元,项目建成后,新增粮食生产能力 8000 万斤。

三是在丘陵半丘陵区域实施黑土区水土流失整治工程。2008 年以来共投入在中省农发资金 2.58 亿元,在拜泉、望奎、穆棱等 5 个县份进行黑土区水土流失治理,治理面积达到 170 万亩,治理后的耕地,由于水利化、生态农业措施得到加强,环境气候得到改善,土壤肥力增加,粮食单产均比开发治理前增产 10% 以上。

三、针对农业机械严重不足的制约因素,以购置大型农业机械为重点,推进农业机械化,增强耕地保墒除涝能力

黑龙江 100 马力以上的拖拉机仅占全省农用拖拉机的 0.5%。大部分耕地不能深松整地,跑水跑肥、土壤板结,严重影响粮食持续增产和农民持续增收。"十一五"期间,农业综合开发以支持农机合作社发展为重点,大力推进项目区农业机械化。

一是支持购买大型农机。利用农发项目 10% 的财政资金通过按比例补贴的方式,调动农机合作社或农机大户购买大型农业机械的积极性。五年间农业综合开发共投入农机资金 5.59 亿元,其中中省财政农发资金 3.13 亿元,购置各类农机具 11402 台套,其中 100 马力以上大型拖拉机 1011 台、插秧机 700 台、收割机 630 台。

二是建立深翻耕作制度。在大型拖拉机的带动下,项目区耕地做到了每三年深翻一次,破解了过去多年小四轮拖拉机不能深翻,造成土地板结、跑水跑肥、土壤涵水能力下降的局面。据统计,通过大型农机深松整地表土层每加深 1 厘米,每亩可增 2 吨蓄水能力,即一次降水 50 毫米,地表也不会有明水,粮食单产可提高 15% 以上,抗旱防涝能力增强。三年一次深翻,稳定提高了项目区粮食产量。

三是重点支持农机合作社发展。五年来,除每个土地治理项目都有购置农业机械的建设内容外,还专门扶持各类农机合作社 178 个。2006 年投入 670 万元,扶持安达市丰桥农机合作社购置农业机械 126 台(套),合作社年经营面积 8300 亩,代耕面积 25000 亩,新增粮食生产能力 4500 吨,入股农民人均收入 11400 元。2008 年扶持依安县农机合作社投资 2700 万元,其中中省财政农发资金 2000 万元。配置国外进口大型机械 21 台(套)、国内大中型机械 48 台(套)、建设场库、棚 2 万平方米。合作社规模经营土地 10 万亩,项目区新增粮食生产能力 3000 万斤,粮食单产比非项目区提高 20% 以上。

四、针对有效积温少、无霜期短的制约因素,以建设育秧大棚为重点,推进农业设施化,增强作物积温增产能力

黑龙江平均有效积温少,无霜期短,遇到春天低温寡照或秋季早霜,经常造成大面积减产甚至绝产。"十一五"期间,农业综合开发以建设标准化育秧大棚为重点,加大设施农业建设,以改善农作物生长的环境和条件。

一是积极推进育秧大棚建设。通过大棚提前育秧,延长水稻、玉米等作物生长期,增加有效积温,提高粮食单产。五年间共投入建设育秧大棚资金 2.4 亿元,其中中省农发资金 1.92 亿元。据统计数据分析,大棚育秧比大地育秧的水稻可亩增产 80 斤,增产 8%。玉米可亩增产 120 斤,增产 10%。绥化市北林区采取以农民自筹资金为主、农业综合开发适当补贴的办法,投资 1977 万元建设北林现代农业水田示范区,按照统一材料、统一规格、统一采购、统一建设的模式,建设水田高台大棚和标准化育秧区,共建集中育秧区 7 处、育秧大棚 3558 栋,移栽面积 6.67 万亩,增加水田面积 80 亩,亩产增加 100 斤、增产 676.6 万斤。

二是实行育秧大棚综合利用。秧苗移栽后,引导农民种植瓜菜等高效经济作物,实现二次增收。青冈县从 2008 年开始实施玉米移栽项目,目前已建成棚室育苗区 60 万平方米,实现高标准农田玉米移栽 5 万亩。大棚采取棚中棚方式,提高积温 200 度左右,相当于提高一个积温带。处于第三积温带的青冈县可以大面积推广引进第一、二积温带才能种植的"吉"字号品种。玉米亩产由 800 斤左右提高到 2200 斤。玉米从大棚移栽到大田后,对大棚进行种植甜瓜——再种植白菜或西瓜的两茬经济作物,实现育秧大棚三期高效利用,每亩纯效益达到 4000 元以上,人均增收 966 元。

五、针对农业科技成果转化慢的制约因素,以良种良法综合组装为重点,推进农业科技化,增强农业科技支撑能力

种子的优劣、种植技术的先进与否,直接决定粮食产量与农业效益。但由于农民多年习惯沿用传统种植模式,对先进技术了解少、应用难,很多增产增效的先进技术得不到大面积应用推广。对此,"十一五"期间农业综合开发共投入科技示范推广项目和有关科技措施资金2.77亿元,推进农业科技化建设。

一是注重综合组装各项先进技术。通过科技项目形式集中安排优良品种引进繁育推广、进行先进栽培技术和养殖技术示范。五年间共建设科技示范推广项目471个,引进或繁育新品种167个、示范推广种植和养殖新技术262项,推广应用新设备和新材料87项。推进了项目区农业科技水平的提高,项目区科技含量比非项目区高出20%以上。

二是注重发挥项目区示范带动作用。农业综合开发坚持做给农民看,引领农民干,为农民做示范。连续三年在大庆市大同区投入农发资金2350万元,建设林源镇2万亩玉米膜下滴灌项目获得成功。林源镇属沙性土壤,春旱特别严重,即便浇水种地,也会因严重缺苗导致减产。开发前平均亩产仅有700-800斤左右,实行膜下滴灌技术后,玉米单产增加到2000斤,等于开发前玉米产量的近3倍。通过组织乡村干部、农民参观考察,2011年膜下滴灌技术已在大庆市全面推广。

三是注重依托科研院所。坚持每个农业综合开发项目都有一个科技依托单位,聘请省市级科研院所做技术顾问,通过专家对项目建设进行全程技术操作指导。大同区高标准温室果菜示范项目,从辽宁聘请高级农艺师或有实践经验的温室种植能人,常年指导项目区农民的温室果菜栽培技术,确保品种优良、栽培技术先进、防虫灭病指导到位。全区棚室在农业综合开发的带动下已发展到3万多栋。

六、针对农业产业化链条较短的制约因素,以扶持基地建设和龙头企业为重点,推进农业产业化,增强龙头拉动牵引能力

黑龙江省农产品75%是初加工,仅有25%深加工,产业链条短、附加值低,玉米、大豆多以原粮形式进入流通环节。农产品加工业与农业产值比仅为0.6-0.8:1,与全国1.5:1和发达国家3-4:1相比差距巨大。"十一五"期间,黑龙江农业综合开发坚持"有所为有所不为"的原则,突出区域特色产业。五年间共投入扶持农业产业化项目资金28.33亿元,其中中省财政农发资金 11.99 亿元。

一是一县集中扶持一项优势产业。在产业化链条关键环节立项投资,集中扶持。克东、宾县、甘南、双鸭山、佳木斯等县市所在的飞鹤乳业、宾西牛业、鑫鹏牧业、阳霖集团、格林玉米、鑫利达米业等一批具有规模优势的特色产业龙头经过扶持,规模不断壮大,实力大为增强,已经成为支撑当地财政增收和农民增收的支柱产业。

二是注重提高龙头企业的加工能力。五年来以贷款贴息形式扶持龙头企业 219 个。2007 - 2010 年,农业综合开发通过贷款贴息、参股经营的方式扶持庆安县鑫利达米业 2710 万元,使该企业加工能力由年加工大米 6 万吨提高到 30 万吨,大米产品由 6 个增加到 12 个,累计实现利税 3660 万元,带动 2 万农户,户均增收 2600 元。

三是提高龙头企业的纳税能力。2008 - 2010 年针对飞鹤乳业奶源不足的实际情况,农业综合开发重点加强飞鹤乳业基地建设,保证充足的加工原料,增强其纳税能力。共扶持奶牛养殖、青贮玉米等项目 12 个,扶持资金 3675 万元。经过 4 年扶持,飞鹤乳业产业化链条延长,产业规模越做越大,纳税能力明显增强。近 4 年已为克东县财政纳税 2.5 亿元,其中 2010 年就达 1.2 亿元,占当年全县地方一般预算收入的 110%。

（原载《中国农业综合开发》2011 年第 9 期）

第四节　推进特色产业发展

黑龙江省是全国 13 个粮食主产省之一,全省粮食实现"十二"连增,为国家粮食安全做出了积极贡献。可粮食多了,农民收入却增长缓慢,这成为一个日益突出的问题。为寻求破题之策,2014 年以来,黑龙江省农业综合开发抓住"两大平原"现代农业综合配套改革试验机遇,把握转方式调结构的总要求,充分挖掘资源优势和潜力,集中资金扶持优势特色产业发展,项目区人均收入大幅提高,走出了一条有龙江特色的农业综合开发路子。

一、依托大水利资源,大力推进水稻产业发展

水稻是黑龙江省一大优势特色产业,种植的水稻全部为粳稻,产量高,效益好;大米营养丰富,口感好,深受消费者喜爱,尤其是五常、庆安、延寿、方正、北林等地大米全国闻名。水稻产区的农民收入水平高于一般旱田区,率先致富奔小康。2014年,全省水稻播种面积6121.7万亩,总产444.1亿斤,为全省农作物播种面积第二位,黑龙江省水稻商品量高达70%,占全国水稻商品量的25%,占全国粳稻商品量的60%,是保证国家粮食安全的主导型产业。

黑龙江省水利资源丰富,拥有黑龙江、松花江、乌苏里江、绥芬河四大水系以及兴凯湖、镜泊湖等四个较大湖泊,大小河流1700多条,多年平均地表水资源为686亿立方米,地下水资源量为297.44亿立方米,平均年降雨量为469.8毫米以上。省委省政府加强大水利建设特别是对"两江一湖"的开发,为黑龙江省持续推进水稻产业发展提供了坚实基础。据不完全统计,全省发展水田的潜力在2000万亩以上,而且发展水田是真正意义上的"旱能灌、涝能排"稳产高产农田。

黑龙江省农业综合开发因势利导,从2013年以来在推进高标准农田建设上大力推进旱改水,在低纬度、水资源丰富地区建设优势水稻生产基地,重点开发松花江、嫩江干流沿岸、东部三江平原的37个县,建设优质水稻生产带。农业综合开发项目区尽量使用江、河、湖、库等地表水,推广节水灌溉,引进优良品种,建设育秧大棚和催芽车间,扶持农民购买插秧机和收获机械,使田间工程实现高标准,水稻生产实现优质高效。同时,大力扶持水稻加工园区龙头企业和农产品批发市场,打造优势品牌,推进水稻既"种得好",又"卖得好"。

三年来,黑龙江省农业综合开发扶持优质水稻种植面积378万亩,占高标准农田建设面积的50%以上;扶持水稻加工重点龙头企业18个,建设水稻育秧大棚2.4万栋,建设水稻催芽车间12个,组建水稻农机合作社32个,助推了水稻产业整体升级。

二、依托大畜草资源，大力推进畜牧产业发展

畜牧产业是中轴产业，是农业结构调整的方向。大力发展畜牧业是充分利用草原资源的现实选择，也是粮食去库存实现过腹增值的有效途径。黑龙江省发展养殖业具有丰富的自然资源禀赋条件和巨大的养殖空间，全省拥有草原面积3100多万亩，玉米播种面积1亿亩以上、大豆播种面积2000万亩以上，优质饲草、饲料资源丰富，为发展草食畜牧业奠定坚实基础，加之高寒地区优越的气候条件，提升了养殖业产品品质。

黑龙江省发展畜牧业具有扎实的产业基础。2014年全省奶牛存栏197.16万头，居全国第二位，其中荷斯坦奶牛总量居全国之首。全省生鲜乳总量556.6万吨，乳品加工企业88家；肉牛存栏400万头，出栏303.7万头。黑龙江省有17个县被列入全国肉牛优势区域规划，肉牛出栏量居全国第五位，大中型肉牛屠宰加工企业30余家，年总屠宰加工能力已达300万头以上；生猪存栏1356.7万头，出栏1821.6万头，猪肉产量133.4万吨。黑龙江省有22个县被列为全国生猪调出大县，生猪存栏数量全国处于第六位，规模以上生猪屠宰加工企业140多家，屠宰能力超过2000万头。黑龙江省生猪产业是全国菜篮子工程的重要保障，也是南猪北移的主要承载区。

2014年以来，黑龙江省农业综合开发紧紧围绕全省畜牧业发展总体规划，大力推进畜牧业发展，坚持全产业链扶持，围绕飞鹤、光明、贝因美、大庄园、宾西、恒阳等龙头企业建设一批现代畜牧养殖园区。扶持龙头加工企业26家，扶持现代奶牛养殖场34个，扶持肉牛标准化养殖场108个，建设优质饲料饲草基地67万亩。新增奶牛4.72万头，新增肉牛基础母牛2.58万头，新增肉牛存栏9.3万头，年可提供鲜奶37.6万吨，提供牛肉4.2万吨。畜牧业的快速发展，助推粮食去库存，加快了粮变肉、草变乳过腹增值，全省畜禽规模化养殖比重达到50%以上，成为全国重要的高品质畜牧产品大省。

三、依托大森林资源，大力推进林下经济发展

黑龙江省是全国重点林区之一，森林资源丰富，林地面积2453万公

顷,其中有林地面积2080.3万公顷,居全国首位。大小兴安岭生态主体功能区是黑龙江第一个纳入国家发展战略的规划项目,绿水青山已变成金山银山。林下经济是黑龙江省经济发展的新增长点,为大力推进林下经济发展,2014年黑龙江省出台了《黑龙江省林下经济发展规划(2013 – 2020)》,在全球经济普遍下滑的严峻形势下,林业总产值1400多亿元,全省依托林下经济的就业人员达200余万人。

2014年以来,省农业开发办对蓝莓、北药、食用菌等产业进行了专题调研,提出了大力发展林菌、林果、林药、林业养殖产业,以大、小兴安岭、张广才岭、老爷岭为重点,建设林下经济生产带,促进了林区职工增收和上岗就业。

黑龙江省农业综合开发扶持东宁、穆棱、尚志、汤原、桦南、鹤岗、伊春等地建设优质木耳生产基地;扶持海林、阳明区、林口、双鸭山等建设优质蘑菇生产基地;扶持尚志、勃利、大兴安岭等建设优质浆果生产基地;扶持伊春、大兴安岭、鸡西建设优质北药生产基地。三年来累计扶持林菌基地5.2万亩,林果基地3.1万亩,林药基地6.3万亩,林业养殖基地18个,扶持林下产品加工企业12个。林下经济发展带动了产业链各环节运转,促进了生态建设,拉动了经济增长,增加了职工和林区农民收入,为林区社会和谐稳定及全省经济社会发展作出了重要贡献。

四、借助大边贸资源,大力推进蔬菜产业发展

蔬菜是人们餐桌上不可缺少的副食品,随着人民生活条件的不断改善和提高,对蔬菜质量的要求逐步向有机、绿色、无污染、营养型方面发展。黑龙江省土地、气候等自然资源丰富,是全国开发较晚、污染较轻的省份之一,具有种植蔬菜和发展绿色蔬菜食品得天独厚的优势和发展潜力。近年来,黑龙江省蔬菜种植面积一直稳定在400万亩,总产量920万吨。年蔬菜出口量26万吨,创汇额1.6亿美元。蔬菜产业已成为黑龙江省农业增效、农民增收、出口创汇的重要产业。

黑龙江省是边贸大省,拥有边境线4300多公里,对俄贸易居全国首位。黑龙江省委省政府提出东部丝路带建设战略,大力发展铁路、公路、机场等基础设施,将在北菜南送平抑物价,打造对俄蔬菜基地等方面发挥特殊作用。2014 年以来,黑龙江省农业综合开发大力扶持蔬菜产业发展,坚持露地菜和棚室菜同步开发,实现规模扩张与质量提升并重,既保证了本地"菜篮子"又开拓了外埠市场。以黑河、佳木斯、鹤岗、鸡西、牡丹江等地为重点,大力发展沿边出口蔬菜生产区。在哈尔滨、绥化、大庆等地为重点,发展夏秋菜南销生产区。三年来,黑龙江省农业综合开发扶持蔬菜生产基地 15.2 万亩,蔬菜棚室 8.6 万栋,扶持蔬菜批发大市场 43 个,扶持蔬菜加工企业 8 个,有力地推动了对俄蔬菜基地建设和全省蔬菜产业持续快速发展。

(原载《中国农业综合开发》2016 年第 9 期)

第五节　保护利用黑土地

近年来,省农业开发办认真贯彻落实习近平总书记到黑龙江省视察时提出的"要采取工程、农艺、生物等多种措施,调动农民积极性,共同把黑土地保护好、利用好"的重要指示精神,切实提高思想认识,增强黑土地保护意识,坚持"在保护中开发、在开发中保护"的原则,在建设生态高产标准农田、提高农业综合产能的同时,把保护和改善黑土地作为工作重点,统筹规划,综合措施,有效促进黑土地的保护、开发和利用。

一、在专项资金安排上,突出黑土地保护利用

针对东北黑土区耕层逐年减少,水土流失严重的情况,农业开发从 2008 年起,每年安排专项资金 6000 - 9000 万元,与水利部门共同组织实施东北黑土区水土流失重点治理工程,重点对丘陵、半丘陵地区实施黑土地保护,采取植树造林、治沟治坡、挖鱼鳞坑、修谷坊、横坡打垄、修坡式梯田等形式进行综合治理,保护黑土资源。累计新增水土流失治理面积 200 多万亩,减少土壤侵蚀量 301 万吨,提高植被覆盖率 8%。通过综合治理,有效遏制了水土流失,使珍贵的黑土资源得到保护,项目区粮食平

均亩增产 10% 以上。2018 年安排财政专项资金 0.33 亿元,继续支持东北黑土区侵蚀沟综合治理,省水利厅已经确定扶持项目 9 个。

二、在规划设计建设上,突出黑土地保护利用

一是完善农田防护林网。把农田防护林作为黑土地的生态屏障,加强农田防护林网建设,农业开发项目区农田防护林网达到 5%,切实增强防风、固土、涵养水源、调节区域小气候作用。二是减少建设中黑土地污染。水田项目区斗、农渠不进行混凝土衬砌,维系田间原有的生态系统;田间道路不进行混凝土硬化,使用砂石路面结构;干、支渠混凝土衬砌预留生物通道,减少混凝土工程损坏后对田间造成的永久性污染,维持生物多样性和生态系统的平衡。三是推进水资源高效利用。依据松花江、黑龙江、呼兰河等流域水资源情况,按照源头节水、工程节水、优先利用地表水的思路,在旱田项目区推广喷灌、滴灌等高效节水灌溉技术,减少灌溉用水量,节约水资源;在水田项目区用地表水置换地下水,利用江河水库等地表水发展水田,减少地下水的开采量,实施浅晒浅湿等水田节水灌溉技术,提高水资源利用率,减少水土流失。在林甸、巴彦、林口等水田项目区推广低压管道灌溉输水技术,可节水 30%、节地 5.8%、节肥 30%。

三、在生产环节管理上,突出黑土地保护利用

着力改善土壤理性指标,农业开发项目区全面实施深松整地,鼓励推广秸秆还田,推广使用大型机械整地,改善土壤结构,防止土壤板结。实施培肥地力工程,项目区每两年普遍使用一次有机肥,要求亩施肥量达到 2 立方米。实施麦豆轮作、米豆轮作改善土壤生态,在北部大豆主产区每年示范面积 15 万亩,以麦救豆,破解了“一豆十年”的重茬困局。从 2014 年开始,农业开发项目区率先实施“三减”行动计划,在水田项目区推广“鸭稻”“蟹稻”“鱼稻”,在玉米项目区推广“鹅玉”,减少化肥、农药、除草剂对土壤和水源的污染。累计在全省 16 个县(市、区)建设生态农业示范点 12 个,推进生产条件生态化、生产环境生态化、生产产品生态化,收到较好效果。

(2018 年 6 月薛英杰在全省保护黑土地工作会议上的发言)

第六节　获得的表彰奖励

这里主要记载省农业开发办及工作人员获得的部分荣誉称号。

国家农业综合开发办公室自 1998 年以来,不定期对决算和项目统计工作进行通报和评比,黑龙江省农业综合开发财务管理一直在全国名列前茅,凡对决算和统计进行评比,黑龙江省都榜上有名。6 次获全国农业综合开发资金决算和项目统计二等奖;12 次获全国农业综合开发资金决算和项目统计一等奖。

2002 年 6 月,被省委、省政府纠正行业不正之风办公室授予 2001 年为经济建设服务、树行业新风最佳单位。

2003 年,被中共黑龙江省直属机关工作委员会授予省直机关"四好一满意"活动先进单位。

2005 年,被中共黑龙江省直属机关工作委员会授予先进纪检组织。

2004 年至 2009 年,连续六年被国家农业综合开发办公室授予全国农业综合开发宣传工作先进单位。

2006 年,被财政部授予获全国财政系统新闻宣传先进单位。

2007 年 1 月,被省政府办公厅授予 2006 年全省政务信息工作先进单位。

2007 年 4 月,被省委、省政府授予中省直单位帮建新农村建设试点村先进单位。

2008 年 2 月,被国家农业综合开发办公室授予 2007 年度《中国农业综合开发》杂志先进单位。

2008 年 4 月,被省委、省政府授予 2007 年度中省直单位帮建新农村工作先进单位。

2009 年,被省委、省政府授予 2006 - 2008 年帮建新农村标兵单位。

2010 年 1 月,被财政厅授予全省财政系统最佳形象单位,同时,还有大庆市农业开发办,同江市农业开发办、宁安市农业开发办、宾县农业综合开发办、青冈县农业开发办获得全省财政系统最佳形象单位称号。

2011 年 12 月,被黑龙江省老区建设促进会、黑龙江地区开发研究咨询委员会授予支持革命老区发展建设工作先进集体。

2012 年 7 月,被国家农业综合开发办公室授予《中国农业综合开发》2012 年度先进通联站。

2013 年 1 月,被省委、省政府授予 2011－2012 年度全省新农村建设帮建工作先进单位。

2015 年,被省委办公厅、省政府办公厅授予全省水利建设任务完成单位。

2016 年 1 月,被国家农发办授予《中国农业综合开发》杂志 2014—2015 年度先进通联站。

授予黑龙江省农业开发办公室的部分锦旗:

2003 年 12 月,省水利厅敬赠:

打井解困 八方支持 饮水思源 情深似海。

2006 年 12 月,佳木斯市郊区长发镇南长发村敬赠:

阳光财政温暖老百姓 农业开发情系新农村。

2007 年 1 月,中共通河县委员会、通河县人民政府敬赠:

真心为民 情系百姓 帮扶帮建 造福通河。

2007 年 2 月,嫩江县展新村敬赠:

新农村建设带来农民的希望 农业综合开发创建社会和谐。

第七节　六条历史经验

农业综合开发三十年的发展,不仅丰富了建设现代农业、发展农村经济、增加农民收入的理论和实践,而且使我们深化了对社会主义市场经济下政府如何支持和保护农业发展、如何完善财政支农方式和措施等问题的认识,积累了宝贵的经验。探究其做出的历史贡献和始终保持旺盛生命力的原因,首先得益于党中央、国务院及黑龙江省各级党委、政府的成功组织和大力推进,同时也在于农业综合开发走出了一条自己特色的道路。

一、改善生产条件,提高农业特别是粮食综合生产能力

加强以水利建设为主要内容的农业基础设施建设,改造中低产田,建设高标准农田,改善农业生产条件,提高农业综合生产能力,特别是提高粮食综合能力,始终是农业综合开发的首要任务和立足之本。农业综合开发把农业和农村经济发展中单纯依靠市场调节解决不好,农民一家一户想办但办不了、办不好的公益性和准公益性建设,作为支持的重点领域,综合运用工程、科技、生物等措施,解决制约当地农业生产发展的主要障碍因素,提高资源利用率、耕地产出率、劳动生产率。这对于保护和提高农业综合生产能力,长期保持农产品供求基本平衡,确保国家粮食安全,具有不可替代的重要作用。

二、坚持综合发展,提高农业特别是优势产业综合效益

农业综合开发尊重自然规律和经济规律,因地制宜,注重资源优势和比较优势,实行山水田林路综合治理、农林牧副渔综合开发、人财物技等要素综合投入,充分体现出"综合性"特点。在进行农业基础设施建设的同时,通过支持优势农产品产业带建设和特色农产品生产、推行农产品标准化生产、加快农业科技成果推广应用、扶持辐射带动作用强的产业化龙头企业、发展农业产业化经营等措施,促进农业结构的战略性调整,增加农民收入。三十年来,农业综合开发坚持将改善农业生产条件和改善农业生态环境有机结合,坚持以内涵开发为主,按流域灌区统一规划,发展节水农业,加强农业生态建设,努力实现经济、社会和生态综合效益的统一。

三、坚持民办公助,建立健全科学运行机制

资金投入是农业综合开发的基本条件,资金不足是制约农业综合开发的关键性因素。从农业综合开发实施以来，便把多种手段、多层次、多渠道筹集农业综合开发资金，作为农业综合开发工作的重要内容。按照"国家引导、配套投入、民办公助、滚动开发"的原则，农业综合开发在实施的过程中逐步建立健全以农民为主体、政府辅助和引导、社会各方参与的运行机制。这种运行机制，既发挥了财政资金的引导和支持作用，调动了农民和社会各方面的积极性，从上到下形成了多渠道、多形式吸引和增加投入的良好局面，又体现了"谁开发、谁受益"和"谁受益、谁投资"的原则，是财政支农体制的一项重要改革，符合社会主义市场经济体制和公共财政体制框架的要求，符合当前农业发展的客观实际，是稳定增加农业投入的长效机制。

四、坚持合力开发，密切各部门相互协作

农业综合开发是一项系统工程，涉及农业、林业、水利、财政等多个部门，地方、政府和农民等多个方面，必须调动和发挥各方面的积极性通力合作。为此，农业综合开发坚持联席会议制度，各有关部门发挥各自的职能优势，密切协作，相互配合，形成合力搞开发和管理体制。根据国家和省委省政府关于农业综合开发的总体要求，地方各级党委、政府加强领导，各有关部门密切配合，围绕开发的总体目标，积极动员和组织广大干部群众，形成强大的合力，确保了农业综合开发顺利进行。

五、坚持规范管理，确保资金使用效果

农业综合开发实施以来，坚持项目和资金管理的有机结合，建立了一整套比较完善的项目和资金管理制度，实行科学化、规范化和制度化管理。借鉴世界银行和商品粮基地方面项目管理的经验，农业综合开发不断提高项目管理水平。每一个项目的申报、评估、审批、实施、验收等环节都严格按规定程序和标准进行，做到项目管理科学化、规范化和制度化。同时，坚持按项目管理资金的原则，全面推行财政无偿资金县级报账制，严格资金的投向和使用范围，实行专人管理、专账核算、专款专用，严禁挤占挪用和用于人员工资，切实把全部资金用于项目建设上。农业综合开发项目（包括资金）管理的经验，得到世界银行及其他一些国际投资机构

的认可,认为农业综合开发是农业投资实行按项目管理最成功的范例;更得到各级政府的充分肯定和项目区群众的赞誉,并为后来不断增加的支农项目建设所借鉴。

六、坚持服务大局观念,实现创新发展

农业综合开发较好地把握了"变"与"不变"辩证关系,坚持求真务实,科学发展、创新发展,有所为有所不为,最大限度地为政府目标服务。三十年来,农业综合开发一直把加强农业基础设施和生态环境建设作为基本职能和首要任务,以改造中低产田、建设高标准农田为重点,着力改善农业基本生产条件,提高农业特别是粮食综合生产能力,为实现我国主要农产品由长期短缺到总量平衡、丰年有余的历史性转变作出了重要贡献。同时,根据农业农村不同发展阶段形势和任务的要求,及时调整开发思路、扶持重点和建设内容,改革和完善各项政策措施,为建立促进农业增效、农民增收、农村繁荣的长效机制,探索符合黑龙江省省情的现代农业发展道路和实施乡村振兴战略,创造和积累了许多宝贵的经验。

【相关链接】一

关于表彰全省农业综合开发
先进单位和先进工作者的决定

各市(地)、县人事局、农业开发办,省直有关厅局,农垦总局:

根据省人事厅、省政府农业开发办公室下发的黑人联字[1998]14号文件,在各单位申报的基础上,经省人事厅、省政府农业开发办公室等有关单位组成的评审小组认真评选,决定授予哈尔滨市农业开发办公室等27各单位为全省农业综合开发先进单位,授予董克勇等256名同志为全省农业综合开发先进工作者。名单附后。

黑龙江省人事厅

黑龙江省政府农业开发办公室

一九九八年七月五日

先进单位:

哈尔滨市农业开发办公室 绥化行署农业开发办公室 庆安县人民政府 绥棱县人民政府

海伦市人民政府 富锦市人民政府 同江市人民政府 集贤县人民政府 饶河县人民政府

甘南县人民政府 依安县人民政府 拜泉县人民政府 肇源县人民政府 肇州县人民政府

东宁县人民政府 密山市人民政府 萝北县人民政府 黑龙江省新华农场 黑龙江省友谊农场

黑龙江省浓江农场 黑龙江省八五四农场

先进个人:

哈尔滨市

董克勇	张松岭	刘成文	王贵良	许桂芝	郑相浩	徐景瑞
李文远	刘保民	王忠新	黄铁浩	肖建春	赵凤君	李 发
傅丰志	赵伟功	胡殿军	尹延忠	安兆发	马贵延	赵洪君
关海泉	李树海	郭景友	许维富	任五星	富 伟	陈 遐
张富江	张玉民	房殿奎	张树山	吕 清	张 克	于海江
朱广发	张文彦	刘国和				

齐齐哈尔市

张朝礼	鲍焕然	任国英	吴凤春	丁树坤	司品军	那庆宽
白晓明	刘长富	李树春	胡银波	周洪雁	梁玉祯	宋天生
石 发	韩贵江	王永效	周德海	李爱国	柳 彦	文景华
朱 伟	孙卫东	关荣和				

绥化地区

李广福	张永发	李 壮	刘文超	洪英华	李重阳	李长利
王兴彪	姜明慧	于占元	邹立国	宋德新	张新民	赵海生
耿宝侠	杨茂公	王振刚	张顺望	王兆斌	邹文胜	王永军

孙　刚　李晓翔　刘志学　王井刚　王　伟　韩春山　刘汉如
王　冰　朱　胤　徐兴邦　管向峰　李沛夫　马玉明　张　金
尹洪良

大庆市

索铁夫　李景华　连树生　张洪斌　张　强　田凤春　杨利文
张志舜　徐　友　王福庆　王德林　王玉杰　崔国玉　卢贵方

佳木斯市

李玉林　赵　健　胡学文　王　强　徐世杰　王程波　安　治
黄金华　刘玉泉　王海涛　迟国良　于明太　丁立军　于文荣
鲁世昌　尚永志　修景文　张德元　王永生　刘金明　刘俊波
韩汝超

牡丹江市

宋恩华　宫崇云　高志国　于炳海　王树生　姜　毅　荣利彬
朱一平　赵　春　张庆斌　王天赋　李忠祥　曹在江　黄　龙

鸡西市

武贵发　左兴恩　于　祥　于宝忠　鲍学斌　纪保全　杜吉明
刘文珩　常　海　王　友

鹤岗市

杨育光　宫传和　孙洪照　屈广臣　李金春　李玉成　宗学旭
周文福　王　勇

双鸭山市

郭　力　翟德成　高云楼　田玉枝　崔振发　于兴和　徐恒金
王爱民　侯德安　张连丰　张全实　骆永真　李振福　杨春野

七台河市

付玉红　郎照国　杜永海

黑河市

张力新　冷占臣　张景文　李振友　郭志峰　张庆文　唐瑞丰

五福君　于天令　王岭生　顾振芳

伊春市

邵维智

大兴安岭地区

张　赋　高军

农垦总局

马学利　张祥元　秦金浩　王恩玉　于　彦　原文成　岳古阳
杨少光　袁绍训　李敢峰　李广学　马东升　王　明　顾为民
于占泉　王玉超　孟宪英　间　晗　柳景泉　肖庆喜　韩在辰
金吉龙　孟　辉　李颖田　吴长青　王　庆　李煊德　朱　峰
刘奉明

哈尔滨分局

白银库

省直厅局

李世文　刘锦成　刘福生　刘国文　张学武　张桂莲　于　涛
董国歧　孙柏志　薛广瑞　李继纯　高　亮　王振东　季万新
赵丽娜　田庆和　张维军　宋文秀　钟雨亭　王守德　刘长胜
薛英杰　柳遇春　房道进　王蕚清　王永石

【相关链接】二

省农发办及下属事业单位年度表彰奖励人员

2001 年度

优秀人员：支殿魁　孙敬义　薛英杰　王晓冬
嘉奖人员：孙敬义　聂秀发　范正男

2002 年度

优秀人员：孙敬义　支殿魁　薛英杰　聂秀发

嘉奖人员:王　福　王永石　王鸣鹤　范正男

2003 年度

优秀人员:支殿魁　孙敬义　薛英杰　王　福

嘉奖人员:聂秀发　王永石　范正男　王晓冬

2004 年度

优秀人员:孙敬义　王　福　支殿魁　王永石

嘉奖人员:聂秀发　王鸣鹤　商维兴　姜显有

2005 年度

优秀人员:聂秀发　王　福　李　健　李海燕

嘉奖人员:王大明　常　颖　商维兴　梁景虹

2006 年度

优秀人员:王永石　刘　伟　王　福　姜显有

嘉奖人员:费仁伟　范正男　常　颖　李海燕　梁景虹

2007 年度

优秀人员:王永石　聂秀发　商维兴　费仁伟

嘉奖人员:王晓冬　刘　伟　王文刚　范正男　李　健

2008 年度(以下包括下属单位人员)

优秀人员:聂秀发　王大明　刘　伟　商维兴　孙丽丽　吴　蔚
崔新德　常忠宝　张　砾　金　春　陈　实

嘉奖人员:李俊宇　王晓冬　王文刚　柯亚军　曹　巍　宋凯书
王　艳　陈　琦　支　珊　刘永明　沈　敬

2009 年度

优秀人员:李俊宇　王鸣鹤　刘　伟　费仁伟　孙丽丽　吴　蔚
崔新德　金　春　陈　实　王俊生　范永峰　常忠宝

嘉奖人员:李　健　范正男　曹　巍　李海燕　梁景虹

2010 年度

优秀人员:李俊宇　李海燕　商维兴　曹　巍　田庆峰　孙丽丽

崔新德　吴　蔚　李秀妍　常忠宝　陈　琦　金　春　陈　实

嘉奖人员：李　楠　梁景虹　刘恒伟　王鸣鹤　费仁伟　刘　伟
宋凯书　支　姗　房灿松　尹慧峰　王俊生　王　艳　沈　敬　陈秀琴

2011 年度

优秀人员：李俊宇　王文刚　费仁伟　梁景虹　田庆峰　陈　琦
李秀妍　刘自洋　吴　蔚　房灿松　支　姗　金　春　陈　实　王　薇
许贞锦　杨志勇

记三等功人员：李俊宇

嘉奖人员：商维兴　杨　培　刘恒伟　李　楠　安伟超　张爱军
沈　敬　陈秀琴　王　晶　孙　雯　任　民

2012 年度

优秀人员：李　健　李海燕　杨　培　曹　巍　田庆峰　王晓冬
尹慧峰　刘自洋　常忠宝　房灿松　支　姗　金　春　陈秀琴　陈　实
王　威　许贞锦　杨志勇　王　晶

记三等功人员：田庆峰

嘉奖人员：李　楠　梁景虹　商维兴　费仁伟　张　砾　陈　琦
崔新德　赵庆涛　来艳华　沈　敬　徐爱滨　赵洪波　任　民　安伟超
孙　雯

2013 年度

优秀等次：柯亚军　梁景虹　杨　培　王文刚　刘　伟　吴　蔚
尹慧峰　张　砾　陈　琦　房灿松　支　姗　金　春　沈　敬　陈　实
王　薇　杨志勇

嘉奖人员：朱庆民　刘恒伟　商维兴　费仁伟　常忠宝　范永峰
刘自洋　赵庆涛　来艳华　张爱军　陈秀琴　赵亚中　赵洪波　任　民
许贞锦　王　晶　安伟超

2014 年度

优秀等次：任秀峰　姜显有　刘　伟　杨　培　刘恒伟　张广仁
房灿松　支　姗　范永峰　尹慧峰　金　春　陈　实　陈秀琴　沈　敬

赵洪波　王　薇　安伟超

记三等功人员：杨　培

嘉奖人员：王鸣鹤　王文刚　田庆峰　丁宏权　曲　军　来艳华
尚　超　张　砾　常忠宝　陈　琦　刘永明　徐爱滨　杨思明　杨志勇

2015 年度

优秀等次：王大明　姜显有　王鸣鹤　费仁伟　朱庆民　刘恒伟
丁宏权　崔新德　房灿松　支　姗　张　砾　常忠宝　金　春　陈　实
沈　敬　安伟超

嘉奖人员：商维兴　柯亚军　李海燕　曹　巍　田庆锋　李　楠
曲　军　尚　超　尹慧峰　邹　琦　来艳华　陈秀琴　刘永明　徐爱滨
王　薇

2016 年度

优秀等次：王大明　姜显有　杨　培　费仁伟　刘恒伟　田庆峰
崔新德　房灿松　支　姗　常忠宝　邹　琦　金　春　陈　实　沈　敬
赵亚中　刘永明　安伟超　王　薇　孙　雯

记三等功人员：姜显有　刘恒伟

嘉奖人员：王晓冬　刘　伟　王明鹤　朱庆民　丁宏权　尚　超
张　砾　范永峰　赵庆涛　尹慧峰　丁欣儒　李宗坤　来艳华　杨志勇
王　晶　许贞锦

2017 年度

优秀等次：杨　培　王文刚　刘　伟　王晓冬　商维兴　崔新德
张　砾　常忠宝　房灿松　支　姗　金　春　陈　实　刘永明　安伟超
孙　雯

扶贫工作队：朱庆民　尹慧峰　李　楠

记三等功人员：崔新德　常忠宝　房灿松　支　姗

嘉奖人员：柯亚军　丁宏权　费仁伟　李海燕　刘恒伟　宋凯书
张爱军　来艳华　范永峰　赵庆涛　沈　敬　张　悦　任　民　张　爽

第九章　对外宣传

第一节　媒体发稿

借助各类宣传媒体是宣传黑龙江省农业综合开发的主要方式,一方面积极向媒体投送重要稿件,一方面有重要活动主动邀请媒体记者采访报道。在《人民日报》《经济日报》《农民日报》《中国日报》《中国财经报》《科技日报》《黑龙江日报》《黑龙江经济报》《中国农业综合开发》《奋斗》《新华网》《东北网》,中央电视台、黑龙江电视台等中央及省内媒体发表稿件5000篇以上。其中在《中国农业综合开发》《农业综合开发》杂志上发表文稿近200篇,发表在《黑龙江日报》上文稿400篇以上,发表在《黑龙江经济报》上文稿500篇以上。

1988年3月2日,《人民日报》登载《中科院科技人员为开发三江平原献计献策》。1990年3月2日,《人民日报》登载《三江平原开发路子对效益好——国务委员陈俊生考察三江平原农业开发》。

1988年,新华社《国内动态清样》连续发稿五篇,报道开发建设三江平原情况,为农业综合开发建设营造了良好舆论氛围。4月3日《开发三江平原需要国家大力支持——三江平原调查之一》,6月3日《三江平原建设初期一些值得注意的倾向——三江平原调查之二》,6月11日《开垦荒地与改造中低产田并重——有关专家谈三江平原开发建设(一)》《实行开放性开发进一步放宽政策——有关专家谈三江平原开发建设(二)》《搞好总体规划 做好准备工作再上马——有关专家谈三江平原开发建设(三)》。

1992年9月，新华社连续发表张广远的松嫩平原农业综合开发散记。9月15日《大得人心之举》，9月15日《民打基础 国上水平》，9月16日《科学开发出效益》。

1995年6月14日，《黑龙江日报》一版刊登柳遇春、李振滨的《茫茫原野唱"大风"——黑龙江农业综合开发篇》，被黑龙江省农村记者协会评为1995年度全省农业好新闻一等奖；被省委宣传部、省新闻协会评为黑龙江省首届新闻一等奖。

2007年，省农发办在《黑龙江日报》上发表的稿件。4月2日头版，亿元投资打造新农村示范区；5月19日，新农村建设试点村成示范村，"一村一品"格局正在形成；9月12日3版整版，清泉流处，大灾之年现桑田；9月13日，黑龙江提高作业装备水平，发展现代农业；10月10日，"种田农民"转向"土地股民"；11月3日，重点建设高标准农田，大造粮食生产核心区，我省农业开发迈向新起点；

11月3日，黑龙江省打造粮食生产和新区推动农业开发新跨越；11月9日头版头条，我省治理黑土流失重点工程启动；11月14日，水土流失，一个头号环境问题；11月14日，拜泉，告别风剥地16年。

2009年，大庆、哈尔滨、黑河、绥化等地在《黑龙江日报》上发表的文稿。2月14日，肇东市25万亩玉米吨田项目启动；2月25日，大庆新增玉米膜下滴灌五十万亩；3月16日，肇东大力开展粮田改革；5月20日，建设低耗水高产出农业；6月20日，哈尔滨34个土地治理项目立项；8月12日，农业开发项目在大庆市现代农业暨新农村建设博览会上获好评；10月20日，逊克县三万亩麦豆轮作示范区报喜；10月22日，农业大开发点"土"成"金"；11月12日，大庆市农业开发项目区获全面丰收；11月12日，哈尔滨市实施"大项目牵动战略"，打造现代农业先行区。

2008年10月16日，中央电视台新闻频道在15：00的《整点新闻》中以"黑龙江丰桥合作社：新路还是'回头路'"为题，报道了黑龙江省农业综合开发扶持农机合作社，促进农村土地流转的情况：黑龙江省在实施农业综合开发过程中，将财政资金投入农机合作社购买大型农机，并将

80%的资金量化为农民的股份;农民以土地经营权入股农机合作社;合作社借助集中采购降低生产成本,用大型农业机械实现土地集约经营。这一做法,既扶持了农机合作社,推动现代农业的发展,也使农民成为土地"科学流转"的受益者。

从2008年9月到2009年12月30日,省农发办与黑龙江经济报合作宣传农业综合开发实施20年,由黑龙江经济报提供100个版,开办"奋进中的黑龙江农业综合开发"周刊,每周1-2期,发行2000份报纸,覆盖重点行业和部门、企业。

2009年3月1日,新华社发《黑龙江探索"链条振兴"救助大豆产业脱困》,引起了国家和省领导的高度关注。

2011年,省农发办成立黑龙江省农业综合开发研究会,编发《黑龙江农业综合开发》到2014年,出版16期。

2015年5月11日,《中国财经报》刊发《黑龙江"一盘棋"推进农业综合开发》文章,报道了黑龙江省农业综合开发以促进农业可持续发展为主线,通过亿亩生态高产标准农田建设、扶持优势产业打造全产业链和培育新型农业经营主体等方式,集中建设现代农业示范项目区。

2015年7月,黑龙江电视台新闻联播节目,连续三期播发省农发办贯彻落实省委提出实施"五大规划"情况,第一期内容为黑龙江农业开发助推"大产业"发展,第二期内容为农业开发示范引带促改革,第三期内容为省农发办落"实"工作,"严"作风在社会上引起强烈反响。

2016年,省农发办与《中国农业综合开发》合作出版第9期。全方位展示了黑龙江省农业综合开发推进"两大平原"农业综合开发实验改革的有力措施和取得的成绩。

2017年以来,省农发办与省委《奋斗》杂志社联合推出黑龙江省农业综合开发专刊4期,发稿近170篇。借助《奋斗》杂志社发行平台,黑龙江省农业综合开发《奋斗》专刊被送到省领导、省直各部门、大专院校、各级图书馆、各大期刊编辑部以及订阅单位和个人,极大地扩大了农业综合开发的影响。

第二节 参加展赛

对国家农发办、省委政府以及省直有关部门组织的活动,各级农发办都积极参与,借此宣传开发的潜力、项目、成果,加强对外交流合作,扩大开发影响。

1995年以来,参加了三次哈洽会,展位一次比一次规模大,参展产品一次比一次好,签约一次比一次多。2003年10月,由省农业开发办领导带队,组成三个招商组分赴山东、江苏、上海等地广泛地与当地大企业、大公司、大财团接触,对接合作项目。2004年,省农业开发办组织全省67个县(市、区)项目区参加了15届哈洽会,展出开发产品9大类190多个品种,推出了一批招商引资项目。

1997年10月24日,全国农业综合开发十年成果展览会在北京开幕。展览会历时5天,黑龙江省参展,全方位地介绍和宣传十年来全省农业综合开发所取得的巨大成就,国家和省领导给予高度评价。

2005年以来,按照《省财政厅开展"优秀论文、优秀调研报告、优秀公文"评选活动方案》的有关要求,厅办公室、财政科研所按照规定程序,组织专家学者和相关人员对各处室申报的优秀论文、优秀调研报告和优秀公文进行了初评和复评,经厅评审委员会审核认定,最终确定了评选结果。根据《省财政厅工作目标责任制考核暂行办法》的规定,"三优"评选结果将作为年度厅机关目标责任制考核的加分因素。截至2013年,省农发办获得优秀论文、优秀调研报告39篇。

2008年,省农发办组织全省农发办系统征文,纪念农业综合开发实施20年,收到征文各市县区作品109篇,经过评选有20篇获得优秀奖,原哈尔滨市农发办主任史程越等46名作者获得奖励。

2009年,省农发办组织黑龙江省财政系统纪念改革开放30年书画摄影作品展,常忠宝摄影作品《律动》获优秀奖,张砾摄影作品《蓝凌凌的水绿莹莹的山》获优秀奖,高炜、李秀妍书法作品获优秀奖。

2011 年,省农发办组织财政系统庆祝建党 90 周年《希望田野》优秀书画摄影作品展,常忠宝作品《喜》获奖三等奖,高鹏飞作品《与声俱去》获优秀奖。

第三节　制作画册

各级农发办在推进农业综合开发过程中,把一些重要事件、重大活动、重大工程等的照片作为重要的历史资料都完整地保留了起来,同时为了扩大影响,把一些经典的历史画面编辑制作成册对外发送。画册图文并茂,鲜活生动,起到了较好宣传效果。

1991 年,省农发办制作《金色的希望》——黑龙江省三江平原农业综合开发纪实。时任副省长孙魁文作序。时任国务委员陈俊生题词:开发三江多作贡献。时任省委书记孙维本题词:科学规划 加速开发 惠及子孙 贡献国家。

1992 年,国家农业综合开发领导小组制作《中国农业综合开发巡礼》(黑龙江、吉林、辽宁)。国家领导人为画册出版题词。江泽民题词:搞好农业综合开发,振兴我国农业;李鹏题词:农业综合开发是发展农业的重要途径;田纪云题词:搞好农业综合开发,向生产的深度和广度进军;王丙乾题词:多方筹措资金,支持农业综合开发;宋健题词:依靠科学技术,搞好农业开发;李贵鲜题词:搞好信贷工作,支持农业综合开发;陈俊生题词:农业综合开发道路广阔前景光明。

1994 年,省农发办制作《金色的希望——黑龙江省农业综合开发纪实之二》,时任副省长孙魁文作序。

1998 年,省农发办制作《金色的希望——黑龙江省农业综合开发纪实之三》,时任省委常委、副省长王宗璋作序。

2001 年,省农发办制作《世纪的辉煌——黑龙江省农业综合开发纪实之四》,时任副省长申立国作序。

2003 年,省农发办制作《黑龙江金色的硕果——农业综合开发名优特产品简介》。

2005 年,哈尔滨市农发办制作《希望 收获 辉煌》。

2005 年,省农发办制作《群星闪烁 100 村——黑龙江省财政厅农业综合开发加快村级经济发展联系点纪实画册之一》,时任省农发办常务副主任运连鸿作序。

2007 年,省财政厅、省农发办制作《七彩沃野——黑龙江农业综合开发掠影》。

2009 年,省农发办制作《阳光照耀新农村——黑龙江省农业开发办公室帮建新农村试点村工作纪实》,时任省农发办常务副主任运连鸿作序。

2013 年,省农发办制作《现代农业唱响龙江》画册和电视专题片,时任副省长吕维峰作序。

第四节　结集成书

各级农发办都十分注重重要文件资料整理利用,每隔一段时间就会把文件资料整理成书,有的出版发行,有的编辑成册供内部使用,留下了一笔宝贵的精神财富。从编辑成书的资料可以看到,农业综合开发工作进程、重要贡献、历史经验等,看到农发干部奋斗的足迹、挥洒的汗水、做出的成果。

1993 年,省农发办编辑《农业综合开发农田水利工程选集》,主编李方旭。

1996 年,省农发办编辑《黑龙江农业综合开发文集(1988－1996)》,主编孙连举、柳遇春,时任省农发办主任李方旭主任作序,黑龙江教育出版社出版,文集分战略决策篇、开放开发篇、政策法规篇、开发进展篇、工作指导篇、投资机制篇、规划项目篇、理论论述篇、业务培训篇、典型经验篇、新闻报道篇,收集200多篇文稿,留下了一笔宝贵的财富,从中可以看到当初黑龙江省农业综合开发的生动实践,可以看到党和国家及黑龙江省委省政府领导对开发工作的重视。国家、省以及国家农发办领导为文集出版题词。陈俊生题词:加强农业开发 促进农业强省建设。岳歧峰题词:为建设农业强省而奋斗。孙维本题词:坚持科学规划 综合开发农业。田凤山题词:扩大开放 促进开发 建设农业强省。李延岭题词:总结经验加大力度 把农业综合开发提高到新的水平。周文华题词:综合开发农业造福子孙后代。王建功题词:搞好农业综合开发 促进农业强省建设。戴谟安题词:坚持资源开发与生态效益的统一 提高农业综合开发的整体水平。孙魁文题词:绿洲沃野 大有可为。韩连贵题词:黑龙江省有土地资源 农业综合开发前途光明。

1998年,省农发办编辑《黑龙江省农业综合开发论文集》,主编孙连举、聂秀发,时任省农发办主任李方旭作序。

1998年,省农发办编辑《向现代农业迈进——全省农业综合开发工作会议文件汇编》,主编李方旭。

2003年,省农发办编辑《新阶段 新探索 新启示——黑龙江2000—2002年农业综合开发文集》,顾问李继纯,主编史青衿、运连鸿、张力新。

2004年,省农发办综合处、哈尔滨市农发办编辑《现代农业之路——哈尔滨农业综合开发工作会议汇编》,主编王贵良,时任省农发办常务副主任史青衿作序。

2005年,安达市农发办编辑《安达市农业综合开发实用读本》,主编常忠宝。

2006年,任秀峰著《耕耘与收获》,中国广播电视出版社出版。

2006年,黑龙江省农业开发评审中心编辑《国家农业综合开发政策法规汇编》。

2006年,省农发办土地处编辑《国家省农业综合开发土地治理项目政策汇编》,时任省农发办副主任孙敬义作序。

2007 年,王贵良著《绿色情怀(上、下)》,香港经济导报社出版,时任副省长申立国作序。

2008 年,省农发办土地处编辑《农机合作社建设实用手册》,名誉主编孙敬义,主编王福。

2008 年,哈尔滨市农发办编辑《哈尔滨市纪念农业综合开发 20 周年论文集》《哈尔滨市农业综合开发 2008 年调研成果集》,主编史呈越。

2009 年,常忠宝著《黑土地上大开发》,中国广播电视出版社出版,编著《农业综合开发诗词选》,文化艺术出版社出版。

2009 年,任秀峰、常忠宝编著《农业综合开发常用文体写作》,中国广播电视出版社出版,时任国家农业综合开发评审中心韩国良作序。

2010 年,省农发办编辑《农业综合开发手册——问答 1000 题》,主编运连鸿,时任副省长吕维峰作序,人民日报出版社出版。

2010 年,臧国忠、王永石、常忠宝等编著《财政支农惠农政策问答》,中国财政经济出版社出版。

2012 年,省农发办编著《来自黑土地大粮仓的报告》,主编运连鸿,黑龙江人民出版社出版。

2012 年,运连鸿著《现代农业思与行》,人民日报出版社出版。

2016 年,任秀峰著《沃土情深—农业综合开发文集》,黑龙江人民出版社出版,时任省农发办常务副主任薛英杰作序。

第五节 会议推动

省农发办高度重视宣传工作,每次工作会议都强调宣传工作,积极营造良好农业综合开发氛围。同时,也专门召开专题会议,对过去农发宣传工作进行总结,对下步宣传工作作出安排,极大地调动了各地做好宣传工作的积极性。国家农发办多次表扬黑龙江省农业综合开发宣传工作,多次授予省农发办宣传工作先进单位称号。

2004 年 7 月,省农发办在同江市召开全省农业综合开发宣传工作会议,哈尔滨市、安达市、同江市农发办在会上做了经验介绍。

2008 年 12 月,国家农发办在北京怀柔召开了全国农业综合开发宣传工作会议。时任国家农发办副主任黄家玉出席会议并讲话,时任国家农业综合开发评审中心副主任韩国良参加会议并作总结讲话。有五个省在大会介绍经验,时任省农发办副主任孙敬义代表黑龙江省发言,题目是《高度重视,强力推进,努力提升宣传工作水平》。省农发办受到国家农发办表彰,被评为 2008 年度宣传工作先进单位。时任国家农发办副主任黄家玉在讲话中三次提到黑龙江,对黑龙江省农业综合开发宣传工作给予充分肯定。

2010 年 12 月 20 日至 23 日,全国农业综合开发宣传工作暨通讯员培训班在湖南省长沙市举办。时任国家农业综合开发评审中心副主任韩国良、副主任周可出席培训班并讲话。黑龙江、河北等七省份就本省宣传工作在大会上作了交流发言。此外,培训班上还表彰了 2010 年度农业综合开发宣传工作先进单位和优秀通讯员。

第六节　编发简报

省农发办每年都会编发一些工作简报,一些重要工作情况、重要调研报告、重要调研报告都以简报的方式上报国家农发办、省委、省政府、省财政厅,很多简报被国家农发办《国家农业综合开发简报》、省委《工作交流》、省政府《情况通报》、省政府研究室《参阅件》省财政厅《财政信息》采用并转发,起到了对上宣传,对下指导作用。

1998 年《从现代化农业示范区建设看 21 世纪我省农业发展方向》的调研报告,受到时任省长田凤山和省委秘书长杨永茂批示,在省委《工作交流》、省政府《情况通报》上刊发。

2003 年第 23 期转发时任省农发办常务副主任史青衿的文章《新阶

段 新探索 新启示——农业综合开发促进农业生产方式转变的调查与思考》。同年第 34 期,转发时任省农发办副主任运连鸿的文章《从大豆行间覆膜技术示范看农业综合开发科技创新的意义》。

2005 年,国家农业综合开发简报第七期转发《黑龙江省进行三项试点 探索三个模式 出台三个文件》,同年国家农业综合开发简报第 17 期转发了《实现农业现代化的一个有效尝试——黑龙江省农业综合开发探索农机资本与土地资本相结合的新模式》。

2006 年,省农发办编发信息 121 期,是编发最多的一年。2007 年,编发 49 期。

2006 年,农业综合开发简报第 19 期,刊发时任省委书记钱运录深入到农业综合开发项目区——宁安市振兴对俄出口蔬菜基地检查调研情况。4 月 15 日,钱运录同志在时任牡丹江市委书记马晓林、市长陆兵以及宁安市委书记朱乃振、市长崔培元的陪同下,来到宁安市东京城镇振兴村检查参观了农业开发项目——对俄出口温室蔬菜生产基地,听取了项目建设、棚室生产和关于社会主义建设有关情况的汇报。钱书记深入育苗大棚和农户种植西红柿的温室,亲切地与基层干部、农户交谈,详细地了解当前生产生活情况,对振兴村建设出口蔬菜基地项目感到非常满意,并给予高度肯定。同时,就基地今后的发展和新农村建设提出了希望,嘱咐支农部门和基层干部努力工作,与广大农民群众发扬艰苦奋斗精神,扎实地推进社会主义新农村建设。

2010 年,农业综合开发简报第 18 期刊发 4 月 7 日时任省长栗战书到庆安"绥庆北 200 万亩水田现代农业园区"视察情况。栗省长询问,什么时候开发浸的种,在什么时间育秧,当听说庆安水稻生产每年都是在全省最早启动,并且实践经验丰富,全省水稻标准化生产操纵规程就诞生在这里时,栗省长十分高兴,勉励庆安县"要搞好水稻生产的试验示范,多积累种植经验,为推进全省水稻标准化生产进程,增加全省水稻产量,加快现代农业建设步伐,做出更大贡献"。在示范园区的水稻育秧大棚内,应用水稻两段式栽培技术栽培的秧苗一片翠绿,长势喜人,栗省长俯下身子边看边问，从此项技术的应用到生产效果如何，从农民自家水稻大棚建设到水稻大棚的综合利用，从水稻生产的试验示范到农业科技的推广应用，从今年的土壤墒情到全年积温情况等，一项项问得十分仔细。在听完县委书记介绍后，栗省长说：庆安通过建设科技园区这个载体使农业科技和农业生产需求结合得更加紧密，建立起了科技与农民对接的直通车，提高了农民的科技素质和种地的科技含量，为粮食增产农民增收提供了有利的科技支撑，庆安的经验值得在全省推广。以后，庆安县要在增产增收技术配套组装上实现新突破，在改善农业生产条件综合运用农业科技和千亿斤产能建设上当好排头兵。

2017年，农业综合开发简报第9期，刊发全省农发办主任培训会在哈召开情况。9月1日，省农发办召开了全省农业开发办主任培训会议，会上时任省农发办常务副主任薛英杰同志就三年来农业综合开发取得的成绩做了回顾，对当前及今后一个时期农业综合开发工作做了明确部署。孙敬义、王福、王大明三位副主任分别就分管工作进行了详细说明，提出了相关要求。省财政厅厅长、省农发办主任史青衿同志专门听取了会议筹备情况汇报，并对此次培训会议作出重要批示，一要把握政策导向，促进一、二、三产业融合。二要把握任务导向，加强现代农业生产体系、产业体系、经营体系建设。三要把握市场导向，推进农业供给侧结构性改革。四要把握问题导向，提高工作质量效率。

第七节　创作诗词

农业综合开发在黑土地成功实践，激发了各界人士特别是农发办干部创作诗词歌曲的热情。各级开发办或组织干部，或邀请社会知名人士创作，发挥较好的组织引领作用。基于黑土地农业综合开发创作的一些诗歌作品有的发表在杂志上，有地被谱曲广为传唱。

1996年，原省农发办多种经营项目处处长王延昌，在萝北县挂职锻

炼,亲自参与了苇场小区开发建设,目睹了荒原改为良田的全过程,心情激动之余,写下了《拓荒歌》:

天苍苍,地接壤,沮洳水草枯苇黄。泥鳅蛤蟆藏垡底,凌空鹏雀振翼忙。严冬有蛤塘。

野茫茫,云低昂,荒火烟去林成行。龙渠蛇路盘沃土,铁甲犁出万顷粮。庄园醉三江。

1997年,原省农发办秘书处处长柳遇春经常深入项目区,感叹项目区建设取得的成果,同时看到农发干部的辛勤奉献,创作《农业综合开发工作者之歌》,讴歌农发干部奋斗精神:

　　　　田野的风吹黑了脸膛,
　　　　辛勤的汗水湿透了衣裳,
　　　　为了增产粮食和农民奔小康,
　　　　我们千辛万苦斗志昂扬。
　　　　把田间当成一座大工厂,
　　　　把各种科学措施综合组装。
　　　　我们要用农业综合开发,
　　　　去实现农业现代化这美好理想!

　　　　绿野的芳香滋润了心房,
　　　　累累的果实增添了力量,
　　　　为了大地丰收和改革开放,
　　　　我们千辛万苦斗志昂扬。
　　　　把农业开发区当成家乡,
　　　　把那里建设得五业兴旺。
　　　　我们要用农业综合开发,
　　　　去实现农业现代化这美好理想!

2003 年以来,原佳木斯市农发办副主任田宏文经常深入到项目区采风,创作农业综合开发诗词《我凝望一片金色的稻海》《诗画龙江》《喊一声北大仓热泪流》等二十余首。

我凝望一片金色的稻海
——谨将此诗献给让田野充满希望的农发人

十月,在三江平原深处
我凝望着一片金色的稻海
我曾见过它的无边翠绿
每一张叶片都如一面绿色的旗
舞动在春风里
让我几近干涸的想象力
在那一刻春暖花开

而今,我伫立在田埂之上
用一次次深呼吸
倾听稻穗与风合奏的天籁
品味丰收和快乐的味道

这是我的家乡最美丽的季节啊
蓝天、白云、黑土地
与金黄的稻海
组成了一幅无与伦比的画卷

我质朴的农民兄弟啊
还有什么比收获更让你幸福
还有什么能让你的笑容如此丰盈
让你的眼神如此明亮

让你的心情如此欢畅

十月,我在平原深处
手捧一枚金色稻穗的勋章
以最虔诚的心
膜拜这给予我生命的土地
并深情地礼赞那些绘就
这希望和幸福画卷的人们
感谢你们给予这片土地的阳光与爱
和每一片金黄翠绿

永恒的信念
——献给农业开发二十年

望一眼大平原诉不尽赤诚的爱恋,
捧一把黑土地种下了芬芳的誓言,
二十载岁月峥嵘青春如歌,
风雨中拓荒的犁铧银光闪闪。
秀美的山川,和谐的家园,
现代农业铺展出壮丽的画卷,
你看那千里稻浪随风舞,
新农村征程上春光无限,
请人民检阅光荣的农发人,
锦绣黑龙江是我们最美的诗篇。

多少回农家院送去阳光的温暖,
多少次田野里绽放乡亲的欢颜。
爱无声奉献三农真情如虹,
志高远豪迈的脚步永远向前。

绿色的山川，希望的家园，

科学发展耕耘出幸福的明天，

你听那时代号角多嘹亮，

神圣使命把我们召唤。

请祖国检阅忠诚的农发人，

建设北大仓是我们永恒的信念。

2008 年以来，原省农发评审中心科长常忠宝利用业余时间创作了反映农业综合开发题材的诗词《开发是首歌》《黑土地不会忘记》《龙江开发颂》等三十余首。

龙江开发颂

在中国的北方

在北方的龙江

有一种希望

从 1988 年就扬帆起航

统筹农业农民农村发展

流金淌银，溢彩流光

这就是农业综合开发

服务新农村

奏响兴农的小康曲

奏响和谐的新篇章

把穷乡僻壤变为了繁荣富强

在中国的北方

在北方的龙江

有一种力量

从 1988 年就潜滋暗长

综合治理水田路林山
韵味深长，喷吐芬芳
这就是农业综合开发
扎入黑土地
弹唱绿色的渴望
弹唱金色的鸣响
把北大荒变成了北大仓

农业综合开发
走过了二十载时光
芝麻开花节节高
旗帜如火高高扬
汗水落地成太阳
实干图强架金梁
挖不尽的黑土宝藏
酿不完的玉液琼浆
人心是把尺
口碑万古芳
龙江农业综合开发
把成果摆在大地里
印在农民的心坎上

农业综合开发
如今正赶上创业好时光
经济建设的要求又好又快
科学发展的舞台更宽更广
龙江人激情满怀
农发人豪情万丈

为了让绿色的希望集满大地

为了让事业的力量大片成长

信念是天，造福一方

农业综合开发，再把重任肩上扛

再创辉煌耀龙江

2008 年，在农业综合开发实施二十年之际，哈尔滨市农发办组织了征文活动，创作诗歌近 30 首，讴歌二十年开发成果。原哈尔滨市农发办主任王贵良创作《多彩的生活更多彩》等诗词四首。

多彩的生活更多彩

这里的稻浪翻金波

这里的松涛奏新曲，

这里的鸟儿唱情歌

这里的白云扬脸笑，

只要你到这里来，

漫山百果花千树，

方知人生不白活，

人间真情最甘甜。

七彩花儿浪里开，

童话世界处处有，

天鹅仙鹤戏水来，

神奇传说滚滚来，

万紫千红春常在，

日子越过越美好，

欢欣的人儿笑颜开

多彩的生活更多彩。

驿马山下好风光

我站在驿马山向下眺望

弯弯如带的河流向远方

千顷稻禾涌起清新的波浪

万亩鱼池闪着耀眼的光芒

驿马山下呀

数不尽的好风光

农业综合开发绘制美景一方又一方

绿荫荫的道路行驶着车辆

青青的草地上放牧着牛羊

排灌站的隆隆声四处回荡

农家儿女唱的小曲多么悠扬

驿马山下呀

数不尽的好风光

农业综合开发绘制的美景一方又一方

（王贵良与柳遇春合作）

2009年,应省农发办邀请,著名词作家车行创作了黑龙江省农业综合开发之歌《复兴我们的田野》,在农发系统广为传唱。

复兴我们的田野

我们的心血绘成七彩的田野

让黑土地的金秋与华夏连接

成排的康拜因收获黄橙橙的岁月

耀眼的硕果陶醉美丽的蝴蝶

开发的蓝图放大七彩的田野

让五色土的丰收与四季连接

现代化的大农业是沉甸甸的事业

夯实了理想收获天地的和谐

来吧,复兴我们的田野

让现有的土地再奉献一些

让祖国的大粮仓成为伟大的战略

喜悦年年与我们相约

来吧,复兴我们的田野

让身上的汗水再付出一些

让中国的大农业奔向世界的行列

我们一定把自己跨越

2015、2016 年,省农发办组织退休老干部到农发项目区视察,老干部激动不已,亲身感受到近年来农业综合开发在推进全省现代化大农业进程中的贡献。老干部纷纷拿起手中的笔记录下所见所闻,写下了多篇诗词歌赋。原省农发办副巡视员张力新创作《西江月 五常农业物联网服务中心》《清平乐 巴彦沿江排灌站》《菩萨蛮 汤原食用菌产业化园区》等十多首词。

采桑子参观农业开发项目

退休十叟一车载,一路言欢。涉水爬山,两大平原入眼帘。
开发项目功劳现,任尔参观。心系情牵,回忆当年热泪潸。

浣溪沙荒滩变良田
——参观抚远鸭南乡 28 万亩水田

昔日鸭南酸眼眸,冰凝血压锁荒丘。十人见了九人愁。

稻浪风吹千里绿,开发项目巨资投。家家户户富流油。

另外,原省农发办综合处调研员李俊宇、原哈尔滨市农发办副主任李玉祥、原哈尔滨市农发办土地处副处长陈继慧、原绥化北林区农发办主任邢忠义、原绥棱县农发办主任马玉伟、原绥化北林区农发办马先才副主任、海伦市农发办副主任杨松林、原牡丹江市农发办副主任科员张万海等创作了许多诗词发表于《中国农业综合开发》《奋斗》等杂志,很好地宣传了农业综合开发。

【相关链接】一

发表在《中国农业综合开发》上的部分文章目录

1997 年

关于山东河南徐州两省一市农业综合开发情况的考察报告

省农发办　第 2 期

首期开发在三江——来自黑龙江的系列报道之一

王春涛　柳遇春　第 3 期

农业产业化开发与对策　　　　　　　　　李方旭　第 4 期

高潮迭起到松嫩——来自黑龙江的系列报道之二

王春涛　柳遇春　第 4 期

农业综合开发工作者之歌　　　　柳遇春/词　昝非/曲　第 4 期

新的希望在质量——来自黑龙江的系列报道之三　　柳遇春　第 5 期

1998 年

农业综合开发的新起点新突破　　　　　　　李方旭　第 3 期

在农业综合开发中加速产业化进程　　　　　王贵良　第 3 期

1999 年

从现代化农业示范区建设看21世纪我省农业发展的方向

李方旭　第 1 期

2000 年

加大农业综合开发力度促进农业结构优化升级　　　　　史青衿　第 3 期

试论在市场经济条件下农业综合开发的定位问题　　　　任秀峰　第 3 期

积极探索有效途径　推进全省项目区农业结构调整　　　　　　　增刊

2001 年

黑龙江省农业综合开发管理条例　　　　　　　　　省农发办　第 2、3 期

21 世纪农业发展的新领域新趋势　　　　　　　　　任秀峰　第 2 期

黑龙江省农业综合开发办公室机构建设　　　　　　省农发办　第 3 期

2003 年

农业综合开发促进农业生产方式转变的调查与思考

　　　　　　　　　　　　　　　　　　　　　　　史青衿　第 2 期

实施农业综合开发　推进马铃薯产业发展

　　　　　　　　　　　　　　　　　　聂秀发　费仁伟　第 2 期

2004 年

黑龙江省农业综合开发不断提高农业综合生产能力

　　　　　　　　　　　　　　　　　　　　　　　任秀峰　第 1 期

制约农民增收的主要因素分析及农业综合开发对策

　　　　　　　　　　　　　　　　　　　　　　　史青衿　第 2 期

一项利国利民的伟业——检查农发资金有感

　　　　　　　　　　　　　　　　　省专员办业务三处　第 2 期

黑龙江省农机作业合作社试点情况的调查与建议

　　　　　　　　　　　　　　　　　　　省农业委员会　第 3 期

关于确定粮食主产县方法的探讨　　　　　　　　　　杨　培　第 4 期

农业综合开发项目可行性研究常用的几种市场预测方法　刘伟　第 5 期

扶持乡村建立畜牧养殖小区是农业综合开发实施产业化经营项目的有

效途径　　　　　　　　　　　　　　　　聂秀发　费仁伟　第 6 期

改进和完善农业综合开发项目管理的思考　　　　　　薛英杰　第 7 期

农业综合开发项目建设农民筹资投劳存在的问题及改进建议

运连鸿　第 8 期

农业综合开发水利骨干工程项目择优立项问题研究　杨　培　第 8 期

2005 年

走有特色的节水农业之路　　　　史青衿　任秀峰　刘　伟　第 1 期

扶持农民合作组织　促进农民增加收入　　运连鸿　任秀峰　第 3 期

高举提高农业综合生产能力的旗帜　深入推进农业综合工作

运连鸿　第 5 期

农业综合开发项目区农民培训存在的问题及改进建议

薛英杰　第 7 期

产权管理是项目建设成功的关键——甘南县农业综合开发实施产权管理的调查　　　　　　　　　　　　　　运连鸿　第 8 期

2006 年

规划"十一五"再谱新篇章　　　　　　　运连鸿　第 1 期

认真做好"中国农业综合开发"通联工作　　省农发办　第 1 期

推进产学园结合　加快农业现代化步伐　　李继纯　第 4 期

标准化是现代农业的必由之路　　　　　任秀峰　第 6 期

2007 年

发展农民合作经济组织　培育现代农业经营主体　　杨　培　第 4 期

努力把农业综合工作提高到一个新水平　常忠宝　张　砾　第 8 期

加强机制创新　为高标准农田建设提高保障　　王　福　第 9 期

2008 年

现代农业突破口　农民增收的加速器　　　王　福　第 1 期

突出点　抓住线　拓展面　努力提升农业综合开发的影响

常忠宝　第 4 期

抢抓机遇　精心组织　实施黑土区水土流失治理工程　吕维峰　第 5 期

农业综合开发之路越走越宽广　　　　　常忠宝　第 5 期

小单位　大作为　　　　　　　　　　　常忠宝　第 5 期

浅谈项目竣工验收在项目管理中的地位和作用　　　　　　任秀峰　第 6 期

解说词:向现代农业迈进　　　　　　　　　　　　　　　常忠宝　第 6 期

正确理解世行新理念　科学组建马铃薯协会

　　　　　　　　　　　　　　　　　　　陶传友　赵立军　第 7 期

坚持"六个到位"　实现宣传调研工作更大突破　　　　　孙敬义　第 7 期

树立"大财政"理念　　　　　　　　　　　　　　　　　李继纯　第 8 期

走近省市农发办主任——专访常务副主任运连鸿　　　　芮晓峰　第 9 期

依托农业综合开发　大力发展现代农业　　　　　　　　许　峰　第 9 期

黑土地上农业综合开发　　　　　　　　　　　　　　　张奕民　第 9 期

旱地改水田　旧貌换新颜　　　　　　　　　　　　　　曹延斌　第 9 期

托起明天的希望　　　　　　　　　　　　　　　　　　王铁农　第 9 期

宾县:黑土地绽放国色天香　　　　　　　　　　　　　周港俊　第 9 期

富民强省的伟大实践——黑龙江省农业开发 20 年纪实

　　　　　　　　　　王永石　李俊宇　常忠宝　第 9 期

走规模经营之路　　　　　　　　　　　常忠宝　陈继慧　第 9 期

推进麦豆轮作　保护大豆安全　　　　　　　　　运连鸿　第 10 期

解放思想　积极创新为建设社会主义新农村贡献力量

　　　　　　　　　　　　　　　　　　　　　　王雪冰　第 12 期

坚持农业产业化开发方向　促进农业和农村经济发展　任国英

　　　　　　　　　　　　　　　　　　　　　仪喜波　第 12 期

关于青冈县推行玉米标准化种植情况调查与思考

　　　　　　　　　　　　　　　常忠宝　耿　欣　第 12 期

2009 年

高度重视　强力推进　努力提升宣传工作水平　　　　常忠宝　第 1 期

大力推进农业综合开发　示范牵动农业农村经济发展　史呈越　第 1 期

扶持农村合作经济组织　促进农民增加收入　　　　　杨松林　第 1 期

2010 年

规范项目评审　发挥专家作用　切实提高项目评审质量

　　　　　　　　　　　　　　　　　　　　　任秀峰　第 1 期

矢志不渝固强农业基础　力担重任确保粮食安全

王　福　商维兴　第 1 期

坚持六个到位　实现六个突破　　　　　　　　常忠宝　第 2 期

永恒的信念　　　　　　　　　　　　　　　　田宏文　第 2 期

抓好农业综合开发　引领现代农业发展　　　　吕维峰　第 3 期

管好用好项目资金　促进农业综合开发事业更好更快发展

省农发办　第 3 期

爱在龙江大地上　　　　　　李俊宇　田宏文　张　砾　第 3 期

建立合作组织　推动水稻产业规模化发展

常忠宝　庄福金　第 4 期

再接再厉　提速奋进　推动农业综合开发实现新跨越 运连鸿　第 8 期

实施大开发　建设大粮仓　发展现代化大农业　吕维峰　第 9 期

访日归来看黑龙江奶牛业发展

运连鸿　薛英杰　王大明　李俊宇　第 9 期

土地治理项目可行性报告编制应注意的几个问题　杨　培　第 9 期

2011 年

突出宣传重点　推进"四个结合"不断提升农业综合开发影响力

省农发办　第 2 期

麦豆轮作破解大豆产业困局综合开发助推农业持续发展

吴景辉　第 3 期

农业综合开发扶持黑龙江省奶业发展的调查与思考

任秀峰　第 7 期

突出"四个保障"着力打造高产水稻示范区

张　砾　张彦方　马先才　第 9 期

农业综合开发在现代农业建设中大显身手　　　任秀峰　第 9 期

新农村建设中的"北方奇葩"——黑龙江省齐齐哈尔市甘南县兴十四村
见闻

何　冰　第 9 期

2012 年

善待服务对象　当好人民公仆　　　　　　　　　　任秀峰　第 1 期

农发项目区确需建成现代农业科技示范基地　　　　孙敬义　第 2 期

"论文"写在田野里——黑龙江省肇东市农业综合开发侧记

　　　　　　　　　　　　　　　　　　　　　　　杨锡迎　第 2 期

种下美丽的春天　　　　　　　　　　　　　　　　杨松林　第 2 期

向现代化大农业迈进——黑龙江省农业综合开发项目区纪实

　　　　　　　　　　　　　　　　　　　　　　　任秀峰　第 6 期

新天地现代农机专业合作社实现土地经营规模化

　　　　　　　　　　　张　砾　邢忠义　马先才　第 8 期

立足资源优势　发展特色产业　　　　　　　　张　砾　第 10 期

黑龙江省农发项目区推广使用大型喷灌机　　　杨　培　第 10 期

2013 年

以十八大报告为动力　推进现代化大农业加快发展

　　　　　　　　　　　　　　　　　　　　　　运连鸿　第 1 期

农业综合开发催生绥化市粮食产能大提升

　　　　　　　　　　　　　　　　尹慧峰　程德继　第 2 期

新春遐想　　　　　　　　　　　　　　　　　　李俊宇　第 3 期

学习贯彻十八大报告精神　坚定实现中华民族复兴之信心

　　　　　　　　　　　　　　　　　　　　　　任秀峰　第 3 期

走在现代农业的前沿——绥化市北林区农业综合开发札记

　　　　　　　　　　　　李俊宇、邢忠义、马先才　第 4 期

完善工程建设监理　提高农发项目质量　　　　杨　培　第 4 期

黑龙江省高标准农田项目区展示现代农业新气象

　　　　　　　　　　　　　　　　　　　　　　省农发办　第 5 期

呼兰河畔稻花香——绥化市农业综合开发简介　绥化市农发办　第 6 期

绥化市农业综合开发开辟现代农业新天地

　　　　　　　　　　　　　　李　升　绥化市农发办　第 6 期

肇东市农业开发全力打造龙江旱作农业第一田

　　　　　　　　　　　　杨锡迎　谭文忠　第6期

北林区农业开发把建设现代农业先行区作为目标取向

　　　　　　　　　　　　　　　　马先才　第6期

大庆市探索以管灌节水技术开发水田　王雪冰、王金杰　第9期

黑龙江省农发资金投向简要回顾及总体构想　薛英杰　第11期

2014年

适应涉农资金整合大趋势　努力打造农业开发升级版

　　　　　　　　　　　　　　　省农发办　第6期

农业综合开发的新亮点　　　　薛英杰　第8期

2015年

凝心聚力推动现代农业发展　　　薛英杰　第1期

搭建四个服务平台　创新现代农业经营模式

　　　　　　　　　　　任秀峰　王志刚　第1期

黑龙江省现代农业示范区建设亮点纷呈　薛英杰　第4期

黑龙江省黑木耳产业发展情况的调查　姜显有　常忠宝　第4期

黑龙江:建设亿亩生态高产标准农田　任秀峰　第12期

2016年

情深悠长　勤耕无悔　　　　　任秀峰　第8期

第九期黑龙江专访

2017年

发展财政职能作用　振兴龙江大豆产业

　　　　　孙敬义　刘伟　李俊宇　尹慧峰　第8期

黑龙江:开发促扶贫　农发勇担当　　李俊宇　第9期

农业综合开发赋　——写在农业综合开发三十周年之际

　　　　　　　　　　　　　　任秀峰　第10期

推动"小特产"向"大产业"转变——黑龙江省农业综合开发扶持食用菌
产业的调查与思考　　　薛英杰　李俊宇　常忠宝　第11期

2018 年

发挥四个作用　争当农业现代化排头兵	薛英杰	第 1 期
农发人老张的故事	田宏文	第 1 期
驻村日记	朱庆民	第 3 期
黑龙江：坚守黑土地　筑牢大粮仓	省农发办	第 4 期

专题报道——走进黑龙江（2016 年第九期）

决策者视角　奋力改革创新续写农发辉煌	
——访黑龙江省人民政府副省长吕维峰	本刊记者
发挥职能作用　提升支农效益	王庆江
以质量效益为核心　促进农发转型升级	薛英杰
高标准农田撑起龙江大粮仓	孙敬义
特色产业铺就脱贫致富路	王　福
地方实践　以农业综合开发为引擎　推进现代化大农业建设	张晶川
做大黑木耳产业　走产业脱贫新路	林宽海
发挥综合开发优势　引领现代农业发展	张万平
依托优良生态环境　做大做强食用菌产业	金秀兰
受益者说　农发资金助推　飞鹤乳业腾飞	冷友斌
龙头企业牵引　肉牛产业升级	大庄园实业集团
农发倾情扶仁发　千家携手奔小康	李凤玉
依托现代农业示范区　打造龙江蔬菜第一村	甘南县兴十四村
撷英集萃　坚持创新驱动　提升管理水平	孙　玉
全力打造乳业现代农业示范项目样板区	王雪峰
集中资金办大事　建好农业示范区	宝清县人民政府
农业实现现代化　五常大米香天下	五常市人民政府
借助农业综合开发　建设龙江果蔬第一区	王崇廷
围绕水资源做文章　创建优质水稻示范区	王春华　董绍涛

亮点速递　抚远：依托地缘优势　发展对俄蔬菜园区　　　抚远市农发办

虎林：农发项目为引领　绿色稻米产业化　　　　　　　　虎林市人民政府

望奎：小土豆做出大文章　　　　　　　　　　　　　　　望奎县农发办

绥滨：农发助力脱贫攻坚　　　　　　　　　　　　　　　　　步贵良

道里：节能温室　增产增效　　　　　　　　　　　　　　道里区农发办

【相关链接】二

黑龙江省财政厅系统优秀论文优秀调研报告名单

2005 年度

一等奖（1 篇）

农业综合开发水利骨干工程项目择优立项问题研究

作者：杨　培　　单位：农发办土地项目处

二等奖（2 篇）

以农民合作组织为载体拓展农业综合开发新渠道初探

作者：王福　　单位：农发办土地项目处

实现农业现代化的切入点

作者：任秀峰、常忠宝　　单位：农发办综合处

三等奖（3 篇）

农业综合开发项目区农民培训存在的问题及改进建设

作者：薛英杰单位：农发办土地项目处

一个值得推广的草改模式

作者：常忠宝、张义福、王文成　　单位：农发办综合处

走我省特色的节水农业之路

作者：任秀峰　　单位：农发办综合处

佳作奖（2 篇）

加速实现水稻开发区现代化的思考

作者：刘斐　　单位：农发办综合处

关于农业综合开发扶持农民专业合作经济组织的几点思考

作者：常忠宝　　单位：农发办综合处

2006 年度

一等奖（1篇）

黑龙江省农业产学园结合模式研究

作者：王永石、高炜、任秀峰、常忠宝　　单位：农发办综合处

二等奖（3篇）

关于农业开发扶持的农民合作经济组织运行情况的调研报告

作者：杨培　　单位：农发办土地处

关于我省农业开发扶持草原建设的调研报告

作者：王福　　单位：农发办土地处

关于黑龙江省2003－2005年农业综合开发资金管理情况的调研报告

作者：农发办计财处

三等奖（4篇）

农业综合开发在社会主义新农村建设中的地位和作用

作者：高炜、常忠宝　　单位：农发办综合处

黑龙江省农业综合开发扶持农民专业合作经济组织的实践与思考

作者：高炜、常忠宝　　单位：农发办综合处

黑龙江省关于整合财政支农资金的调研报告

作者：农发办计财处

黑龙江省关于完善农业综合开发资金投入政策的调研

作者：农发办计财处

2008 年度

一等奖（1篇）

做大做强八大优势产业　加速构筑我省现代农业产业体系

作者：张广仁　　单位：农业开发评审中心

二等奖（4篇）

科学发展观的奋勇实践　农业综合开发的成功探索——关于农业开发

帮建新农村试点村的调查

作者:王福　　单位:农发办土地处

推进麦豆轮作　保护大豆安全

作者:常忠宝　　单位:农发办综合处

黑龙江奶业——彰显农业竞争力的优势产业

作者:任秀峰　　单位:农业开发评审中心

实现土地规模经营是推进现代农业的必由之路

——关于安徽省凤阳县小岗村农村发展情况的调查报告

作者:杨培　　单位:农发办土地处

学习科学发展观提升农业开发财务管理水平

作者:农发办计财处

三等奖(2篇)

认真践行科学发展观　积极推进黑土区水土保持治理工作

作者:柯亚军　　单位:农发办综合处

践行科学发展观　稳步推进新农村建设健康发展

作者:农发办计财处

2009 年度

一等奖(1篇)

管好用好农发资金,助推农发事业更好更快发展

作者:省农发办计划财务处　　单位:省农发办计财处

二等奖(1篇)

大力改造中低产田,努力提高粮食综合生产力

作者:李俊宇　　单位:省农发办综合处

三等奖(3篇)

农业综合开发是发展现代农业必由之路

作者:王永石　　单位:省农发办综合处

打造龙江旱作农业高标准示范田,加快推进全国可靠大粮仓建设

作者:常忠宝　　单位:省农发办综合处

关于鸡西黑河两地场县共建情况的调查

作者:尹慧峰　　单位:省农发办综合处

矢志不渝固强农业基础,力担重任确保粮食安全

作者:王　福　　单位:省农发办土地处

2010 年度

一等奖(2 篇)

黑龙江省农业综合开发监督检查课题研究报告

作者:任秀峰　　单位:省农发办

大力推进我省农业综合开发

作者:常忠宝　　单位:省农发办多经处

二等奖(2 篇)

建设高标准农田推进现代化农业发展

作者:杨　培　　单位:省农发办

管好用好项目资金　促进农业综合开发事业更好更快发展

作者:孙敬义　　单位:省农发办

三等奖(2 篇)

高举现代农业旗帜　奋力建设国家农业开发新农村试点区

作者:王　福　　单位:省农发办

访日归来看黑龙江奶牛业发展

作者:李俊宇　　单位:省农发办

2011 年度

一等奖(1 篇)

推进苜蓿草业发展　加快畜牧强省建设

作者:任秀峰　尹慧峰　　单位:省农开办综合处

二等奖(1 篇)

支持农机合作社发展,构筑现代农业产业体系

作者:杨　培　　单位:省农发办土地项目处

三等奖(3 篇)

关于农业综合开发的几点哲学思考

作者:任秀峰　　单位:省农开办综合处

保护大豆产业稳定发展刻不容缓

作者:王大明　　单位:省农发办多经处

关于利用金融资本扩大农业综合开发投资规模的调研报告

作者:王文刚　　单位:省农发办多经处

2012 年度

三等奖(2 篇)

关于黑龙江省农业综合开发扶持农机合作社情况的调查

作者:杨培　　单位:省农发办土地项目处

把"小蓝莓"做成"大产业"——关于加快我省蓝莓产业发展的研究

作者:常忠宝　　单位:省农发办多经处

2013 年度

三等奖(1 篇)

关于我省农业综合开发集中力量打造现代农业示范区的思考

作者:常忠宝　　单位:农发办项目管理处

【相关链接】三

突出点　抓住线　拓展面　努力提升农业综合开发的影响力

近年来,黑龙江省农发办在国家农发办的关心和地方党委政府的领导下,创新思路,大胆实践,各项工作取得长足发展,农业综合开发工作的宣传效果和社会影响日益扩大。2007 年,在国务院《内部参考》、省政府《领导参阅》等刊物刊发稿件 8 篇,在中央电视台、黑龙江电视台、《经济日报》《农民日报》《中国科技报》《中国农业综合开发》《黑龙江日报》等省级以上新闻媒体刊发稿件 51 篇。制作全省农业综合开发电视宣传片 2 个,印发宣传画册4 辑。中央电视台《新闻联播》播发农机合作社情况后,各地来黑龙江省参观学习 300 多人次。黑龙江省农发办先后荣获"全省政务信息工作先进单位"和全国农业综合开发系统唯一的"全国财政新闻宣传工作先进集体"荣誉称号。

回顾过去一年来的宣传工作,我们深切体会到:突出点、抓住线、拓展面,打好主动仗,唱响主旋律,这是各项工作取得成效的基本经验和重要措施。

一、"突出点",明确主攻方向

我们主要围绕工作重点、群众关心热点、领导关注焦点、开发亮点和创新点展开宣传。

一是突出宣传农机合作社。2003年以来,黑龙江省农业综合开发根据项目区土地平整、集中连片的情况,积极扶持农机合作社,实行股份制管理。这种先进的管理模式,不仅解决了项目区农民自筹资金难的问题,还提高了项目区标准化作业和规模经营程度,促进了农村劳动力转移。中央电视台《新闻联播》头条新闻和《黑龙江日报》头版播(刊)发黑龙江省农机合作社使"种地农民变为种田股民"稿件,在全国引起了极大的轰动效应,很多地方打电话或现场咨询其成功经验。

二是突出宣传农业基础设施建设。2007年入夏以来,黑龙江省遭遇了特大旱灾,受灾面积大、持续时间长、干旱程度深,给全省农业生产造成了严重影响。但是项目区由于有比较完善的农业基础设施和物质装备,有效地抵御了自然灾害,受灾程度较轻,生产水平接近正常年份。我们抓住这一有利契机,大力宣传加强农业基础设施的重要性。《黑龙江日报》就此用整版篇幅刊发题为《清泉流处,大灾之年现桑田》的系列报道,引起了省领导及社会各界的广泛关注。

三是突出宣传黑土区水土流失治理。东北黑土区是我国重要的商品粮基地。但长期以来由于自然因素和人为因素的影响,黑土流失日益加剧,对国家粮食安全构成极大威胁。我们邀请省电视台、省报专门报道此事后,引起领导高度重视。国家农发办在东北黑土区实施小流域综合治理试点工程,重点支持黑龙江省黑土区水土流失治理,每年拨付8000万元,连续拨付3年。去年11月,东北黑土区实施小流域综合治理试点工程启动时,我们邀请了12家新闻媒体进行了立体宣传报道。

四是突出宣传十大优势产业。2006年以来,黑龙江省农业综合开发重点扶持水稻、大豆、玉米、奶牛、肉牛、生猪、马铃薯、亚麻、蔬菜及特色十大产业,集中资金办大事,突出重点抓关键。我们聘请各行业专家、各科研院所做指导,专门召开了四次座谈会进行讨论研究,形成具体实施意见后,上报省财政厅和省政府,省财政厅把扶持十大优势产业列为全年财政工作重点,省政府也给予高度重视,主管领导批示:"抓紧部署落实,为构筑现代农业产业体系作出新贡献。"

五是突出宣传新农村建设试点工作。为推进新农村建设,黑龙江省农业综合开发帮建了74个新农村试点村,建设了6个新农村示范区。我们在扎实做好各项工作的同时,加大了宣传力度。召开了全省农业综合开发推进新农村建设工作会议,在省直部门中最早启动新农村建设工作部署。黑龙江电视台《黑龙江新闻》播发农业综合开发推进新农村建设工作会议后,各大媒体对农业综合开发帮建新农村试点情况进行了跟踪采访。《黑龙江日报》在"走城乡看发展 喜迎十七大"系列报道中,刊发农业综合开发专稿1篇。《黑龙江画报》以图文并茂的方式连续6期刊发反映农业综合开发情况的稿件。我们还多次在省政府组织的会议上介绍经验,在全省农村工作会议上设专版宣传新农村建设成果,还印制出版了宣传新农村建设的画册《七彩沃野》。这次宣传活动的开展,不仅使社会认识到农业综合开发是推动新农村建设的重要力量,黑龙江省农发办也被评为全省中省直部门帮建新农村工作先进单位,受到省政府的表彰。

二、"抓住线",畅通宣传渠道

一是抓住和上级主管部门沟通这条线。通过汇报工作的方式,经常和国家农发办,省委省政府办公部门、宣传部门沟通,及时了解和掌握各阶段宣传要点,领会精神,及时上报一些好的信息和简报。同时,也经常请上级部门出思路、选题目,抓住有价值的信息进行宣传,使整个宣传工作更有针对性、时效性。

二是抓住和新闻媒体联络这条线。紧密联系新闻媒体,随时与其沟通,适时制定宣传计划,有目的、有步骤地对各项重点工作进行宣传。一方面,我们及时把一些好的稿件寄发给新闻媒体,另一方面,也邀请记者,特别是一些电视台记者,到项目区看情况,访典型,借助媒体的强大攻势做好宣传工作。去年11月,黑龙江日报社记者深入到克山、拜泉两地项目区采访,报道了农业综合开发治理黑土地水土流失情况,引起社会极大反响。

三是抓住和内部沟通这条线。宣传工作既注重分工——由具体领导、具体处室负责,更注重调动各业务处室的积极性,把单一的宣传工作变为全局性工作。在办内,我们要求各处结合工作实际,及时汇报和总结工作进度情况、工作中的好做法、实践中的好典型。对于一些综合性、全面性的材料,由主任协调各处共同参与完成。《中国财政年鉴》《黑龙江年鉴》《中国农业综合开发年鉴》《财政志——农业综合开发篇》续编的组稿和编辑工作就是在主任的协调下,各处共同完成的。

四是抓住和基层开发办沟通这条线。年初召开宣传工作会议明确宣传重点,在工作的各个阶段及时向各基层市县农发办下发工作要点。注重调动基层信息员的积极性,要求信息员及时发现和总结项目建设的好做法、好典型。同时根据工作要求有针对性地出题目,我们还经常深入基层了解情况,掌握动态,研究典型,总结经验,形成了上下良性互动。

三、"拓展面",扩大宣传领域和影响

一是在认识层面上,做到高层次、高标准。宣传工作既是一项基础性工作,又是一项富有创造性的重点工作,农业综合开发工作、农业综合开发事业离不开宣传工作的引导、指导,绝不能淡化和弱化,我们坚持围绕开发抓宣传,抓好宣传促开发,不断加大宣传工作力度。

二是在组织层面上,做到有位置、有目标。把宣传工作作为整个开发工作的重要组成部分,与项目工作、财务工作放在同等重要位置,一同规划、一同部署、一同落实、一同总结,一同检查。在每年年初制定详细的宣传计划,明确规定年度目标和各季、月工作目标。明确分工,落实责任,形成主任亲自抓,一名副主任具体抓,各处室分头落实,人人身上有担子,个个头上有指标的工作格局。在经费上给予大力支持,保障宣传费用。2007年,我们表彰奖励了12个先进单位和48个先进个人。

三是在时间层面上,做到"全天候、全过程"。为保障宣传工作无间断,每季、每月都有新进展,及时对项目选项、评估、可研、扩初、计划、立项、建设、检查、验收等工作进行总结,努力做到报道无盲点,宣传无禁区。

四是在内容层面上,做到全方位、广角度。项目工作、财务工作、综合工作、党务工作、扶贫工作、机关活动……一切有价值、有意义的事情都可作为宣传的内容。

五是在载体上,做到全介入、多形式。全面运用信息、简报、汇报、总结、消息、通讯、文章、会议、宣传单、宣传板、调查表、广播、电视、报纸、刊物、网络等形式,适合哪种就利用哪种,工作到位,宣传到位。2007 年,共编发农业综合开发信息 30 期,在各种新闻媒体上播(刊)发稿件 59 篇。

六是在社会层面上,做到纵到底、横到边。在农业综合开发的宣传上,不仅向党委、政府汇报,还向人大、政协汇报;不仅向财政部门汇报,还向农口部门通报情况;不仅在项目区内交流,还在项目区外宣传,更广泛、更深入地扩大了农业综合开发的社会影响。

(孙敬义在 2007 年全国农业综合开发宣传工作会议上的典型发言)

【相关链接】四

黑龙江探索"链条振兴"救助大豆产业脱困

新华社哈尔滨讯针对当前我国大豆产业在生产、加工环节面临的单产不高、"洋大豆"低价冲击致使民族大豆企业生存艰难困境,我国大豆主产区黑龙江省以推广"麦豆轮作"、给予龙头加工企业收购补贴等方式,激活核心产业链条,帮助大豆产业摆脱困局。专家认为,黑龙江省振兴大豆产业的探索,对提升我国大豆产能,拯救民族大豆加工业具有重要意义。国家应采取加大对大豆行业宏观调控和政策扶持力度,并采取在产区建立大豆生产保护区等方式,扶持我国大豆产业持续健康发展。

两大顽疾危及大豆产业安全

黑龙江省是我国大豆主产区,产量占全国 1/3 以上。记者近日在黑龙江省调查发现,在生产环节,由于多年来的重茬、迎茬种植,导致大豆亩产、质量持续下降,大豆病虫害加重,农田土壤毒化。在加工环节,受去年秋季以来国产大豆价格高、进口大豆价格低的价格倒挂影响,我国大豆产区油脂加工企业生存艰难，"洋大豆"对国产大豆冲击日趋严峻。

中国大豆产业协会常务理事、黑龙江省农业科学院总农艺师刘忠堂告诉记者，由于缺乏合理轮作，黑龙江北部3000多万亩大豆面临重迎茬问题，大多数地块连续种植达到10年以上，有的甚至达到20年。大豆重迎茬对大豆的生长发育、产量和品质都有较大的影响，重茬可以使大豆平均每亩减产10-20%，严重的减产30%以上，重茬年限越长，减产幅度越大。

据黑龙江省土肥站调查，大豆是消耗营养元素较多的作物，尤其是消耗多种微量元素，随着重迎茬年限的增加，造成土壤中微量元素铜、锰、钼、锌、硼的含量及有效性降低，大豆表现为营养不良、品质下降。据黑龙江省农垦科学院调查，重迎茬还是近年来大豆病虫危害加重的重要原因。大豆重迎茬可使土壤含水量减少，重茬年限越长，土壤含水量亏缺越严重，再加上土壤酸性增加等原因，致使孢囊线虫病、根腐病、根潜蝇等普遍发生。

在大豆加工环节，受国外低价转基因大豆大量涌入影响，黑龙江省自去年以来出现了油脂加工企业停产、部分地区农民卖豆难现象。中国大豆协会副会长田仁礼给记者算了一笔账，国产与进口大豆"价格倒挂"最严重时，加工国产大豆比加工进口大豆一吨成本高900元。由于加工国产大豆赔本，黑龙江省大豆加工企业出现了全面亏损，特别是从去年四季度以来，黑龙江省大豆加工企业全部停收国产大豆，处于停产、半停产状态，大豆加工企业原料收储与产品销售的良性循环已被破坏，甚至出现了工厂落成就停产的现象。而进口转基因豆油、豆粕等产品却趁机进入我国大豆产区，凭借低价优势冲击我国大豆产业。

"链条救助"破题大豆困局

黑龙江省农业开发办公室土地项目处处长王福告诉记者，世界大豆主产国为保持大豆生产持续发展，均建有合理轮作体系。为解决日益严重的大豆重迎茬问题，黑龙江省采取政府补贴引导的办法，在全省建立10个"麦豆轮作"示范区，对种植户给予种子和农机补贴，通过小麦和大豆轮作，实现大豆可持续发展。此外，黑龙江省还对与农民签订单的小麦加工企业予以扶持，鼓励龙头企业以高于市场价格收购小麦，解决"麦豆轮作"后的小麦销售问题。

在北安市赵光镇东风村六屯,记者看到村子边连片种植了 1000 多亩小麦,虽然春旱严重,但由于"麦豆轮作"区新建了先进的喷灌设施,绿油油的小麦长势十分喜人。望着自家的麦田,东风村农民万福民高兴地说:"我已经连续 25 年没种过小麦了,今年种小麦,明年种大豆,一垧地(1 垧等于 15 亩)能多收 1000 多斤豆子。"北安市农业开发办公室主任陈海告诉记者,农民都知道小麦、大豆轮作能提高产量,但种小麦没有大豆效益好,农民不愿种。为了鼓励农民"麦豆轮作",政府投资给村里打机井,给农民补贴小麦良种。从现在小麦的长势看,小麦平均亩产能达到 550 斤,明年大豆平均亩产可达 300 多斤,农民人均可以增收 300 多元。

黑龙江省农业开发办公室副主任薛英杰说,除了推广"麦豆轮作",黑龙江省还探索补贴龙头大豆压榨企业的办法,激活大豆产业链中的加工环节。针对今春黑龙江农民手中高水分大豆销售不畅,油脂加工企业担心市场波动不敢收购本地大豆的"两难",黑龙江省财政拿出 3000 万元补贴给全省最大的民营油脂加工企业阳霖集团,支持企业收购黑龙江农民手中 30 万吨高水分大豆。

黑龙江省阳霖油脂集团董事长刘树林认为,财政补贴加工企业收购大豆的做法实现了企业、农民双赢,修复了大豆产业发展链条。企业通过财政补贴收购大豆,农民手中的高水分大豆就有了出路,这不仅可以解决农民"卖豆难"问题,也能让民族大豆企业稳定销售市场,抵制"洋大豆"终端产品向国内市场的入侵。由于企业敞开收购,并且收购价格高于市场价格,受到广大豆农的欢迎,农民售豆踊跃,企业平均每天收购量近 7000 吨。财政补贴企业收购农民存豆的办法也让今年种植大豆农户也心中有了底,提高了农民种植大豆的积极性。

大豆产业振兴仍需国家扶持

全国人大代表、黑龙江省财政厅厅长、省农业开发办主任李继纯认为,大豆产业是关系国计民生的重要产业,上游连接农民,下游涉及市民。黑龙江省采取的"麦豆轮作"、政府直补企业的做法,为振兴我国大豆产业提供了有益尝试。建立麦豆轮作体系,关键是恢复小麦面积,消除农民种植小麦与大豆的效益差,因此必须出台一些优惠政策,保证农民在轮作中不受损失。此外,黑龙江省财力有限,补贴龙头企业中面临的政策和资金问题,仍需要国家予以扶持。

李继纯建议,国家应恢复在黑龙江省的小麦保护价收购。目前国家在山东、河南等地实行小麦保护价收购,黑龙江省曾是春小麦重要生产省份,也是我国优质强筋小麦产业带之一。为了调动黑龙江农民种麦的积极性,应把黑龙江省的小麦保护价定在0.85元以上。此外,还应增加种植小麦的直补和综合补贴,对小麦仓储和加工企业给予贷款贴息、仓储费用补贴等,扶持黑龙江优质小麦产业发展。

有关专家认为,国家可比照国储收购大豆政策,扶持大型内资大豆加工企业。大型内资龙头企业,能够随时消化农民手中的大豆,减轻政府的压力,减少大豆的储、装、运、检等流通环节,是维护国家粮油安全的重要保障。国家可对民族大豆压榨企业按国储价格收购的国产大豆与进口大豆产生的负差进行补贴,政府部门通过收购发票等进行监管。也可让我国大型加工企业增加大豆商业储备,享受中央储备收储政策。通过鼓励我国大豆加工企业多加工国产大豆,可以减少国外进口大豆对国产大豆的冲击,有效缓解农民"卖豆难"。

(新华社记者王春雨采编)

第十章　小区风采

第一节　小区整体扫描

这是一幅美丽的图画:千里沃野养育肥壮,遍地金黄谷满稻香。

有人说,再美的画不能当饭吃,然而,这幅全景丰收图却实实在在地填满了3亿中国人的"饭碗"——作为世界仅存的三大黑土带之一,这里用占全国1/10的耕地,生产了全国1/4的商品粮,而且粮食产能已经稳定在千亿斤以上。

"捏把黑土冒油花,插双筷子也发芽",这里就是黑龙江。

苍茫的三江平原和松嫩平原是她宽广胸怀,雄浑的兴安岭和完达山是她坚挺脊梁,荡气回肠的"北大荒精神"是她精神魂魄,春华秋实的耕耘美景是她勃勃生机。

始于20世纪80年代末的农业综合开发又让这片"神奇的土地"焕发出新的活力。

2009年6月,时任中共中央总书记胡锦涛来到肇东市五里明镇5万亩玉米吨粮田农业综合开发项目区视察,称赞项目区发展专业合作社、建设优质高产农田,走出了一条提高粮食综合生产能力的成功路子。并殷切寄语黑龙江,积极发展现代化大农业,真正使这片肥沃的黑土地成为国家可靠的大粮仓。

黑龙江省农业开发部门紧密结合黑龙江实际,坚持走现代化大农业之路,围绕全省千亿斤粮食产能巩固提高工程,建设大水利,应用大农机,推广大科技,开展大合作。

在清晨最早把太阳迎进祖国的地方,现代化大农业的曙光已经照亮大地。

"综合"理念引领

农业综合开发的"综合"优势,体现在水利、农业、生物、工程、机械等"综合"措施,人力、物力、财力和科技等"综合"投入,田、水、路、林、山等"综合"治理,经济、社会、生态等"综合"效益。

穿行于黑龙江农业综合开发项目区,"ACD"(农业综合开发英文缩写)字样的白底绿色菱形标志随处可见,图形蕴含了农业综合开发"田、水、路、林、山"综合治理的含义。

国家农发办主任王建国指出,农业综合开发的"综合"优势,体现在水利、农业、生物、工程、机械等"综合"措施,人力、物力、财力和科技等"综合"投入,田、水、路、林、山等"综合"治理,经济、社会、生态等"综合"效益。

项目区农民形象地说,"综合"开发就像养孩子一样,从里到外,得多方面培养,把他整壮了,才能提高综合能力。

有土斯有粮。20世纪80年代末,针对当时粮食生产徘徊不前的局面,党中央、国务院做出了实施农业综合开发的重大战略决策,决定从1988年开始,专门设立土地开发建设基金(后改为农业综合开发资金),专项用于农业综合开发,以提高农业综合生产能力,特别是粮食生产能力,主要措施是改善农业基础设施,改造中低产田,目标重点直指产粮大省和农业主产区。

1988年,国务院与黑龙江省政府签订了《三江平原农业综合开发建设协议书》。明确由中央财政投资,地方财政配套,吸引企业和农民集资,进行田、水、路、林、山综合治理,把三江平原建设成为高产稳产的国家级重要商品粮基地。

"山水田林路综合治理,农林牧副渔综合开发"。一路走来,农业综合开发的视野越来越宽,不仅仅是改造粮田、修路建渠,还致力于推动产业发展,改变农村面貌,改善农民生活的方方面面。

1994 年,财政部出台了《关于农业综合开发的若干政策》,明确了农业综合开发项目主要分两大类,一类是土地治理项目,另一类是多种经营及产业化龙头项目。

黑龙江农业综合开发抓住机遇,从扶持优势产业切入,由主导产业升级工程破题,建立现代农业产业体系。在项目选择上紧紧围绕水稻、大豆、玉米、奶牛、肉牛、生猪等十大产业立项。近 3 年,投入资金 50.15 亿元,扶持产业化经营项目 447 个,助推"原粮大省"向"食品大省"的跨越发展。

黑龙江省财政厅厅长、省农发办主任王庆江提出,黑龙江农业综合开发已由拓荒增地、变沼泽为良田、大幅增加粮食产能为主要特征的第一阶段,发展到促进结构调整、发展产业化经营、实现提高粮食产能与促进农民增收并重为主要标志的第二阶段,目前正向全面融入新农村建设之中、引领现代农业加快发展、巩固黑龙江"大粮仓"地位、加速由农业大省向农业强省跨越为主要目标的第三阶段转变。

事实的确如此,近年来,黑龙江农业综合开发以推进新农村示范村建设为切入点,"十一五"期间,帮建新农村试点村 74 个,真正实现了村容面貌一新、基础设施一新、农民素质一新、生产水平一新。

"综合"投入支撑

农业综合开发就是要改变过去撒"芝麻盐"的投资方式,集中力量打造精品工程,通过树立样板和标杆,由点连线、由线到面,形成星火燎原之势。

当我们从高空俯瞰龙江大地新貌:农业综合开发建设的高标准农田示范区星罗棋布,项目区内田成方、林成网、渠相通、路相连,桥涵闸、机电井有序地点缀在广袤的田野大地,现代化大农业正在这里起步,在这里发展。

当我们从高空俯瞰龙江大地新貌:农业综合开发建设的高标准农田示范区星罗棋布,项目区内田成方、林成网、渠相通、路相连,桥涵闸、机电井有序地点缀在广袤的田野大地,现代化大农业正在这里起步,在这里发展。

黑龙江省农发办常务副主任运连鸿认为，农业综合开发是现代化大农业的生力军、领跑者、加速器。农业综合开发不能包打天下，但可以集中力量打造精品工程，将项目区建设成为粮食生产核心区、农业科技示范区、生态农业样板区、合作组织试验区、新农村建设展示区，通过树立样板和标杆，由点连线、由线到面，形成星火燎原之势。

2008年以来，黑龙江农业综合开发集中力量、集中财力在松嫩、三江两大平原倾力打造的八大高标准农田示范区就是让农发人最引以为傲的"精品"和"样板"——

位于庆安、北林、绥棱三县区的200万亩高标准优质粳稻示范区，是国内最大的优质粳稻示范区，以节水灌溉、全程机械化和大棚育秧为突出特色，三县区集中连片，新增耕地3万亩，节水2亿立方米，年增加粮食生产能力8.4亿斤。

肇东市50万亩玉米吨粮田示范，被誉为黑龙江旱作农业"第一田"，将小田块改造成2000亩左右大田块，相当于新增耕地10%，采用现代耕作方式，实行全程机械化，连年刷新玉米单季高产纪录；

依安县10万亩"四区轮作"示范区，由企业参股组建大型农机合作社，借鉴欧盟经验，采取大豆、玉米、马铃薯、甜菜分区轮作模式，全方位实行标准化生产。

在这些项目区，无论是土地划片、打井喷灌、修桥铺路，还是购买农机、组建合作社，都需要大量资金投入。"头一年资金下来，秋冬进行农田水利建设，第二年规模推进，我们这5万亩就是这样一年一年滚雪球式发展起来的，一共投入了1.45亿元。"肇东市五里明镇5万亩玉米吨粮田项目区负责人刘宝铸告诉记者。对于财政并不富裕的肇东市来说，农业综合开发的"综合"资金发挥了大作用。肇东市委书记张亚中深有感触地说："农业综合开发项目起到了整合资金、打捆使用的效果，这正是地方最需要的。有了农业综合开发的支持，使我们过去想干但干不成的事变成了现实。"

黑龙江省农发办副主任薛英杰认为,农业综合开发就是要改变过去撒"芝麻盐"的投资方式,项目区一经确立,从几万亩到几十万亩,从若干村镇到整县、整市推进,少则三五年,长则十至二十年,都要坚持集中投入,连续投入,打造精品。二十三年来,黑龙江农业综合开发累计投入资金211亿元,改造中低产田近4000万亩,新增粮食生产能力180亿斤,成为中央财政投入资金最多、实施项目最多的省份,也是改造中低产田最多、增产粮食最多的省份。

"综合"生产力提升

建设现代化大农业,需要农业综合开发建立在大机械、大水利、大科技的大规模、大农业平台之上。

农业是"弱质"产业,生产条件落后是最大硬伤。农业"身子骨"怎样由弱变强,农业生产力靠什么来提升? 机械化、水利化和科技化是必由之途。黑龙江省农发办认为,建设现代化大农业,需要农业综合开发建立在大机械、大水利、大科技的大规模、大农业平台之上。

"大农业"在黑龙江随处可见。

"大粮田"。黑龙江全省耕地面积1.8亿亩,人均耕地4.7亩,一户农民拥有几百亩、上千亩土地是很平常的事。

"大粮仓"。一马平川的沃土粮田上,洁白的"蒙古包"格外扎眼,仅在望奎现代化旱作农业示范区,总容量1.5万吨的硕大粮仓让人仰头惊叹。

"大机械"。只见农机不见人是黑龙江农业生产的常态,春种秋收,铁马神威,大马力拖拉机牵引深松犁翻起黑土,大型喷灌机挥洒着雨露甘霖,联合收获机将丰收的庄稼直接脱粒装车。

"大"带给农业生产怎样的变化? 在望奎现代化旱作农业示范区,记者在农机手吕青柱的指导下,驾驶美国迪尔大型收割机,亲身体验了一次玉米收获之旅。窗外寒风呼啸,机声轰鸣,驾驶室内却温暖如春,噪音全无,全程电脑操控,各项指标一览无余,不一会儿,5吨玉米籽粒收获完毕。

望奎项目区种植玉米1.1万亩，负责人李俊宇告诉记者："这1万多亩地从种到收，算上后勤只需10个人。项目区全部建成后有5万亩，也只需要这几个人管理，联合收割机每小时可收60亩，一天可收割上千亩。"

在农业综合开发项目区，农业生产完全变了样——万亩连片的耕地清一色的大农机上阵。

农民说，大农机的最大优势就是在深翻土地的时候可以达到40厘米深，就这一招，土地的蓄水能力立马增强，比不深松的地块每公顷可多蓄水400吨左右，相当于建了一个"土壤水库"，粮食亩产能增加200~300斤。

如果说大型收割机的作业场面已蔚为壮观，那么"挥舞长臂"的大型喷灌机则令人惊叹不已。"圆心自走式"大型喷灌机半径可达300米，转个圈就可为600亩地全程喷灌，节水达70%以上，而最先进的"行架平移式"大型喷灌机行走距离近千米，喷灌一次可达1000亩。

更为先进的是，这些"大家伙"已经全部实现远程监控、自动作业。在监控室的电子显示屏上，记者看到十几里外的耕地状况"尽收眼底"，灌溉情况、土壤水分、相对湿度等信息一目了然。

"大机械"为农业生产"强筋健骨"，"大水利"则为黑土地"疏经通络"。

傍晚时分，天已黑透。驱车途经庆安县发展乡，建筑工人们正在挑灯夜战，他们要抢抓上冻前的宝贵时间修建水渠，为明年项目推进争取时间。这座投资4000万元，长4.5公里的水渠正是"绥庆北200万亩高标准优质粳稻示范区"的主要工程。

"十一五"期间，黑龙江农业综合开发共投入资金94.34亿元，其中农田水利建设资金达42.2亿元。

大机械、大水利强壮了农业身子骨，农业生产的内涵又靠什么来提升？

改革开放前，黑龙江用了十六年时间才使粮食总产量由200亿斤提高到 300 亿斤,而从 2008 年到 2010 年,粮食总产就由 800 亿斤提升到 1000 亿斤,耕地面积没有大幅增加,而粮食总产每突破 100 亿斤所需年份越来越少,农业科技贡献巨大。

庆安县农发办副主任刘忠良告诉记者,今年项目区农民人均收入有望过万元,比去年增加 2000 多元,主要得益于科技含量提高,水稻产量和品质上去了。

秧好八成年。在绥庆北 200 万亩现代化农业久胜示范园区,记者见到了国内最先进的智能化育秧生产线,集智能选种、智能催芽、智能播种,自动控制温度、湿度、给水等育苗生产技术于一体,实现了育秧全程智能化管理。

农业综合开发实施以来,新技术、新品种、新仪器、新设施的广泛应用,使项目区科技含量比非项目区高出了 20% 以上。

"综合"开发重构生产形式

农业综合开发大力扶持合作社发展,实现"种地农民"到"土地股民"转变,推动农业生产组织形式变革。

现代化大农业需要新型的农业生产组织形式,传统的农业生产关系面临挑战。

为此,黑龙江省农发办提出,要深入开展农资、农机、金融、科技等全社会、深层次、多方面的大合作,把分散的农户组织起来,把分散的作业统一起来,把分散的经营联合起来,实现小生产与大市场有效对接。

如何把分散的作业统一起来,把分散的经营联合起来?黑龙江省农发办副主任孙敬义认为,近年来蓬勃兴起的各类农业专业合作社和产业化组织,承担起了这一历史使命。

2003 年以前,农业综合开发扶持农机主要是结合项目建设,对农机大户、村集体购置农业机械进行补贴。

但是随着生产发展,这一支持方式逐渐显现出一些不足。基层同志反映,每个县每年有几个土地项目,分属不同的乡镇,购置的机械分散经营,没有起到规模经营连片作业的效果。

　　鉴于此,黑龙江省农发办进田间,入农户,开展实地调研。随着调研的深入,一个思路逐渐清晰起来——把机械集中起来组建农机合作社进行规模化耕种。

　　想法虽好实施难。合作社组建之初,80%的农民不认可,主要卡在了农民的旧观念上。

　　"合作社种地肯定比自己种成本高,不划算","集中种地是吃'大锅饭',走'回头路'"。

　　面对质疑,工作人员们挨家挨户做思想工作,帮助农民进行种地成本分析从种到收,大机械耕作比小机械每亩可节省100元。使用大型机械,还能改善土壤结构,提高土壤蓄水能力。加入合作社,大家收益是按照入股土地的多少进行分配,多入多得,少入少得,不入不得,绝不是吃"大锅饭"。

　　安达市丰桥农机合作社是农业综合开发最早扶持建立的合作社之一,社长高贵林回忆合作社组建之初的情形:"当初我们动员农民加入合作社时,许多农民一听就摇头,我们只好靠贷款先把钱给到农民手里,才把第一个合作社组建起来。到年底,农民拿到收入和分红,乐了,服了。合作社不是生产队的翻版,是真正能带领农民进入市场的新集体。"

　　"一手不伸,一分不投,补贴一分不少,风险一点儿不担。"安达市升平镇保田村农民陈宝军细数加入合作社的好处,家里27.5亩土地全部入股,一年净赚1万元,一家5口还腾出身子到哈尔滨打工,年收入5.4万元,比入股前收入提高了5倍。

　　在五里明,农业综合开发共扶持建立了8个合作社,全镇20多万亩耕地中有7万亩由合作社统一经营,入社农户2300户,占农户总数的近三成。社员以量化土地入股,合作社每年确保每亩保底收入350元,到年底,再将利润的60%返还给入社农民,利润的35%作为合作社发展经营资金,5%作为运行管理费用。目前,入社农民人均收入达到1万元以上。

　　黑龙江农业综合开发以村为单位扶持组建农机合作社,每个合作社投入财政资金100万元以上,吸引农民入股,实行股份制管理。近三年,全省投入财政资金近亿元,组建大型农机合作社95个,新增规模化经营土地150万亩。

绥化市副市长聂耕寰认为,合作社实现了"种地农民"到"土地股民"的转变,农业综合开发不仅改变了生产力还改变了生产关系。土地规模化生产,才能实现高精尖作业,农民才能抱成团抵抗自然风险和市场风险,才能真正致富。

从单干走向合作、从分散走向集约,黑土地正在释放出巨大生产潜力。

二十年沧桑巨变,黑龙江农业综合开发使瘠薄之地变成沃土粮田,使风沙之地变成林海绿洲,使贫困之地变成幸福之乡。农业综合开发的成果摆在农村大地上,深深印在农民心坎里,体现在农业发展进程中。

(原载2011年12月6日《农民日报》)

第二节 优势产业集群

牡丹江:依托优良生态环境做大做强食用菌产业 牡丹江市位于黑龙江省东南部,总面积4.06万平方公里,地貌特征为"九山半水半分田",域内生态环境优良,森林覆盖率达到63%,是理想的食用菌繁育之地。"十二五"期间,牡丹江市大力发展食用菌产业,共投入农业综合开发资金2.8亿元,并带动其他支农项目资金投入,使全市食用菌产量翻了一番,效益翻了两番,农民收入连续十一年居全省首位。2015年,全市食用菌总产量达41亿袋(块),鲜品量达205万吨,实现总产值123亿元,主产县东宁、海林农民人均收入高达15000元和8660元,食用菌产业成为农民增收致富的主渠道。牡丹江市被国际食用菌协会、中国食用菌协会分别命名为"世界黑木耳之都""中国食用菌之城"。通过农发项目牵动,加快现代农业示范区建设,在全市相继打造了四个错位经营、各具特色的基地化、规模化食用菌主产区。一是黑木耳主产区。以大牡丹江为主体,整合森工、农垦资源，推进场县、局县共建，形成以东宁市为核心，辐射周边44个乡镇的黑木耳产业基地，东宁市成为中国黑木耳第一县（市），带动全市实现黑木耳年产量187.5万吨，约占世界的1/4、全国的1/3，占据全省的半壁江山；二是滑子蘑主产区。以林口县奎山、莲花、龙爪等乡镇为核心，辐射周边县（市）和牡丹江城区10个乡镇，滑子蘑生产规模达5亿块，林口县因此被评为全国滑子蘑生产基地先进县；三是猴头菇主产区。以中国猴头菇之乡海林市海林镇为核心，以阳明区磨刀石镇、西安区海南乡等乡镇为重点，年培育猴头菇3亿袋；四是珍稀菌主产区。以牡丹江中心城市近郊乡镇为核心，辐射周边县（市），重点发展双孢菇、香菇、金针菇、杏鲍菇、鸡腿菇等鲜品菌类。食用菌的工厂化、棚室化栽培，给全市带来可观的经济效益，并成为农旅结合发展观光农业的新亮点。

佳木斯：发挥后发优势打造龙江最大优质黑木耳基地　佳木斯市地处三江平原腹地，是全国最早实施农业综合开发的地区之一。该市紧紧抓住国家在黑龙江省实施"两大平原"现代农业综合配套改革试验的契机，积极发展黑木耳产业，实施产业扶贫、精准扶贫，收到了促进结构调整、农业增效、农民增收的多重效果。全市把推进农业产业结构调整把突破口放在加快发展壮大黑木耳产业上，农业开发集中投入，连续扶持汤原、桦南、郊区等重点区域，主要是贫困乡村，不仅在农业结构调整优化上闯出了一条新路，而且有力地带动了当地菌农脱贫致富和农村富余劳力就业安置，实现了"一棚富一户""一棚转一人"的目标。2013年以来，围绕发展黑木耳产业，全市总投资达2.89亿元，其中农业开发投入9400万元、扶贫开发投入3000万元、企业投入15000万元、菌农自筹1500万元。亮子奔腾累计为菌农提供14000万袋菌包，直接拉动1500户菌农增收9000余万元，安置劳务用工5200人，每人每年在8个月的生产期内，净增收入1.6万元。佳木斯市定位产业化、规模化、工厂化、标准化发展，以龙头企业牵动黑木耳产业得已迅猛发展，呈现出起步快、辐射广、规模大、标准高、链条长、效益好的良好发展势头。

黑河：麦豆轮作破解大豆产业困局　黑河市位于黑龙江省北部，处于高纬度寒带地区,市属耕地面积 1800 万亩,适合种植大豆和小麦,是我国重要的麦豆主产区和国家商品粮基地。由于受退出国家保护价、比较效益低等因素影响,黑河市小麦种植面积连年下降,大豆种植面积逐年增加,大豆重迎茬种植普遍,个别地块连续 20 多年种植大豆,导致病虫害频发,大豆单产低、品质差,严重影响大豆产业健康可持续发展。如何破解大豆种植困局,挽救大豆产业危局,成为全市种植业发展面临最紧迫的现实问题。为此,黑河市农业综合开发大力推行麦豆轮作,以麦救豆,促进种植业良性循环。在麦豆轮作项目的示范带动下,小麦种植面积逐年增加,由 2002 年的 44 万亩,扩大到 2010 年的 304 万亩,对推动全市种植业结构战略性调整,实现农业可持续发展发挥了积极的作用,取得了良好的成效。麦豆轮作项目的实施,促进了种植业结构调整和土地集中规模经营,圆了项目区农民一直以来想调整结构而受种种原因制约无法实现的麦豆轮作梦,项目区土地产出能力得到恢复和提高。在农发项目的大力扶持下,通过实行良种补贴、组建农机合作社、实施节水灌溉、积极改良土壤、大力推广新技术等多项措施的有机组合,极大地改善了作物生长环境,土地产出能力得到新的提高。项目区小麦亩产达 270 公斤,比全市平均亩产高出 50 公斤,粮食总产达 4200 万公斤,新增粮食产能 780 万公斤,小麦实现亩收益 300 元,比种植大豆亩增收 36 元,种植小麦后重新种植大豆,亩产达 180 公斤,粮食单产增加 30% 以上。

肇东:全力打造玉米吨粮田　肇东市依托农业综合开发,加快玉米吨粮田高产创建,进一步夯实粮食增产、农业增效和农民增收的根基。玉米吨粮田项目区已成为全市现代农业发展的示范区、产业开发的先行区和致富奔小康的样板区,一是坚持规模开发,大力提升吨粮田集约化水平;二是坚持集中开发,大力提升吨粮田水利化水平;三是坚持配套开发,大力提升吨粮田机械化水平;四是坚持标准开发,大力提升吨粮田科技化水平;五是坚持智能开发,大力提升吨粮田信息化水平;六是坚持可持续开发,大力提升吨粮田生态化水平。以农业综合开发项目为平台,积极探索多种土地规模经营模式,实施集中连片经营,向规模经营、标准生产要产量、要效益。五里明项目区建立了"乡镇政府引领＋村级组织牵头＋党员干部带头＋农民自愿参与"的组织模式。项目区集中经营土地5万亩，入社农民1778户。2010年5万亩项目区实现粮食总产5000万公斤，核心区平均亩产达到1126公斤，创全省玉米单产的最高纪录、全国大面积高产攻关单产纪录，粮食产量比开发立项前增加1250万公斤，相当于新增加耕地1.7万亩。通过玉米吨粮田高产创建模式，示范带动全市玉米亩产增加100公斤，总增产2.5亿公斤，使全市粮食总产突破50亿斤大关。

庆安：建设绿色食品之乡　庆安县是全国闻名的"绿色食品之乡"、国家级绿色农业示范区和全国绿色食品名县。多年来，农业综合开发立足于县域资源优势，坚持"两个着力、两个提高"的指导思想，不断加大项目建设力度，农业基础设施迅速改善，科技成果转化率快速提高，农业产业化水平进一步提升。以"绥庆北"200万亩高标准现代农业示范项目为重点，坚持绿色品牌，突出现代农业，大力推进优质水稻高标准农田建设，走出了一条依托农业综合开发实现经济效益、生态效益和社会效益和谐统一的现代农业发展之路。全县改造中低产田面积26万亩，平整土地3.38万亩，衬砌干渠57.25公里，支渠、斗渠、农渠、U槽361.73公里，兴建桥、涵、闸等水利构造物753座，打机电井157眼，架设输变电线路21.9公里，整修道路47公里，改良土壤10.3万亩，新建育秧大棚2955栋，育秧温室10栋，智能化育秧工厂2处，购置大型农业机械115台（套），配套农机具10台（套），新增和改善灌溉面积20万亩，新增和改善除涝面积12万亩，扩大良种种植面积8万亩。农业基础设施的极大改善，为以水稻为主的绿色食品产业快速发展奠定了良好发展基础。

安达：全力打造乳业现代农业示范项目样板区　安达市地处世界优质奶牛饲养带上，与美国威斯康星州和澳大利亚墨尔本并称世界三大明珠草场区，是新中国奶牛最早饲养区，是全国畜牧业生产先进市、全国奶牛生产基地、全国奶牛生产强县和"中国奶牛之乡"。2014年以来，按照省农业开发办推进农发资金内部整合，重点建设现代农业示范项目区的总体部署,安达市结合乳业发展实际,建设了安达市乳业现代农业示范项目区,包括乳业加工、奶牛养殖、青贮饲料种植、草原改良和农机合作社等建设内容。项目总投资 2.5 亿元,其中,农业综合开发中省投资 8771 万元。一是壮大乳品加工龙头企业,强化引带拉动功能,牵动乳业现代农业示范项目区产业化发展;二是建强规模化现代奶源基地,强化承上启下功能,带动乳业现代农业示范项目区标准化发展;三是扶持发展饲草饲料种植基地,强化支撑承载功能,推动乳业现代农业示范项目区规模化发展。该项目于 2015 年建设投产,已成为集高端奶粉加工、规模化养殖、绿色饲料生产、粪污处理于一体,龙头带基地、基地带合作社、合作社带农户,国内先进、全省一流的现代农业示范项目区,促进了安达市乳业全产业链快速形成。2015 年全市奶牛存栏 16.3 万头,鲜奶总产实现 62.7 万吨,乳业产值实现 44.2 亿元,实现税收 1.85 亿元,农民人均纯收入 12932 元。

望奎:小土豆做出大文章 望奎县是全国最大的马铃薯脱毒小薯无基质栽培工厂化生产基地,马铃薯种植面积达 30 万亩,产量 60 万吨。早在 1998 年,望奎县就注册了中国第一枚薯类商标——黄麻子,并于 2003 年获得了绿色食品标识。2014 年望奎被省农业开发办确定为马铃薯产业发展示范区,投入中省财政资金 5600 万元,配置齐全了水利、农业等各项基础设施,为望奎马铃薯产业的发展注入了新的生机与活力,全面构建了马铃薯区域化布局、标准化生产、规模化种植、精深化加工、品牌化营销、均衡化储藏的科学发展格局,实现了望奎马铃薯产业由小到大、由弱到强的华丽转身,给望奎县 50 万人民带来了巨大福祉。一是自繁自育,让望奎马铃薯再不求人。投资 4000 余万元建立了马铃薯种薯繁育基地,配套建设了 2400 平方米连体节能温室、40000 平方米连体大棚、51 栋防蚜网棚、2000 平方米组培室、5700 平方米种薯库,购置组培及化验设备 258 台件、马铃薯储藏箱 2000 个;并通过与东北农业大学、省农科院专家组共同努力,培育出了属于望奎自己的原原种。二是四社合一由专业合作社迈向合作社"航母"。2013 年底,经过省农业开发办的牵线搭桥,东郊镇顺达马铃薯种植专业合作社和火箭镇的庚国玉米种植合作社、祥和玉米专业合作社以及禾丰农业合作社组成龙薯联社。实现了统一经营，分社专业繁育，采取基地＋订单＋联合社＋合作社＋农户的产业化生产模式，土地流转经营 3.6 万亩。三是北薯南种为马铃薯产业结出供给侧新果。2014 年冬天，在广东湛江遂溪县试种了 500 亩北方马铃薯，亩产高达 5000 斤，每斤卖到 1.3 元，分别高出黑龙江省春种秋收马铃薯近一倍。2015 年秋，龙薯联社在广东遂溪县又流转到 4800 亩地，实现了大规模"北薯南种"新跨越。

大同区：建设龙江果蔬第一区 大同区位于黑龙江西部地区，是大庆市唯一的农业区，土壤沙化盐碱化严重，农作物产量低、效益差，农业增效较慢。为改变"靠天吃饭"的现状，2005 年以来，大同区投入农业综合开发资金 3460 万元，政府扶持资金 4.6 亿元，带动社会投资 23 亿元，建成棚室 8.4 万栋，主要种植果类、菜类、瓜类 3 大类 280 多个品种，2015 年果蔬产量达到 30 万吨，带动农民增收 7 亿元。目前，大同区已发展成为全省规模最大的棚室果蔬生产基地，一是创新结构模式，提高建设标准，实现果蔬四季生产。发挥农业综合开发资金"四两拨千斤"作用，不断创新棚室主体结构和建设模式，成功破解了传统棚室果蔬集中生产、集中上市难题，拉长了果蔬生产周期，实现了棚室果蔬全年供应；二是增加科技含量，强化示范引领，提升棚室生产水平。实现了工厂化育苗、科学化选种、标准化生产；三是加强配套建设，延伸产业链条，提高棚室产业保障功能。建成全省首家物联网科技示范园区，实现棚室智能化生产。建设智能保鲜储藏库 3000 平方米，清洗包装车间 1000 平方米，年可储藏果蔬产品 300 万公斤。建设农产品质量检测中心 1 处、质量追溯检测站 14 处作物从坐果到成熟进行全程免费跟踪检测。

第三节 龙头企业典范

大庄园集团：全力推动肇东肉牛产业健康持续发展 2007 年以来，

为发挥大庄园实业集团在拉动地方经济发展、带动农民致富、提高财政税收的优势，省农业开发办加大对大庄园的支持力度，累计投入农业综合开发资金1.43亿元，拉动企业投资4.28亿元，打造了从青贮饲料种植、肉牛标准化繁育养殖、肉产品加工的全产业链发展模式，夯实了企业发展的基础。在农业综合开发的支持下，以加工破题，靠项目助力，做大做强肉牛加工龙头；以基地支撑，靠转型带动，做优做精肉牛养殖文章；以产业延伸，靠创新升级，拓展肉牛产业发展新空间。企业生产能力由原来的年加工牛羊肉10万吨增加至20万吨，可繁母畜养殖规模由2000头增加至10000头，同时形成了"种、养、加、销、进出口贸易"一体化的发展态势，企业已经成为全国最大的羊肉产品加工企业，牛肉加工全国前三名，牛羊产品市场销售份额全国排名第一，建成年出栏2万头优质育肥牛的标准化养殖基地，企业不仅带动了农民增收，而且成了纳税大户。

飞鹤集团：打造乳业全产业链模式　近年来，农业综合开发大力扶持优势产业发展，累计投入飞鹤集团农发资金3亿多元，助推企业打造集饲草饲料种植、饲料加工、奶牛养殖、粪污处理、乳粉生产、包装物流、终端销售于一体的全产业链模式。在乳品安全事件频发的今天，飞鹤集团凭借稳定的产品质量和良好的业界口碑，逆势而上，快速发展。从一个仅有240万资产的小乳品厂发展成为已拥有员工两万余人、资产总额120.7亿元的大型乳品企业，公司现可生产奶粉、豆奶粉、米粉、核桃粉、保健休闲食品等十大系列近百种产品，2015年实现销售收入67.7亿元，净利润9.5亿元，直接贡献地方税金7.9亿元，这些成就的取得与农业综合开发的鼎力支持是分不开的，一是农业综合开发大力推进饲草饲料种植，为乳业发展建造"第一车间"；二是建设8个现代养殖牧场，为乳业发展提供安全奶源；三是大力发展乳制品加工，不断延伸产业链和价值链。飞鹤集团已经成为全省乳业领军企业和国家级农业产业化龙头企业，被列为国家重点支持的六大乳品企业之一。

孙斌鸿源公司：带动农民共同发展　黑龙江孙斌鸿源农业开发集团有限责任公司组建于2009年，由原黑龙江省桦南鸿源米业有限责任公司、桦南鸿源种业有限公司、黑龙江省寒地杂交水稻工程技术有限公司、桦南鸿源粮食贸易有限公司等企业资产重组后成立的民营股份制企业集团,是一家集农作物种子育、繁、销,优质水稻生产、加工、购销,农资连锁经营,稻谷剩余物开发应用,农副产品、山特产品购销及加工,自营和代理各类商品和技术的进出口等业务于一体的国家级产业化扶贫龙头企业、省级农业产业化重点龙头企业和省级高新技术企业。企业自成立以来,始终坚持产业化的发展方向,在农业综合开发扶持下,做强企业的牵动作用,相继领办了鸿源水稻专业合作社、益民农机专业合作社和鸿源农村资金互助社等农民专业合作组织,使企业、农民、合作组织结成了利益共同体。真正实现了"凝聚一种力量、创造一个奇迹、成就一番事业、带动一方经济"的经营理念,成功地探索出了一条"从订单农业到土地规模经营、从为社员代购农资到连锁经营、从水稻种植到精深加工、从单一生产到多元化服务的共同致富路子"。2012 年领办合作社员已发展到 273人,水稻面积达到 1.5 万亩。水稻合作社社员水稻亩产 602 公斤,比非社员水稻平均亩产增加 86.1 公斤,户均增收 12380 元。订单稻农比非订单稻农亩均增产 39.6 公斤,户均增收 1700 多元,水稻合作社社员年均收入8.6 万元。企业经过 13 年的滚动发展,企业资产总额是创建初期 550 万元,发展为 12000 万元,是原来的 21.8 倍,且经营利税每年以 15% 的速度递增。

对青鹅业:龙江鹅业领军者 黑龙江对青鹅业集团有限公司,历经二十几年发展,已成为集鹅种繁育、商品鹅草原牧养、屠宰冻储、鹅系列食品深加工、冷链物流和大鹅食品连锁专卖店销售、大鹅文创产业研发、大鹅羽绒制品及大鹅生物制品研发等于一体的鹅产业联合实体。对青鹅业是中国畜牧业协会鹅业工作委员会的副主席单位,是省畜牧业协会鹅业分会的会长单位,是农业产业化省级重点龙头企业。"对青烤鹅"是黑龙江省著名商标和名牌产品。黑龙江省委宣传部等 11 个部委授予"对青鹅业"为"极具传承价值品牌"。在农业综合开发扶持下,对青鹅业已建立起 3 万只种鹅繁育基地和年加工鹅系列食品 5000 吨食品产业园,进一步发挥了黑龙江省大鹅产业龙头企业的带动作用,促进了全省大鹅产业的高质量发展,同时,也积极带动了广大农户养鹅脱贫致富。

第四节　合作组织代表

克山县仁发合作社:携手农发共创富千家　克山县仁发合作社以推进合作化、机械化、产业化、品牌化"四化"为目标,在省农业开发办的大力扶持下,累计投入农业综合开发资金 8293 万元,促进了合作社快速发展壮大。2015 年末,入社成员达到 1014 户,规模经营土地 5.6 万亩、繁育马铃薯原字号种薯 200 万粒,大型农机具作业面积 51 万亩,总盈余达到 4196 万元,亩分红 632 元,比非入社农户每亩土地多收入 220 元。仁发合作社实现了农村土地承包经营方式的转型,深化了家庭联产承包体制的改革,先后荣获"黑龙江省现代农机合作社示范社""全国农民专业合作社示范社"称号。一是抓土地入股投资,经营合作化。2009 年 10 月,仁发村党支部书记李凤玉带领 6 户农民组建了 2000 万元级的农机合作社。2015 年合作社土地入股面积达到 5.6 万亩,实现了统种、统管、统收、统销、统分的"五统"经营和订单农业模式,现合作社年盈余 4000 多万元,入社农民土地年亩均分红 600 多元。二是抓高标准生产,全程机械化。2015 年农业综合开发投资 2000 万元,为合作社购置马铃薯农机设备 49 台套,从整地、播种、中耕到收获实现全程机械化。年创收 500 万元,入社农民增收 90 元/亩。三是抓科技成果转化,发展产业化。2016 年合作社与荷兰考特纳斯集团合作,投资 7.2 亿元,其中:农业综合开发投资 4000 万元,建设中荷马铃薯良种繁育产业园。在与省农科院植物脱毒苗木研究所和省农科院克山马铃薯研究分院进行股份制合作基础上,从荷兰引进马铃薯加工种薯试管苗 15 个品种 500 株进行培植繁育,年均生产微型薯 1.5 亿粒,每年带动全县马铃薯基地种植 7 万亩。

抚远龙盛源:建立对俄蔬菜生产基地　抚远地处祖国东北角,三江平原末端,黑龙江和乌苏里江汇合处的三角地带,土质肥沃,草丰林茂,是农业大县,土地面积为 268 万亩。抚远口岸与俄罗斯远东第一大城市哈巴罗夫斯克口岸航道距离仅 65 公里,为发展进出口贸易提供了便利条件。农业综合开发充分发挥地缘优势,投入 536 万元资金,撬动社会投入近 1000 万元建设优质蔬菜产业示范园区,不仅保证本地居民吃上绿色有机新鲜蔬菜,还将绿色产品成功打入俄罗斯市场,助推了农业结构调整。龙盛源果蔬种植专业园区借助农业综合开发的支持,使用节能环保的新型墙体材料,建设的温室大棚达到高寒节能的温室效果。2014 年该园区定位对俄果蔬出口基地建设,采用荷兰、以色列先进种植技术和高标准土壤改良技术,使果蔬质量达到国家绿色食品标准,种植品种由当初的三十个品种发展到现在一百多个品种,生产的果蔬成功打入俄罗斯市场。2015 年项目区建设的节能温室荣获省级“创新成果”奖,获得国家知识产权局颁发的《高寒节能温室实用新型》专利证书,2016 年 3 月获得国家知识产权局颁发的发明专利证书。这个高效果蔬项目示范区利用高寒节能温室大棚,在高寒地带（极寒地带）种植蔬菜,改变了抚远过去冬季不能种植蔬菜的历史,现在 12 个月不间断进行各种果蔬种植,一年四季为当地居民提供了绿色健康的有机果蔬,并出口俄罗斯市场,为农业产业结构调整和地方经济持续健康发展发挥了重要作用。

北林新天地:以农机合作社为载体开创农民致富新天地 北林区农业综合开发坚持政策引导、市场运作、统筹规划的原则,加大对农民专业合作社的扶持力度,各类农民合作经济组织呈现出蒸蒸日上的发展势头,成为全区农业发展的亮点,新农村建设的典范。北林区新天地现代农机合作社就是在农业综合开发扶持下,发展壮大的典型。2009 年,刚刚起步不久的新天地现代农机合作社,由于资金、技术、机制等综合因素的困扰,处于无力经营的局面,关键时期,农发办及时伸出了援助之手,2009、2010 两年间,共投入农发资金 797 万元,对项目区基础设施进行全面改造,大力提升农机装备水平,同时完善管理体制机制,引进先进的农业技术,使合作社走出困境,向现代农业迈进,开创了项目区农民致富新天地。

合作社从创办之初的 100 万元规模,发展到 2011 年总资产达 3490 万元,设备总投资 3000 万元,经营土地面积 1.6 万亩,入社农户 721 户,场库棚占地 20000 平方米,拥有拖拉机 25 台(其中进口拖拉机 15 台)、玉米收获机 30 台、进口液压施肥机 1 台、配套农具 50 台套,农机总动力达到 1 万千瓦。2011 年,合作社经营范围已辐射周边 7 个乡镇 55 个村,作业面积 12 万亩。通过农业综合开发项目扶持,合作社在四个方面实现了突破,一、坚持集约生产,在推进土地规模经营上突破。与农民签订土地流转、入股、订单和服务合同,把分散农户统一起来,把零散土地集中起来,以极大的优惠让利农民、服务农民,在短短的三年间吸纳了 721 户农户入会,土地规模经营面积达 1.6 万亩。通过推进土地规模经营、扩大经营范围,提高机械化水平,降低农业生产成本,实现合作社和农户经济效益双赢;二是坚持多措并举,在提升经济效益上突破。合作社着眼未来,树立大发展意识,敢为人先,率先跨越,通过划区作业 、"六统一"、推广科技促进效益最大化;三是坚持立体式发展,在构筑产业化格局上突破。调优种植结构,实现产能最大化;优化产业结构,发展效益型农业,挖掘资源潜能,向工业化领域扩展;四是坚持规范运作,在切实强化管理上突破。按照合作社发展要求进一步健全规章制度,促进规范化发展。

肇源县大力发展现代农业综合服务体 如何最大限度发挥财政资金导向作用,放大涉农资金整合成果,激发新型农业主体内生动力,解决服务农民"最后一公里"问题,加快现代农业发展,是黑龙江省两大平原现代农业综合配套改革试验的重大课题。肇源县作为改革试验重点县,借鉴发达地区建设现代城市综合服务体的思路,从提供综合性、全过程、序列化服务入手,规划建设 12 处现代农业综合服务体。现代农业综合服务体突出综合性、多功能、配套化、全链条、广覆盖特点,打破传统行政区划限制,以服务为核心,以满足农民群众生产需求和产业发展需要为目的,搭建"政府服务职能、农民现实需要、市场多重要素"高效配置的载体,创造现代农业新型服务业态,一是突出顶层设计。坚持科学规划,注重服务的综合性和功能性,依据产业特点设计服务功能,根据服务能力确定服务半径,瞄准发展需要规划建设项目。建什么项目、建多大规模,都有基础数据做依据,确保决策的科学性,做到规划一处、建成一处、发挥作用一处;二是突出科学布局,充分考虑现代农业综合服务体之间的功能互补和相互关联,注重整体性和覆盖面,全县规划设计了4处区域水田现代农业综合服务体,每处核心服务面积10万亩左右,辐射周边10万亩左右,全县92万亩水田基本实现全覆盖,构筑了松花江嫩江沿岸水田智能化产业带,全县初步建立了"种养兼顾、水旱田全覆盖"的服务格局;三是突出打造特色,坚持发挥优势,各具特色发展,古恰镇哈友区域旱田现代农业综合服务体,依托肇源县全国红高粱批发市场这个品牌优势,重点服务高粱生产,建设4万亩优质高粱种植基地,引入优质高粱品种,统一种植技术,实行统购统销,使红高粱种植成为稳定的富民产业;四是突出机制创新。建立所有权和使用权两权分离的资产管理机制,凡国家投入形成的资产,直接确定由新型农业经营主体长期无偿管理使用。按照国家规定,应量化到受益群众部分的投入,通过降低服务收费标准等方式,返补给受益区域农民。建立人才集中配套的科技推广服务机制,整合科技力量,根据现代农业综合服务体需要,指定科技人员开展服务,由受益主体为科技人员服务情况打分,政府根据打分情况给予科技人员补贴,政府购买服务,受益主体享受服务并监督,实现政府、科技人员、经营主体共赢。

第五节　新村建设掠影

甘南县兴十四村——新农村建设中的"北方奇葩"

"广袤黑土地,中国大粮仓"。用占全国1/10的耕地面积,生产出占全国1/4的商品粮,粮食商品量全国第一;农机田间作业综合机械化程度全国第一;绿色食品认证数量和生产量全国第一……这些都是我脚下这片沃野黑土上曾经写下的辉煌。2010年10月,我在黑龙江省齐齐哈尔市调研期间,有机会到农业综合开发扶持有"龙江第一村"美誉的甘南县兴十四村参观考察,一睹了这朵东北新农村建设中的"奇葩",感悟良多。

充满生机和活力的现代化农村　笔者曾经慕名参观过以"华西村"为代表的苏南农村,并在心底将东北农村现状和其进行过对比,不由感慨地处内陆、信息闭塞的东北人难能具有这种发展的观念和理念,更不知何时能缩短这种望尘莫及的差距。没想到这次在齐齐哈尔见到了"兴十四"村,怎一个惊喜了得,农业综合开发结硕果!

走进硕果飘香的兴十四村,映入眼帘的是一栋栋宽敞的厂房、一条条平坦宽阔的水泥路、一行行青翠欲滴的绿化带、一幢幢精美别致的花园别墅,展览馆、文化宫镶嵌其间,到处散发出浓郁的塞北城镇的现代风情。秋高气爽,微风中的我似乎有阵恍惚,不知身在何处,眼前的一切是我所熟悉的东北农村吗?还是又到了苏南?

兴十四村位于甘南县城东南 17 公里处,1956 年由山东移民组建而成,既不沿江、不沿海、不沿铁路线、不靠近大中城市,也无矿产资源。曾经是穷出名的"生产靠贷款,吃粮靠返销,生活靠救济"的三靠村,全村幅员面积 3.3 万亩,其中耕地 1.68 万亩、林地 1.13 万亩、草原 4000 亩,有村民 198 户、956 口人。几十年来,兴十四村人在村支书付华廷的带领下,始终坚持"集体合作,共同富裕,艰苦创业,拼搏争先,苦干实干"的"闯关东精神"和"拓荒牛精神",依靠集体的力量、立足农业资源优势,抢抓机遇,大办农副产品加工企业,在 20 世纪 70 年代就曾受到国务院嘉奖,先后获国家、省、市表彰奖励百余次,是农业战线的老典型。

在新形势下,兴十四村加速转变农业发展方式,推进社会主义新农村建设,实现了新跨越。兴十四村已经实现了"四化":农业产业化——村内 35 家企业多以玉米精深加工为主;农区工业化——全村 98% 农民从事农副产品加工;农村住宅别墅化——80% 农民住上了别墅;多数农民非农化——98% 农民不种地。兴十四村的 1.68 万亩耕地,只有 18 人种。农业完全实现机械化、喷灌化、生态化。兴十四全体村民早在 2004 年就全部实现了农转非。2010 年该村粮食总产达 2500 万斤,平均亩产超千斤,全村总收入有望突破 10 亿元,人均纯收入将超 2.5 万元,是黑龙江省平均水平的 4 倍多⋯⋯

"想当年,时任农业部部长杜青林同志曾经说过'南有华西村,北有兴十四'呢。"参观兴十四村的展览馆时,身边陪同的兴十四村副书记的一番话把我拉回了现实。

如今,富裕起来的兴十四村人,按照"规划先行、科学有序"原则,制定城乡一体化发展总体规划,各方面都向城市看齐,高起点、高标准、高品位建设着充满生机和活力的现代化农村:

——你看那,小城镇建设如火如荼 全村大力推进基础设施建设,在前些年建设 136 栋别墅的基础上,又投资 2000 多万元新建 2 栋高标准村民公寓,新修水泥路 30 公里,村级道路全部实现硬化,投资 820 万元对自来水管网进行改造,完成变电所升级工程,建成初中教学楼、医疗站,全村城镇化水平进一步提升。

——你看那,农业产业化水平在提升 全村通过引进建设一批农产品精深加工大项目,可实现年产值 50 亿元,安置就业 8000 人。与中粮集团合作开发的 50 万吨玉米深加工项目,一期工程计划投资 3 亿元,预计 2011 年末投产后将达国内同行业一流水平;与温州海螺集团合作开发的植酸酶生产项目,年产植酸酶 1 万吨,可实现销售收入 2 亿元,利税 2800 万元;与北京科为博生物科技公司合作开发的生物工程项目已试生产,可年产酶制剂、微生态制剂 600 吨,实现产值 2000 万元。此外,村里通过开发红色、绿色和特色旅游业,预计可实现年收入 1000 多万元。

——你看那,科技示范在拓展 村里与黑龙江省农科院结成对子,共建现代农业示范园区。为实现当年建设当年生产目标,村民们起早贪黑,仅用 80 多天就高标准、高质量完成一万平方米智能温室、实验控制中心、20 栋日光温室和 34 个大棚建设任务,并规划建成设施农业示范区、新品种新技术示范区、苜蓿草产业示范区、现代农业技术综合组装示范区、马铃薯种薯标准化生产示范区等五大功能区,示范种植玉米、大豆、牧草、瓜果等 14 大类 269 个品种,推广农业新技术 46 项。

——你看那,绿荫郁郁生态好　兴十四村处于旱区,土地沙化,自然条件恶劣。多年来,村民们深刻体会到环境保护的重要性,下决心改善生态环境。坚持植树造林,全村累计植树造林 1.4 万亩,村内森林覆盖率达90% ,不仅抵御风沙,净化空气,形成小气候,还创造了可观的林木经济效益。建设生态产业,在招商引资中,坚决拒绝污染项目,要求落户企业对环境的影响要降到最低。投资 1000 万元兴建的秸秆沼气项目,不仅使全村用上清洁能源,还让秸秆变废为宝,沼渣也用来做有机肥料,形成了"农作物 – 秸秆 – 沼气 – 沼渣 – 农作物"链条式循环经济模式。

——你看那,幸福指数步步高　全村村民除正常收入外,还享受着各项福利,如村里每月为 65 岁以上老人提供 80 元生活补贴,补助百斤大米白面和其他生活用品,对儿童实行免费入托入学,对考入大学的村民给予资金奖励,为 356 名村民办理了养老保险。村里更注重精神文明建设和村民素质的提高,投资 115 万元建起了文化宫、图书室和活动室,先后派300 多人到高等院校深造,成立成人职业学校,对村民进行科技培训,现有 126 个农民获得中级以上职称。目前,该村已成为远近闻名的无上访告状、无赌博、无盗窃、无信邪教、无打架斗殴、无刑事犯罪、无不赡养老人、无计划外生育、无邻里纠纷、无封建迷信活动的"十无文明村"。

沉甸甸的收获和感受　离开兴十四村,仍难抑心中的兴奋与感动,回想村民们走在干净宽阔的街道上,住在花园般的别墅里,呼吸着新鲜的空气,享受着其乐融融的和谐环境,那种幸福感强烈而真实,那种日子真比城里人过得开心! 可以说,兴十四村这朵"北方奇葩",在建设社会主义新农村的过程中起到了模范带头作用,探索出了一条农副产品就地转化的农业产业化的发展路子,实现了人与社会的和谐统一,破解了三农难题。那么,这朵"北方奇葩"何时才能够开遍我富饶的东北老家农村呢?仔细想想,兴十四的"盛开"应该有以下两个原因:

——兴十四村发展活力能够经久不衰,其根本原因在于他们摆脱了传统农民的狭隘意识束缚,不安现状,锐意进取。　面对曾有的成绩,兴十四村人没有陶醉和自满,依然不断创新和超越。正是这种永不满足、积极进取精神,使该村始终充满活力。反观东北有些农村,因循守旧、抱残守缺,习惯于"等靠要",村屯面貌十几年甚至几十年没大变化;也有一些资源条件比兴十四好的村,小富即安,满足于衣食无大忧,缺少进取心和危机感。农村要想实现快发展、大发展、好发展,必须学习兴十四村不安现状、锐意进取的创新精神,不断超越自我、争创一流,扎扎实实地推动农业现代化进程。

——兴十四村发展活力能够经久不衰,是因为他们坚持走集体化道路,用集体的智慧和力量破解分散经营无法解决的一个又一个难题,形成了加快发展的合力 回顾兴十四村的创业之路,他们正是本着"不让一户受穷,不让一人掉队"的发展宗旨,始终把集体利益放在首位,团结带领全体村民,发展集体经济,走出一条全村共同富裕之路。我国目前实行的家庭联产承包责任制,虽极大调动了广大农民的生产积极性,改变了农村面貌。但经过三十年发展,这种体制的能量已释放差不多了,农村经济要实现新跨越,必须从根本上解决土地"碎片"化和分散经营问题。早在20 世纪90 年代,邓小平同志就看到家庭联产承包责任制的局限性,认为"中国社会主义农业的改革与发展,从长远的观点来看,要有两个飞跃。第一个飞跃,是废除人民公社,实行家庭联产承包为主的责任制,第二个飞跃,是适应科学种田和生产社会化的需要,发展适度规模经营,发展集体经济。"兴十四村发展集体经济和农业规模经营的实践,为实现"第二个飞跃"提供了成功范例,值得学习和借鉴。

——兴十四村发展活力能够经久不衰,是因为他们始终把建设坚强有力的基层党组织作为推动经济发展的保障和动力,实现了党的建设与经济建设一体化 兴十四村坚持把改变村屯落后面貌、实现村民增收致富作为党建工作"主轴",以创业型、学习型、民主型党总支班子建设推动集体经济发展,使党的建设成为全村经济社会发展动力,从根本上解决了党的建设与经济建设"两张皮"问题。村党总支充分发挥先进性作用,全心全意为村民服务,特别是总支书记付华廷38 年如一日,艰苦奋斗、无私奉献,带领全村人走共同富裕之路,深受群众信任、拥护和爱戴。在农村加快转变农业发展方式进程中,需要更多像兴十四村党总支这样的基层党组织,发挥战斗堡垒作用的同时,农村需要更多付华廷式好干部,为百姓干实事、干好事,带领广大群众致富奔小康。

（作者何冰,工作单位原国家农发办,曾在鸡西市挂职锻炼）

绥滨县坚决打赢扶贫攻坚战

绥滨县位于黑龙江省东北部、松花江与黑龙江交汇的三角洲地带,三面环山,与俄罗斯隔江相望,是我国北部边陲一个以种植业为主的农业县。历史上的绥滨,由于交通不便,基础设施落后,加之农业种植结构单一,缺少大的产业支撑,群众收入低下,因此成了国家级贫困县。贫困,成为绥滨最基本的县情;扶贫,成为绥滨全面建成小康社会的攻坚重点。

为推动扶贫攻坚,迅速改变贫困面貌,"十二五"以来,绥滨县通过积极努力,争取国家和省农发项目20个,投入农发资金12986万元,改造中低产田、建设高标准农田10.74万亩,使项目区特别是贫困村基础生产条件得到极大改善。省农发办大力支持绥滨县推进扶贫攻坚工作,已连续四年下派干部到绥滨挂职,通过项目扶持推进产业扶贫。

治农田　农民增收搭平台　"以前俺家那垧地因地势不平、漏水等原因,五千块钱都没人要。开发整理后,地平了,路通了,灌溉也便利了,有人出八千元我还不外包了呢!"提起农业开发带来的好处,绥滨县忠仁镇长发村农民张长荣特别高兴。

长发村有耕地近2万亩,经过几年的开发治理,90%以上成了水田。但由于缺少农机合作社和晒场,每年粮食收割成本高,且收获后得不到充分晾晒,也影响出售价格。2015年,省农发办下派干部到该村担任"第一书记",帮助村里成立了农机合作社,修建了晒场,铺设了3.15公里砂石路,开挖了15公里的排水沟,还新建了120个排水涵,使全村生产条件得到明显改善,水稻亩均增产100公斤,全村农民人均增收4261元,大部分村民摆脱贫困走上了富裕道路。

长发村的变化只是农业综合开发促进精准扶贫的一个缩影。近年来,绥滨县坚持将农发项目与扶贫开发有机结合,实行集中投入,准确发力,通过加强基础设施建设,为做大做强水稻种植业和发展其他优势特色产业搭建平台。"十二五"以来,全县农发项目区共修建田间路121.8公里、涵洞560座,新建粮食晒场5处43900平方米,完成田间绿化1300亩。通过综合治理,项目区大片农田实现了田成方、林成网、路相通、渠通畅,综合生产能力大大提高,相继培育出10个万亩水稻专业村,为全县打赢精准脱贫攻坚战提供了物质基础。

调结构　稻花飘香富万家　过去绥滨之所以贫困人口多、贫困面大,主要是缺少产业支撑。因此,发展优势特色产业,增强造血功能,是做好精准扶贫的关键所在,这也成为近年来全县农发工作的重要内容。

绥滨是全国唯一无山无石的县份,境内拥有被誉为世界三大无污染河流之一的黑龙江,水资源丰富,为生产有机、生态、绿色水稻提供了保障。然而,在2009年之前,全县160万亩耕地中水田仅占1/4。为此,绥滨从2010年开始,把"水稻立县"作为推动农业农村经济发展的战略举措,通过大力发展水稻产业,促进农民大幅增收。农业综合开发主动跟进,及时调整工作思路,把水稻产业作为扶持的重点。

通过四年的帮扶,绥滨县水稻产业发展迅速,水稻种植面积达到125万亩,占全县耕地面积的80%,粮食产量突破16亿斤,比帮扶前翻一翻;全县农民人均纯收入从2011年的2800元,增加到2014年的4800元,项目区贫困村和贫困户大部分实现脱贫走上了富裕路。

为了加快水稻产业的发展,绥滨县农业综合开发还把投入的重点放在对产业化龙头企业的扶持上。崧阳粮油食品有限公司是绥滨一家集粮食收购、大米加工、饲料销售、米糠油加工、谷物仓储服务、货物及技术进出口业务为一体的农业产业化龙头企业,通过农发重点扶持,目前该公司已成为省级重点龙头企业,生产的系列有机大米除销往京、蒙、鲁、豫等省市,还出口俄罗斯,深受中外消费者的赞誉。企业年实现利润1486万元,税金324万元,增加就业180多人,转移农村剩余劳动力280多人。

兴产业　转型发展增后劲　为了增强项目区贫困人口的自我造血功能,真正建立起稳定脱贫的长效机制,这些年,绥滨县农业综合开发把大力发展畜牧业、打好特色种养"组合拳"、扶持新型农业经营主体,作为推动扶贫工作的三项重要措施,旨在通过转型发展增后劲。

绥滨县忠仁镇富山村共有耕地13975亩,农民1136人。近年来,随着土地规模经营的开展,全村土地实现了集中耕种。对于从土地中解放出来的富余劳动力,县农发办按照县委县政府的要求,引导农民组建各类专业合作社,同时积极向上争取项目资金,支持其发展畜牧业,使该村结构调整出现了"水稻种植、畜牧养殖和第三产业"三足鼎立的可喜局面。目前,投资1500万元,集水稻育秧小区、农机合作社、粮食晒场于一体的现代农业示范基地在该村基本建成。得益于农发项目资金支持,富山村最大限度激发出自我发展的内生动力,成为农业综合开发推动精准扶贫工作的成功典型。

在对项目区贫困村进行"整体打包"帮扶过程中,县农发办还积极向上争取项目资金,助推各类农民专业合作社发展壮大。仅2014年,全县就争取了200万元国家财政补贴资金,扶持了兴牧、东大肉牛养殖扩建项目;争取了400万元补贴资金,用于向日村食用菌种植项目。这些项目目前均已建成投产,取得了可观的经济效益。另外,近几年绥滨县还争取了农发项目的实施。其中,傲来果蔬基地项目已建设完成,生产的反季节无公害辣椒、黄瓜、西红柿等蔬菜,以及大棚葡萄、蓝莓果等,种植规模不断扩大,农民收益十分可观。2018年,绥滨县实现了整体脱贫。

【相关链接】一

扶持奶业发展的调查与思考

奶业是黑龙江省建设食品工业大省,彰显农业竞争力的优势产业。为谋划农业综合开发扶持奶业发展的思路,找准扶持方向,最近,按照省办领导的要求,我们先后深入安达红星和贝因美、富裕光明和明翔、大庆银螺、依安摇篮、克东飞鹤及铁力良种繁育场等多家奶业加工和养殖企业,就我省财政如何支持奶业发展问题进行调研。通过调研深感奶业既是我省调整农业经济结构、建设现代农业的现实选择,也是增进财源、促进农民增收的有效途径。

一、"十一五"以来,黑龙江省奶业发展在规模、质量和市场竞争力等方面均有了长足发展

——基地规模不断壮大。"十一五"以来,我省奶业步入了快车道,奶牛养殖迅猛发展。截至2010年,全省100头以上规模饲养场(户)和小区达到2000多个。安达市家庭奶牛牧场达1000多家,其中30头以上的325家,养殖专业户达到1.6万户,分别比2006年增长70%和45%。全省乃至全国规模最大的奶牛养殖基地——大庆银螺集团养殖场奶牛存栏已发展到11800头。

——奶牛存栏逐年增加。到2010年末,全省奶牛存栏已由"十五"之初的69.8万头,发展到239万头,居全国第二位。我们所调研的富裕、安达两县(市)2010年奶牛存栏已分别达到15.1万头和18.23万头,分别比2006年增长42.6%和52%。

——牛奶产量明显提高。全省生鲜乳总量已由"十五"之初的156.5万吨发展到2010年的687万吨,平均单产由3.7吨提高到5吨以上,居全国之首。大庆银螺和铁力良种繁育场奶牛年单产更分别高达7吨和6.5吨以上。安达、富裕等牧业大县的奶牛年单产均高于全省平均水平。

——加工企业发展较快。全省培育了飞鹤、龙丹、红星、金星、银螺、完达山等一批著名的黑龙江名牌,引进了雀巢、光明、伊利、蒙牛、贝因美等国内外著名企业。规模以上乳品加工企业已发展到80多家,日处理鲜奶能力2万吨,年加工鲜奶能力650万吨。"安达贝因美""大庆银螺"和"克东飞鹤"日处理鲜奶能力已分别达到300吨、500吨、1200吨。

——市场竞争力不断增强。我省乳制品在全国市场的占有率不断攀升,目前,国人饮用的牛奶来自我省的已占20%以上。我省飞鹤乳业发展势头强劲,拥有8000多人的销售队伍,在全国省会级城市设有26个销售分公司和70000多个销售网点,其"飞鹤"品牌被评为中国驰名商标和全国十大

奶粉品牌之一,获新浪网"2007 婴幼行业奶粉类十佳活力品牌"和"最具活力品牌"奖。

——纳税能力大为提高。全省乳品加工企业的纳税额由"十五"之初的 2.4 亿元发展到 2010 年的 13.8 亿元。如"依安摇篮""富裕光明"2010 年为财政纳税分别达到 6509 万元、2780 万元。"克东飞鹤"2010 年为本县财政纳税高达 12985 万元,占全县一般预算收入的 110%,计划 2011 年纳税达到 13500 万元,力争达到 14825 万元。

二、黑龙江省奶业优势得天独厚,面临着前所未有的发展机遇

一是优越的资源条件。我省与荷兰、丹麦、加拿大、美国北部及日本北海道等奶业发达国家和地区同处世界玉米带和奶牛带的纬度之内,发展奶业具有良好的自然环境和资源条件。全省有 6500 万亩草原,年产饲草 800 多万吨。同时我省又是粮食主产区,有丰富的粮食和农作物秸秆可供饲用。

二是雄厚的产业基础。全省几十家规模以上的加工企业带动着几千家规模以上的养殖基地和千家万户的奶牛养殖,形成了强大的产业链条,已经成为县域经济发展、农村就业、农民和财政增收的优势产业。

三是良好的市场信誉。三鹿奶粉事件发生后,我省奶业经受住了严峻考验。国家质检总局在我省抽检的飞鹤、摇篮等 32 家企业均未检出三聚氰胺。据对完达山、飞鹤、龙丹、红星等本地企业的市场调查,消费需求量比"三鹿奶粉"事件前提高了 1~4 倍,企业知名度大幅提升。预测在未来的五年里,我省生鲜乳产量、奶牛数量、乳制品企业销售收入,将继续保持两位数以上的年均增长。

四是有力的科技支撑。我省有多家科研院所从事畜牧科研。其中国家重点学科和省级重点学科的动物营养与饲料、动物遗传与育种,以及食品科学与工程等学术力量在国内居一流水平。教育部食品工程与科学实验室、科技部国家乳品工程技术中心、具有国家级水平的中国农科院哈尔滨兽医研究所等科研院所分别坐落在我省,发展奶业有雄厚的科技实力。

三、黑龙江省发展奶业虽具有诸多优势,但也面临一些制约因素和急需解决的问题

一是养殖方式比较落后。奶牛养殖规模化、标准化程度较低,户均在 5

~10 头的小规模饲养居主导地位,奶牛规模养殖比重不足全省存栏的 40%。饲喂方式和饲料构成仍以传统饲养方式为主,国际先进的 TMR 设备和青贮设备采用率低,青贮饲料、紫花苜蓿等优良饲草饲喂比例低,饲料营养成分不均衡和浪费现象比较普遍。

二是产业链条不够紧密。一方面基地发展相对滞后,导致奶源不足,龙头企业"吃不饱"的问题一直比较突出。另一方面龙头与基地没有形成紧密的利益联结机制。养殖业组织化程度低,奶农在产业链条上处于弱势,其利益得不到有效保障,影响了发展奶牛养殖的积极性。由于国内鲜奶价格波动较大,价格一旦降到奶农的盈亏点以下,就会严重影响奶农养殖积极性。克山县曾由于奶价下降造成上百名奶农到县政府上访。一旦形成大批奶农因奶价过低发生卖牛甚至杀牛的趋势,产业发展就会受到严重影响。

三是初加工产品比重较大。据我们对 30 户加工企业的调查,生产纯牛奶和大包粉等初加工产品的企业就有 28 户,年耗用鲜奶 135.4 万吨,占总耗用鲜奶量的 66.3%,而产品销售收入仅为总收入的 54%。据专家介绍,1 吨大包粉可加工 2 包配方粉,30 户企业若将所有大包粉加工成配方粉,产品销售收入将由 12.8 亿元增加到 32.9 亿元,提高 157%。

四是原料粉进口冲击较大。2008 年我国从澳大利亚进口大包粉 20 万吨,基本相当于国内市场的年需求,但由于进口的大包粉价格仅 1.6~1.7 万元/吨,而国内成本价就达到 2~2.1 万元/吨,这就使国内奶产品市场处于劣势地位,如果不减少大包粉进口,势必冲击国内市场,影响奶业持续健康发展。

五是税源建设相对薄弱。我省奶源优势明显,奶业应成为重要的税源渠道,但却存在外省企业的"生产车间"现象,利润和税源转移问题比较突出。据调查,蒙牛和伊利由于总部不在我省,在外省与在我省销售差价分别为每吨 2272 元、2903 元,仅以伊利在我省的 5 户企业 2 种产品为例,影响我省税收达 2146 万元。

四、农业综合开发扶持奶业发展的思路

我省农业综合开发扶持奶业发展的总体思路是:以科学发展观为统领,围绕我省千万吨奶战略工程的实施,支持基地建设向规模化、标准化方向发

展,奶源建设向优质化、安全化方向发展,乳制品向精品化、名牌化方向发展,加工企业向集团化、集约化方向发展,培育龙江特色优势产业,增强产业的市场竞争力、财政增收的贡献率和农民增收的拉动力。根据这一总体思路,建议重点扶持以下几个方面:

(一)扶持生产基地建设。重点扶持规模化牧场、规范化小区和养殖专业合作社,提高规模化、专业化和标准化水平,为龙头企业提供奶源支撑。一是对规模化养殖企业(100头以上,下同)基础设施的贷款给予贴息支持。二是对规模化牧场、规范化小区和专业研制合作社基础设施建设给予财政补助支持。三是积极利用外资,加强奶源基地建设。在新增奶牛、鲜奶、养殖示范场、养殖专业合作社及其废弃物处理,以及草原改良和牧草种植等方面实现新的突破。

(二)扶持良种引繁。以提高奶牛单产水平和可持续发展为目标,重点支持优良品种的培育、引进、扩繁和科技推广。一是扶持奶牛性控等高新科技,提高养殖基地的奶牛繁育率。二是扶持优质奶牛扩繁基地,引进优质高产奶牛。

(三)扶持饲草饲料生产。重点推广青贮、黄贮饲料,支持草场改良。一是对规模化养殖企业新购置的 TMR 设备、新购置的青贮、黄贮机械、新建的青贮窖给予财政补贴。二是加强青贮玉米基地和草场改良建设。青贮玉米基地建设主要扶持优良青贮玉米种子引进和水源工程等基础设施建设。草场改良主要扶持围栏封育、草场震动式深松、优良草种购置及建设草种基地。

(四)扶持粪便资源化处理。重点扶持规模化牧场、规范化小区的奶牛排泄物资源化处理设施建设,提高奶牛养殖零排放率、无公害率和资源化率。对规模养殖场利用奶牛粪便生产沼气、肥料等资源化处理的工程,给予财政补助立项支持。

(五)扶持加工企业扩能增税。对企业新上精装、高装配方粉生产线以及新型工业化、高新技术产业化的项目,以及在提高产能、提档升级、新产品开发或建设规模养殖基地方面所需贷款,给予贴息支持。

(原载《中国农业综合开发》2009 年第 11 期,作者运连鸿、任秀峰)

【相关链接】二

<h1 style="text-align:center">推动"小特产"向"大产业"跨越</h1>

——扶持食用菌产业快速发展的调查与思考

近年来,黑龙江农业综合开发把食用菌产业作为优势特色产业重点,不断加大投入力度,推动食用菌产业由"小特产"向"大产业"快速跨越,加快了产业规模扩张和质量提升。2014年以来,全省累计投入农发资金8.4亿元,撬动社会资金、工商资本、金融资本25.6亿元,扶持龙头企业21个、农民合作社52个;支持建设食用菌菌包厂24家,年产菌包9亿袋;扶持新建食用菌棚室5542栋,年产黑木耳(干品)840万公斤,产菇类产品(鲜品)1896万公斤;带动2.1万户菌农从事菌业生产,户均增收2.4万元,带动临时务工人员7.56万人,人均增收1.4万元。

一、发展食用菌产业,我省具有得天独厚的优势,为推动"小特产"向"大产业"跨越奠定了坚实基础

(一)原料供应有保证。我省林区面积大,林业资源丰富,年产树木废弃枝丫、木材加工等剩余物4000万吨以上,同时每年从毗邻俄罗斯,大量进口木屑,木耳、猴头菇等木腐菌栽培基料较为充裕。我省是农业大省,拥有丰富的秸秆资源,秸秆年产量达1亿吨以上,其中玉米秸秆7200万吨、豆秸865万吨、稻草2870万吨,利用农作物秸秆资源,可以发展双孢菇、鸡腿菇、草菇等草腐菌生产。

(二)生态条件有优势。我省属温带、寒温带季风气候,食用菌生长季节昼夜温差大、日照充足,有利于营养成分的积累转化,在相同栽培条件下,优质食用菌的产出率高于南方省份。我省食用菌栽培区域多为林区、山区,没有重工业及环境污染,加之气候冷凉,极少发生病虫害,生产过程中不使用杀虫、杀菌化学药剂,生产的食用菌产品可以达到绿色、有机食品的标准,生产的食用菌营养丰富,品型优、口感好。据权威部门检测,我省生产的黑木耳多糖含量比国内其他地区高出10%以上,蛋白质含量也高于其他地区。

(三)技术支撑有依托。我省拥有黑龙江省农科院、东北林业大学、东北农业大学等一批从事食用菌创新研究的专业院校和民营科研单位。近年来,相继在食用菌种质资源收集保藏、食用菌栽培基质综合利用、秸秆栽培食用菌、黑木耳小孔挂袋栽培、食用菌深加工等领域取得系列突破,取得多项科研成果,对支撑推动全省乃至全国食用菌产业发展起到了重要作用。

(四)市场销售有潜力。从国内市场需求看,黑龙江夏季食用菌生产条件优势,"南菇北移"趋势明显,我省产品种类、数量逐年增加,可缓解南方省份盛夏食用菌市场季节性供应短缺问题。从国外市场需求看,俄罗斯食用菌市场需求量大,目前俄方产量仅占本国需求的20%。黑木耳、猴头菇等产品,成为我省食用菌的响亮品牌,受到国际市场青睐,已出口俄罗斯、美国、欧洲、日本、韩国、越南等国家和地区。2016年我国食用菌产量3972万吨,预计2020年我国食用菌市场销量将达到5022万吨,发展食用菌市场空间巨大。

二、农业综合开发积极扶持,助推我省菌业成为重要的优势特色产业,发挥了日益突出的作用

(一)从点到面扶持食用菌产业,助力贫困县脱贫攻坚战役。2014年以来,全省投入农发资金3.26亿元,在贫困县实施食用菌产业项目24个,带动贫困户4660户实现脱贫。一是在汤原先行示范。从2014年开始,连续四年累计安排农发股权投资及财政补助资金5000万元,支持亮子奔腾公司采取"企业+基地+农户"的运作方式,打造黑木耳全产业链发展模式,实施精准扶贫,推动贫困户批量脱贫。目前,亮子奔腾公司已完成投资2.6亿元,建成占地16万平方米的菌包加工厂1家和500栋棚室基地1处,三年来共为菌农提供高品质黑木耳菌包9000多万袋,带动汤原棚室基地发展到1500栋,拉动菌农直接增收1.35亿元,2016年通过黑木耳产业已使全县1050户2600人如期脱贫。从而开辟了我省农业综合开发建设自动化、机械化、工厂化生产优质菌包的先河,并趟出了一条带动大批贫困户实现产业脱贫的新路子。二是在桦南、佳木斯郊区拓展。2016年,省农发办投入农发资金2600万元支持桦南、佳木斯郊区分别建设黑木耳棚室200栋、280栋,带动247户菌农从事菌业生产,安排下岗再就业人员1000余人。同时,亮子华腾公司在桦南投资2.3亿元,其中农发股权投资3000万元,建设了国内规模最大、设备最先进的黑木耳菌包厂，目前已开始生产，预计年产菌包达到1亿袋。三是在符合食用菌产业发展的贫困县铺开。2017年，省农发办复制汤原产业扶贫模式，由佳木斯地区拓展到绥化、齐齐哈尔地区，扶持海伦、明水、望奎、青冈、兰西、拜泉、龙江等贫困县发展食用菌产业。投入农发资金1.7亿元，撬动社会资金、工商资本8.4亿元，引进9家龙头企业落户贫困县，每个县建设1个菌包加工厂，这些项目达产后年产菌包可达6.5亿袋。同时，在贫困县配套建设棚室基地4200亩。

（二）从无到有扶持食用菌产业，促进龙煤集团分流转岗职工安置。省农发办积极响应省政府号召，以食用菌产业为抓手，促进龙煤集团分流转岗职工安置。2016、2017两年，投入农发资金2.36亿元，扶持四大煤城、林业、森工食用菌产业项目16个，提供就业岗位6831个，促进了资源型城市产业转型和社会稳定。一是扶持四大煤城食用菌产业发展。重点投入农发资金，在四大煤城建设花菇、黑木耳、金针菇菌包加工厂3家，配套建设棚室栽培基地8处，新建棚室1131栋，提供就业岗位5831个。双鸭山岭东花菇生产园区，2015年由上游农民合作社创建，岭东区于2016年9月引进双瑞生物科技公司入园建设。目前，岭东花菇生产园区已完成投资2.26亿元，其中农发投资7000万元，建成年产3000万棒菌包厂1家，新建棚室550栋，提供就业岗位3000个。投入农发资金2000万元，扶持鹤岗市引进的鼎尊生物科技公司，该公司年产菌包能力达到5000万袋，2016、2017两年已生产菌包2900万袋，产品覆盖鹤岗、伊春、绥化等地，直接安置转岗分流职工402人，间接安排就业达千人以上。二是扶持林业、森工系统发展食用菌产业。林业、森工系统发展食用菌产业资源条件优越，同时承载安置龙煤集团转岗分流职工任务。省农发办组成专题调研组多次深入林业、森工系统考察论证项目，确定集中部门项目资金重点支持食用菌产业。安排农发资金1.56亿元，在榆林、七星、沾河、鹤北、大青山5个林场扶持建设黑木耳生产基地4处、菌包加工厂1家，新建棚室277栋，安置就业人员1000人。

（三）从小到大扶持食用菌产业，推动林区经济绿色转型发展。大小兴安岭发展林下经济具有资源优势和产业基础，在国家"天保工程"实施后，林区面临产业转型。农业综合开发因势利导，放大生态优势，向绿水青山要效益,大力支持伊春、大兴安岭地区发展食用菌产业,从小规模分散经营向大规模集约发展转变,使林区更多职工有事干、有钱赚,促进林区经济绿色转型发展。四年来,投入农发资金1.32亿元,扶持林区食用菌产业项目14个。一是支持伊春发展食用菌产业。投入农发资金1.1亿元,扶持"伊林""黑尊"等龙头企业发展菌包生产,项目全部达产后预计年产菌包8000万袋。在新青、友好、铁力、嘉荫等地配套建设棚室2420栋,带动职工5830人增收1.28亿元。二是支持大兴安岭地区发展食用菌产业。投入农发资金2200万元,扶持地直、塔河、漠河建设黑木耳生产基地3处、花菇生产基地1处,年产黑木耳、花菇107万公斤,带动职工2050人增收4250万元。

(四)从多到精扶持食用菌产业,助推牡丹江菌业提档升级。经过多年发展,牡丹江食用菌栽培规模达到41亿袋,成为全国最大的食用菌生产基地,被国际食用菌学会、中国食用菌协会分别授予"世界黑木耳之都""中国食用菌之城"称号。近年来,牡丹江食用菌产业面临提档升级的紧迫任务。农业综合开发围绕牡丹江市菌业存在的"短板"精准发力,助推其由多到精、由大到强,向更高层次迈进。四年来,投入农发资金1.28亿元,扶持牡丹江食用菌产业项目16个。一是助推"全国黑木耳第一县"东宁提高菌包自动化生产水平。东宁食用菌栽培规模达到10亿袋以上,但"小作坊"生产菌包数量较多,影响了黑木耳产量和品质。扶持黑尊生物科技公司、佰盛食用菌公司建设现代化菌包生产线,总投资8000万元,其中农发投资1700万元,极大地提升了菌包生产水平,年产高质量菌包1亿袋,为"东宁黑木耳"获得地理标志及全县黑木耳产业提档升级做出了积极贡献。二是扶持"中国猴头菇之乡"海林建设高标准食用菌产业园区。海林是全国最大的猴头菇生产基地,该市猴头菇享誉国内外。2014年以来,投入农发资金6200万元,撬动金融资本500万元,带动社会资金8150万元,引导农民筹资投劳2000万元,建设海林食用菌产业园猴头菇园区和新民河猴头菇产业带模范村园区,完善基础设施,新建棚室800栋,建设高标准菌包厂1家,配套全机械化菌包生产线,使"富源""宏宇"等10户企业受益,并建立"颐和""亿丰"等5个电商平台。三是支持"全国食用菌产业化建设示范市"穆棱整镇推进食用菌产业发展。穆棱食用菌产业具有良好基础。近年来,该市在下城子镇规划建设现代食用菌产业园区。从 2014 年开始,省农发办连续支持下城子镇食用菌产业发展,扶持"悬羊""中新""新民"等食用菌专业合作社,同时支持东北一林公司和致强食用菌公司建设菌包厂 10 家,新建棚室 610 栋,形成了以悬羊村为中心,带动全镇整体推进的食用菌发展格局。园区总投资 1.2 亿元,其中农发投资 2250 万元。2017 年上半年下城子镇食用菌栽培达到 8100 万袋,实现纯收入 1.1 亿元,带动全镇 1800 多户从事菌业生产户均增收 5 万元。四是推进食用菌产品精深加工开拓国内外市场。实施"一带一路"战略,为牡丹江食用菌产品走出国门带来历史性机遇。农业综合开发大力扶持食用菌加工企业,助力牡丹江拓展食用菌产业发展空间。连续三年投入农发贷款贴息资金 550 万元,扶持北味集团推进精深加工,开发保鲜产品、初级产品、休闲食品及高科技产品四大类 200 余种产品,年加工食用菌 5 万吨,创建了"北味""威虎山""农品天下"等知名品牌,产品覆盖全国,并出口 25 个国家和地区。投入农发资金 1500 万元,扶持"中龙食品"提高加工能力,生产食用菌产品 20 多种,年加工食用菌 1 万吨,产品主要销往国际市场。

三、深化农业供给侧结构性改革,必须进一步聚焦发力,推动食用菌产业实现新跨越

站在新的起点上,加快我省向食用菌强省转变,应瞄准"一个目标",构筑"一个格局",加速"三个转变",推动食用菌产业再登新台阶。一个目标,用三年时间,全省食用菌生产规模突破 100 亿袋,然后经过持续努力,力争早日将我省建成全国食用菌第一大省;一个格局,构筑以黑木耳为主,猴头菇、香菇、平菇、花菇、双孢菇等品种为辅的"一主多辅"食用菌产业发展格局;三个转变,加速菌包生产向工厂化制菌转变,黑木耳栽培向棚室化转变,木腐菌草腐化及草腐菌生产向工厂化、设施化转变。

(一)科学布局促发展。优化区域布局,全省打造四个重点产区。一是东部、东南部多品种优势生产区。以东宁、海林、尚志、林口、宁安、穆棱、汤原、桦南为重点,发展黑木耳、猴头菇、滑子菇、花菇生产。二是中部珍稀菇类优势生产区。以呼兰、南岗、五常、依兰、通河、方正、肇东、青冈、庆安为重点,发展平菇、香菇、金针菇、杏鲍菇、真姬菇等鲜食菇类生产。三是西部草腐菌优势生产区。以富裕、大同、林甸、安达、兰西、双城为重点,发展双孢菇、鸡腿菇、大球盖菇等草腐菌生产。四是伊春林区及北部原生态黑木耳优势生产区。以新青、五营、友好、嘉荫、铁力、新林、呼中、呼玛为重点,发挥生态优势,发展有机黑木耳生产。

(二)规模推进促发展。一是突出集群发展。黑木耳是我省主打品种,不断扩大覆盖面,继续领跑全国享誉全球;猴头菇、香菇、平菇、花菇等是我省骨干品种,加速总量扩张,猴头菇保持全国领先地位,其他品种跻身全国先进行列;草腐菌具有发展潜力,发挥我省农作物秸秆多优势,推动规模发展,为把我省建成全国食用菌第一大省贡献更多份额。二是突出规模开发。加大农发扶持力度,实施"3351"计划。即扶持食用菌重点县30个,扶持龙头企业30家,扶持建设食用菌产业园区50个,扶持发展食用菌棚室1万栋。形成重点县都有龙头企业牵动,都有产业园区承载的格局。

(三)转型升级促发展。一是在标准质量上升级。以提升菌包质量为重点,大力推进工厂化制菌,为菌农提供更多的优质菌包。二是在科技创新上升级。组织科研攻关,围绕食用菌资源利用、新菌种选育、新技术研发、病虫害防治、产品保鲜等推进协同创新。重点开展木腐菌草腐化栽培、木屑替代料革新、黑木耳生长环境因子控制等方面的研究。三是在精深加工上升级。做大做强现有食用菌龙头企业,扩产能、出名品、抢市场。积极吸引省外知名企业落户我省,带动食用菌产业整体升级。引导龙头企业与科研院所深入合作,重点开发功能性黑木耳、食用菌酱、食用菌调味品等加工产品,提高食用菌产品附加值。四是在品牌建设上升级。突出绿色和有机两个亮点,培育更多具有特色且在全国乃至全球叫响的食用菌知名品牌。全省统一打造"互联网+"平台,深度推介,搞活营销,着力提升市场对我省食用菌品牌的认知度,走品牌引领、开拓市场的路子。

(四)破解瓶颈促发展。一是解决木屑紧缺问题。随着食用菌产业迅猛发展,有些地方出现木屑趋紧情况。对此,一方面大力推进木腐菌草腐化生产,使我省丰富的农作物秸秆资源,成为发展食用菌取之不尽、用之不竭的原料来源;另一方面发挥我省口岸多的优势,积极扩大对俄食用菌出口,从俄方增加进口木屑数量,既可搞活进出口贸易,又可缓解我省食用菌原料趋紧状况。二是解决废弃菌包利用问题。废弃菌包日益增多,如果不能充分利用,不仅浪费资源,而且污染环境。要总结汤原亮子奔腾公司实施废弃菌包生物质颗粒能源综合利用,鹤岗鼎尊生物科技公司利用废弃菌包合成水稻无土育秧基质板做法,通过"肥料、燃料、饲料、原料"等途径,有效解决废弃菌包利用问题,推动食用菌产业持续健康发展。

（五）多元投入促发展。增加资金投入,是推动食用菌产业持续快速发展的重要保证。走"财政资金引导、吸引各方面增加投资、坚持多元投入、主打组合拳"的路子。一是财政资金投入的"组合拳"。"两大平原"改革实验整合资金及切块下达贫困县资金,围绕发展食用菌产业增加投入。在全省蔬菜生产基地项目之中,对食用菌产业给予政策倾斜。二是农发资金投入的"组合拳"。继续突出全产业链打造,坚持标准化、设施化、产业化一并推进,发展生产、培育主体同步扶持,市场体系、品牌培育、互联网设施、质量追溯系统、农民培训基地配套建设。实行股权投资、财政补助、贷款贴息等政策,撬动社会资金、金融资本增加投入。三是金融资本投入的"组合拳"。金融机构积极支持,对食用菌产业给予信贷倾斜,开展以土地承包经营权、物权、林权等抵押担保贷款业务。担保公司大力支持食用菌产业发展,帮助拓宽投融资渠道。四是社会资金投入的"组合拳"。建立利益联结机制,引导农业企业、合作社、家庭农场、种植大户增加投入,扩大投资总量,强化资金支撑。

（原载《中国农业综合开发》2017年第11期,作者薛英杰、李俊宇、常忠宝）

【相关链接】三

三江平原农业开发巡礼

大地平展望无垠　车行百里不见村　水土资源甲全国　开发潜力当无尽

机械轰鸣驱泥沼　铁臂挥舞千百条　田连阡陌渠纵横　装点江山多妖娆

治水开路垦荒原　沼泽转眼变田园　沉睡大地今苏醒　无计粮农愁

眉展

　　广阔田野稻花香　旱改水后粮翻番　且为山河添秀色　喜见北园似江南

　　三江开发得人心　千家万户笑开颜　民增收益国添谷　但愿此业长绵绵

　　（原载《中国农业综合开发》2016 年第 8 期,作者原国家农发办常务副主任周清泉）

第十一章　人物传略

第一节　汗洒黑土地　情系开发区

——记黑龙江省农发办主任李方旭

　　若是问起黑龙江省农业综合开发情况，甚至对一些重点项目区主体工程、资金概算、任务目标、经济效益等具体情况，省农业综合开发办主任李方旭同志都能了如指掌，如数家珍。今年年初，在全省农业综合开发工作会议上，主管农业的副省长孙魁文当众表扬说"全省农业综合开发区，方旭同志没有一个走不到的，对项目区的情况没有一个不知道的，全省开发区，方旭同志一年要走上几遍。"同时他还强调说"省农业综合开发办是副厅级单位，但省委把方旭同志提为正厅级，这是对全省农业综合开发工作的肯定，也是对方旭同志工作政绩的肯定。"正如副省长所说，李方旭同志担任黑龙江省农业综合开发办主任十年来，全身心扑在农业综合开发的事业上，汗洒黑土地，情系开发区，每一个项目区都留下了他深深的足迹。如果说黑龙江省粮食生产快速增长，从 1990 年 200 亿公斤，经过短短的七年，增长到 300 亿公斤，农业综合开发功不可没（农业综合开发新增粮食 59.5 亿公斤，占全省同期新增粮食总量 45.4%），那么也完全可以说，全省农业综合开发取得的成就，李方旭同志的奉献同样功不可没。因此，省委、省政府不仅提拔了他的职级，而且多次授予他全省劳动模范、全省农业先进工作者等光荣称号。

　　长于调查研究，谋划全省农业综合开发的长远大计

　　一个省的农业综合开发搞得好不好，关键在于农业综合办事部门的参谋作用如何。李方旭同志作为省政府农业综合开发参谋部的总参谋长,深知自己责任重大。他的工作千头万绪,但重要的一条,就是站在全省农村经济发展的战略高度,为省政府提出一个符合省情的农业综合开发的总体思路。为此,他拿出了几十年基层工作的看家本领,不仅自己亲自深入全省各地了解情况,研究问题,而且组织全省农业综合开发及有关部门几千名干部和专业人员进行了全省大规模的农业资源情况大兜底,提出了"以国家农业综合开发的方针政策为指导,以建设农业强省为动力,坚持山水田林路综合治理,农林牧副渔全面发展,突出三江、松嫩两大平原,向大兴安岭、黑河等具备连片开发条件的山区延伸,加速中低产田改造、宜农荒地开垦、增加科技含量和产业化开发的步伐,实现经济、生态和社会效益三个同步增长"的总体思路。

根据这一总体思路,李方旭同志亲自主持了全省农业综合开发的十年规划和"九五"规划的制定。他提出"以县域为单位,以流域为重点,要查清全省所有的农业资源"。对重点资源区域,他亲自深入调查了解,然后同有关专家一起认真分析研究,从而把全省待开发资源科学地分为低洼易涝区、岗地干旱区、风沙干旱区、水土流失区、盐碱低产区等 5 个不同的区域,因地制宜制定了不同的治理措施,形成了《黑龙江省农业综合开发十年规划》《黑龙江省"九五"农业综合开发规划》和省、市(地)、县三级项目储备库,共储备项目 1300 多个,为择优立项提供了可靠的基础。

在多种经营及龙头项目开发上,李方旭同志站在全省经济 发展战略的高度,通过调查研究,撰写了《黑龙江省农业产业化开发战略及对策》的论文,这篇论文先后发表在省委《调查研究》杂志和《东北亚经济报》上,对全省农业综合开发的深入推进发挥了重要指导作用,并被省农村发展及领导对策研讨会评为一等奖论文。全省多种经营及龙头项目形成的肉牛、肉禽、生猪、精养鱼、精洁米、苹果梨、蔬菜等为重点的产业化开发的良好趋势,与李方旭同志这一思路的提出是分不开的。对农业综合开发所立的安达蔬菜和肉牛、讷河肉鸡、木兰肥牛、庆安精洁米、桦南白瓜籽和苹果梨等产业化开发项目,他都倾注了极大的热心,给予具体指导,农业综合开发的养殖、加工项目都取得了较好的效益。

勇于开拓创新，不断提高全省农业综合开发区的质量标准

农业综合开发的质量问题一直困扰着黑龙江，李方旭同志对此十分焦急。但他相信，没有解决不了的问题，没有攻克不了的难关。他认为黑龙江省农业综合开发没达到较高的质量，关键不在于客观原因，主要在于主观原因。为此，在质量标准上，他同办领导班子成员反复商讨研究，取得了一致的共识，然后在全省大刀阔斧地采取了5项得力措施：一是明确提出了"五优先、五不立"的立项原则。即对水土资源丰富、地方党政领导重视和群众积极性高、资金匹配能力强、效益高、贡献大的优先立项，对有偿资金到期不还、匹配资金应配不配、占用中央和省里拨款、项目不能按期验收、工程质量不达标准的不立新项目。李方旭同志在立项这个原则问题上不徇私情，来找他要项目的有他的老领导、老朋友、老部下、老同学或老乡亲，但他从来都是一视同仁，对不符合立项条件的从不开口子。二是赏罚分明，动真格的。1996年初，在全省地、市、县农业开发办主任会议上，他对有的地市县只重视要项目忽视质量标准，开发办人员少、工作不力的问题点名进行批评，后来这个市开发办的编制由不到5人一下增加到15人，工作有了很大改进和提高；1996年底，他又在地、市农开办主任会议上，对项目质量有问题的龙江、孙吴、宁安、牡丹江郊区等县、市又一次点名进行批评，并果断地停止了这几个县下一年度的项目，在全省引起了极大的震动，对提高新上项目质量标准起到了促进作用；三是主持制定了《农业综合开发管理条例》。李方旭同志认为农业综合开发只有纳入法制化管理的轨道，才能从根本上解决质量标准问题。为此，他积极取得省人大的支持，主持起草了《黑龙江省农业综合开发管理条例》，已于1994年12月经省人大常委会正式颁发执行。近二年，他每年都组织办内干部并亲自参加配合省人大进行一次执法检查，增强了各地依法开发的自觉性。四是在全省树立了农业综合开发的样板市、样板县、样板区和样板方。今年3月，李方旭同志亲自带领地方有关党政领导和农业综合开发部门的同志赴山东、河南、徐州进行考察学习。回来后，以两省一

市为榜样,在全省培养树立了一批农业综合开发质量标准较高的先进市、先进县和样板区、样板方,并亲自组织各市(地)、县到样板市县学习参观,带动了全省农业综合开发项目区质量标准的大提高。国家验收组在验收黑龙江省第三期项目后,给予了充分的肯定,一致认为黑龙江农业综合开发项目区的质量已经步入全国先进行列。五是开展了质量标准年活动。对质量标准年活动,李方旭同志亲自部署亲自抓,并把这一活动同迎接国家三期验收,培养高标准样板市县和样板区、样板方等工作有机结合,促进了全省农业综合开发质量标准的有效提高。

甘于吃苦奉献,常年奔波在农业综合开发项目区

查一查李方旭同志桌上的日历台记录就不难发现,一年中有一半以上的时间,他都是在项目区度过的。李方旭同志常说,在农业综合开发方面,对省委、省政府他是参谋长,对基层他又是指挥员,而每一个项目区都是一个战场,作为参谋长、指挥员如果不亲临战场就不能打胜仗。为此,他除了参加省里的重要会议和研究本部门的重要事项外,只要一有时间,他就支撑着带病的身体带领有关同志奔赴项目区。他工作起来不知疲倦,有时一天就走两个县看四五个开发区,行程六七百里路,又起早又贪黑。有时连身强力壮的司机王福春同志都累得不行,一到县里倒头就睡,而他却非得把情况听完或把项目区看完才能罢休。1996 年在东宁县看完项目区后没吃午饭,就又直奔远离四五百里路的宁安县,可是车子又坏在半路,等到达宁安县时已经是夜间 11 时。去年冬季,李方旭同志在外地的一位亲弟弟因车祸遇难,他仅用两天时间料理完弟弟的后事,第三天就带领办内的同志下乡检查,一连一个多月不回家。他头脑聪颖,听了基层一串串的数字汇报,他就能记住一大半。但是他不会打扑克,不会玩麻将,乏了累了仅仅看一看电视、看一看报刊而已。全办同志、全省农业综合开发系统的干部和项目区的群众无不深深地敬佩他,称他是"工作狂",他把全部身心都扑在了农业综合开发的事业上。

善于抓班子带队伍,把农业综合开发办建成团结战斗的坚强集体

李方旭同志善于总揽全局,善于抓班子带队伍,一是他带头讲学习、讲政治、讲正气。每次中央全会或省委省政府重要会议文件下发后，他都及时主持办党组会议认真学习，并对全办干部的学习及时作出部署，使全办形成了较强的理论学习氛围；二是带头钻研业务。李方旭同志虽然长期从事行政领导工作，但对农业综合开发专业的了解，并不亚于某些专家。他虚心学习肯于钻研，现已成为全省农业综合开发战线比较权威的行家里手；三是坚持干部德才兼备的标准和任人唯贤的干部路线。几年来，他大胆推荐和选拔优秀中青年干部充实办处两级领导班子，使领导班子充满了生机和活力。对中青年干部，他善于言传身教，以身作则。为了提高干部队伍素质，他主张省办每年都举办一两次专业培训，并亲自在培训班上授课，有效提高了全系统干部队伍的政治、业务素质。四是时刻注意加强廉政建设。每次办领导班子会议或系统内的专业会议，他都特别强调加强廉政建设问题，并主动配合审计部门，搞好对农发资金的审计，加强管理。几年来，全省农发资金虽然数额很大，但没出现贪污、侵占、套用等重大违法案件，这与李方旭同志带头加强农发资金的管理是分不开的。他亲自主持制定办内《廉洁自律八不准》，并带头执行，下乡不接受超标准招待，不上舞厅。几年来，有的地方为了争取项目或为表示酬谢之情，给他送的钱物，他不知拒绝了多少次，有时实在拒绝不了，他就及时交给机关党委处理。据统计，几年来，他拒绝的礼金达几万元。

李方旭同志在农业综合开发事业上奋斗了近 10 年。全省 10 年农业综合开发取得的成就中饱含着他辛勤劳动的汗水。截止 1996 年底，全省已改造中低产田 2192 万亩、开垦宜农荒地 410 万亩，营造防护林 292 万亩，改良草场 253 万亩，新增粮食 59.5 亿公斤，同时鱼、肉、蛋、奶、油料、水果、蔬菜等农副产品产量也都大幅度增长，开发区农民人均收入达到 2371 元，比开发前增长 201%。

寒来暑往 10 个春秋，虽然李方旭同志的头发稀疏了许多，脸上的皱纹也增添了许多，但是他献身农业综合开发事业的热心不减，矢志不移，相信他在全省农业综合开发事业上能够再展宏图，再创辉煌。

〔本文系 1998 年李方旭同志为全国农发先进工作者的事迹材料〕

第二节 十年青春铸辉煌

——记黑龙江省农发办副主任王兆力

黑龙江省农业开发办公室只有二十几名机关干部,却承担着全省 13 个市(地)70 多个县、市、区农业综合开发的管理职能。10 年来,他们默默无闻、无私奉献,在农业综合开发这块充满希望的田野上年复一年辛勤地耕耘着。在这辛勤耕耘的队伍中,有一位英姿勃发而又稳成持重,为农业综合开发奉献了十个春秋的领导班子成员,他就是黑龙江省农业综合开发办公室副主任兼计财处处长王兆力同志。哈工大研究生毕业分配不久,他就与农业综合开发结下了深深的情缘,26 岁从省计委调到农业综合开发办工作,至今十年来,他无论是在计财处长的工作中,还是在副主任的岗位上,都锲而不舍,奋斗不息,同他的同行们一起,为农业综合开发事业铸就了辉煌的诗篇。

谋大计绘蓝图,足迹遍全省

王兆力同志在 1988 年三江平原农业综合开发刚刚起步之际,就被组织选中,肩负起了全省农业综合开发计划和资金管理的重任。当时,农业综合开发的资源底数是什么? 开发路子怎么走? 怎样使资金发挥最大的投入产出效益? 都是困扰在人们心头的"乱麻团"。对此,王兆力同志细心领会国家农业综合开发的方针政策,积极配合办领导参与了全省《十年农业综合开发规划》的制定工作。他决心以摸清全省农业资源底数为起点,解开"乱麻团",寻求黑龙江省农业综合开发的路子和对策,描绘出一幅全省农业综合开发的宏伟蓝图。

在调查全省农业资源的过程中,王兆力同志谦虚、认真、耐心、细致地同基层干部群众一起探讨黑龙江省中低产田改造宜农荒地开垦、农副产品精深加工转化等开发的思路,研究探讨东部三江平原治涝、西部松嫩地区治旱,及治理水土流失、治理盐碱等综合措施。在 1989 年和 1990 年的两年时间里，他几乎跑遍了当时全省 14 个地（市）70 多个县、市、区。通过调查研究，为形成全省《十年农业综合开发规划》提供了充足的科学依据。1995 年到 1996 年的两年时间里，他作为全省《"九五"农业综合开发规划》制定的主要负责人之一，再次深入全省各地，进一步调查研究，准确地分析了黑龙江省农业综合开发的有利条件和不利因素，进一步明确了全省农业综合开发"九五"时期的目标、任务、布局、重点及战略措施，为形成《全省"九五"农业综合开发规划》作出了重要贡献。

编计划管资金，开拓有创新

王兆力同志主管计划财务工作，在认真贯彻落实国家有关方针政策的基础上，勇于负责，敢于负责，敢于创新，使计划编制及上报下达程序化规范化资金融到位快落得实管理严。

一是规范了计划呈报的手续和程序。他根据过去农开办、财政、发行三个部门有时由于意见不统一而影响计划编制和执行的实际问题，积极同财政、发行等部门协调商讨，共同制定了农业综合开发项目计划坚持由农开办、财政、发行三家联合上报的制度。为使这一制度得到有效执行，去年他在总结实践经验教训的基础上，建议地方在上报项目计划时，要由有关部门做出《有偿资金偿还承诺意见》《地方财政配套资金落实意见》和《农业综合开发专项贷款意见》，使农业综合开发项目形成了各部门的共识，保证了计划的有效落实。

二是认真落实各项配套资金。王兆力同志积极主动同上下左右加强协调，确保各项匹配资金早落实早到位。对省财政配套资金，他坚持提前给财政部门提交计划，使之在年初就能列入省级财政预算，并通过人大审核批准。对群众自筹资金他通过调查研究，制定了群众自筹资金使用手续和统计台账，使群众自筹资金落到实处。第三期农业综合开发，省级财政配套资金落实达到 100%，市、县、乡财政配套资金落实达 100.8%，群众自筹资金落实达 112.6%。

三是严肃处理和解决匹配资金不能按照到位问题。每期农业综合开发的关键季节，王兆力同志都能深入有关县、市调查研究匹配资金落实问题,在弄清基本情况后制定解决问题的措施。今年初,他下乡一个多月做专题调查,发现依安、拜泉、克东、五常等县(市)存在资金配套不足问题,为此,他积极同审计部门配合,对这几个县进行通报批评,并建议办里采取惩罚措施暂缓下达其1997年计划。此举对这些单位触动很大,在各级领导的重视参与下,很快解决了匹配资金到位不足的问题。哈尔滨市政府主管领导两次去五常市督促落实,五常市委书记、市长亲自召集财政局、农开办研究,使匹配资金立即得到落实。拜泉县不仅很快解决了欠配的50万元财政资金,而且自筹资金100多万元超前启动了1997年新上的三道镇土地治理项目。

四是严格财务管理制度。王兆力同志在财务管理方面堪称行家里手,每年经他管理使用的机关上百万元经费,他都认真当家理财,严防违纪现象发生。对各县、市使用的资金,他每年都组织计财处的同志进行一次财务大检查,发现问题及时纠正。今年,他还针对审计部门审计出的问题,亲自制定了违纪资金限期整改方案,并与审计厅配合,逐县逐项提出了整改要求,之后立即组织省、市两级财务人员跟踪检查落实,保证了农开资金的健康运行。在机关财务管理上,他严格履行财务收支程序和手续,保证了财务管理的规范化。为节减机关费用支出,今年年初,他亲自制定了机关财务管理办法,对差旅费、电话费、汽车费、办公费等制定出了限额包干、超支自负等具体约束机制,有效地减少了弹性支出。对所属单位,王兆力同志也认真负责财务审计,对审计出的问题都一一按政策和法规做出纠正和处理。十年来,机关和所属单位没有发生过一起严重财务违纪案件,深受审计、财政等有关部门的好评。

讲奉献讲廉洁,敬业做楷模

王兆力同志不仅在计划财务工作上做出了突出成绩,而且对全省农业综合开发工作,也算是很精通的内行和专家。他不仅能够在计划财务方面为农业综合开发做好保障,而且善于配合领导班子全体成员想大事,谋全局,在提高农业综合开发质量标准上下功夫。今年春季,他陪同省办主任李方旭同志一起前赴山东、河南、徐州两省一市进行了为期半月的参观考察。考察后，他结合我省实际提出了很多有见地的改进项目区质量标准的意见，并亲自参与考察报告的起草工作，使考察报告得到国家办的好评，予以全文转发。他是分管计划财务的领导，但对各县市报来的项目可研和扩初的一张张图表，一页页文字，一组组数据，都严肃认真地把关，每年经他审核的材料都达上百万字，每份都能有针对性地提出自己的意见，为保证项目前期工作的科学性做出了自己的努力和贡献。

今年春季完成南方考察任务后，他立即带领工作组深入县市进行省级三期项目验收，一走就是一个多月，省级验收结束后，紧接着又陪同国家验收组验收，又是一个多月，一连三个来月不能回家。他的爱人患有糖尿病，每天还得接送孩子上下学，有时爱人埋怨他只顾工作不顾家，但一看他累得疲惫不堪的样子，又非常后悔和心疼。有一次，他患眼疾 20 多天，单位领导和同志们都劝他住院好好治疗一下，但他看到单位正处于紧张的三期收尾关键季节，硬是一天也不休息，有时实在坚持不住，就把有关材料带回家里工作。他这种高度的敬业精神，受到了全省农业综合开发战线和机关同志的一致称赞。

王兆力同志管理全省农业综合开发计划和资金，权力可以说是不小的，但是他从不利用手中的权力谋取私利，而是时时处处以党员领导干部的标准要求自己。有时地方为了表示他对本地项目工作的支持和关心，送一些土特产品给他，他都婉言谢绝，有的给他礼金，他更是坚决拒收。几年来，他拒吃请的次数已经无法记清，拒收物品和礼金也达万元以上。他常说，我们是党和政府的领导干部，我们的一言一行，群众都在看着我们，我们只有为党和政府形象增辉的义务，而绝不能给党和政府的形象抹黑。他是这么说的，也是这么做的。

王兆力同志把十年的青春奉献给了农业综合开发事业，愿他在农业综合开发这块充满希望的田野上再展宏图，铸就新的更加灿烂的辉煌。

〔本文系王兆力同志 1998 年全国农发先进工作者的事迹材料，原载《农业综合开发》1998 年第 2 期，王兆力同志现任黑龙江省委常委、哈尔滨市委书记〕

第三节　大手笔书写大文章

——专访黑龙江省农发办常务副主任运连鸿

黑龙江省是我国主要的粮食主产区之一,是最大的商品粮生产基地,在全国农业生产中具有举足轻重的地位,在国家粮食安全上发挥着特殊重要的作用。黑龙江省农业综合开发工作具有扎实的基础和良好的传统,在全国农业综合开发工作有着十分重要的地位,在黑龙江省农业农村经济发展中做出了突出贡献。最近,本刊在对黑龙江省农发办常务副主任运连鸿的专访中,深切感受到黑龙江省农业综合开发处处凸现出一个"大"字,尤其是用"大开发""大产业""大投入"这些"大手笔",倾力打造长久、稳固、可靠的"大粮仓",在广袤的黑土地上尽情抒写着农业综合开发这篇精彩的"大文章"。

大开发

二十年来,黑龙江省农业综合开发范围由最初的三江平原扩展到如今遍及全省13个市(地)的94个县(市、区)。运主任说,在新的形势下,农业综合开发要实现更好更快的发展,一定要树立新的开发理念,跳出开发看开发,站在全局谋开发,面向未来抓开发。要站位再高一点、思想再解放一点、思路再拓宽一点,紧贴时代主题,自觉服务大局,为全省经济社会发展作出更大贡献。

不仅要发展现代农业,还要统筹研究农村、农民问题。中央对"三农"工作高度重视,连续五年的中央一号文件都在讲农业、农村和农民问题。农业综合开发的优势在于"综合",所以担负起现代农业建设的历史使命责无旁贷,这也是我们的主业,必须抓好。一方面,要立足主业,为发展现代农业服务。农业综合开发项目建设完全符合发展现代农业的内在要求,一个项目区就是一个现代农业的示范点,如果建一个成一个,坚持下去就会点燃"星星之火",最终必将形成现代农业的燎原之势。另一方面,要拓宽思路,更加关注新农村建设,统筹研究农业、农村、农民问题。早在2004年黑龙江省农业综合开发搞的100个村级发展联系点,重点研究的就不仅是农业,还有农村、农民问题,包括农业生态建设、农村民主政治、农民素质、剩余劳动力就业、合作组织发展模式等,研究的领域已经扩展到生产关系范畴,研究的根本目的还是要发展生产力,通过作用与反作用关系,促进农村生产力的发展。国家做出新农村建设的决策后,省农发办提早进入角色,选择74个试点村作为帮建对象,并建立了6个新农村建设示范区,通过农业综合开发资金的引带,整合各方面资金,不仅发展了农业,也发展了农村经济、改善了村容村貌、培育了新型农民,找到了农业综合开发与新农村建设的结合点、切入点,农业综合开发成为新农村建设的重要推动力量。

不仅要支持粮食生产,还要支持农业产业化发展。我国13亿人口,吃饭问题始终是个大问题,确保粮食安全是头等重要的大事。黑龙江省耕地面积1.8亿亩,占全国1/10,如果粮食产量达到1000亿斤,也将占全国粮食产量的1/10。发展粮食生产,农业综合开发责无旁贷。一方面,立足根本任务,通过向内涵式开发转变,发挥科技核心作用,注重推广良种良法,通过旱改水、水田连片种植、提高机械作业水平等措施挖掘粮食增产潜力,为实现"千亿斤粮食产能工程"的目标作贡献。另一方面,积极扶持农业产业化经营。通过粮食等农副产品开发,进一步延长产业链,实现过腹增值、加工增值。产业化经营项目要集中扶持一批有发展潜力的优势农产品加工企业,扶持龙头企业整合小品牌,培育大品牌,加快农业产业化进程,为构筑现代农业产业体系做出贡献。

大产业

面对加入WTO以后国内外农产品市场的挑战,黑龙江农业综合开发坚持有所为、有所不为的原则,集中资金,突出重点,大力扶持具有区域特色的优势产业,在产业化链条的关键环节上立项投资,从而构筑起参与市场竞争的大产业。

2001年,黑龙江省农发办经过广泛深入调研,立足资源优势,做出一项重大决策,将全省项目选择的重点锁定在水稻、大豆、玉米、奶牛、肉牛、生猪、马铃薯、亚麻、蔬菜十大优势产业上,突出资金扶持重点,集聚产业竞争实力,由项目开发向产业开发转变,在全省形成一县扶大扶强一项优势产业的发展新格局。

围绕促进优势产业发展,土地治理项目重点建基地,改善基础条件;产业化经营项目重点扶持畜牧养殖、农产品加工龙头企业和市场流通环节;科技示范项目重点引进良种和进行先进栽培及养殖技术示范,各类农业综合开发项目实现了有机结合。

从 2006 年开始,对十大产业的扶持又进一步由农业综合开发领域上升为举全省财政之力的合力推进。省财政厅成立由厅长挂帅的推进工作领导小组,在省农发办重点抓的基础上,财政厅各处室都有分工,像抓财源建设一样推进现代农业产业体系建设,推动十大产业快速发展,构筑资源有效利用、比较优势充分发挥、竞争力明显增强的现代农业产业体系。

水稻产业重点扶持产业带和水稻生产大县,坚持集中连片开发。大力支持龙头企业搞好精深加工,延长产业链条,打造品牌;大豆产业重点扶持主产区促进稳定发展,积极鼓励龙头企业由初粗加工向精深加工发展、由中间产品向终端产品发展,提高大豆省内转化率,扩大非转基因大豆制品的市场影响力;玉米产业突出提高基地生产水平,促进高产优质。按积温带搞好区域布局,项目区努力增加吨田面积,促进玉米单产不断提高;奶牛产业重点支持增加优质奶牛养殖,积极扶持加工企业开发新产品,突出扶持大型企业周边的规模化养殖小区建设;肉牛产业重点支持增加优质肉牛养殖,突出扶持为大型企业提供原料的肉牛场建设;生猪产业重点支持标准化养殖小区和繁育场建设,突出扶持大型生猪屠宰企业所在县和传统养猪大县的生猪发展。

大粮仓

多年来,黑龙江省农业综合开发在扶持优势产业上始终要把粮食生产放在第一位,积极扶持粮食主产县大力发展优质粮生产,按照流域开发、规模开发、连片开发的原则,在全省构筑起优质粮食生产基地。农业综合开发资金重点向粮食主产县倾斜,建立示范区,壮大核心区,拓展辐射区。按照全省规划布局,逐步把绥化建成优质水稻、优质玉米生产核心区,把哈尔滨、佳木斯、鸡西、双鸭山建成优质水稻生产核心区,把齐齐哈尔、黑河建成优质大豆生产核心区。

在推进粮食核心区建设中,主要抓好三个环节。一是以推进水利化为重点,加强农业基础设施建设,积极探索适合本地的节水灌溉技术和模式,建成一批旱涝保收、高产稳产、节水高效高标准农田,做到藏粮于田。每年新建高标准农田150万亩,新增粮食生产能力4亿斤以上。二是大力推进农业机械化,积极扶持农机合作社,提高农机装备水平,提高机械化作业程度,提高标准化生产水平。全省已组建农机合作社130个,促进了土地规模化、集约化、标准化经营水平。三是大力推广测土配方施肥技术,大力施用农家肥和有机复合肥,提高土壤肥力,提高土地产出率。

大规模建设高标准农田是黑龙江省农业综合开发的一个特点。所到之处,项目区集中连片,整齐划一,规模宏大,蔚为壮观,令人震撼。尤其是在绥化、哈尔滨、牡丹江、大庆、齐齐哈尔五市建设的10个各有特点的示范区,规模大,水平高,让人们看到了现代农业发展的雏形和样板。庆安、北林、绥棱位于黑龙江省中部地区,是全国重要的商品粮生产基地,水稻生产优势突出、规模较大。为了提高水稻产量和质量,确保水稻生产的持续发展,农业综合开发正在上述三县(区)建设200万亩现代农业水田示范项目,这将成为全国最大的项目区。

今年,省政府提出实施千亿斤粮食生产能力战略工程规划后,农业综合开发积极投入到这项工程的建设中,及时制定实施意见,计划从2008年至2012年,每年投入农业综合开发中省财政资金10亿元,5年达到50亿元,每年新增粮食生产能力5亿斤,5年达到25亿斤,占全省新增200亿斤的1/8,成为千亿斤粮食生产能力战略工程建设的重要力量。围绕这一目标,重点实施"八大工程",即:中低产田改造工程、"庆北绥"200万亩优质粳稻示范区建设工程、现代农业水田示范区建设工程、旱作农业高产攻关示范区建设工程、北部地区豆麦轮作示范区建设工程、高标准示范农田建设工程、农机增产工程、黑土区水土流失重点治理工程。这八大工程建成后,将进一步提高农业综合开发的整体水平,扩大项目建设规模,增强项目建设成效,为全省产粮超千亿做出应有贡献。

农业综合开发在黑龙江实施 20 年来,改造中低产田 3000 多万亩,提高农业综合生产能力 160 多亿斤,为支撑粮食大省地位、建设持久、稳定、可靠的大粮仓作出了重要贡献。

大投入

为保证项目建设需要,黑龙江省农业综合开发建立并不断完善多元投入机制,整合各种资金,集中资金办大事。一方面用好农业综合开发资金,另一方面积极通过农业综合开发资金吸引各方面资金投入开发建设,充分发挥农发资金"四两拨千斤"的作用,吸引其他支农资金、特别是鼓励一些企业投资农业综合开发,做大农业综合开发资金"蛋糕",更好地为"三农"服务。

省农发办成立了世行处,省财政厅建立了省级投资平台,充分利用世行、开行对农业综合开发的投入,不断壮大资金规模。近三年来,累计利用银行资金 4 亿元,吸引企业和社会资金 15 亿元。同时,全省又在认真把握国家实施东北黑土区水土流失重点治理工程的发展机遇,把国家支持化为前进动力,整合各种资金集中投入,精心组织和高标准、高质量建设,确保完成治理任务,保护珍贵黑土资源。

二十年来,黑龙江省农业综合开发资金投入累计达到 190 亿元,其中中央财政资金 58 亿元。多年来,中央财政对黑龙江省投入的农业综合开发资金,在全国也一直处于领先水平。资金规模的不断壮大,不仅使农业综合开发成为黑龙江农业投入的一个稳定增长点,而且是真正用在农村、直接使农民受益的一笔重要财政资金,使广大农民群众沐浴到了公共财政的阳光。

历经二十年长足发展,黑龙江省农业综合开发取得的成果摆在农村大地上,深深印在农民心坎里。在谈到今后的发展思路时,运主任说,伴随农业发展进程,广大农民渴望更多更广地得到公共财政的阳光照耀。

引领现代农业发展,促进国家粮食安全,满足广大农民新期待,这些都要求农业综合开发有新思路、新举措和新作为。农业综合开发要应对新挑战,迎接新考验,再创新辉煌,最重要最关键的是深入贯彻科学发展观,精深谋划发展思路,标准再高些,速度再快些,步子再大些,使工作更富有创造性。今后,黑龙江省农业综合开发工作将继续坚持以科学发展观为统领,围绕"一条主线、两个根本、五个着力"狠下工夫,即以发展现代农业为主线,以提高农业综合生产能力,特别是提高粮食综合生产能力为根本任务,以发展产业化经营,促进农民持续增收为根本目的,着力加强农业基础设施建设,提高农业综合生产能力,为发展现代农业奠定坚实基础;着力发展产业化经营,培育壮大优势产业,为发展现代农业构筑产业体系;着力搞好生态治理,促进可持续发展,为发展现代农业创造有利条件;着力推进科技进步,用现代科学技术武装农业,为发展现代农业增添内在活力;着力建设现代农业示范区,发挥引领作用,为发展现代农业提供典型示范。坚持规模开发、精品开发、深度开发,全力推进千亿斤粮食产能工程建设,大力发展十大优势产业,推进项目区率先实现农业现代化,构筑"大开发、大产业、大粮仓"格局,为发展现代农业、推进新农村建设、实现向农业强省跨越作出新贡献。运主任的一席话,使我们对黑龙江省农业综合开发充满了美好的希望,同时也期盼在这片流金的黑土地上,农业综合开发再创新的辉煌。

(原载 2008 年《中国农业综合开发》第 9 期,作者芮晓峰)

第四节　农业综合开发的实干家

——记哈尔滨市农发办主任王贵良

王贵良同志自 1995 年任哈尔滨市农发办主任以来,哈尔滨市的农业开发出现了快速度、高质量、大规模、跨越式发展的新局面,由全省末位一跃成为全省农业综合开发的样板市。他的卓著业绩也得到了各界高度评价和肯定。他先后获得了"全国农业开发先进个人""黑龙江省农业开发先进个人""黑龙江省高级策划师""哈尔滨市劳动模范"等光荣称号;他的事迹先后被《党的生活》《中华儿女》《活力》《跨世纪英才》《走向世纪的中国》《黑龙江画报》《东方之子》等刊物和《农民日报》《哈尔滨日报》、中央电视台、哈尔滨电视台等众多媒体宣传报道。王贵良同志在社会上具有良好的影响和较高的知名度,被评为"全国北大荒知青事业家百强""黑龙江十大实业家""百名北大荒知青新闻人物"和全国九届人大、政协特刊报道的"新闻人物"。

王贵良同志上任之时,正是"九五"计划实施的开始,他带领全市农业开发人员,以从来没有的生机和活力,为哈尔滨市农业走向现代化进行了大胆的实践与探索,他以改造传统农业为主攻目标,将农业项目实行工业化管理,使哈尔滨市的农业综合开发工作,在改善农业生产条件、提高农业综合生产能力、增加农民收入等方面都做出了突出的贡献。尤其是在实施战略调整方面,他积极组织发展设施农业、生态农业、节水农业、特色农业,建设农业现代化园区和绿色食品基地,推进农业产业化经营,对全市农业和农村经济的发展起到了显著的展示、导向和牵动作用。

在历时十三年的农业综合开发中,他到任后的农业开发起点最高、规模最大、成效最为显著。主要表现在项目和投资跨越式增长。农业开发项目区由他到任时的 31 个增加到 240 个,覆盖 188 个乡镇,占乡镇总数的 70%。总投资 9.3 亿元,中省投资 3.38 亿元,分别是 1994 年前的 10 倍、8.8 倍和 11 倍。从 1997 年开始,中央财政投资每年以 2000 万元的速度递增,年投资规模达 2 亿元以上,一个战线在这么短的时间内争得国家和省这么多项目和资金的支持,这在哈尔滨市农业发展史上是前所未有的,这与王贵良主任的积极争取是分不开的,项目区生产条件明显改善。他始终坚持流域开发与沿路开发并进的指导思想,规模连片治理,改造中低产田 213 万亩,新增水田面积 93 万亩,分别是他上任前的 2.8 倍和 2.6 倍,改善水田面积 23 万亩,推广节水治旱面积 60.5 万亩。修建小型水库、拦河坝、排灌站 89 处,开挖疏浚干、支渠 1671 公里,打机电井 5928

眼,购置各类农机具 2159 台(套)、喷灌设备 614 台(套)。以"四高八化"为标准,创建了 19 个农业开发示范园区,其中国家级 3 个,省级 6 个,市级 10 个。农业综合生产能力逐步提高,加快了农民增收的步伐。他紧紧抓住农民增收这个中心来指导项目区的生产,全市农业开发年新增粮食 6.3 亿公斤,是 1994 年前的 1.53 倍。新增优质肉、蛋、奶、鱼 1.3 亿公斤,瓜果菜 1.6 亿公斤,新增农业产值 17 亿。项目区农民人均收入增加 2170 元,是开发前的 1.6 倍,项目区的 31 万户农民通过农业开发摆脱贫困,走向富裕。开发出一批市场畅销的绿色名牌产品。他坚持开发绿色食品规模化这一思想,现已开发了优质米、三黄鸡、肥牛、食用菌、仙人掌、林蛙、豆宝饮料等一大批绿色产品,创名特优产品 42 个。这些产品科技含量高,市场销路好,对农业结构调整、发展质量效益型农业起到了较好的牵动与辅助作用。

农业综合开发已成为哈尔滨市农业走向现代化的一面旗帜。在这一进程中,王贵良同志创造与积累了丰富的成功经验,他坚持科学、超前、创新的工作精神,针对农业开发标准低、科技含量低、示范作用小的问题,从三期开发开始,明确提出了"大规模、高标准、跨越式"发展的指导思想和"辟建农业开发现代化示范园区,建全省一流、全国不落后样板区"的目标,得到了省政府的支持,提出了要把哈尔滨市建成全省农业开发样板市的目标。同时,在实施具体的工作中,他积极探索农业开发的新思路,在四个"率先"上下工夫,即率先规划,进行调研论证,建立项目库,率先建设农业开发现代化示范园区和高科技园区,率先实现建设项目的高标准,率先启动,明确项目地点、任务和质量标准,采取先行投入和垫付的办法。他注重以科技为先导,积极促成 29 所大专院校与农业开发项目区"联姻",有 200 多名专家受聘到开发区当顾问,1800 多名科技人员到开发区推广科技成果,应用各类科研成果 150 余项,并把开发出的 40 多种名优产品制成录像片播放,同时开通了农业开发"110"热线,请专家答疑解难。他坚持"抓龙头、建基地、带农户"的指导思想,把龙头项目作为培育新的农村经济增长点的重要手段,培养了一批科技含量高、产品市场竞争力强的项目,并加大扶持力度,收到了建设一个,成功一个,辐射一片,带动周边的效果。全市已建成大型农产品加工企业和规模化畜禽养殖企业25处,木兰的肥牛产业链以肥牛加工为龙头,建成了10个肥牛养殖基地,带动农户养殖肥牛7万多头,每户年均增收3000多元,荷兰的He公司已与该集团签订了包销产品80%的合同,将产品扩大到国际市场的更大领域。他坚持全方位、大开发的思想,两个文明同步抓,两个成果一起要,既抓山水林田路的基础建设和生态环境的治理,又抓农民科技文化素质的培养和提高,开展科技讲座100多次,培训农民科技骨干50多万人,项目区农业生产水平明显提高,村屯面貌也有了显著的改变。他在工作创新中不断总结经验,策划与主编了《写不尽的篇章》一书和《收不尽的风采》画册,以及《哈尔滨市农业开发"九五"规划》《特色产品技术推广丛书》,起到了良好的宣传教育效果。

王贵良同志在农业开发工作的实践中勇于进取,大胆创新,勤奋不已,任劳任怨,在他的时间表上根本没有周末休息的概念,他将自己的所有的精力都扑在了农业综合开发事业上,他既是农业综合开发的领导得,又是扎扎实实做好实际工作的实干家,他获得"实干家"的光荣称号是当之无愧的。

第五节 伴随开发一路忙

——记绥化市农发办副主任刘永光

刘永光是农发系统一个老兵,主要经历都是从事农发业务工作。1993年3月从绥化行署畜牧局草原站借调到绥化行署农业开发办项目科工作,1997年正式调入绥化行署农业开发办。先后担任项目科副科长、科长等职务。2004年5月任绥化市农业开发办副调研员,2007年10月任绥化市农业开发办副主任直至2018年12月机构改革,转隶到绥化市农业农村局担任新职。

他是开发"匠人"

他从事农业综合开发工作26年,大部分工作时间奉献给农业综合开发事业。他无怨无悔,对党忠诚,一心扑在农业综合开发事业上。他具有良好的政治品德,坚持党性修养,清正廉洁,把自己一生的追求定位在为党努力工作、为人民谋利益上。他精通农业综合开发业务,通过自学,掌握了农业多学科及计算机应用专业知识,成为绥化市乃至全省农业综合开发工作的骨干。他具有拼搏精神,主持的各项工作都能出色完成。在项目审核中,每天审阅几万字的可研报告。他起草的各种报告、技术文件等超过百万字。

他是开发"狂人"

他具有强烈的事业心和责任感,是"工作狂",始终以饱满的工作热情投身到农业综合开发项目建设中。他组织各县(市、区)出色完成了农业综合开发十年规划,科学制定了2013—2025年全市高标准农田建设规划,精心规划了绥化市农业综合开发发展蓝图。他坚持调查研究、积极参谋,因地制宜、科学选项,促使全市累计建高标准农田266.2万亩。他工作作风朴实,经常深入实际,栉风沐雨,具体指导项目建设,帮助各地解决项目建设中遇到的实际问题。他注重培养典型,发挥农业综合开发的示范作用。在他的影响和指导下,培养了一批典型,涌现了"庆北绥"200万亩水田现代农业示范、肇东50万亩玉米吨粮田、望奎火箭现代农业示范、兰西和市本级蔬菜园区等农业综合开发先进项目区,为加快农业和农村经济发展,保证国家粮食安全做出应有贡献。

他是开发"名人"

他在全省尤其在绥化较有名气。由于出色的工作,组织上给予他许多荣誉。1996年、1997年获得绥化行署授予的记功嘉奖;2000年被评为绥化行署机关模范党员,当选为绥化市第一届党代会党代表;2001年荣获绥化市第一届劳动模范荣誉称号;2003年被黑龙江省人民政府授予"人民满意的公务员"荣誉称号;2007年荣获黑龙江省人民政府科技进步二等奖;2011 年、2013 年、2015 年分别获得绥化市人民政府记功嘉奖。

第六节　农发人老张的故事

——记佳木斯市农发办土地科科长张忠义

四月中旬的北方名城佳木斯,似乎还没有从漫长寒冷的冬天里完全缓过神来,而在距佳木斯市城南 30 公里,地处半山区地带的时令河农场,残雪还没有完全消融,料峭的春风打在身上,让人感觉格外的寒冷。

一位精壮的中年汉子,一身冬天的打扮,在场长的陪同下,和几位同事边走边看边聊,似乎忘记了早春的寒冷,洪亮的声音在光秃秃的山坡里回响着。

"老张啊,"说话的是农场场长,"过了这一冬,这些苗木没问题吧?"

被场长叫老张的人,并没有急着回答他的问题。他用手往上推了推眼镜,依然低头观察那些苗木。他的眉头时而舒展时而紧锁,显然,老张心中的答案并不十分让人乐观。

老张是谁? 他如此关心的苗木又是什么?

在全省农业开发系统,只要提到佳木斯市农业开发办的老张,那就只有一个人——佳木斯市农开发办土地项目科科长张忠义。能被人称为"老",不仅仅是因为年纪的关系,更是因为他在全市甚至全省农业开发系统的资历和贡献。还有一个重要的因素就是,不管是省市领导还是甚至县的同事,这么称呼他,完全是因为一份尊重。而在老张听来,这个称呼让他感觉格外亲切。

明年春节一过,老张就年满六十,到了退休的时间点了。

可以说,2017 年,就是老张工作生涯的最后一年了。他有时也想,这时间过得是真快,从当初的小张,变成了现在的老张,一晃近三十年的时光就这么过去了。

但老张心里也有一份荣耀感,1988 年,全国农业开发在三江平原掘起第一锹黑土时,他就来到了当年的黑龙江省三江平原农业综合开发领导小组办公室(简称三江办)工作,担任第一任开发建设科科长,从此开始了他与农业综合开发一生的情缘,他一生中最美好的年华,与这项造福农民的事业紧密相关,一干就是近三十年。各级领导换了一茬儿又一茬儿,可他依然咬定青山不放松。不但各级领导都熟悉他,各县的农发工作人员熟悉他,就是项目区的广大群众也都熟悉他。在项目区,只要一提到老张,大家的脸上都会露出笑容,话里话外透着那个亲切劲儿,好像是在聊自己家的亲人一样。

"怎么样?"看老张半天没说话,农场场长心里有点发虚,看看苗木又看看老张的脸,好像在等待着宣判。因为他知道,老张是农业开发项目建设的行家和权威。

什么样的苗木让老张如此专注地观察,又让场长如此紧张不安呢?这话还得从前年秋天说起。

前年秋天,为了促进农村种植结构调整,加快农民脱贫致富奔小康的步伐,省农业开发办领导经过反复研究,从辽宁引进了一批优质坚果(俗称大榛子)的苗木。这些优质苗木虽然产果量高,预期效益好,但这么质优价高的苗木到底能不能在黑龙江引种成功,谁也不敢打保票,这就需要试种,如果成功了才能在全省推广。

在哪试?这是省办领导十分重视的事。虽然得知消息的各地市农发办都抢着向省办领导抛去"橄榄枝",强烈表达想试种的决心。然而,省办领导的原则就两条,一是地理条件合适,二是必须交给能干事的人,而最后这一条几乎是决定性的因素。

"就交给你佳木斯行不行?"省办领导把佳木斯市农发办主任殷海龙喊到了省城。因为在省办领导眼里,他就是那个能干事的人。

"行!"殷主任的表态让省办领导很满意,他的话简洁有力。

"重要性我就不多说了,"省办领导的目光里充满了期许,"希望你们佳木斯市能为全省农发系统精准扶贫,探索出一条新路子来。"

"领导,你就放心吧!"殷主任光荣而顺利地领取了任务,也给了省办领导一个坚定的承诺。

殷主任是有底气的。这底气不仅是因为自己在农业开发工作多年,有一个和谐进取的班子和干事创业的队伍,而这队伍里最重要的一员大将老将就是他老张。

在老张看来,这可能是自己亲手做的最后一个大项目了,就是不谈这个项目的重大意义,就自己而言,也要用这个项目为自己近三十年的农业开发生涯画上一个圆满的句号。

这个句号说起来容易,做起来那可是太难了。先不说别的,在一般人的心里,年近退休之时,都会示弱一下,主动往后退上几步,让年轻人锻炼一下,自己既可图个清静,提前适应一下退休生活,又能得个好口碑。同时,作为全国粮食主产区佳木斯市农业开发办,主管全市高标准农田建设项目的科长,他需要画上的句号还有很多,比如汤原、桦南等几个县的黑木耳基地建设,比如对全市项目的检查验收指导工作,比如自己的身体和家里的因素等等。

而这些主客观因素,在办领导的一声召唤下,顿时化为乌有。三十年的农业开发工作,老张早已养成了一种习惯,只要是领导交办的事,不管自己克服多少困难,也从来没说过一个不字,而且都能出色地完成。

这里面的付出,各级领导都清楚,基层县区的同事们都清楚,项目区的干部群众更清楚。然而,压力越大,越能激发老张的创造力和战斗力,在这方面,他是有"瘾"的人,更是从不服输的人。

2006 年,新农村建设工作中,由佳木斯市农开发办负责帮建郊区长发镇南长发村,老张作为项目建设的重要实施者,全程参与了南长发村的新农村建设工作,在施工期间,他几乎是长在了南长发村,与村干部和农民真正地打成一片,帮助村里出主意想办法,为全办出色完成帮建工作发挥了重要作用。经过三年的建设,南长发村新农村建设成为省办向全省推荐的新农村帮建工作六种模式之一,成为佳木斯市新农村建设的典范。老张也被评为省、市新农村建设先进个人。

老张这些年之所以得到了各级领导和基层干部群众的认可,不仅因为他工作有魄力,有智慧,更因为他对基层群众充满着深厚的感情。基层办工作中如果遇到什么问题,他总是热心帮助解决,项目建设中遇到什么困难,他都是努力帮助协调,保证项目建设的顺利进行。

这些年来,老张的电话向来是24小时开机,不管是白天还是夜晚,只要电话打过来,他总会在第一时间接起。

2012年夏天,东风区高标准农田示范基地建设正在紧锣密鼓地实施当中。一个雨夜,刚刚吃了药入睡的老张,被电话铃声叫醒。原来,因为大雨,正在建设中的渡槽围堰出现了险情。按理说,村里自己就可以想办法处理,但村干部觉得没有老张到场心里不踏实。老张二话没说,赶紧穿衣下楼,开车直奔项目区。险情处理完了,雨也停了,老张像是在水里浸过一样,全身上下湿漉漉的,连一口水都没有喝就往回赶,让村干部和群众十分的感动。第二年,黑龙江省农业开发高标准农田建设现场会就在佳木斯市举办,西太平村高标准基地的建设赢得了省办领导和各兄弟市县同行的交口称赞。

三十年的工作中,这样的事多得数不胜数,但老张从来也没有把这些事放在心上,也从来不跟别人提起。在他看来,能为基层群众解决问题,关键时刻项目区群众能想到自己,相信自己,这比什么都重要,不仅仅是因为自己对农业开发事业的热爱,也是自己作为一名共产党员的职责所在。

"应该没有太大问题。"经过反复观察和思考,老张终于给了场长一颗定心丸。

"那可太好了!"场长带着厚厚的手套就鼓起掌来,满脸笑容,像医生宣布自己的孩子没事了一样。

"看来,去年秋天我们的准备工作和应对措施是得当的。"老张明白,这些"宝贝儿"苗木如果能顺利过冬,那才能保证项目的试验成功。

"多亏了你啊!"场长由衷地说。"我们只知道这些苗很木珍贵,但怎么能让他们成活,我们实在是一窍不通。你去年秋天的汗没有白流啊!"

是啊,老张的汗水没有白流。经过春天的补种,现在的时令河农场的山坡上,大榛子苗木一片连着一片,郁郁葱葱,长势喜人。站在苗圃前,老张觉得这个句号应该是可以画圆了,尽管退休已进入了半年倒计时。

"三年后,就可以收获了。"老张心里在想,他仿佛看到了收获的情景。有人跟他开玩笑说,大榛子收获时,你已经退休了。听到这样的话时,老张习惯性地往上推了推眼镜,依然是一脸宽厚的笑。他想起了伟人那句诗——待到山花烂漫时,它在丛中笑。

（原载《中国农业开发》2018 年第 1 期,作者田宏文）

第七节　唱响农业综合开发之歌

——记绥化市北林区农发办主任张彦方

历经岁月的洗礼,北林区这片充满希望的沃土,正在发生着日新月异的变化。农业综合开发作为北林区发展现代农业的重大战略举措,有效地助推了农业生产跨越式发展,已经成为经济社会更好更快发展的重要力量。走进北林区,提到农业综合开发,许多人就会联想到张彦方,张彦方这个名字已经成为北林区农业综合开发的代名词,在他的带领下开启了北林区农业综合开发崭新的一页。

运筹帷幄　扬帆奋进

2001 年 4 月,北林区委常委会经过讨论,决定由张彦方接任北林区农发办主任。消息传出后,有人兴奋有人担心,担心的是农发办是个千疮百孔的乱摊子。由于异地开发的三江地区连续两年遭受自然灾害,许多开发户弃地走逃,农场方面为了收回地租,单方指使粮库对异地农业开发农户的卖粮款进行大抹头,形成了难以解开的三角债关系,导致各指挥部背上了沉重的债务,开发户上访,法院冻结农发办账户。就在内外交困、举步维艰、一提到农发办人们就不寒而栗这样的背景下,张彦方走马上任了。他暗下决心,既然选择了这条路,就要义无反顾,绝不辜负领导的信任、群众的期盼。一个月的时间过去,人们很少看见他的笑容,多半是深入了解情况,思考对策。终于第一次全体干部职工大会召开了,两个重大的问题摆到了桌面。他雷厉风行,果断地提出了两方面工作方案。一是确立了以引导服务为主,以清欠还债为中心的异地开发总体思路,动员各指挥部干部职工肩负责任、牢记使命,坚决从历史遗留的困境中走出来。在他的带领下,采取依法清欠、自清、债权债务对接等一系列行之有效的措施,十几年来,共清回欠款556万元,靠对接化解债权债务49万元,累计为农民解决粮款822万元,极大缓解了上访户的情绪。截至目前,异地开发面积已经达到120万亩,开发户达到7500户,从事异地农业开发的人数达到24000多人,平均单产达到600公斤,总产达到7.2亿公斤,总产值19亿元,户均纯收入60000元以上,异地开发民工人均收入4000元以上,指挥部的职能得到了根本转变,走上了良性开发的轨道。二是以前瞻性的视角确立了今后农业综合开发以改造中低产田为重点,努力调整产业结构和布局、大力扶持龙头企业、发展产业化经营和推进新农村建设,力争实现农民增收、农业发展、企业增效和财政增税的奋斗目标,谋划出今后一个时期农业综合开发的主攻方向。为了实现这一目标,在区委区政府的正确领导和大力支持下,他不辞辛苦、任劳任怨,积极向上争取项目和资金。功夫不负有心人,他的努力得到省市区各级领导的认可。自2001年以来,全区共争取农业综合开发项目57个,总投资达到31396万元,其中中省投资19671万元。

锦上添花　铸就辉煌

春风化雨,润物无声。经过几年的努力,共实施土地治理项目41个,总投资26796万元,其中中省投资17551万元,完成中低产田改造40万亩,其中水田改善24.5万亩、大豆高产攻关8万亩、玉米高标准农田建设2.5万亩、烤烟标准化种植3万亩、蔬菜2万亩,渠系护砌116公里,渠系清淤565公里,配套各种水利构造物781座,架设输变电线路99公里,新打机电井299眼,修农田道路315公里,建育秧大棚及温室7616栋,建集中育秧区9处,建农机合作社10处,配套农业机械517台套,营造防护林6400亩。彻底改善了项目区农业生产基础条件,对全区农业和农村经济发展起到了引带作用。通过开发建设,项目区年增产粮食 4679 万公斤,增加收入 7201 万元,节约成本 4184 万元,人均增收 506 元,实现了预期发展目标。在他的倡导下,坚持集中资金办大事的原则,顾大局、识民生、解民意,高起点定位、高标准建设,开拓创新,集中连片打造现代农业示范区,引领现代农业发展。

2008 年,省财政厅把"河夹芯子"75 万亩水田定为"绥庆北"200 万亩粳稻示范区的一部分,由省财政厅农业处牵头,坚持引领、提升、示范三位一体,实行区域推进、点面结合,全力打造特色板块,在北林大地上率先吹响了向现代农业进军的号角。通过一年的建设,把示范区建设成了农业科技综合应用的展示区、现代农业发展的示范区、农民科技致富的先行区、先进合作组织的试验区、新农村建设的样板区、观光农业的旅游区,成为全市乃至全省现代农业水田生产一大亮点。一时间,北林区现代农业水田示范区成为各方关注的热点。中央电视台、新华社、《人民日报》《光明日报》《经济日报》《黑龙江日报》、省电台等多家新闻媒体进行广泛宣传报道,有力地提升了项目建设的影响力。2009 年 7 月 19 日,中央电视台新闻联播节目头版头条用三分多钟时间报道了北林区国家现代农业水田示范区建设取得的效果。2009 年 10 月 14 日,回良玉、吉炳轩、栗战书、吕维峰、等国家和省领导,财政部财政支持现代农业发展政策研讨会与会领导,以及联合国粮农组织官员、朝鲜访华团等也先后到项目区考察调研。来到项目区考察的各级领导,对北林区农业综合开发都给予了高度评价。

雪中送炭 龙头崛起

龙头企业的发展是迈向现代农业的关键。然而受市场经济的冲击和体制机制的制约,当时北林区几家农业产业化龙头企业几乎都处在面临倒闭的危机中。经过考察,他主动向这几家企业伸出了援助之手。绥化市金龙油脂有限责任公司经过农业综合开发多次扶持,引进了先进的生产技术和设备,企业通过全面改组,运用科学的管理机制,实施了产、加、销一条龙经营战略,在市场和农户之间架起了一道桥梁,生产国内外紧俏的低温白豆片、大豆生物蛋白肽等产品,为企业的发展插上了腾飞的翅膀。如今的金龙油脂有限责任公司,已经成功地实现了与国际市场紧密接轨,现代化的加工设备、科学精细化的管理模式、显著的经济社会效益,使之成为名副其实的龙头企业、明星企业、地方财政收入的支柱企业,年创产值 1.1 亿元,实现利税 570 万元。黑龙粉米有限公司,在农业综合开发的大力扶持下,走出了困境,全力打造品牌,有力地拉动了区域经济的发展。同时,他把扶持重点进一步向地方特色和循环经济上转变,扶持大豆皂甙冲剂、生猪良种繁育、食用菌栽培、温室蔬菜种植、稻草包装盒项目建设,为北林区经济发展培植新的增长点。几年来,共完成 16 个产业化项目建设,总投资 4600 万元,其中中省投资 2120 万元。建畜禽舍 1920 平方米,购置生产设备 145 套,建生产用房 14797 平方米,增加产值 35553 万元,利润 1395 万元,创税 590 万元。

团结友爱 相濡以沫

他是个好领导,然而他更是一个好兄长,这是北林区农发办干部职工的一致评价。他对干部职工十分关爱,谁家中有难处他主动帮助解决,他的热心诚心感动了大家,使得走出去的同志留恋这里,在职的同志爱着这里,了解的同志羡慕这里。农发办的工作一直很忙,任务繁重,许多同志节假日都要加班加点工作。为了让家属了解情况,他组织本办干部职工的家属到项目区参观,亲身感受农业综合开发给项目区带来的巨大变化和实实在在的利益,使他们充分理解、体谅农发人夜以继日、忘我工作的真正内涵,在创造和谐团队的同时,也使每位干部职工的家庭更加和睦。

率先垂范 廉洁从政

他把党风廉政建设作为一项系统工程,带头保持党的纯洁性、先进性。在项目建设过程中,坚持与审计、纪检部门密切配合,全程进行跟踪审计和监督,并在审计、纪检部门的支持下,成立了审监组,按照国家和省有关政策规定,结合北林区实际情况,不断创新和完善农业综合开发工作机制,加大内部审计监督力度。严格监管制度和监管程序,建立了监理公司全程监管、技术人员跟踪把关、审计纪检部门随机抽查、群众代表参与监督管理的"四级监管体系",为项目资金的安全运行、发挥最大的使用效益筑起一道道"防火墙"。他以身作则,厉行节约,同时号召大家勤俭节约,反对奢侈浪费。他常说这样一句话,农发办有今天,来之不易,我们在珍惜成果的同时,更要有感恩之心,决不能辜负各级领导的信任和大力支持,以及曾经帮助过我们的人们,农发办有今天与他们的信任、帮助和大力支持是密不可分的,我们只有干好工作,真正以服务人民为天职,实实在在地践行承诺,才是对他们最好的回报。

争先创优 勇当排头

按照创建"学习型""创新型""管理型""服务型""廉洁型""和谐型"团队的要求,他带头组织创建活动,坚持常抓不懈,每周二集中学习制度雷打不动。在他的影响下,干部职工的工作热情、工作态度、业务素质、进取精神得到了极大的升华,全办形成了人人争上游的良好氛围。办内有两名同志获得了在职研究生学历、一名同志获得注册造价工程师资质、一名同志获得注册咨询工程师资质、六名同志获得大学本科学历。他本人连续四年被区委区政府评为全区特殊贡献先进个人,连续五年被评为市审计工作先进个人。2007 至 2009 年,北林区农发办连续三年被市委、市政府评为农业综合开发先进单位、全市审计工作先进集体、财政系统先进党支部,被区委区政府评为实绩突出单位,农业综合开发项目被评为省级优秀项目。2008 年,被市委市政府授予市级文明单位标兵、老区建设先进集体等称号。2009 年被省农发办评为宣传工作先进单位,目前正在积极争取省级文明单位。一分耕耘,一分收获,亮丽的奖杯、闪光的证书,铭记着他走过的一段披荆斩棘、实干争先的历程,由他组织制作的一首《农业开发之歌》唱响北林大地,唱出了农发人的心声。

栉风沐雨心不悔,励精图治创伟业。累累硕果已经成为农业综合开发的里程碑,他的足迹在北林大地上烁烁闪光。为进一步加快全区农业和农村经济发展,他带领农发办一班人,正以高昂的斗志、高度的责任感和使命感,锐意创新、奋发图强,向着农业综合开发更加宏伟的目标迈进。

(此文为北林区农发办的宣传文稿,作者马先才)

【相关链接】一

清泉流处现桑田

《聚焦》今年入夏以来,我省遭遇了百年不遇的特大旱灾。在全省700多万亩接近绝产时,农业开发项目区却绿意盎然,农作物丰收在望。初步预测,今年项目区将新增粮食生产能力37.7亿公斤,新增农业总产值42.3亿元。是何原因让农业综合开发项目大灾之年夺取了大丰收? 记者走进了汤原县胜利乡农业综合开发项目区——只见清泉流处现桑田。

2007年9月的一天,我们来到汤原县胜利乡,映入眼帘的是成片金黄的稻田,在微风吹拂下稻浪翻滚,散发着沁人心脾的芳香。上千亩的烟田里,一人多高的烟株,长势喜人,农户们满面笑容喜滋滋地采摘烟叶,开始烟叶烘烤工作。面对此情此景,谁能想到,一个多月前,这里曾遭受百年一遇的特大旱灾。

(一)现场见闻——这里的农田绿油油

今年入夏以后,汤原县境内持续高温少雨,天气异常,连续70余天无有效降雨,境内23条河流中除松花江、汤旺河外其余全部断流,8座小水库,13座塘坝全部干涸,16个行政村人畜饮水困难,农作物大面积受灾,成灾农田135万亩,占播种面积的90%,水田渴水面积25万亩,占播种面积的55%,到7月末,旱田绝产面积已达65万亩,占播种面积的43.3%……"那时,俺们的心情别提多糟糕了,眼看着一年的心血白费了。"农民们七嘴八舌说起这些,眼泪直在眼圈转。抗灾自救,汤原县加大资金投入,及时补打水源补给井,"全县累计出动人力20万人次,车辆7万余台次,投入抗旱资金3290万元,新打抗旱井1888眼,架设临时泵站637个……那场面相当热闹。"汤原县农业开发办主任王国春对记者说。

正当汤原其他乡镇热火朝天抗旱时,而胜利乡境内却是另一番景象,这里没有人头攒动、车拉人扛的热闹现场,农户们在自家的旱田里,井然有序地架设喷灌设备,从旁边的渠道里抽水浇灌农作物。纯净清澈的汤旺河水通过引汤干渠、支渠和田间配套工程源源不断地流进绿油油的稻田里。

在烤烟生产基地，记者看到一人多高的烟株在风中摇曳，大旱之年的烤烟与往年没什么两样，"今年大旱，灌水俺们一点都没耽误，要不早旱死了。"正在摆弄收获烟叶的胜利村农民张少海对记者说。

张少海在村里也算富裕户，以前50亩地种的都是旱田，由于是黄沙地，土质稀薄，玉米、大豆产量年年低，一年到头，汗洒了不少，可几年都没翻身。农业开发项目区改造后，由于离水源比较近，他家30多亩改了水田，15亩改种烤烟，结果烤烟今年就能净赚1.7万。加上30多亩水稻，由于种植了新品种，亩产能达四、五百公斤，"虽然今年大旱，可俺没受影响，水田一点都没渴水。"张少海脸上掩饰不住喜悦。

"今年在旱魔肆虐时，农业开发项目区的四大烤烟基地的烤烟得到了及时灌溉，平均灌水达4次，省委书记钱运录在查看鹤吉烤烟基地抗旱工作时，对农业综合开发项目在抗御自然灾害中所发挥的重要作用给予了高度评价。"汤原农业开发办副主任赵春雨在一旁注解道。

汤原县是佳木斯市最大的优质填充型烟叶生产基地，农户种植烟叶的生产技术和经济效益十分可观，烟叶是汤原县经济作物类最大的订单产业。为扶持农户发展高效经济作物，农业开发部门投资建设了4个烤烟基地，新打机电井34眼，配备了喷灌设备，仅胜利乡集中建设新式标准化烤烟房40栋。现在，项目区的烤烟基地的烟叶平均亩产175公斤，比非项目区多增产75公斤，可多增收880元。

这里也曾是"十年九旱"，但旱区挡不住田成方、林成网、路相通、渠相连的美景。眼望丰收在望的农田，胜利乡党委书记刘君高兴地告诉记者说："我们乡农业综合开发项目区经过几年持续建设，农业基础设施比较完备，抗灾能力明显增强，所以，今年在大旱之年里抗旱工作量相对较轻，而且效果十分显著。"

项目区面积11.5万亩，旱田项目区面积3.5万亩，大旱之年，项目区受灾程度较轻，完善的农业基础设施发挥了较好的作用。"赵春雨说。

关键词：完善的农业基础设施

今年入夏以来，我省遭遇了特大旱灾。6月1日至8月1日，全省平均气温为 21.8℃,比历年同期偏高 1.5℃,为历史上第三位高温年;全省平均降水量仅为 126 毫米,比历年同期偏少 44%,为我省 1961 年以来第二位少水年。全省大中型水库总蓄水量为 52.8 亿立方米,比去年同期少蓄 9.8 亿立方米,地下水平均下降 1-3 米,全省抗旱水源严重不足。由于东部地区已经连续 60 多天干旱少雨。黑河、鹤岗、佳木斯、双鸭山、七台河、绥化、齐齐哈尔、大庆地区综合气象干旱指数达到重旱标准。

"这次旱灾的特点是受灾面积大、持续时间长、干旱程度深,给全省农业生产造成了严重影响。全省受旱面积 6460 万亩,其中重旱面积 2300 万亩,接近绝产面积 700 多万亩,水田渴水面积 175 万亩。但农业综合开发项目区由于有比较完善的农业基础设施和物质装备,有效地抵御了自然灾害,受灾程度较轻,生产水平接近正常年份,农作物丰收在望。"农业开发办常务副主任运连鸿对记者说,1998 年以来,全省立项的农业综合开发土地治理项目 2173 个,开发治理面积 3575 万亩。据统计,项目区受灾面积 178 万亩,仅占全省项目区总面积的 5%。初步预测,今年项目区将新增粮食生产能力 37.7 亿公斤,新增农业总产值 42.3 亿元。

(二)现场见闻——引汤工程彰显魅力

在当地被誉为汤原"小三峡"的引汤工程,顾名思义就是引汤旺河的水,农民称其为"农业发展的龙头工程。"

1998 年以来,汤原县委、县政府一直把引汤灌区续建和节水改造作为全县重点工作之一,紧紧抓在手上,在国家和省、市农业开发部门的大力支持下,实施了引汤灌区骨干和 6 期引汤灌区续建配套与节水改造项目。目前,引汤灌区输水控制能力和水利用率已经得到了较大的提高,经济效益、社会效益和生态效益日趋显著。

汤原县胜利乡阳光村农民李老汉,一见到参观者话匣子就打开了,他说:"以前抽松花江水灌溉机械打井,光是抽水的电费、人工费、维修费,一亩地就得花三、四百元,农忙时,农民常为抢水闹矛盾。现在不同了,汤旺河的水源源不断流到田里,一亩地节省 2/3 呢!"一旁的农民接过话茬儿说:"过去路窄,买了拖拉机只能放在村口。如今修好了田间路,机耕路拓宽了,拖拉机从自家院里直接开到田头。"胜利乡党委书记刘君介绍说:"水畅路通后,过去没人要的废田荒地农民都争了起来。五年前,我们乡只有水田 1 万亩,都靠打井种稻,提水灌溉,现在水田发展到 3.5 万亩。而且烤烟种植也从原来的 500 亩发展到现在的 2200 亩,仅烤烟一项全乡就增加税收 40 万元。今年,虽然旱,我们却达到了丰年的场景,预计烤烟每公顷将增加收入 1 万多元。"

引汤灌区位于松花江下游左岸,汤旺河下游东侧,小兴安岭山脉东麓边缘向松花江过渡的平原区。引汤灌区渠首工程位于汤旺河下游凤鸣山下,是引汤旺河水的大型灌溉工程,是全国 402 个大型灌区之一。工程设计渠首引水流量 160 立方米/秒,其中发电用水 106 立方米/秒,灌溉用水 54 立方米/秒,设计灌溉面积 40.24 万亩。到现在已实际控制灌溉面积 10.97 万亩。

到现在为止,引汤灌区工程建设者们用 7 年时间续建配套与节水改造建设,提高了灌区输水控制能力和水利用率。自 1999 年以来,引汤灌区共实施了 6 期节水改造项目,减少损失流量每秒 3.01 立方米。按 100 天计算,灌区每年可节水 3827 万立方米,灌溉周期平均缩短 5 天。

"续建配套节水改造前,渠系水利用系数仅为 0.4,灌溉定额高达每亩 1110.25 立方米,水资源浪费严重。节水改造后,灌溉定额降至每亩 925 立方米。渠系水利用系数提高到 0.51,亩次用水量下降率为 16.68%。"王国春这样说。

引汤灌区的水来自没有污染的汤旺河,水量充足,水质好对发展绿色农业、调整农村产业结构有巨大的推动作用。节水改造工程实施后,原伏胜灌区 2.43 万亩提水面积,全部改为引汤水自流灌溉,每年为节约生产成本 100 多万元,极大地减轻了农民群众的负担。农民代传清高兴地对记者说:"以前井水灌溉,水凉,影响粮食产量。现在,汤旺河的水,自然、绿色,俺们农民真是受益了!"

一个引汤灌区工程,让稻农们看到了希望,胜利乡、太平川乡及汤原农场等地又新发展水田近 8000 亩,农户可增收 200 多万元。

不仅增加了农业生产抗御旱涝灾害的能力,引汤灌区工程的建设带出了"副产品",调整了工程区域内的小气候,增加了地表空气湿度,调节了空气气温……灌区工程范围内的生态环境大为改善。

引汤灌区工程成为汤原的民心工程、致富工程、子孙工程。今年,胜利乡围绕引汤灌区工程开发立项的引汤伏胜小区、引汤联胜小区、引汤伏祥小区、引汤永红小区内的水田水源充足,基础设施配套,没有受到干旱的影响,仍达到正常年生产水平。经测产项目区平均水稻亩产为500公斤,比非项目区多增产135公斤左右,农民可多增收230元。

关键词:建设高标准农田

我省农业基础设施薄弱,中低产田较多,农田有效灌溉面积不到20%,比全国低20个百分点。全省降水时空不均,西部地区"十年九旱",东部地区内涝严重,旱涝成灾在75%以上。

农业综合开发,突出开发的"综合"性,建设好高标准农田,提高了抗灾能力和生产能力,促进了农业增产和农民增收。这次百年不遇的旱灾,项目区受灾较小,得益于多年来农业综合开发坚持强化基础设施建设,夯实了农业可持续发展基础,有效地提高了农业综合生产能力。

农业开发把治水作为高标准农田建设的首要任务,实行旱涝兼治。在干旱严重的西部松嫩平原,采取打井治旱的措施,推广节水灌溉模式,建立旱作农业基地,实施水源工程建设。坚持整乡推进、成片开发,力求开发一片见效一片。推广旱灌农业模式,松嫩平原项目区内1000多万亩旱田实现了节水灌溉,春旱严重的困扰得到了有效排解;在东部三江平原,采取"排蓄结合"的治理模式,实施"旱改水"工程,进行大规模、高标准连年治理开发。三江平原先后立项开发了641个小区,40多个灌区干支渠系成龙配套,新增"旱改水"面积1100万亩,既解除了旱灾,又解除了涝灾……不同的治理模式,却使项目区达到了相同的效果,摇身变成了"田成方、林成网、渠相通、路相连、旱能灌、涝能排、稳产高产、旱涝保收、节水高效"的高标准农田。按国家每亩528元的投入标准,使用期平均为15年计算,投入1元可产出粮食4.3公斤。

省农业开发办常务副主任运连鸿的话铿锵有力,他说:"今年旱灾发生后,全省农业综合开发项目提前启动,坚持加强水利设施建设,提高抗御旱灾的能力。重点加强水源工程建设,同时完善灌排措施,购置灌溉设备。从6月中旬到8月14日,建设排灌站9座,新打和维修机电井1549眼。水利设施完成了90%以上建设任务,并发挥了较好作用。新建的项目区141.48万亩农田85%地块平均灌溉三次,满足了农作物生长需要。"

(三)现场见闻——大农机灾年显神威

过去,汤原县农户大多使用的是小四轮牵引铧式犁进行耕作,由于20马力以下的小四轮功率比较小,耕作时耕层较浅,尤其是常年用小四轮耕作,使土壤耕层底部形成了坚硬的犁底层,再加上小四轮的四只轮胎对土壤的碾压作用,加重了土壤的压实程度,使土壤结构破坏严重。

"刚整地的时候,上面浅浅的一层,松松的,那下面硬邦邦的,根本就不透气,你说那庄稼能长好吗?"农民张老汉说:"俺们农民也知道,大型农机具比小型的好,但是,没钱,买不起。"

就在农民需要的紧急关头,"财神"来了。在农业开发部门的扶持下,汤原购置大型农机具160台套,组建农机合作社3个,重点装备大型农业机械,在整地方面大力推广应用耕整地联合作业机具,来代替铧式犁进行耕作,积极推广打破犁底层农业标准化作业,提高了农业生产抗灾能力。

在汤原县汤原镇红民村、合作村,太平川乡太安村,记者看到采用大型机械作业的地块,大豆、玉米长势喜人,根本看不出是大旱之年的景象。而小四轮作业的地块,玉米秸像是被"烤焦"的一样,叫人心痛。同样的地块为何相差如此悬殊?

汤原农业开发办给出了答案。土壤经过大型农业机械深松,能打破犁底层,加深耕作层,改善耕层结构。土壤由硬变暄,孔隙度增多,容重变小,使水、肥、气、热状况都得到改善,为作物生长发育创造了适宜的条件。据测试,深松后的土壤容重每立方厘米降低0.2—0.3克,孔隙度增加10%以上。

"深松过的土壤蓄水保墒能力增强,我们称其为'土壤水库'。"赵春雨说:"深松后的土层能更多地接纳雨水,据测试,耕层每加深1厘米,每亩地就可以多蓄水3、4吨。而且,通过中耕深松和深松起垄,既可增加日照接触面积,又能加速耕层内的空气流通,从而提高了地温,一般能提高地温0.5~2℃。"

汤原,丘陵漫岗耕地多,现在农民都知道"纳秋雨供春用,蓄秋墒抗春旱"。

不仅如此，农机合作社还让农民得到了更大的实惠。胜利乡荣丰村支部书记杜德礼，三年前，凭借农业开发给投入的大机械起家，成立了农机合作社，如今固定资产累计增加了 500 万元。他说："俺们是纯水田村，所有农户都受益大机械，今年大旱之年大丰收，全靠这些铁家伙了！不仅庄稼长得好，品质还好，能卖上好价钱。"

据省农业开发办介绍，经收购部门测定，农机合作社种植的大豆含油率平均比普通品种高二至三个百分点，每公斤市场售价高 0.05 - 0.1 元；高蛋白示范区内大豆的蛋白含量平均比普通品种高 4 个百分点，每公斤市场售价高 0.1 元以上。

"在同一品种、地力相同的两块地，大机械作业的大豆亩产要比小四轮农机作业的增产 20 - 40 公斤，亩增收百元左右。大机械连片作业的亩成本要降低 5 - 8 元左右，生产效率大大提高。"乡书记刘君说。据统计，由于农机合作社推行标准化作业，粮食普遍增产 10 - 20%。

关键词：推进机械化　发展现代农业

我省耕地多，集中连片，适宜机械化作业。过去，由于一家一户分散生产经营，影响了农业机械化的发展。我省农业综合开发通过扶持发展农机合作社，提高了农机装备水平，以机械化带动标准化、优质化、规模化、产业化，促进了粮食增产和农民增收，为全省推进机械化、发展现代农业创出了一条新路子。农业综合开发组建的农机合作社，由少到多，由点到面，呈现蓬勃发展的势头。

2002 年前，我省农业综合开发扶持农业机械，主要是按照国家规定的购置农业机械财政资金比例，对项目区的农机具进行配套，由单个农户、农机大户或村集体经营管理。这种扶持方式虽然发挥了一定作用，但在实践中也逐渐显现出一些不足。

单家独户经营农业机械，作业分散，作用不明显，农民增收缓慢；农业机械所有者不能有效联合，不能实现土地规模经营，农民不能从土地中分离出来；农民习惯于用自家的小型机械整地，大机械作业量不足，效益不高……

这些问题的出现，引起了我省开发部门的重视。2003 年以来，我省农业综合开发逐步探索了以村为单位组建农机合作社的新模式。即以投入农业综合开发财政资金为引导,吸引广大村民参与,实行股份制管理,单机定额承包,对配备的农机具根据易损程度按折旧年限收取折旧费,用于更新配套。这种新型扶持农业机械的方式,在农业由一家一户生产向规模经营发展中发挥了重要作用,受到农民的欢迎。2003-2007年,我省农业综合开发在44个县(市、区)组建了70个农机合作社,新增大型拖拉机和大型收获机械1218台,新增农机总动力14.16万千瓦。

农机合作社的出现给我省农民带来了丰收的喜悦,提高了农业产出水平,目前全省农机合作社标准化作业面积达到了900万亩。

农机合作社推动了土地规模经营,目前,全省农机合作社土地规模经营面积达到200多万亩,并且连年扩大,最大连片地块达到1万多亩。克山县新兴农机合作社在农民自愿的基础上,通过租赁的形式将1.3万亩耕地由农机合作社统一经营,将全村85%的劳动力从土地上分离出来,从事畜牧养殖、木材加工及外出打工等,全村外出打工1280人,占全村劳动力的70%。

农机合作社通过入股分红增加了农民收入。2006年全省农机合作社实现分红资金847万元。省农业开发办给记者算了一笔账,以安达市丰桥农机合作社为例,去年他们给农民每亩地保底效益为150元,每亩又分红55元。再加上劳动力转移增加的收入,农民的腰包鼓了起来。据测算,转移劳动力人均年收入按5000元计,农机合作社转移劳动力年创收达到2.5亿元。

安达市保田村农民丁富将22亩土地加入农机合作社,本人和爱人在合作社打工,年收入13000元,儿子在编织袋厂打工,年收入17000元,其家庭年增加收入3万元。同村农民陈宝军的27.5亩土地全部加入合作社,全家5口人到哈尔滨打工,年收入53000元。

合作社对暂时没有入股的少数农民在农机服务上给予优惠,仅深松整地作业每亩机耕费就优惠10元以上,加上农机作业增产降耗部分,每亩增收65元以上。由于生产性支出减少和土地产出能力提高,接受合作社服务的农民收入大幅度增长。2005年,全省256个合作社平均亩增产10-15%,共增产粮食5075万公斤,增效1亿元;合作社的大型机车实行规模化、标准化作业,节约生产成本达6750万元,其中节油250万元,节种节肥3500万元,节省机耕费3000万元。农机合作社去年创造的总效益达到了4.3亿元,合作社村内平均年人均增收 670 元。

省农业开发办常务副主任运连鸿的话语重心长:"提高农业物质装备水平,是发展现代农业的必由之路。农业开发积极推广大型农业机械,并成功地组建了农机合作社,推动了农业标准化生产,向现代农业迈出了坚实一步。"

"国家农业综合开发项目的实施,像一道阳光,点亮了农民的生活,刷新了农民的观念,照亮了农民的未来。"汤原胜利乡农民的想法代表了广大农民的心声——是项目,给他们带来增收的喜悦;是项目,使他们看到小康生活的曙光。

(原载 2007 年《黑龙江日报》,作者常忠宝马云霄)

【相关链接】二

走我省特色的节水农业之路

水是维系国民经济和社会发展的重要基础资源,更是农业发展的命脉。我省西部地区十年九旱,水资源贫乏,特别近年日趋加剧的旱情,凸显水资源供需矛盾的困扰。如何充分利用有限的水资源,走符合我省农业实际的节水农业之路,是我省农业发展迫在眉睫的一个大问题。几年来,农业综合开发进行过一些探索,前不久我们对松嫩平原有关市、县几种不同节水灌溉方式进行了调研,深感我省水资源分布不均,年际、年内变化较大,不同的节水灌溉方式具有不同的投入成本,适合不同的区域和作物,只有因区域、因作物而采取不同的灌溉方式,才能取得最佳的投入产出效益,也才能最终被广大农民群众所接受和应用。

一、几种不同节水灌溉方式的实际应用效果

我省旱田作物较为传统的灌溉方式有"小白龙"漫灌、春种开沟滤水灌和"坐水种"等,近年兴起的节水灌溉方式主要是喷灌,除此外,在一些地方新出现了膜下滴灌和注水点灌等方式。从实际应用效果看,各种方式对于不同的区域、不同的土壤、不同的作物具有不同的作用和效果。

(一)喷灌。我们调查的甘南县是全省喷灌面积最大的县份,喷灌面积 120 万亩,占全县总耕地面积的 40%,占适合发展节水喷灌面积 170 万亩的

70%。2000—2003 年,农业综合开发在甘南建设节水喷灌项目 5 个,共投资 3005 万元,其中中省资金 1543 万元,完成节水喷灌面积 12.8 万亩,平均一次性亩投入 234.7 元。新打机电井 1292 眼,安装各类喷灌设备 1424 台套。节水喷灌使项目区农民摆脱了"十年九旱"的困扰,实现了增产增收。项目区亩产由开发前 158.8 公斤增加到 345.5 公斤,增产 1.2 倍;扣除机井、设备折旧年摊销费用和年灌溉运营费用 45.84 元,亩纯收入由开发前 138.7 元增加到 318 元,农民人均收入由开发前三年平均 1630 元增加到 3738 元,增收 2108 元。亩收入和农民人均收入均比开发前增长 1.2 倍。同时,在旱情比较严重的龙江、泰来两县建设节水喷灌项目 8 个,完成喷灌面积 10 万亩,两县项目区粮食单产和农民人均收入分别比开发前增长 106% 和 91%。泰来县项目区有了喷灌条件后,绝大多数农户由传统的种植玉米改种效益高的绿豆、花生等经济作物,绿豆和花生的单产达到 100 公斤和 150 公斤,比没喷灌地块增产一倍以上。

(二)膜下滴灌。膜下滴灌是 2003 年刚刚在我省示范的技术,由新疆天业集团研制开发。膜下滴灌的每处工程分为水源、首部、输水主干、支干、分干和滴灌带 6 个组成部分。我们调查的大庆市,2003 年共发展膜下滴灌面积 1 万亩,其中肇州县 3100 亩,主要作物是烤烟 2260 亩、瓜菜 840 亩。投入资金 200 万元,其中省、市各投 50 万元,自筹 100 万元,平均一次性亩投入 645.1 元。工程涉及 5 个乡镇共 14 处工程,每处平均 220 亩。通过一年的示范,取得了显著的经济效益。全县 3100 亩膜下滴灌,平均亩产值 1145 元,其中烤烟亩产值 1105.9 元、瓜菜亩产值 1250 元,与非滴灌比较,烤烟亩增产值 305.3 元、瓜菜亩增产值 463.4 元,扣除亩滴灌折旧年摊销费用和年灌溉运营费用 150.57 元,烤烟亩纯增加收入为 154.73 元、瓜菜 312.83 元。永胜乡健全村农民刘玉喜 40 亩烤烟全部采用膜下滴灌,平均亩产达到 213.9 公斤,亩增产 23.9 公斤,平均亩增收入 372.1 元,扣除亩滴灌费用,亩纯增收 221.5 元。

(三)注水点灌。注水点灌设备——8SJ—4 旱田注水机是安达市农机局 2003 年研制成功的。他们当年研制、当年示范、当年推广、当年见效,受到当地广大农民普遍欢迎。这种注水机需与小四轮拖拉机、拖斗车和水罐配套使用,每台注水机仅需费用 2000 元,可灌溉 250 亩。如果加上机井、小四轮拖拉机、拖斗车、水罐全部配套费用,按1万亩耕地配备7眼机电井和50台套注水点灌设备,以每眼井7万元、每台套注水点灌设备1.67万元计算,共投入133万元,一次性亩投入为133元。安达市2003年共应用注水点灌面积为13万亩(其中玉米9万亩、其余为大豆、谷糜及经济作物),取得了明显成效。全市9万亩玉米,采用注水点灌后亩产达到539公斤,亩增产78.5公斤,扣除折旧年摊销费用和年注水点灌运营费用12.56元,亩纯增收39.3元。青肯泡乡民生村农民张玉国15亩玉米采用注水点灌,播种和苗期分别灌一次水,亩产超过500公斤,比没灌水的玉米增产200斤,灌水的玉米胶质比没灌水的高,市场售价比没灌水的每市斤多卖0.03元,亩增收76元,扣除亩灌水费用3.5元,亩增收72.5元。

二、几种节水灌溉方式的投入产出效益及其利弊分析

喷灌、膜下滴灌与注水点灌在实际应用中各具所长,亦各有所短。我们试采用图表方式做以下比较。(见附表)

几种不同节水灌溉方式效益与性能比较表

序	比较内容	喷灌	膜下滴灌	注水点灌
1	一次性亩投入	234.7元	645.1元	133元
2	折旧年摊销费	29.34元(机电井25年,设备10年)	130.67元(机电井25年、滴灌带2年、地上管带5年、地下管带15年)	9.06元(机电井25年、设备10年)
3	年亩灌溉费用	16.5元	19.9元	3.5元
4	年亩纯增收入	玉米98.7元、大豆114.7元	烤烟154.73元、瓜菜312.83元	玉米39.3元
5	优点	灌水均匀度高,达80%-90%;水利用率60%-85%;比小白龙漫灌节水20%-30%;无深层渗漏和地面径流;增收效果好	比喷灌节水40%以上,节约燃料动力费50%;提高地温、保持土壤湿度,减少水分蒸发;经济作物增收效果好。	结构简单、操作方便、安装拆卸方便;比喷灌亩节水7吨、节省费用13.5元;节省时间1小时(喷灌亩费时1.3小时、注水点灌仅11-17分钟);有综合利用价值,可施肥、施农药,非灌溉期车可用于运输等。

续表

序	比较内容	喷灌	膜下滴灌	注水点灌
6	缺点	受风的影响大,多风天气影响水的利用系数;移动机组和搬动管道比较麻烦,易踏伤作物;耗能大、费用高。	一次性投入大;设施材料量大、零件复杂、地表和地下均有设施,操作难度高,如技术不过关,容易漏水减压,达不到滴灌效果;长期使用易产生土壤次生盐渍化;滴灌带不能重复使用,田间费用高。	注水仅为作物周边直径13厘米、深度6~8厘米;作物高于70厘米以上不宜使用;增产增收效果不够高
7	适宜区域	常年干旱、成井较浅	严重干旱、成井深浅皆可	春旱严重、夏秋旱情不严重
8	适宜作物及土壤	各种作物、各种土壤	高效经济作物、不适宜黏质土壤	粮豆作物;各种土壤不适合平播作物;
9	适宜阶段和规模	适宜现代农业、规模大小均可	适宜现代农业、规模经营	适宜目前农村生产力水平和一家一户小规模经营

从以上图表对比可见,目前从区域看,在常年干旱而又成井较浅的地区宜推广喷灌;在投入条件较好的地区适宜推广膜下滴灌,发展高效经济作物;在春旱严重、夏秋旱情不重而又投入条件较差的地区适宜发展注水点灌,确保一次保全苗,解决春旱困扰。从发展阶段看,喷灌和膜下滴灌适宜现代农业、规模经营,注水点灌适宜目前农村一家一户小规模经营水平。

三、农业综合开发推广节水农业模式的选择与设想

农业综合开发是市场经济条件下,政府支持和保护农业发展的政策性措施。在农业综合开发项目区有重点、有计划地探索发展我省特色的节水农业之路,是农业综合开发的一项重要任务。从我省实际出发,按照农业综合开发年投资规模,可在项目安排上根据不同区域、示范运用不同的节水农业技术。

(一)发展节水喷灌。主要选择我省西部常年干旱县份和亚麻等平播作物,每年发展20万亩。到2010年,项目区新增喷灌面积140万亩。

(二)尝试膜下滴灌。主要选择城市郊区蔬菜等高效经济作物,2004年尝试建1~3个示范点,示范面积5000~1万亩。根据示范情况,以后逐年扩大示范推广规模。

（三）推广注水点灌。主要选择春旱严重、夏秋旱情不重的半干旱区域，对垄作作物推行注水点灌。从 2004 年起每年推广 40 万亩，到 2010 年注水点灌发展到 280 万亩。今年拟扶持安达市农机分公司批量生产注水机，在全省每年扶持 20 个左右村级农机作业股份服务公司，重点推广注水点灌，为农户提供相关服务。

（四）推广大豆行间覆膜技术。大豆行间覆膜，对于涵养水源、保墒提墒具有重要作用，省农业开发办 2003 年在克东等 6 个县已示范成功，2004 年起在 22 个大豆主产县（市）发展大豆行间覆膜 11 万亩。以后逐年扩大规模，到 2010 年，全省项目区发展大豆行间覆膜 200 万亩。

（原载《中国农业综合开发》2005 年第 1 期，作者 史青祎 任秀峰 刘伟）

第十二章 冰城全景

第一节 致敬农发三十年

——哈尔滨市农业综合开发巡礼

1988 年,依兰的倭肯河流域擂响了哈尔滨市农业综合开发的第一声战鼓。三十年间,累计投入资金 117.66 亿元,其中投入财政资金 79.2 亿元,建成农业综合开发项目 2506 个。农业综合开发的绿色标识布满了哈尔滨乡村沃野。三十年来,农业综合开发充分发挥投入"综合"、治理措施"综合"、建设内容"综合"、项目类型"综合"、开发效益"综合"的优势和特点,犹如古老的松花江水在富饶的黑土地上默默地流淌,滋润一块块高标准农田,培育一个个农业产业化龙头,实现着一个个农民致富的梦想……

改变了生产条件,增强了农业综合生产能力

土地是农民的命根子,农业综合开发项目改造的都是旱涝灾害频发、基础设施落后的中低产田,以流域开发为主攻方向,从上游到下游逐年推进,累计改造中低产田 631.19 万亩,建成 149.54 万亩"田地平整肥沃、水利设施配套、田间道路畅通、林网建设适宜、科技先进适用、优质高产高效"的高标准农田。哈尔滨市农业综合开发项目区增加粮食生产能力20.98 亿斤,为国家粮食安全做出积极贡献! 新增的肉、蛋、奶、菜极大地丰富了哈尔滨市民的菜篮子,反季果菜远销江、浙、沪等地,对哈尔滨市农村经济快速发展起到了重要作用。

建成了一批农业产业化龙头和基地,富裕了开发区农民

沿着产业化、专业化、标准化、规模化的开发方向,按照全产业链扶持的思路,扶持农业产业化项目 680 个,建成了"两牛一猪"、优质蔬菜、食用菌等生产基地 349 个。农业综合开发这项"德政工程""爱民工程""造福工程"使项目区的党群关系、干群关系更加密切,也使基层党组织通过实施农业综合开发项目大大增强了凝聚力和战斗力,县乡村干部对搞这样的开发充满了无限的信心和勇气。

打造了一批现代农业示范区,探索了推进农业发展的新机制

哈尔滨市农业综合开发用规模化理念开发农业,标准化理念提升农业,产业化理念发展农业,工业化理念装备农业,市场化理念经营农业。在建设规模连片、旱涝保收的高标准农田基础上,把粮食生产、生态资源涵养、标准化规模养殖、农产品加工冷链物流、农业科技"育繁推一体化"、物联网和精准装备等功能与人居环境综合整治、建设美丽宜居的乡村相结合,打造出一批具有现代农业特征的示范区,成为哈尔滨现代农业的新名片。在现代农业改革试验中先行先试,探索出"资金打捆用、措施综合化、项目链条化、经营合作化"的新机制。项目建设以"有标准、有规模、有机制、有看点、有效益"为原则,实行机械化、水利化、科技化、产业化、合作化同步推进,使项目区成为现代农业新机制、新模式的孵化器。

项目牵动助力打赢脱贫攻坚战

自 2013 年党中央提出精准扶贫以来,市农发办坚持资金投入倾斜、管理措施倾斜、项目安排倾斜,累计为贫困县争取财政资金 4.35 亿元。市级资金累计投入 2980 万元,扶持 31 个贫困村,实施 82 个项目。

从 1988 年擂响第一声战鼓,三十年间,哈尔滨市农发人接续奋斗、砥砺前行,以坚实的脚步推动冰城从传统农业向现代农业迈进!

大力扶持当地主导产业,拉动区域经济发展

道里区:扶持中央红、天顺、嘉峰、佰益、业兴等龙头企业及新型农业经营主体37个。南岗区:2001－2005年,建设全省唯一"红旗国家农业科技园区",打造了京哈路高效农业科技示范带。香坊区:扶持三元畜产、秋林云宴、天旺生态等农业企业和新型农业经营主体51个,促进了郊区优质高效农业发展。松北区:建设高标准农田5.22万亩,扶持对青源田鹅业、华龙玉米等农业企业及新型农业经营主体11个。五常市:完成中低产田改造任务及建设高标准农田46.8万亩,扶持金福泰、金禾米业、中粮美裕等龙头企业新型经营主体36个。2015年建成的卫国乡物联网服务中心项目,助推了"智慧五常"建设。尚志市:建成粮食、浆果、食用菌、畜牧水产等种养基地61个,浆果产业成为当地经济支柱产业,尚志市赢得"中国树莓之乡"美誉。宾县:重点扶持宾西牛业肉牛深加工、宾安肉牛养殖基地等项目,助推宾县成为全省肉牛养殖第一大县。宾县永和达丰蔬菜产业基地项目建成全省规模最大蔬菜产业园区。延寿县:重点扶持宏源食品加工、香其酱等农产品加工项目及肉鸡扶贫基地项目,助推了县域经济发展和贫困户增收。

树立了可贵的农发精神,开发成果遍布乡村大地

哈尔滨农发人倾心于黑土,躬行于田间,走遍了全市的沃野良田。科学细致的论证,精益求精的设计,勇于开拓,敢为人先,把无数辛劳深埋心底。情系开发、梦绕开发,把智慧和年华都献给了农业综合开发。漫漫开发路,殷殷爱民情,农业综合开发的累累硕果赢得各方点赞。市农发办是省级文明单位标兵,我办始终坚持物质文明和精神文明建设两手抓,以创建促发展,以发展固创建,取得了"两个文明"建设的丰硕成果,连续获得全市帮扶工作先进单位,多次获得全市市直机关先进党组织,首善机关创建典型,全市优秀共产党员先锋岗命名等荣誉称号。办党组提出了"务实创新、和谐奋进、爱岗敬业、献身开发"的新时期农发精神,在全办先后

组织开展了"学报告、谋振兴、当先锋""建一流精品工程、塑一流机关形象、展农发人时代风采"等一系列主题实践活动。在全省农发系统不论是资金总量、项目个数、财务管理、信息宣传等各个方面都名列前茅。农业综合开发在促进粮食增产、农业增效、农民增收上的一系列成功做法,国家农业综合开发办专门刊发简报在全国推广。新华社对市农发办"兴业惠农"项目的深入报道在新华社《国内动态清样》《黑龙江领导参考》上刊发。他们打造出的"田成方、树成行、路相通、渠相连、旱能灌、涝能排"的农业综合开发项目区,遍布哈尔滨乡村大地。项目区广大干部群众盛赞农业综合开发是为民办实事、办好事的"德政工程""民生工程"!

"平畴沃野书锦绣,碧波万顷报春。"与时俱进的农业综合开发人,点土成金,着意嬗变,已经描绘出一幅浩气升腾、五彩缤纷的现代高效农业的多彩画卷。新时代农业综合开发将秉承优良传统,树立家国情怀,不忘初心、奋发有为,勇担高标准农田建设的重任,谱写出哈尔滨农业更加壮美的华丽篇章!

(原载《中国农业综合开发》2018 年第 5 期,作者哈尔滨市农发办)

哈尔滨市农业开发大事记:

1988 - 1990 年,依兰县的第一个土地治理项目在倭肯河流域开工建设,拉开了哈尔滨市农业综合开发的序幕。

1991 年至 1993 年,第二期农业综合开发项目覆盖呼兰、双城、依兰、通河、木兰、巴彦、尚志、五常 8 个区、县(市)。

1994 年 7 月,第二期农业综合开发土地治理项目全部通过国家验收组验收。其中呼兰县孟家项目区和依兰县分别被国家农业综合开发办评为优秀项目区和优秀项目县。

1995 年 12 月,《哈尔滨市"九五"农业综合开发可行性研究报告》编制完成并通过专家论证。

1996 年 11 月 13 日,松花江地区农业综合开发办与哈尔滨市农发办合并会议召开。

1997年4月9日,副省长孙魁文在全省春耕生产绥化现场会上提出,要把哈尔滨建成农业综合开发样板市。

1997年6月13日,哈尔滨市农发办公室搬迁到市政府第二办公区(文政街6号)三号楼办公。

1997年7月5日-9日,第三期(1994-1996年)农业综合开发项目通过国家级验收。

1998年7月8日,中央电视台派记者来哈尔滨市拍摄农业综合开发专题片《跨世纪的致富工程》(上下集),并在央视七频道播出。

1998年8月18日晚8时,哈尔滨市农发办紧急调动20名机关干部赶赴道里松花江江堤抗洪第一线。至9月8日,松花江水位回到安全线以下,人员撤回。

1998年10月15日,财政部副部长兼国家农业综合开发办主任李延龄为正在编写的哈尔滨市农业综合开发文集题写了书名《写不尽的篇章》。

1999年4月19日,经哈尔滨市委批准,哈尔滨市农发办成立党组。

2000年7月4日,哈尔滨市第四期农业综合开发项目通过国家项目验收组验收,并给予高度评价。

2001年7月,哈尔滨市南岗区红旗农业科技示范园区正式启动建设。

2002年8月1日,6个利用世行贷款科技项目上报项目建议书,哈尔滨市农业综合开发首批利用世行贷款项目启动。

2002年10月,按哈尔滨市政府部署,哈尔滨市农发办启动编制《哈尔滨市郊区农业现代化规划》,并完成《哈尔滨市郊区农业现代化规划实施意见》。

2003年4月,《哈尔滨市郊区农业现代化规划》及7个区的农业现代化规划通过修改完善印刷成册。哈尔滨市郊区现代化规划推进会议在友谊宫召开。

2004年8月5日,哈尔滨市农发办搬迁到道里经纬十二道街52号办公。

2004年12月16日，哈尔滨市农发办获得市直机关"模范职工"之家荣誉称号。

2005年6月15日，哈尔滨市农发办被省文明办批准晋升为省级文明单位。

2005年8月22日，哈尔滨市编委办批复市农业综合开发办计划财务处加挂世行项目处牌子，负责管理利用世界银行贷款实施农业科技项目工作。

2006年3月15日，《哈尔滨市农业综合开发项目管理规定》（哈尔滨市人民政府令第142号）发布。

2007年6月6日，哈尔滨市农发办参加市直机关第四届职工运动会，孙崇辉同志打破了1500米长跑纪录。

2008年9月10日，南岗区红旗国家级科技园区通过省级验收。

2008年12月，《哈尔滨市区域农业生态与农业综合开发项目总体规划（2009年–2015年）》编制完成并通过专家论证。

2009年6月11日，南岗红旗园区通过国家科技部园区验收专家组验收考评。

2009年6月12日，市直机关岗位技能大比武中，哈尔滨市农发办陈继慧同志被评为市直机关"十大效率明星"，荣获公文写作第六名。

2010年5月24—26日，哈尔滨市宾县申报典型县接受亚行环境评价团检查。哈尔滨市农业综合开发首批利用亚行贷款项目启动。

2011年1月，哈尔滨市农发办晋升为省级文明单位标兵。

2011年8月，为加强项目全程管理，哈尔滨市农发办实行项目督察员制度，对项目建设过程进行跟踪指导。

2012年1月4日，2012–2015年农业综合开发"节水增粮行动"项目启动。

2012年7月10日，哈尔滨市农发办志愿者服务队正式成立。

2013年，哈尔滨市农发办启动百科新知大讲堂活动，为每一名农业综合开发干部搭建一个锻炼和展示的舞台。

2013 年 8 月 12 日,《农业综合开发高标准农田建设规划 (2013— 2020 年)》编制完成。

2014 年,哈尔滨市农发办首次安排专项资金 820 万元,对 28 个村集体经济发展项目立项扶持,创建"惠农资金＋村党支部"新模式,助力农村党建工作。

2014 年 5 月 29 日,哈尔滨市首个大田应用物联网项目区,五常市国家现代农业园区智慧稻米物联网项目启动建设。该项目从设计到建设达到了全省一流、全国领先。

2015 年 7 月,编制完成了《哈尔滨市 2016 – 2020 年农业综合开发生态高产标准农田建设规划》和《哈尔滨市农业综合开发"十三五"发展规划》。

2016 年 1 月 13 日,省农业开发办与哈尔滨市政府领导在巴彦县沿江"旱改水"项目区现场办公,巴彦县 30 万亩旱改水项目进入大规模快速开发建设新阶段。

2016 年 5 月 17 日,经市编委办批准,中共哈尔滨市纪委向哈尔滨市农发办派驻纪检组。

2017 年 6 月 2 日,由苏万臣、韩怀宇、刘安良组成的哈尔滨市农发办驻村工作队进驻双城区五家镇民安村。

2017 年,哈尔滨市农发办决定,每年将不低于 30% 市级财政资金用于扶持建档立卡贫困村基础设施改善、村集体经济和农民合作社建设,助力脱贫攻坚。

2017 年 11 月 30 日,哈尔滨市道外区民主镇田园综合体项目正式启动。

2018 年,哈尔滨市争取国家、省农业综合开发财政投资 4.57 亿元,创历史新高。

2018 年,哈尔滨市农发办首次委托第三方机构——黑龙江中达会计师事务所有限公司,对哈尔滨市农业综合开发 2015 – 2016 年 166 个省、市级项目进行验收。

第二节　县区农发概貌

01. 依兰县

依兰县地处三江平原西部,幅员461.6平方公里,耕地302万亩,是农业大县。1988年依兰县紧紧抓住国家启动农业综合开发的历史契机,作为振兴农业农村经济的关键措施。30年来,依兰县共实施农业综合开发项目117个,累计投入资金4.3亿元,其中财政资金3.1亿元。依托丰富的水资源优势,依兰县按流域、连片开发,土地治理面积达84.38万亩,其中旱改水47.12万亩、老水田改善37.26万亩.建成"田地平整肥沃、水利设施配套、田间道路通畅、林网建设适宜、科技先进适用、优质高产高效"的生态高产标准农田8.8万亩,极大地改善了项目区农业生产条件,有效地提高了土地产出率。此外,在科学规划的基础上,农业综合开发在延长产业链、促进产业整合上重点扶持了哈尔滨鑫昌隆食品有限公司等农业龙头企业和新型农业经营主体69个,有效促进了蔬菜、食用菌、北药、肉牛养殖等产业发展,目前北药种植面积已经发展到6万亩。

02. 五常市

五常市农业综合开发自1991年启动以来,共争取省、市农业综合开发项目129个,项目总投资5.42亿元,其中财政资金4.17亿元。土地治理面积达46.8万亩,扶持大米加工龙头企业和农民水稻种植专业合作社36个。建成了以卫国乡物联网中心为核心的生态高产标准农田项目区5个;以五常市蔬菜工厂化育苗基地为核心的蔬菜产业基地3个;扶持了以金福泰农业股份有限公司、黑龙江省五常金禾米业有限公司、五常市中粮美裕有限公司等为龙头的大米加工企业10个。尤其是五常市蔬菜工厂化育苗基地和五常市卫国乡物联网中心这两个项目,建设标准高,辐射面广,经济效益突出,得到了国家、省、市领导的高度认可。通过农业综合开发项目建设,推动了五常市种植业结构的调整,扩大了水田面积,提高了水稻产量和品质,促进了五常水稻产业的大发展,极大地提高了农民收入和财政收入,为五常市域经济的发展做出了农发人应有的贡献。

03. 巴彦县

巴彦县农业综合开发始于1991年,27年来累计争取项目93个,完成总投资3.95亿元,其中财政资金3.35亿元。土地治理面积26万亩,其中建设生态高产标准农田13万亩,扶持农业企业及新型农业经营主体61个。在几代农发人的共同努力下,巴彦县农业综合开发结出累累硕果。特别是围绕巴彦县发展"围水经济",沿松花江打造30万亩高标准水田大灌区,农业综合开发以旱改水为重点,2004年以来在巴彦港、富江、松花江等三个乡镇集中建设了5个生态高产标准农田项目,旱改水8.5万亩,旱改水项目区全部实施低压管线输水。项目建设周期短、田间占地少、适用范围广、节水效能明显、使用寿命长等诸多优势逐步显现。目前,巴彦县农业综合开发项目区已经成为全省低压管线输水和高效节水灌溉的示范区。此外,农业综合开发还依托生猪、狐貂等养殖产业基础,重点推进了丰源生猪深加工生产、畜禽粪污资源化利用、生猪交易大市场、华强皮草特色养殖和深加工参股经营等项目,在发展壮大区域优势特色产业、培育新型农业经营主体、促进农村一、二、三产业融合发展和农民持续增收中发挥了重要作用。

04. 宾县

宾县从1994年开始实施农业综合开发项目,目前共立项164个,其中土地治理项目60个,产业化项目67个,科技项目21个,部门项目14个,外资项目2个。累计完成总投资7.8亿元,其中财政资金5.3亿元。共改造中低产田58万亩,建设高标准农田25万亩。项目区覆盖全县17个乡镇,120个村,受益农民达40多万人。建成了一批"旱能灌、涝能排、田成方、林成网、渠相连、路相通"的高标准农田,提高了土地利用率和产出率,增强了抵御自然灾害的能力,为农业与农民的增产增收奠定了坚实的物质基础。建成了全省最大的肉牛养殖基地和肉牛交易市场。在宾安肉牛养殖基地的带动下,全县肉牛发展到 40 多万头,宾县成为全省名副其实的肉牛养殖第一县。累计投资 4000 万元,扶持了宾西牛业肉牛深加工项目。建设了 8 万亩青贮饲料基地。项目资金整合使用,发展优质蔬菜产业,建设以宾县永和达丰蔬菜合作社为龙头的蔬菜产业基地,累计投入资金 5000 万元,建设了全省规模最大、效益突出的蔬菜产业园区。

05. 尚志市

尚志市农业综合开发按照加快推进农业现代化的工作思路,围绕粮食、浆果、食用菌产业发展,从基地建设到农产品加工再到市场营销,实现全产业链推进,为实施乡村产业振兴奠定了基础。尚志市农业综合开发自 1993 年启动以来,共实施项目 150 个,其中土地治理项目 83 个、产业化项目 31 个、科技和部门项目 36 个,累计争取财政资金 4.26 亿元。完成中低产田改造和高标准农田建设 38.59 万亩,其中水田 25.52 万亩(旱改水面积 4.63 万亩)、旱田 13.07 万亩,项目区新增粮食产能 3670 万斤。大力扶持农民专业合作社、农业企业等新型农业经营主体发展,建成粮食、浆果、食用菌和畜牧水产等种养殖基地 61 个,直接带动农户 1.2 万户。目前,尚志市已经成为黑龙江省液态奶生产基地、全国产粮大县、中国黑木耳之乡和红树莓之乡,综合实力位居黑龙江省十强县(市)之列。

06. 延寿县

延寿县自 1994 年开始实施农业综合开发项目,24 年来紧紧围绕加强农业基础设施建设,增加农业科技投入,农业适用新技术应用和促进农业产业化经营,实施了一系列农业综合开发项目。1994 年至今,延寿县共实施农业综合开发项目 100 个,总投资 33580 万元,其中财政资金 24853 万元。改造中低产田 20.35 万亩,建设高标准农田 11.82 万亩,扶持农业产业化企业 16 个,农民专业合作社 10 个。通过土地治理项目实施,加强了农业基础设施建设,改善了农业生产条件,解决了 5 个乡镇干渠下游多年输水不畅,用水紧张,水田常年渴水的瓶颈问题。项目区节水灌溉技术的推广,提高了水资源利用率和灌溉保证率,促进了粮食增产和农民增收。通过设备改造、技术更新、基础设施改善、贷款贴息等方式对农业产业化企业和农民专业合作社的扶持,有效加速了产业发展进程,提高了农业生产的现代化水平,在提高产能的同时,提升了品质,增加了效益。

07. 木兰县

自 1993 年以来,木兰县围绕香磨山水库及白杨木水库两大灌区,以优势特色水稻产业为重点,从种植、养殖、加工销售等方面争取农业综合开发项目 69 个,总投资 27426 万元,其中财政资金 21508 万元。建设生态高产标准农田 9.56 万亩,改造中低产田 15.1 万亩,扶持农业企业及新型农业经营主体 30 个。土地治理项目的实施,完善了农业基础设施,提高了抗旱排涝能力,有效保护了水土资源。节水灌溉技术从渠道混凝土衬砌发展到地上管道输水和地下 PVC(PE)管道输水,既节约水资源,又节省土地,扩大了种植面积;科技措施的投入,提高了水稻种植水平,项目区水稻亩产不断增加,达到了高产稳产效果,对项目区周边起到了很好的示范引领作用;通过种、养、加工企业的扶持,减少产业发展的薄弱环节,增强了产业拉动作用,不仅壮大了农业产业龙头,同时增加了就业岗位,增加了农民收入,有效地促进了农业经济的发展。

08. 通河县

通河县农业综合开发自 1992 年启动以来,始终坚持以提高农业综合生产能力,推动农业增效和农民增收为核心,充分发挥农业综合开发在现代农业中的示范和引领作用。26 年来共争取农业综合开发项目 92 个,总投资 4.29 亿元,其中财政资金 3.47 亿元。土地治理面积 45.6 万亩,建成高标准农田 18.8 万亩,扶持农业产业化龙头企业及新型农业经营主体 16 个。通河县农业综合开发以改善农业基础设施为着力点,项目区达到旱能灌、涝能排,现代科技与农业新技术相结合,彻底改变了老百姓过去"靠天等雨""望天收"的耕作状态。通过项目带动,引导黑龙江欧瑞农业科技发展有限公司、黑龙江圣大中草药种植有限公司等省内知名企业在农业综合开发项目区投入,通过扶壮龙头、建强基地等措施促进产业升级。特别是近五年,围绕县域主导产业,先后实施了东部提水灌区、富林生态等系列生态高标准农田项目，提升了通河大米、平欧榛子的产品质量和地域知名度。走出了一条围绕资源搞开发，围绕产业搞开发，围绕市场搞开发的特色农业产业化发展之路。

09. 方正县

方正县位于哈佳中部，幅员3000平方公里，"七分山水三分庄园"地貌。辖4镇4乡67个行政村253个自然屯，耕地126万亩，其中水田面积100万亩。是全国寒地水稻旱育稀植技术发源地，国家级银鲫原种繁育基地，中国方正大米之乡，中国富硒大米之乡。在各级业务部门大力支持下，方正县农业综合开发抢抓机遇，积极争取项目，扎实推进工作，项目区取得丰硕成果。自1994年建办以来，共争取农业综合开发项目76个，总投资27097万元，其中财政资金22542万元，土地治理面积35.2万亩，扶持新型农民主体38个。项目实施后水利设施配套完善，极大地改善了项目区基础生产条件，种植技术、管理水平、产品质量显著提高。农业生产基础条件得到根本改善，为粮食增产增收打下坚实基础，有力地推进了农业规模化和专业化经营，为项目区经济快速发展注入生机和活力，经济效益、社会效益、生态效益突显。农业综合开发工程被项目区农民称为"丰碑工程""民心工程"，被誉为"生态景观工程"，为方正县现代农业发展增添后劲。

10. 双城区

双城区是全国产粮大县、全国奶牛第一县，也是哈尔滨市最大的蔬菜种植集散地。双城区农业综合开发办自1993年成立以来，共争取项目174个，投入资金62698.7万元，其中财政资金38137万元。土地治理面积30.75万亩，扶持涉农企业及新型农业经营主体150个。多年来，双城区农业综合开发围绕现代农业发展，倾力打造农业精品园区，深入推进农业结构调整，加速蔬菜和特色产业发展，提升农业发展水平。培植了长产设施蔬菜园、东官现代农业农机生产合作社、铧镒农机专业合作社联社、翠翠花生等一批具有规模效益、助推农民增收致富作用强、发展前景广阔的农业产业龙头，为促进农业现代化注入活力。近年来，双城区农业开发在原有"两环一线"的基础上,即环哈、环双和哈前线蔬菜产业带,以"扩规模、提档次、创精品、增产量"为突破口,重点规划建设"环双"蔬菜核心区。以哈前路为核心,重点打造蔬菜核心区。在进一步扩大生产基地的基础上,配套建设蔬菜棚室设施、蔬菜分拣场地、蔬菜冷藏库和批发市场,并大力推广新品种、新技术和新的栽培方法,使蔬菜产量品质大幅提升。

11. 阿城区

阿城区农业综合开发自 1995 年启动,累计争取项目 134 个,投入资金 47361 万元,其中财政资金 28315 万元。土地治理面积 42 万亩,扶持农业企业及新型农业经营主体 43 个。经历了 23 年的发展历程,阿城区农业综合开发逐步走出了一条"四小四大"特色农业发展之路。即围绕资源开发,将小农户形成大基地;围绕产业开发,让小品种形成大产业,围绕市场开发,集小商品形成大市场;围绕综合开发,把小投入形成大效益。逐步形成了,以双丰、料甸为核心的 30 万亩优质水稻种植区;以亚沟镇为核心的 10 万亩优质粘玉米种植区;以阿什河、双丰为核心的 2 万亩大蒜、蔬菜种植基地;与此同时,结合区域特点,积极推进农业产业化经营,扶强产业龙头促进产业发展。以粘豆包、绿色大米深加工、肉牛繁育、生猪繁育等为重点,扶持了哈尔滨天一生态农副产品有限公司、哈尔滨信诚玉泉山养殖有限公司、哈尔滨腾浩农业科技发展有限公司等农业产业化龙头企业,为阿城区农业产业化的迅速发展起到了牵动和示范作用。

12. 呼兰区

呼兰区自 1991 年开始实施农业综合开发项目,共争取项目 125 个,其中土地治理项目 77 个,产业化项目 48 个。累计投入资金 4.6 亿元,其中财政资金 2.9 亿元。土地治理面积达 76.3 万亩,扶持各类企业及新型农业经营主体 39 个。多年来,农业综合开发始终以建设现代农业为主攻方向,通过项目建设,项目区农业基础设施得到极大改善,综合生产能力不断加强。此外,推广应用农业先进适用技术 10 多项,引进新品种 6 个,培训农民近万人次;通过扶持农业产业化龙头企业,带动优质高效玉米、大豆、杂粮、蔬菜、奶牛、蛋鸡等规模农产品基地 6 个,开发绿色、有机特色名牌产品 5 个系列 20 多个品种,带动基地 7 万多亩,带动农户 6000 多户,转移农村剩余劳动力 3000 多人。

13. 松北区

松北区农业综合开发始于 2005 年,13 年来累计争取项目 63 个,其中土地治理项目 13 个,产业化项目 31 个,科技和部门项目 19 个。总投资14521 万元,其中财政资金 9801 万元。建设高标准农田 5.22 万亩,扶持农业企业及新型农业经营主体 11 个。松北区农业综合开发按照"集中投入强基础、突出重点抓效益、立足特色促发展、依靠科技增后劲"的工作思路,精心设计,科学规划,努力推进全区农业和农村经济的快速健康发展。土地治理项目建设以完善农业基础设施为切入点,重点推进了乐业镇杏林村、万宝镇万宝村等高标准农田项目。同时,以华龙玉米种植专业合作社、黑龙江省四季万宝农牧业科技发展有限公司等为依托,结合松北区城市近郊的地缘优势,推进种植结构调整。把产量高、产值低的"笨苞米"调整为产量高、附加值高的优质蔬菜,通过农业综合开发扶持,发展蔬菜基地 1.44 万亩。通过黑龙江省对青源田现代农业有限公司的种鹅养殖扩建项目建设,有效推进了种鹅的集约化、大户化养殖发展模式,带动种鹅养殖业的快速发展,加速了松北区鹅业养殖产业的形成。

14. 道里区

道里区农业综合开发自 1997 年启动以来,围绕综合开发理念,以项目建设为依托,坚持山水林田路综合治理,多措并举,完善产业链条。全区累计建设农业综合开发项目 136 个,投入资金 39866 万元,其中财政资金 24728 万元。完成中低产田改造 3.4 万亩,新增和改善灌溉面积 3.31万亩;建成高标准农田 1.89 万亩,扶持农业企业及新型农业经营主体 37个。以中央红、天顺、业兴等产业龙头为重点,扶持蔬菜生产基地。通过项目建设和示范带动,道里区新增露地蔬菜 5 万亩、棚室蔬菜 8500 亩。极大地发挥了道里区的近郊优势,丰富了城市的"菜篮子";扶持壮大了嘉峰、佰益、隆泰等农产品加工龙头企业,通过开展订单农业、安置农村剩余劳动力等方式为农民增收提供有效保障。为了进一步延伸产业链条,积极扶持中央红集团电子商务平台项目,将符合标准的农产品在平台上销售,开辟了"互联网+农业"的新时代。

15. 道外区

道外区位于哈市近郊,辖团结、民主、永源、巨源4个乡镇40个村213个自然屯。自2002年农业综合开发项目启动以来,共争取立项47个,总投资达12,895.3万元,其中财政资金8,579.7万元。完成土地治理2.413万亩,扶持农业企业及新型农业经营主体17个。依托道外区的区位优势及黑龙江省农业科学院现代农业示范区的资源优势,在农业综合开发资金的扶持下,按照基础设施完善、机械化生产、产加销一体化的模式,完善田间道路、滴灌微喷、批发市场等配套设施和产业环节建设。扶持民主镇新立村万亩露地蔬菜标准化园区建设,打造规模大、标准高、质量优、产量多的露地蔬菜标准化示范基地。围绕大庄园集团、天通农业、味丹农业科技公司等为龙头的粮食加工、畜禽加工、果蔬菜加工三大加工系列,积极培育产业化龙头企业,借助龙头企业开拓市场、引导生产、搞活流通的优势,逐步引导农民依托合作组织与企业进行有效对接,真正形成企业带基地、基地联农户的农业产业化发展格局。

16. 南岗区

南岗区农业综合开发始于1998年,历经20年的发展建设,取得了累累硕果。共立项107个,其中土地治理项目4个,产业化项目21个,科技示范项目15个,贷款贴息项目7个,市级配套项目15个,世界银行贷款项目3个,科技部批准的黑龙江省唯一一个国家级农业科技园区项目42个,共完成投资41753万元,其中财政资金24584万元。创建了"绿山川水饺""玉丰食用菌""海顺无公害猪肉""乐生免洗净菜""中沃蓝莓"等知名品牌;累计完成中低产田改造5000亩。南岗区农业突飞猛进的发展得益于农业综合开发专项资金的投入,得益于国家级农业科技园区先进的运行机制,得益于世行先进管理理念的注入。通过20年的农业综合开发建设,农业基础设施得到有效改善,通过扶壮农业产业化龙头,发挥辐射带动作用,在产业结构调整、科技示范、农民增收和农业增效等方面进行了积极的探索。

17. 香坊区

香坊区辖 5 个镇 46 个村，农村人口 22 万人。农业综合开发始于 2002 年，共争取项目 78 个，累计完成投资 21306.7 万元，其中财政资金 13216.7 万元。土地治理面积达 6.29 万亩，扶持农业企业和新型农业经营主体 51 个。香坊区农业综合开发围绕产业化发展、适度规模经营，在促进农业农村经济结构调整，提高综合效益、增加农民收入上进行了积极探索。结合向阳镇地貌特点及地理优势，建成生态高产标准大榛子果木种植基地、丰辰特种果蔬种植基地，促进了农产品种植结构调整。辐射带动周边棚室区，为本地区群众提供劳动就业机会，带动相关产业发展。扶持三元畜产、秋林云宴、天旺生态等畜牧养殖及畜产品加工项目，发挥龙头企业的辐射带动作用，通过新品种、新工艺、新技术应用，促进养殖业的健康有序发展，改变商品粮基地农产品外运状态，变农业资源优势为经济优势。

18. 平房区

平房区农业综合开发自 1999 年启动以来，始终围绕促进农业增效和农民增收，全力打造精品项目和民心工程。截止到 2018 年，平房区共争取农业综合开发项目 42 个，总投资 8828.85 万元，其中财政资金 8467.85 万元，土地治理 8000 亩，扶持农业企业 15 家。多年来，平房区农业综合开发以服务区域农业发展为中心，以推进农业现代化为目标，以促进农业可持续发展为主线，紧紧围绕农业供给侧结构性改革，抓产能、促产业、扶主体。重点扶持了平达养殖硒碘营养蛋开发、平新镇日光温室生产、三黄鸡屠宰加工、840 万根猪原肠加工扩建、400 头肉牛养殖扩建、24 万只育成蛋鸡养殖扩建等项目。加快推进了农业适度规模经营，促进了农村一、二、三产业融合发展，努力打造区域优势特色产业集群，把"小特色"做成"大产业"，把"大产业"做成"特优区"，把"特优区"做成"综合体"，让更多百姓享受到农业综合开发带来的成果。

第三节　创新发展　服务大局

一、科学划定现代农业产业功能分区

积极构建现代农业产业体系,编制《哈尔滨市现代农业产业功能区划》,是市委市政府全面深化改革,推进现代农业综合配套改革的重要举措。按照全市统一部署,市农业综合开发办从 2016 年开始启动《区划》编制工作,2017 年底前完成编制任务,并通过专家论证,经市委农村工作领导小组批准印发。

(一)发挥哈尔滨农业资源优势,构建全市现代农业产业体系。《哈尔滨市现代农业产业功能区划》坚持创新、协调、绿色、开放、共享发展理念,依据哈尔滨市自然、经济、社会、生态等基础条件,运用经济学、生态学、统计学、系统科学等理论与 GIS 等现代技术手段相结合进行区域综合评价,遵循"宜农则农,宜牧则牧,宜林则林"及"人与自然和谐"的产业发展原则,对全市农业产业进行空间布局优化,促进农村要素合理配置,为构建现代农业产业体系提供支撑。《区划》的编制,对全市科学划定农业产业功能分区,促进农业可持续发展,构建全市现代农业产业体系具有重要指导意义;

(二)尊重自然资源禀赋条件,科学划定农业产业功能分区。一级自然分区。《区划》以哈尔滨市自然地域分异规律为基础,首先按照地形地貌、气候差异将哈尔滨市分为 3 个一级自然分区:一是松嫩平原农牧区:位于哈尔滨市西部,小兴安岭、张广才岭、大青山西部的松嫩平原区域。该区以提高粮食综合生产能力为核心,重点发展都市农业、平原种植业、精品畜牧业,促进农牧渔融合发展。二是小兴安岭农林区:位于哈尔滨市北部,包括小兴安岭山地及其至松花江北岸的冲积平原区域。该区以农林结合发展为核心,重点发展优质水稻种植、林业资源立体开发,强化天然林保护建设。三是张广才岭农林牧区:位于哈尔滨市东南部,包括大青山、张广才岭山地及松花江南岸的冲积平原区域。该区旱田和水田种植并举,发展优质畜禽业,打造特色林下产业,建设农林牧渔相辅相成的农业产业体系;

二级产业分区。在3个一级自然分区的基础上,参考自然资源现状、水资源分布、农业生产现状、县域社会经济发展定位等因素,将3个一级自然区细分18个二级产业分区:其中,松嫩平原农牧区包含9个二级产业区;小兴安岭农林区包含2个二级产业区;张广才岭农林牧区包含7个二级产业区。每个产业分区详细叙述了位置与范围、产业现状、发展方向、优势特色产业发展定位等,使区域布局与资源禀赋条件相匹配,为全市各区、县(市)科学确定产业发展定位提供指导依据。

统筹功能分区。为推进农业产业现代化水平整体跃升,形成全市统筹、区域互补、内部协同的农业产业布局,将18个二级产业区中自然资源禀赋、农业主导产业、未来发展定位相近的分区进行分类,合并成5个统筹功能区,一是农产品高效供给与粮食安全保障功能区;二是优质养殖产品供给与农牧互动功能区;三是农业综合种养与资源高效集约利用功能区;四是生态保育与林下经济发展功能区;五是都市农业拓展与农业科技创新功能区。

(三)突出主攻方向和重点,明确主导产业布局和重点任务。一是10大主导产业布局。《区划》在科学划定现代农业产业功能分区的基础上,进一步对水稻、玉米、大豆、蔬菜、特色经济作物(食用菌、北药、浆果、坚果)、肉牛、奶牛、生猪、家禽、都市休闲农业和田园综合体等10大主导产业进行了产业布局,明确了每个产业的种植、养殖区、加工区等全产业链及产业带的布局。整合资源、形成合力、三产融合、统筹发展,全力推进10大主导产业做大做强,形成区域品牌特色优势;二是7项重点任务。《区划》主要针对今后现代农业发展需求,将推进农业产业结构调整、打造农产品精深加工业、增强农业生产保障能力、加强农业生态建设、发展现代农业服务业、打造现代农业产业链、推进一二三产业融合发展等7项内容,列为重点任务。就7项重点任务的工作重点和难点,以及如何推进发展,发展目标,企业、园区、产业怎样布局等,作出了科学阐述和统筹安排。

(四)全面普查农业资源,翔实了解和掌握全市农业资源现状。市农业综合开发办通过组织全市农发系统干部,深入重点乡镇、村屯踏查调研,广泛采集大量相关数据,并与市统计年鉴、市直相关业务主管部门进行认真核对与核实,结合实际,完成了《哈尔滨市农业资源名录》的编制。《名录》收集了全市9区9县(市)的土地资源、水资源、气候资源、生物资源、农业人力资源、农林牧产值、农业生产条件、农产品加工、耕地质量等别、农业科技、农业龙头企业、农产品品牌、现代农业示范(产业园)区等13大类、204小类的相关数据,做到了数据详实准确,符合客观实际。

二、"民安试验田"种出龙江首只扶贫"村基"

双城区民安村的设施蔬菜园区成了冰城产业扶贫机制创新的实验田。这里出现了全省首只村级扶贫基金,把资本市场先进的管理经验移植到扶贫资金管理领域;同时把扶贫项目向有经营能力的单位和个人放开,充分发挥市场配置资源的作用。模式创新极大激发了产业扶贫项目的效能,实现了扶贫资产高效、规范和透明化管理,还规避了国有资产流失的可能性。

一是破解产业带动难题,促进"多维度"增收。从2014年起,市农发办陆续投入160万元并整合各方面涉农资金共计592万元,在其对口帮扶的省级贫困村双城区五家街道民安村建成了包括55栋大棚和4栋温室及附属设施在内的现代设施蔬菜园区。民安村贫困户都是因病致贫,不具备劳动能力,而种玉米出身的普通村民也由于不懂蔬菜种植技术、没有销路等原因,不敢接手经营蔬菜园区。看着崭新的大棚派不上用场,市农发办驻村工作队开始探索产业扶贫市场化路径。以每年11万元的价格把园区的39栋大棚整体打包出租给一家蔬菜种植企业经营。除了租金,企业的进驻更把先进的种植技术和市场渠道带进了民安村。"以前我自己种普通番茄一棚年产量也就5000斤,卖几毛钱一斤,如今跟着进驻园区的企业学种日本番茄,一棚年产量达7000斤,丰收后公司还帮着卖，每斤售价高达 1.2 元。"村民蒋元明今年承租了 12 栋大棚，年收入可达 8 万余元。看到有人种菜赚了钱，一些恢复劳动能力的贫困户也动了起来。今年村里有名的贫困户王安文主动办理了 5 万元的扶贫小额贷款，租了 6 栋大棚，预计年收益可达 4 万元。如今不仅脱了贫还成了致富带头人。园区 55 栋大棚和 4 栋温室，每年可为民安村带来至少 13 万元的租金收入，园区还创造了很多就业岗位，有劳动能力的贫困户或普通村民在园区打工日工资达到每天 80 元以上。园区的 450 亩耕地均是以高于当年市场价格 100 元的标准从村民手中流转而来。这意味着，总投资 592 万元的民安扶贫蔬菜园区通过市场化运营的方式向有经营能力的单位和个人放开，不仅避免了资产闲置，更释放了扶贫资产的效能；

二是成立全省首只村级扶贫基金，探索建立精准利益联结机制。为了能让园区产生的收益高效透明地惠及贫困户和全体村民，市农发办驻村工作队通过设立全省首只村级扶贫基金的方式建立了精准的利益联结模式。在市农发办的主导下，2016 年 11 月，民安村扶贫公益基金正式成立，以扶贫蔬菜园区取得的大棚出租租金收益为基金来源，统一管理，统一支配。根据《民安村扶贫公益基金使用办法》，该基金的使用有 4 个方向：给贫困户分红；用于村公益事业；用于扶贫资产如蔬菜园区的设施维修维护；预防贫困。2017 年，公益基金账目基金支出贫困户分红 3 万元，村扶贫公益基金又为清理陈年垃圾等村公益事业支出 3 万元，边缘户救助支出 1000 元。截至 2018 年 6 月，民安村 20 户贫困户中 16 户共 52 人已脱贫，目前仅有 4 户 7 人未脱贫；

三是在透明框架下找到精准平衡点，做到"一个不掉队，一个不回头"。"我患有重度脑梗，完全丧失劳动能力，去年我坐在家里啥也不干就分到 1500 元，驻村队长跟我说：明年还会分得更多"。贫困户王朝刚说。"由于不同贫困户贫困程度不同，基金的分红制度也就打破了原来一刀切的模式"一位村民代表说，今年村民代表大会决定按照贫困程度对贫困户进行分类，然后根据其贫困程度确定分红数额，让帮扶更加精准。村民唐亚丽同样患有脑梗，2017 年 4 月她儿子突发急性胰腺炎住院,几天内就将家里的积蓄用光,经村民代表会审议决定从扶贫公益基金中一次性补助 1000 元,解了燃眉之急。当一些边缘户遇到急病、灾害等突发事件时,基金可以提前介入,及时补助,达到预防贫困发生的作用。民安村扶贫公益基金收入全部计入村集体账,而基金每花一分钱都须由40 人组成的村民代表大会集体表决通过。这意味着民安村的扶贫基金不仅被计入村集体资产,而且每一笔收入与支出都是在一定的框架下运转,在公开透明与精准高效间找到平衡点,从制度层面规避了国有资产流失的可能性。

三、支持农产品电商产业发展

为加快推进哈尔滨市农(林特)产品电子商务产业发展,哈尔滨市农发办首次利用农业综合开发资金支持自建农产品电子商务平台升级改造,为深化农业供给侧结构改革,促进哈尔滨市电子商务加快发展发挥积极作用。

从 2018 年初,哈尔滨市农发办会同市商务局,按照《哈尔滨市农业综合开发资金扶持农(林特)产品电子商务平台建设项目管理办法》中确定的扶持范围、扶持条件,选取规模较大、特色突出、技术先进、竞争优势明显、增长潜力凸显的农产品电子商务平台企业进行筛选,并组织农(林特)产品电商平台企业自行申报。针对企业申报的材料,为充分体现项目评审的公平、公正,市农发办与市商务局组织 5 位专家组成专家组对符合条件的企业申报的项目实施方案的必要性、技术可行性、经济合理性、绩效目标以及财政资金使用方向和范围进行专项评审,最终确定了哈尔滨工业大学科软股份有限公司、哈尔滨中央红集团股份有限公司、黑龙江省公众信息产业有限公司、哈尔滨凌之讯网络信息技术股份有限公司、黑龙江东信电子商务有限公司等 5 家企业自建农产品电子商务平台省级改造项目进行资金支持,项目总投资 1000 万元。资金主要用于电子商务平台硬件建设、软件开发省级提升交易承载能力、在线相应速度和开展数据分析、统计监测;产品上线、包装设计、品牌打造、市场推广,引进 VR、AR 情景电商营销系统;境内仓储设施建设,包括租赁仓储设施和设立境内

仓、提升物流配送仓储能力等。该项目预计于今年末建设完成,

项目资金的投入,旨在为电子商务平台发展创造良好的发展环境,激发企业活力,增强电子商务平台的企业市场竞争能力,提升哈尔滨市电子商务平台服务水平。

第四节　富锦高标准农田建设
对哈尔滨市的启示

2018年7月7-13日,哈尔滨市农发办党组书记、主任张冬梅带领市办及相关县(市)农开办负责同志,赴佳木斯市富锦市5万亩高标准农田项目区进行了考察调研。通过考察调研,实地对比,感到富锦市高标准农田建设标准高、规模大、机制新、示范作用强,充分展示了全国现代农业排头兵形象,给哈尔滨市高标准农田建设提供了可借鉴的经验和启示。

一、富锦市推进高标准农田建设的主要做法

近年来,富锦市整合涉农项目资金,以高标准农田项目为平台,大力加强农业基础设施建设,积极推进项目区三产融合,努力增强农业的文化休闲观光体验功能,打造"稻海田园综合体",加快了现代农业进程,探索了产业兴旺、村庄美丽的乡村振兴新途径。

一是高起点规划,大规模推进。富锦市站在打造全国现代农业排头兵的高度,从2012年开始规划和立项实施高标准农田建设,整合农口各部门资金2亿多元,建设高标准农田5万亩,项目区全部集中连片,生产设施配套、灌排渠系畅通,道路交错相连,核心区耕地全部实现大方田网格化,农业现代化、机械化程度非常高。该项目区被央视十九大献礼片《还看今朝》作为全国现代化农业排头兵来展示;

二是突出合作社主体地位,加快项目区土地流转。富锦市高标准农田项目建设,紧紧依托"东北水稻农机现代专业合作社",采取土地入股方式,将项目核心区土地全部长期流转到合作社手中。土地的流转,为项

目区实行大方田改造、全面推行机械化作业创造了条件,土地产出率、劳动生产率大大提高,实现了传统农业向现代农业转变;

三是积极推进产加销一体、三产融合,密切企社农利益联结。项目区在生产上,由东北水稻合作社按照"带地入社、风险共担、利益共享"的方式组织生产运营,与大连金玛农业集团合作进行订单生产,形成了产加销一体。同时,项目区努力拓展农业生活体验观光功能,万亩核心区建设了巨轮型水稻科技楼、39 米高观光塔、田野小火车商亭,以及农作物迷宫、栈道、观景亭等,用彩稻插成巨幅稻田画 24 幅、6 万平方米,引进"哈尔滨年村文化旅游公司"负责旅游项目开发,目前已形成了生产生态生活"三生同步"、农业文化旅游"三位一体""三产融合"的模式。2017 年,东北水稻合作社创收 360 万元;

四是举全县之力,合力打造。富锦市委、市政府高度重视高标准农田建设,在连续 5 年实施建设的基础上,2017 年又投入县级财政资金 3900 万元,举全县之力打造了"万亩水稻科技示范园",2018 年又争取到国家农业综合开发"田园综合体"试点项目中省资金 4000 万元,并吸引合作社、粮食加工企业、文旅公司、商业银行等以各种形式入股,在万亩高标准农田上共同做大"田园综合体"蛋糕,真正实现园区产业聚合、商业价值提升。

二、富锦市经验对哈尔滨市高标准农田建设的启示

通过考察调研富锦市高标准农田建设,与哈尔滨市相对比,既看到了不足,也深刻感受到,高标准农田建设是落实乡村振兴战略的治本之策,必须持续用力,久久为功,才能筑牢现代农业的基础。借鉴富锦经验,哈尔滨市在今后推进高标准农田建设中,应坚持以下几点。

一是要树立一流目标,大手笔谋划,一张蓝图绘到底。近年来,哈尔滨市由农业综合开发搭建平台,整合农口部门资金,集中投入,连续推进,打造了五常卫国、巴彦巴彦港等重点工程,成为全省现代农业的亮点。但从全市看,多数县(市)推进高标准农田建设,没有一张宏伟蓝图,项目设计起点低、规模小、标准不高,项目区零零散散,对全省的龙头示范作用不突出。应结合制定《乡村振兴规划》,以示范引领为目标,高起点、大手笔谋划高标准农田建设,明确近远期发展目标,根据资源优势特色、产业发展需要、农业区域布局,科学安排好开发先后次序。蓝图一经绘制,必须严格执行,持续推进,不断夯实现代农业的基础,充分发挥哈尔滨全省龙头作用,打造更多现代农业的亮点;

二是要加快培育新型农业经营主体,推进土地规模经营,促进传统农业转变。推进农业合作化生产和集约经营,是传统农业向现代农业转变的关键,也是高标准农田建设集中连片开发的基础和前提。哈尔滨市近年在高标准农田建设中,也培育了如五常王家屯、呼兰大用、康金等合作化程度高、规模经营面积大的农民合作社,但从全市看,农业合作化程度低,多数农民合作社仍处于发展初级阶段,农民"带地入社""租地经营"等简单合作方式居多,建立长期合作的"土地入股"方式少,迈入现代化大农业的条件还不具备。应充分发挥高标准农田建设对推进土地规模流转、实行大方田改造的示范引导作用,把土地集约经营作为高标准农田建设的前置条件,通过高标准农田建设,倒逼土地流转,用土地流转,促进合作社与农民形成稳固、持久的"利益共同体";

三是要努力推动项目区三产融合,打造田园综合体,拓展高标准农田建设发展空间。提升农业质量效益,推进三产融合,拓展农业的文化、旅游、生态等功能,是今后现代农业的主攻方向。哈尔滨市区位优势明显、农业资源丰富、文化底蕴深厚、都市特色鲜明,市场、交通、人才、技术优势得天独厚,拥有优质农产品地理标识和国家著名商标众多。应充分发挥这些优势特色,积极拓展农业的文化、生态、休闲、体验、观光功能,用田园综合体的思维谋划和推进高标准农田建设,努力提高项目区知名度,提升项目区产业、产品的品牌价值,增加农业附加值。要积极培育和发展"互联网+"农业、"物联网+"农业,推行电商销售等新模式、新业态,加快市场化、信息化建设。在具备条件的区域,推广"富锦模式",打造特色突出、主题鲜明的"田园综合体",把"看春播、踏稻浪、观秋收"推崇为一种度假休闲新时尚,拓展农业发展新空间;

四是要充分发挥政府的政策引导、组织保障作用,统筹推进,形成合力。实施高标准农田建设,是国家重大战略。《黑龙江省亿亩生态高产标准农田建设规划(2013 - 2020 年)》计划 2016 - 2020 年,哈尔滨建设高标准农田任务 929.73 万亩。近期国务院制定的《乡村振兴战略规划(2018 - 2022)》,计划到 2022 年建成高标准农田 10 亿亩。加大投入,加快高标准农田建设,形势紧迫、任务繁重。一方面,应借助新规划及国家机构改革、高标准农田项目资金整合机遇,加快组建机构精简、人员精干、管理高效的专业化队伍,将高标准农田建设纳入政府重要议事日程,实行对高标准农田建设的科学决策、统筹安排、协同推进、规范管理。另一方面,应进一步加大对高标准农田建设的投入规模,让资金与任务相匹配。同时,要充分发挥财政资金的引导作用,通过加大股权投资、贷款贴息、设立开放式农业基础设施建设基金等形式,努力吸引大型产业化龙头企业、银行机构等社会、金融资本注入,放大投资规模,加快高标准农田建设任务实施。

三、下步推进高标准农田建设的主要打算和建议

(一)总体思路高标准农田建设,要以乡村振兴战略为统领,为产业兴旺强基础,为生态宜居、乡风文明添色彩,为治理有效、生活富裕添动力。主要应坚持以下几个原则:一是绿色高效。项目区要坚持绿色发展,严格执行"三减"措施,积极推广节水、节地等新技术,注重平整土地、改良土壤,提升耕地质量等别,努力实现高产稳产、生态良好、安全高效。二是美观实用。坚持集中连片,规模治理,高标准农田项目区原则要在10000 亩以上。具备条件的地区,大力推广方田改造,田成方、林成网、路相通、渠相连。提高工程质量,注重生态标准,设施配套率、灌溉保证率、防洪设计达标。三是管理先进。着力创新农业生产经营机制,积极培育新型经营主体,加快推进农业规模经营。项目区要与龙头企业对接,塑造优质品牌,密切利益联结机制,形成产加销一体。健全工程管护机制,加强工程质量跟踪监测及项目绩效考核,确保项目效益持久。四是科技配套。积极引进优新品种,推广农机、农技先进适用技术,因地制宜、多措并举、综合施策,使农田基础设施条件与现代农业生产经营体系相适应。项目区建成后,实现产业空间布局更加科学,土地利用结构更加合理,田间基础设施更加完备,自然灾害防御功能更加健全,生产生态环境更加和谐,农业综合生产能力明显提高。

(二)下步主要工作重点照以上工作思路和原则,哈尔滨市农业综合开发将认真执行国家和省高标准农田建设规划,当前重点打造"一带、二路、三园",力争发挥对全市乃至全省现代农业的示范作用。

一带,即巴彦、木兰、通河、依兰松花江干流沿岸高标准农田示范带。其中,重点打造巴彦县沿江30万亩"旱改水"示范区。该项目区目前仅农业综合开发中省投资已达1.46亿元,完成建设面积10.5万亩,其中采用低压管道系统8套,控制灌溉面积2.6万亩,项目区提内河松花江水创新旱改水模式已成为全省"三大旱改水模式"之一。特别是近两年,灌区整合涉农资金5亿多元,已经全面完成了巴彦港、松花江两个渠首工程建设,维修了富江提水站工程,为整个30万亩"旱改水"灌区建设奠定了基础。下一步将继续加大投入力度,扩大"旱改水"面积,大规模推进田间配套建设,力争2020-2022年全面建成30万亩"旱改水"灌区,打造全省典型。

二路,即五常哈五路,方正、延寿铁通路沿线优质水稻核心示范区。其中,重点打造五常安家、方正会发两个现代农业示范区。五常安家现代农业示范区沿哈五路两侧,依托农业综合开发物联网中心;方正会发现代农业示范区沿哈同公路两侧,依托方正水稻博物馆,扩大优质高端有机水稻种植面积,集中打造2个万亩"标准化、智能化、大方田"的高标准现代农业示范区。

三园,即道外民主、五常乔府大院、通河富林三个"田园综合体"。用田园综合体"三生同步、三位一体、三产融合"的思维和理念谋划高标准农田建设。其中,道外民主"田园综合体"今年已经获得省立项,中省投资2000万元,将连续扶持3年,2020年建成。五常乔府大院"田园综合体"依托五常乔府大院农业股份有限公司与王家屯农业合作社,以杜家镇半截河子村"鸭稻"生态种植观光园为核心；通河富林"田园综合体"以富林乡万人插秧吉尼斯纪录园为核心，充分利用原有农业综合开发项目建设基础，力争打造成哈尔滨市城郊代表现代都市农业方向的"田园综合体"。

（三）建议一是进一步加大高标准农田建设投入。按照全省亿亩生态高产标准农田建设规划，哈尔滨市 2016 - 2020 年建设任务 929.73 万亩，每年需完成 186 万亩、投资 20 亿元以上，由发改、农发、国土、水利四家部门承担。但目前全市每年累计只完成 90 多万亩、投资 10 亿元左右，距任务目标相差一半。要在全力争取国家和省对哈尔滨市重点倾斜的同时，加大市级投入力度，努力为任务完成提供资金保证；二是充分发挥县级主体作用。高标准农田建设，县级政府是主体。必须强化"一把手"责任制，县级政府应尽快制定高标准农田建设规划，明确路线图和时间表，将落实规划任务纳入政府重点工作和重要督办事项，作为年度目标考核重点，强力推进。特别是涉及"一带、二路、三园"的巴彦、五常、方正、通河、道外五个区、县（市），要高度重视，举全县之力，打造现代农业的新亮点。

（此文是哈尔滨市农发办调研报告。2018 年 9 月 18 日，哈尔滨市委书记王兆力批示："富锦市建设高标准农田的经验值得学习借鉴。我市可选几个点先启动，不宜多；每个点要够规模，小了没意义；要有新机制。"）

【相关链接】一

全力打造国家一流现代农业示范区

五常市位于黑龙江省最南部，市域总面积 7512 平方公里，全市辖 12 个镇、12 个乡，261 个行政村，人口 103 万；耕地面积 418.8 万亩，其中水田 210.7 万亩，是全国单季水稻生产第一大县，2013 年被定为国家现代农业示范区。全市年产水稻 25 亿斤，商品量 18 亿斤，五常大米被收入纪录片"舌尖上的中国"称为"中国最好的大米"。近年来，五常市坚持把农业综合开发作为推动现代农业发展的有效举措，紧紧围绕现代农业示范区建设，以提高农业综合生产能力、持续增加农民收入为目标，大力实施高标准农田建设，积极推动水稻产业升级，加快农业物联网信息技术应用，有力地推动了五常现代农业发展。

一、打基础、破瓶颈，全力推进高标准农田建设

五常市龙凤山灌区灌溉面积40万亩，辖龙凤山、志广、卫国、常堡、安家等5个乡镇，是五常最优质水稻核心产区及国家现代农业示范区核心区。但多年来该区域水利基础设施薄弱，水利构造物长期使用年久失修，损坏严重，灌排系统不畅通；水田机械力量不足，机械化水平低；农业生产规模小，专业化程度低，缺少市场竞争力等，制约了水稻产业发展。

2013年，五常市委市政府规划将龙凤山灌区沿安石路一带沿线50公里水田区，作为国家现代农业示范区的核心区，大规模整合资金，高标准规划设计，从上游至下游集中连片推进，全面建设高标准农田。2013－2015年，累计整合农发、水利、发改、国土、林业、农机、交通等涉农部门资金6亿元，全力打造了位于卫国、常堡乡的大方田、网格化作业高标准核心区5万亩，位于上游龙凤山、志广及下游常堡、安家一代的优质绿色水稻示范带20万亩、辐射龙凤山灌区及周边灌区面积达百万亩的国家级现代农业示范区。

按照市委、市政府总体工作布局，五常市农发办超前谋划、精心设计，积极争取省、市农发资金重点支持，全力推进高标准农田项目。累计投入农发资金1.4亿元，建设高标准农田11.5万亩。项目区集中流转土地6.4万亩，全部改造成方条田，便于大规模机械化作业。建成后的项目区，农业综合生产能力大大提高，区内给排水渠系全部提档升级，水利构造物完善配套，田间道路相互畅通，达到田成方、路成网、旱能灌、涝能排；农业机械化作业水平大幅提升，新组建水田农机合作社2个，对水田农机装备进行了全面更新换代，购置大中型农机具53台，配套农机具68台套，实现了水稻全程机械化作业；水稻产品实现了优质、安全、高效，项目区坚持"三不""三增"，即坚决不使用化学合成农药、坚决不使用化肥、坚决不使用化学除草剂，增加人工除草投入、全部都实现人工除草，增加高端"投入品"投入、有机肥料和农药

使用欧盟认证的"生物酵素肥"及捷克进口生物农药,增加科技农艺、采取"宽窄行"移植方式,实行"浅湿干"灌溉,使五常水土气环境及"稻花香2号"品种优势有机结合,达到最佳生长效果,确保了稻米品质,增强了市场竞争力。经开发改造后的项目区,水稻平均亩增产160斤,项目区累计新增优质水稻1840万斤,新增产值7360万元,农民人均增收千元以上。

二、强龙头、联基地,推动五常大米产业升级

近年来,五常市大米产业快速发展,全市有稻米加工企业近500家,其中年加工3万吨以上企业有295家,但同时各类规模小、加工水平低,或购进劣质米的小加工厂也如雨后春笋般不断出现。农业综合开发利用财政补助、贷款贴息资金,重点扶持年加工5万吨以上企业做大做强,同时重点扶持位于优质水稻项目区并与当地农户建立了订单合作关系的中型稻米加工企业,努力增强大型龙头加工企业和原产地就地加工转化企业壮大发展,增强其市场竞争力,逐渐淘汰以次充好、以假乱真企业。

2013年以来,农业综合开发累计投入财政补助、贷款贴息资金2100万元,先后扶持了金福泰农业股份有限公司、中粮集团美裕公司、葵花阳光米业、黑龙江金禾米业有限公司等7家大米加工龙头企业和当地农民种植专业合作社创建加工企业,促使企业贷款投资10多亿元。金福泰农业股份有限公司位于五常市杜家镇境内,地处五常优质大米核心区,是一家集种子研发、农机服务、绿色有机种植、稻米精加工、市场营销、休闲旅游于一体的产业化龙头企业。经农发资金扶持,目前企业已形成占地面积22万平方米,有自动化大米加工生产线3条,仓储能力6万吨,年加工稻谷30万吨能力。企业通过引进日本佐竹等先进生产设备,不断提高水稻精深加工生产水平,开发出鸭稻鲜芽米、欧盟有机米、有机鲜芽米等系列高标准精米和稻谷油等4个系列30多个产品,出产的"乔府大院""乔府君道"等系类品牌获得"全国粳稻米产业大会金奖"殊荣,在京津、长三角、珠三角等70多个城市有经销商80多个,发展销售中心、网点、专柜近万个。2015年企业资产达到2.02亿元,年创销售收入4.42亿元,税利0.32亿元。同时,公司以当地农业综合开发高标准农田项目区为基地,出资1318万元入股,组建了王家屯农民专业合作社,带动736户4.28万亩土地入社,建立"公司+农民合作社+基地"

模式。由合作社统一组织生产,产品统购统销,年终社员土地保底,并实现二次分红(高于市场价)。由于合作社模式新、效益好,又吸纳周边四家规模合作社入社,组建王家屯合作社联合社,并实现统一经营方式,统一分配机制,将入社水田分区作业、统一作业标准。目前,合作社水田经营面积达到10万亩,其中欧盟有机种植1万亩、鸭稻共作0.1万亩、中国有机种植3.5万亩、绿色种植5.4万亩,全部选用优质的"五优稻4号"水稻品种,实现优质良种率达到100%,可带动入社社员实现规模化种植和经营。2015年,合作社实现总收入10105万元,总盈余5956万元。每元出资额回报率为0.2775元,国家投资平均量化后户均5769.06元。成员出资分得1605万元,亩均分红1643元,比入社前农民每亩增收400多元。带动农户635户,1905人,人均增收6900多元。

三、塑品牌、拓市场,打造"物联网+"现代农业新模式

"五常大米"先后荣获产地著名商标、原产地域保护产品认证、中国驰名商标,被中国粮食行业协会授予"中国优质稻米之乡"称号,誉为张广才岭下的"水稻王国"。2015年,五常大米在国家质检总局开展的区域品牌价值评价中,评定品牌价值人民币425.92亿元。但国内市场上流通的五常大米总量是五常大米产量的10倍,素有"五常大米香天下、天下大米乱五常"之说。作为龙江农产品的金字招牌,五常大米正受到侵害。如何破解这个难题,提升五常大米防伪能力,让老百姓吃上真正的五常大米,一直是亟待解决的重大课题。

2014年,经哈尔滨市和五常市政府,以及省、市农业综合开发办的共同考察研究下,决定建设五常水稻现代农业示范区农业物联网项目,是哈尔滨市乃至全省首家用农业信息化改造传统农业项目。项目总投资3050万元,其中中省农发投资2000万元,哈市农发投资450万元,五常市本级财政投资600万元。2014年开工建设,2015年全部完成建设任务。目前农业物联网项目已经实现了对水稻生产全程监控、田间管理的远程控制、农业技术远程服务及五常大米全程溯源防伪。

农业物联网服务中心主要包括"六大系统、四大平台、两大应用"。六大系统包括农机监测、畜牧环境监测、水利GIS监测、水产监测、病虫害监测、专

家库监测系统;四大平台包括水稻溯源服务、农业社会化服务、农产品电子信息服务、政务资源服务平台;两大应用包括平台手机监测 APP 和虫害手机监测 APP。项目通过建设遍布全市 163 个监测点,将病虫害、田间水位、水质、视频等多种传感器安置于田间地头,实现对大田作物"四情"(苗情、墒情、病虫情、灾情)、收获、运输等信息汇集、传输、分析、决策等功能,让农业专家"走进"田间地头。已有 26066 户农户下载使用了手机 APP,享受专家在线服务。2016 年,将继续扩大农户手机 APP 下载和使用量,预计年底将达到 6 万户。走进五常市农业物联网服务中心监控大厅,大屏幕上一片片稻田里的水位、含氧量、水温等指数一目了然。轻点鼠标,24 个乡镇 163 个监测点的 50 万亩稻田实景一览无余。每个监测点配备了农业气象监测仪、虫害监测器、高清摄像头,通过配备无线传感节点、太阳能供电系统以及无线传输系统,实时监测田间气象信息、虫害信息和作物视频图像。实现了对全市农业生产自动化监测、精准化作业、数字化管理、智能化决策、信息化服务。

随着农业物联网服务中心的进一步完善,又建立了五常大米溯源防伪查询平台,可以对市场上任意一袋"真正五常大米"实行"三确一检一码"查询。即确地块、确种子、确投入品,检质量,标识溯源防伪码。同时,五常市政府建设了"五常臻米网",通过全程监控的方式,把农户从育种、种植、收割、加工等全过程,全部录入水稻溯源系统,经大米检测中心抽检合格后,用地块面积核算出水稻产量,按产量发放粘贴"博码"防伪标识。市场用户通过五常臻米网查询,防伪"博码"才会被激活,大米生产加工全过程一览无余,真伪一目了然。用户可以在辨明真伪的情况下放心购买五常大米,这样无形中提高了五常大米的市场价格,仅此一项,全市预计年增收 20 亿元。五常市还将通过吸引阿里巴巴、京东众筹等知名电商入住,共同擦亮"五常大米"的金字招牌。

(原载《中国农业综合开发》2016 年第 9 期,五常市人民政府供稿)

【相关链接】二

全力打造沿江优质水稻示范区

巴彦县位于哈尔滨市松花江中游北岸,松嫩平原腹地,幅员面积 3137.7

平方公里。全县辖10镇8乡,116个行政村,总人口70.1万人,其中农业人口56.5万。县域耕地面积344.3万亩,其中水田面积50万亩,是全国粮食生产先进县、全国生态示范县。蜿蜒的松花江横贯巴彦东西,流经巴彦港镇、富江乡、巴彦镇、松花江乡、西集镇等五个乡镇,总耕地面积76万亩。县域内多年平均水流量3500立方米每秒,二十世纪八九十年代曾是松花江沿岸著名的鱼米之乡。但多年来沿江灌区水利工程年久失修,设施老化,加之灌区农田基础设施不配套,经常洪水泛滥,严重制约了农业生产发展。种植结构单一,产量效益低。2008年松花江北岸大顶子山航电工程竣工。2013年省委王宪魁书记到松花江沿岸视察,提出了建设沿松花江沿岸优质高效农业经济带的战略部署,拉开了巴彦县打造30万亩沿江灌区、推进结构调整的序幕。

一、高标准、大手笔规划按照省委省政府部署,巴彦县委县政府坚持把利用松花江水资源,做大、做强、做好"围水经济"这篇大文章,作为一项重大课题

积极争取哈尔滨市委市政府和松辽委的高度重视,把位于沿江三个乡镇的巴彦港镇、沿江、松花江三个大型渠首泵站工程纳入全市重点水利工程,全力组织推进。2013、2014年在省农业开发等部门大力支持下,先后完成了投资3.1亿元的巴彦港渠首泵站建设以及沿江渠首泵站维修改造,为灌区13.6万亩旱改水项目实施打下了基础。今年,松花江渠首泵站工程已经启动,预计投资4.5亿元以上,将为后续17.2万亩旱改水项目实施创造条件。届时,以三个灌区合围组成,东起与木兰河交界的黄泥河,西至呼兰交界的少陵河,北跨哈肇路、通江路,灌溉范围包括巴彦港镇、松花江乡、西集镇、巴彦镇五个乡镇的30万亩大灌区将全面形成。以大灌区带动各乡镇自流灌区、井灌区发展,2017年,全县水田种植面积将达到70万亩,2020年规划达到100万亩,迈入全省四大百万亩水田大县行列。围绕沿江30万亩灌区,借助哈尔滨近邻优势,巴彦县将在县域范围内打造设施高效农业示范带、现代农业展示带、观光农业旅游带,力争将巴彦县建成全省现代化大农业的示范基地、全国优质商品粮的供应基地、现代农业综合配套改革的机制创新基地。

二、整合资金、合力攻坚沿江提水泵站渠首工程建成后,对灌区进行大规模农田水利基础设施建设,动员农民进行结构调整,"减玉米、扩水稻"成为一场艰难的攻坚战

2013年,农业综合开发率先进入了推进旱改水工程的主战场,首批争取中省农发资金1300万元,实施旱改水1.2万亩。当年创下了水稻亩产量550公斤,亩增收310元的好效果,成功打响了旱改水战役的第一枪。县委县政府紧紧抓住这个良好开端,全力组织推进,重点采取了四项举措,一是全力加大宣传动员。全县召开动员大会,传达贯彻省委沿江经济带建设部署,明确目标、落实责任、强化措施,确保规划顺利推进。组织各涉农部门干部深入基层,乡镇干部进村入户,积极宣传上级政策及沿江地区结构调整的重大意义,帮助农民分析旱改水带来的实际效益,使农民由等待观望、不愿打破常规,逐渐转变为相信政府,积极投身和参与到项目建设中来;二是形成强大推进合力。抓住全省实施"两大平原"现代农业综合配套改革涉农资金整合机遇,把投入到巴彦县的涉农资金全部进行整合,集中投入到沿江灌区规划建设,举全县之力推进。2013-2015年,累计整合水利、国土、农业、农机等各部门资金7.2亿元,由水利局负责主干渠开挖,农发办负责干渠衬砌、部分支斗渠建设及田间构筑物建设,国土局负责土地平整、部分田间支斗渠建设,农业局负责科技推广,农机局负责农机具补贴。各单位按照灌区总体规划,各负其责、各记其功,各炒一盘菜、同做一桌席。2013-2015年共完成沿江三个乡镇旱改水任务9.8万亩。其中,农业综合开发累计投入中省资金8300万元,完成旱改水面积6万亩,承担了大部分建设任务。2016年,农业综合开发继续投资4000万元,建设面积3万亩。三是加快推进规模经营。一家一户分散经营的土地、不便于机械化作业和工程施工,农民思想意志不统一、无法实现大规模结构调整,是项目推进中的最大难题。县委县政府利用哈尔滨市开展土地确权登记、建设土地流转交易平台机遇,通过农业综合开发支持的农机合作社牵动,全力推进土地规模流转。仅近两年,沿江区域水稻种植农民专业合作社已发展到8家,土地集中流转面积12万亩,项目区全面实现了土地规模经营。四是出台政策,破解工程施工占地难题。在水田项目建设,特别是旱改水项目建设中,由于渠道取直、工程构筑物建

设占用农民耕地而引起纠纷，是困扰工程施工的最大难题，常常因为占用一两户农民的一小块耕地，没有补偿资金，而导致工程迟迟无法推进，甚至影响工程进度。县政府在财政资金紧张的情况下，出台优惠政策，对于工程占用农民耕地，每平方米由财政给予补贴30元，并对损失的耕地从其他途径给予补偿，有力解决了工程施工占地难题，确保了沿江灌区规划顺利落实和推进。

三、推广新技术、建立新模式在巴彦沿江灌区整体规划建设中，农业综合开发高标准农田项目区全面建成了全省的优质工程

全省、哈尔滨市重要农业会议，多次在巴彦港农业综合开发高标准农田项目区现场召开，省委书记王宪魁两次视察松花江沿岸优质高效农业经济带建设，均在农业综合开发巴彦港、富江高标准农田项目区。农业综合开发项目区主要有以下特点。一是工程质量标准高。项目区累计完成干渠清淤整形并进行硬质衬砌16.4公里，维修、改造、新修并硬质衬砌支渠3.7公里，新修斗、农渠32.95公里，修斗、农沟26.23公里，新挖排水沟53公里，排水沟清淤27.2公里，新修渠系构造物340座；平整土地4.8万亩；新修农田路25条，39.85公里，其中水泥路面5.48公里；造防护林、绿化林300亩；新建智能浸种催芽车间1处，育秧大棚400栋；建农机合作社1处，建机库2000平方米，购置大型农机具44台套；建物联网控制中心1处。放眼项目区，宽阔的干渠笔直延伸，交错的水泥路、砂石路坚实平整，一排排、一座座工程构筑物错落有致，温室、大棚、农机社、物联网中心依次分布，呈现了现代化大农业气势。二是工程节水技术新。2015年，省农业开发办在富江乡高标准农田项目首次示范引进了低压管道输水系统新技术，项目区内建设低压管道系统3套，采用PE管材地下铺设输水管线长3万多延长米，控制灌溉面积6000亩，今年已经正式投入使用。经测算，采用该项新技术可少打灌溉机电井20眼，少建晒水池20个，节约资金220万元。比修明渠占地每亩节地30平方米，总节约占地270亩，增加粮食产量15万公斤，增加收入44万元。亩节省灌溉用水200立方米，6000亩总节约用水120万立方米，节约资金12万元。在全省具有重要推广价值。三是推广生态种养模式新。2015年，富江乡农业开发项目区首次示范推广了稻田生态养殖泥鳅鱼500亩，当年实现

亩增收入1000元,总增收50万元。此外,项目区积极推广生物防虫、施用有机肥等技术,减少化肥使用量约240吨,减少农药使用量约1吨,有效降低了污染,改善了水稻有机品质。目前,项目区通过农业综合开发直接受益农户达2.4万户,年增收入3700万元,人均增收3800元。项目区目前已成为全省节水、节地、生态、高效的典型。

(原载《中国农业综合开发》2016年第9期,作者王春华 董绍涛)

【相关链接】三

推广阳光节能温室蔬菜生产新技术

道里区位于哈尔滨市西部,是哈市重要的蔬菜生产基地,年均蔬菜总产量达到1.8亿公斤以上,约占哈市年度供应蔬菜商品量的42%。哈尔滨市处在北纬44度以上,冬季寒冷,给冬季的蔬菜生产造成了极大的困难。

近两年来,我区争取省、市农业综合开发投资5000万元,区配套、企业投资及农民自筹3000万元,着力破解冬季高寒条件下蔬菜生产难题,成功研发推广新型阳光节能温室,初步形成了四季蔬菜生产能力,取得了增产增收的成效。这种新型阳光节能温室是一种集阳光、空气、地热、拱架、补光、保温等一系列新材料新技术于一体的节能环保温室,其最大特点在于充分利用太阳光照,不用任何辅助能源加温,集热快、保温好、效益高、适用广、无污染,大大降低了冬季蔬菜的生产成本。一次性投资建设,整体造价35万元左右,与传统温室造价基本相当,但与传统温室相比,每栋阳光节能温室(1000平方米左右)年均可节省供暖燃煤(12吨至15吨)、人工及用电等费用约2.5万元,所生产的果菜以配送中高端客户为销售渠道,每市斤单价可卖到十几元,平均为夏季陆地蔬菜的10余倍以上。我们主要在阳光节能温室采用了5种节能新技术、5种种植新技术,基本破解了寒冷地区冬季蔬菜生产的难题。

一、五种节能新技术

一是保温墙充填土壤储能技术。温室北墙是温室内保温、蓄热的重点,这种温室的北墙建造新技术实现了高效保温、吸热快、放热慢的功能。通过"光热敏墙布",这种材料的导热,快速吸热并向蓄热体正向传导热能,既吸收太阳光辐射热,使墙布快速升温;又吸收温室热空气使墙布升温,再将温度传至蓄热载体内。经实测,冬季冬至前后后墙体每晚20点时集热墙体温度可达18-20度,白天墙布吸热工作时,表面温度最高可以到达40度。另外墙体的外侧设置了100mm厚的隔热板作为外墙保温隔热材料,形成了温室软墙体热量向内传播的定向缓释效果。二是拱架特殊涂层光反射技术。利用高强度材料,实现单管设计,减少自身遮光面,同时喷涂反光材料增加拱架对地面的反射光。在降低自身遮光率的同时,拱架涂塑层添加反光材料,可使照在拱架侧面60%的可见光反射到地面,从而减少光损。降低遮光面、增加反光率,一降一增可使温室光照比传统温室高出5-10%左右。相当于每日可增加照射1小时。反光材料在拱架上的应用还有另一个优势是不烫膜,夏季拱架表面温度一般不会超过40度。三是地热水管集热技术。新型节能阳光温室,还设置了太阳能水集热器增温设施,每天太阳能水集热器可以使土壤温度提高2度左右。四是上方热空气回收技术。热空气集热管道补充地温,为体现温室内不浪费每一度热量的原则,新型节能阳光温室增设了上方热空气收集管道系统,将热量导入种植土壤中,每天可升温1~2度。五是轻体高效保温山墙技术。寒冷地区的温室山墙其主要功能是保温蓄热和协调拱架的稳定性,因此,新型温室的山墙采用了钢管龙骨叠加4层苯板的保温墙体设计,墙体苯板厚度达到240mm,苯板墙面刮胶抹灰。这种山墙,不用设置基础墩,只设地梁,规格为240x240—C25混凝土梁。二四苯板山墙和三七砖混山墙相比不但提高了保温性能,免除了深基础,还节省了建筑投入。

二、五种种植新技术

新型高效、生态环保的阳光节能温室,需要与之配套的生产技术。一是嫁接育苗技术。在早春或冬季日光温室生产的黄瓜、茄子上应用,用白籽南瓜、野生赤茄、托鲁巴姆做砧木,用栽培品种做接穗进行嫁接。可起到抗病、耐低温、高产的效果,平均提高产量20-30%,既可从根本上解决枯萎病、黄萎病等土传病害,又可提高蔬菜品质;二是选用抗低温耐弱光品种。如娜塔莉、安吉拉茄子,凯奇、迅驰青椒,金辉1号、法兰德、全福1132、甜美20番茄,架豆王豆角王等等,有效提高了反季节蔬菜的产品品质;三是秸秆生物反应堆技术。主要在冬季或早春温室生产上应用,取代了传统的烧煤供暖模式,即在作物栽培行下30厘米处,铺一定量粉碎的玉米秸秆并加入酵素菌使其发酵。秸秆生物反应堆可以分解释放出热量,使棚室温度和地温提高6~8度;四是熊蜂授粉技术。阳光节能温室生产由于环境密闭,番茄、茄子、青椒等果类蔬菜需要激素处理才能正常结果。采用熊蜂授粉技术代替激素,既减少了激素对蔬菜的污染,又使作物果实成熟度好、商品率高,同时节省劳动力。作物平均增产15%以上,节约劳动力成本500 - 1000元;五是精准补光技术。利用数据采集系统对温室的光照、温度、空气湿度、二氧化碳浓度等进行监控,根据光照、温度、二氧化碳浓度以及作物种类,采取不同光谱和光照强度进行补光,从而提高了补光效果,提高作物产量15%以上。

（原载《中国农业综合开发》2016年第9期,作者高利海　王韬）

主要参考资料

1.《中国农业综合开发年鉴（1988－2003）》中国财政经济出版社2004年版

2.《国家农业综合开发统计摘要（1988－2016）》国家农业综合开发办公室

3.《农业综合开发》（1995.3－1996.12）江苏省农业资源开发局

4.《农业综合开发》（1997.1－2002.12）国家农业综合开发办公室

5.《中国农业综合开发》（2003.1－2008.5）国家农业综合开发评审中心、中国农业科学院文献信息中心

6.《中国农业综合开发》（2008.6－2018.12）国家农业综合开发评审中心

7.《农业综合开发制度汇编》国家农业综合开发办公室 中国财政经济出版社2008年版

8.《农业综合开发大事记30年》国家农业综合开发办公室

9.《黑龙江财政年鉴》（2002－2014）黑龙江省财政厅

10. 孙连举、柳遇春主编：《黑龙江省农业综合开发文集（1988－1996）》黑龙江教育出版社1996年版

11. 韩连贵主编：《农业综合开发文集（1994－1997）》大连出版社1998年版

12.《新阶段 新探索 新启示（2000－2002）》黑龙江省农业开发办公室

13. 运连鸿主编：《现代农业思与行》人民日报出版社2012年版

14.《来自黑土地大粮仓的报告》黑龙江省农业开发办公室　黑龙江

人民出版社(2012 年版)

15. 任秀峰编著:《沃土情深》黑龙江教育出版社 2016 年版

16. 常忠宝编著:《黑土地大开发》中国广播电视出版社 2009 年版

17. 许厚祺、刘爱民、高霄毅编著:《乡村振兴的先期探索实践》中国财政经济出版社 2018 年版

后　记

　　《黑龙江农业综合开发三十年（1988－2018》一书终于和大家见面了。本书在编写过程中，曾五拟提纲，三易其稿，历经十四个月时间。正赶上新一轮机构改革，搜集资料十分困难。对书写和记录黑龙江农业综合开发三十年这段历史，有的人支持，认为这是一件好事，可以整理留存珍贵历史资料，以史为鉴总结经验教训；有的人说都时过境迁了，认为花费时间在过去的事上没有意义。但我们对农业综合开发有着特殊的感情，参与了这一伟大实践，见证了农业综合开发给农业农村带来的变化和成果。如果没有人去整理这段历史，甚觉可惜，是对历史的背叛，更是对工作的漠视，于是我们坚定信心，一定要把这段历史尽最大力量记录下来，我们牺牲了大量个人时间，查阅了大量资料，数次去黑龙江省档案馆和黑龙江省财政厅图书馆，力求全面、客观、翔实地反映这段历史，为直接参与这项工作的农发人留下共同的回忆，让关心支持这项事业的人们有更多的信息了解，也为今后将继续实践强农惠农大业的人们提供些许有益参考。

　　在本书编写过程中，得到了黑龙江省财政厅领导以及原黑龙江省农发办老领导的关心和支持，还有原黑龙江省农发办和全省各地各级农发机构等许多老同志支持，在此一并表示感谢。

　　本书涉及的有关数据主要源于《中国农业综合开发年鉴》《国家农业综合开发统计摘要》《黑龙江财政年鉴》《中国农业综合开发》《黑龙江日报》等公开发表的资料，同时也参考或部分引用了国家农发办编辑的《农业综合开发30年大事记》，许厚祺、刘爱民、高霄毅编著的《乡村振兴的先期探索实践》，以及领导讲话、会议材料、笔者亲历的一些活动记录。

　　省财政厅调研员、中国书法家协会会员谢铁军为本书题写书名,省报业集团高级记者吴树江为本书提供了封面照片,在此一并表示感谢。

　　由于编者水平有限、时间仓促,不足之处在所难免,恳请读者予以批评指正。

编者

2019 年 12 月